Integration durch Familiennachzug

Europäische Hochschulschriften Recht

European University Studies in Law

Publications Universitaires Européennes de Droit

Band/Volume **6141**

Cordelia Carlitz

Integration durch Familiennachzug

Die Einreiseregelungen für Familienangehörige von Drittstaatsangehörigen und ihre Wirkung auf die Integration

PETER LANG

Bibliografische Information der Deutschen Nationalbibliothek
Die Deutsche Nationalbibliothek verzeichnet diese Publikation in der Deutschen Nationalbibliografie; detaillierte bibliografische Daten sind im Internet über http://dnb.d-nb.de abrufbar.

Zugl.: Konstanz, Univ., Diss., 2018

Gedruckt auf alterungsbeständigem, säurefreiem Papier.
Druck und Bindung: CPI books GmbH, Leck

D 352
ISSN 0531-7312
ISBN 978-3-631-77487-8 (Print)
E-ISBN 978-3-631-81201-3 (E-PDF)
E-ISBN 978-3-631-81202-0 (EPUB)
E-ISBN 978-3-631-81203-7(MOBI)
DOI 10.3726/b16543

Peter Lang – Berlin · Bern · Bruxelles · New York · Oxford · Warszawa · Wien

Diese Publikation wurde begutachtet.

www.peterlang.com

Vorwort

Die vorliegende Arbeit wurde im Wintersemester 2017/2018 vom Fachbereich Rechtswissenschaften der Universität Konstanz als Dissertation angenommen. Rechtsprechung und Literatur wurden in der Arbeit bis April 2018 berücksichtigt. Tag der mündlichen Prüfung war der 5. April 2018.

Herzlich danken möchte ich meinem Doktorvater Herrn Prof. Dr. Dr. h.c. Kay Hailbronner für seine Unterstützung bei der Themenfindung und für die Betreuung der Arbeit. Herrn Prof. Dr. Daniel Thym danke ich für die zügige Erstellung des Zweitgutachtens.

Mein besonderer Dank gilt außerdem meinen ehemaligen Kolleginnen und Kollegen am Forschungszentrum für Migrationsrecht der Universität Konstanz, insbesondere Herrn Prof. Dr. Marcel Kau und Frau Dr. Julia Schmidt-Herzog, für wertvolle Hinweise zur Ausgestaltung der Arbeit. Frau Sabine Gerber hat die Fertigstellung der Arbeit durch ihre organisatorische Unterstützung erleichtert.

Der größte Dank gebührt meiner Familie, die mir auf vielfältige Weise und selbstlos die Fertigstellung dieser Arbeit ermöglicht hat. Besonders danken möchte ich an dieser Stelle meiner Mutter Frau Adelheid Carlitz für die kritische Durchsicht des Manuskripts. Meinem Mann Herrn Andreas Kasper möchte ich Danke sagen dafür, dass er durch die fürsorgliche Betreuung unserer Tochter mir die für die Fertigstellung der Arbeit erforderliche Zeit verschafft hat.

Nürnberg, im September 2018

Inhaltsübersicht

Inhaltsverzeichnis

Abkürzungsverzeichnis

a.A.	andere Ansicht
AA	Assoziationsabkommen EWG-Türkei
a.a.O.	am angegebenen Ort
ABl. EG	Amtsblatt der Europäischen Gemeinschaften
ABl. EU	Amtsblatt der Europäischen Union
Abs.	Absatz
A-Drs.	Ausschuss-Drucksache
a.E.	am Ende
AEUV	Vertrag über die Arbeitsweise der Europäischen Union in der Fassung von Lissabon
a.F.	alte Fassung
AFG	Arbeitsgemeinschaft der deutschen Familienorganisationen e.V.
ALTE	Association of Language Testers in Europe
ARB	Assoziationsratsbeschluss
Art.	Artikel/Artikels
AufenthG	Gesetz über den Aufenthalt, die Erwerbstätigkeit und die Integration von Ausländern im Bundesgebiet (Aufenthaltsgesetz)
AufenthV	Aufenthaltsverordnung
Aufl.	Auflage
AuslG	Gesetz über die Einreise und den Aufenthalt von Ausländern im Bundesgebiet (Ausländergesetz)
AVwV	Allgemeine Verwaltungsvorschrift zum Aufenthaltsgesetz
AZR	Ausländerzentralregister
BAMF	Bundesamt für Migration und Flüchtlinge
Bay.	Bayerischer
Begr.	Begründer
Beschl.	Beschluss
BeschV	Verordnung über die Beschäftigung von Ausländerinnen und Ausländern (Beschäftigungsverordnung – BeschV)

BGB	Bürgerliches Gesetzbuch
BGBl.	Bundesgesetzblatt
Blaue-Karte-RL	Richtlinie 2009/50/EG des Rates vom 25. Mai 2009 über die Bedingungen für die Einreise und den Aufenthalt von Drittstaatsangehörigen zur Ausübung einer hochqualifizierten Beschäftigung
BMFSFJ	Bundesministerium für Familie, Senioren, Frauen und Jugend
BMI	Bundesministerium des Innern, für Bau und Heimat
BR-Drs.	Drucksache des Deutschen Bundesrats
BT-Drs.	Drucksache des Deutschen Bundestags
BT-Plenarprotokoll	Plenarprotokoll des Deutschen Bundestags
BVerfG	Bundesverfassungsgericht
BVerfGE	Entscheidungen des Bundesverfassungsgerichts
BVerwG	Bundesverwaltungsgericht
BVerwGE	Entscheidungen des Bundesverwaltungsgerichts
BvF	Aktenzeichen einer abstrakten Normenkontrolle beim BVerfG
BvL	Aktenzeichen einer konkreten Normenkontrolle beim BVerfG
BvR	Aktenzeichen einer Verfassungsbeschwerde beim BVerfG
bzw.	beziehungsweise
C	Curia (Teil des Aktenzeichens einer Rechtssache beim EuGH)/Reihe C – Mitteilungen und Bekanntmachungen – des Amtsblatts der Europäischen Union
ca.	circa
CESEDA	Code de l'entrée et du séjour des étrangers et du droit d'asile – CESEDA (französisches Aufenthalts- und Asylgesetz)
CNS	Consulting (Teil des Aktenzeichens für ein Konsultationsverfahren)
COM	Kommissionsdokument in englischer Sprache

d.	der/die/das/des
dass.	dasselbe
Daueraufenthalts-RL	Richtlinie 2003/109/EG des Rates vom 25. November 2003 betreffend die Rechtsstellung der langfristig aufenthaltsberechtigten Drittstaatsangehörigen
ders.	derselbe
Destatis	Statistisches Bundesamt
d.h.	das heißt
djb	Deutsche Juristinnenbund e.V. (djb)
DVBl	Deutsches Verwaltungsblatt
DW	Deutsche Welle
ECHR	Sammlung der Rechtsprechung des EGMR
ECLI	European Case Law Identifier
ECSR	European Committee of Social Rights (Europäischer Sozialrechtsausschuss)
EFTA	European Free Trade Association (Europäische Freihandelsassoziation)
EG	Europäische Gemeinschaft bzw. Vertrag zur Gründung der Europäischen Gemeinschaft i.d.F. von Amsterdam/Nizza
EGBGB	Einführungsgesetz zum Bürgerlichen Gesetzbuch
EGKS	Europäische Gemeinschaft für Kohle und Stahl
EGMR	Europäischer Gerichtshof für Menschenrechte
EGV	Vertrag zur Gründung der Europäischen Gemeinschaft i.d.F. von Maastricht
EJML	European Journal of Migration and Law
EKMR	Europäische Kommission für Menschenrechte
EMN	European Migration Network
EMRK	Europäische Konvention zum Schutz der Menschenrechte und Grundfreiheiten
endg.	endgültig
Entsch.	Entscheidung

ESC	European Social Charter (Europäische Sozialcharta)
etc.	et cetera
EU	Europäische Union bzw. Vertrag zur Gründung der Europäischen Union i.d.F. von Amsterdam/Nizza
EuGH	Europäischer Gerichtshof
EU-GRC	Charta der Grundrechte der Europäischen Union
EuGRZ	Europäische Grundrechte-Zeitschrift
EuR	Europarecht (Zeitschrift)
EuZW	Europäische Zeitschrift für Wirtschaftsrecht
EUV	Vertrag über die Errichtung einer Europäischen Union in der Fassung des Vertrages von Maastricht
EWG	Europäische Wirtschaftsgemeinschaft
EWR	Europäischer Wirtschaftsraum
f.	folgende
Familienzusammenführungs-RL	Richtlinie 2003/86/EG vom 22. September 2003 betreffend das Recht auf Familienzusammenführung
FamRZ	Zeitschrift für das gesamte Familienrecht
FDP	Freie Demokratische Partei
ff.	fortfolgende
Fn.	Fußnote
FreizügG/EU	Gesetz über die allgemeine Freizügigkeit von Unionsbürgern
GBP	Great Britain Pound
GD	Generaldirektion
GER	Gemeinsamer Europäischer Referenzrahmen für Sprachen des Europarats
GG	Grundgesetz
ggf.	gegebenenfalls
GK	Große Kammer
GMBl	Gemeinsames Ministerialblatt
GV NW	Gesetz- und Verordnungsblatt Nordrhein-Westfalen

Hrsg.	Herausgeber
HRW	Human Rights Watch
Hs.	Halbsatz
HUDOC	Datenbank des Europarats mit den Entscheidungen des EGMR und den Conclusions des ECSR
IAB	Institut für Arbeitsmarkt- und Berufsforschung
iaf	Verband binationaler Familien und Partnerschaften e.V.
ibid.	ibidem
ICERD	International Convention on the Elimination of All Forms of Racial Discrimination
i.d.F.	in der Fassung
i.H.v.	in Höhe von
i.R.d.	in Rahmen des/r
InfAuslR	Informationsbrief Ausländerrecht
IntV	Verordnung über die Durchführung von Integrationskursen für Ausländer und Spätaussiedler (Integrationskursverordnung – IntV)
i.R.d.	im Rahmen der/des
i.S.v.	im Sinne von
i.V.m.	in Verbindung mit
juris	Juristisches Informationssystem für die Bundesrepublik Deutschland (Datenbank mit Gesetzestexten, Entscheidungen, Normen, Kommentaren und Zeitschriften)
JRP	Journal für Rechtspolitik
JZ	Juristenzeitung
KJ	Kritische Justiz
KOM	Dokument der Europäischen Kommission

L	Leges (Reihe L – Rechtsvorschriften – des Amtsblatts der Europäischen Union, vor dem 1. Februar 2003: der Europäischen Gemeinschaften)
lit.	litera
LPartG	Lebenspartnerschaftsgesetz
Ls.	Leitsatz
m.w.N.	mit weiteren Nachweisen
m.W.v.	mit Wirkung vom
NJW	Neue Juristische Wochenschrift
NAG	Niederlassungs- und Aufenthaltsgesetz (österreichisches Aufenthaltsgesetz)
NLMR	Newsletter Menschenrechte
Nr.	Nummer
Nrn.	Nummern
NVwZ	Neue Zeitschrift für Verwaltungsrecht
OBG	Gesetz über Aufbau und Befugnisse der Ordnungsbehörden – Ordnungsbehördengesetz des Landes Nordrhein-Westfalen
OECD	Organisation for Economic Co-operation and Development
o.V.	ohne Verfasser
OVG	Oberverwaltungsgericht
Ratsdok.	Dokument des Rates der Europäischen Union
REC	Recommendation (Teil der Dokumentnummer einer Empfehlung des Ministerkomitees des Europarats)
RES	Resolution der Vereinten Nationen (Teil der Dokumentnummer einer Resolution der Vereinten Nationen)
REV	revidierte Fassung (Teil der Dokumentnummer eines Dokuments des Europäischen Rats)
RL	Richtlinie

RLUmsG	Gesetz zur Umsetzung aufenthalts- und asylrechtlicher Richtlinien der Europäischen Union (sog. Richtlinienumsetzungsgesetz)
2. RLUmsG	Gesetz zur Umsetzung aufenthaltsrechtlicher Richtlinien der Europäischen Union und zur Anpassung nationaler Rechtsvorschriften an den EU-Visakodex
Rn.	Randnummer
Rnrn.	Randnummern
Rs.	Rechtssache
Rspr.	Rechtsprechung
S.	Seite/Satz
s.	siehe
SGB II	Zweites Buch Sozialgesetzbuch – Grundsicherung für Arbeitsuchende
Slg.	Sammlung der Rechtsprechung des Gerichtshofes und des Gerichts erster Instanz
s.o.	siehe oben
sog.	sogenannt/e/en/er
SPD	Sozialdemokratische Partei Deutschlands
st. Rspr.	ständige Rechtsprechung
s.u.	siehe unten
SVR	Sachverständigenrat deutscher Stiftungen für Integration und Migration
UA	Unterabsatz
u.a.	unter anderem/und andere
u.Ä.	und Ähnliche/m
UE	Unterrichtseinheiten
UN-Dok.	Dokument der Vereinten Nationen
Unionsbürger-RL	Richtlinie 2004/38/EG des europäischen Parlaments und des Rates vom 29. April 2004 über das Recht der Unionsbürger und ihrer Familienangehörigen, sich im Hoheitsgebiet der Mitgliedstaaten frei zu bewegen und aufzuhalten

UN-KRK	Übereinkommen über die Rechte des Kindes vom 20. November 1990
UN-WANK	Internationale Konvention zum Schutz der Rechte aller Wanderarbeitnehmer und ihrer Familienangehörigen
Urt.	Urteil
v.	vom
v.a.	vor allem
Vb	Vreemdelingenbesluit 2000 – Vb 2000 (niederländische Ausländerverordnung)
verb.	verbundene
Verf.	Verfasserin
VG	Verwaltungsgericht
VGH	Verwaltungsgerichtshof
vgl.	vergleiche
VO	Verordnung
Vw	Vreemdelingenwet 2000 – Vw 2000 (niederländisches Ausländergesetz 2000)
VwVfG	Verwaltungsverfahrensgesetz
ZaöRV	Zeitschrift für ausländisches öffentliches Recht und Völkerrecht
ZAR	Zeitschrift für Ausländerrecht und Ausländerpolitik
z.B.	zum Beispiel
zit.	zitiert
ZP	Zusatzprotokoll
ZRP	Zeitschrift für Rechtspolitik
ZuwG	Gesetz zur Steuerung und Begrenzung der Zuwanderung und zur Regelung des Aufenthalts und der Integration von Unionsbürgern und Ausländern (Zuwanderungsgesetz)
ZwHeiratBekG	Gesetz zur Bekämpfung der Zwangsheirat und zum besseren Schutz der Opfer von Zwangsheirat sowie zur Änderung weiterer aufenthalts- und asylrechtlicher Vorschriften (ZwHeiratbekG)

Einleitung

Seit Langem ist im Migrationsrecht[1] anerkannt, dass es die Integration fördert, wenn Zuwanderer[2] mit ihren Familienangehörigen zusammenleben können. Sowohl das deutsche als auch das europäische Recht sehen daher ein Recht auf Familienzusammenführung bzw. Familiennachzug vor,[3] d.h. ein Einreise- und Aufenthaltsrecht für ausländische Familienmitglieder, um mit einem aufenthaltsberechtigten Zuwanderer im Aufnahmestaat zu leben.[4] Der Gewährung der Familienzusammenführung liegt die Annahme zugrunde, dass Zuwanderer soziokulturell stabiler sind und sich leichter in die Aufnahmegesellschaft integrieren, wenn sie ihre Familie nachziehen lassen können.[5] Dennoch gewährt der deutsche Gesetzgeber die Familienzusammenführung nicht voraussetzungslos. Vielmehr verfolgt er mit der Regelung der Familienzusammenführung insbesondere zu Drittstaatsangehörigen[6] nicht nur das Ziel der Integrationsförderung, sondern versucht, die Familienzusammenführung zugunsten weiterer staatlicher Ziele zu steuern, wie z.B. zum Schutz der öffentlichen Haushalte, zur Zuzugsbegrenzung oder zur Förderung des Zuzugs Hochqualifizierter. Daher begrenzt der Gesetzgeber den Kreis der Nachzugsberechtigten und stellt finanzielle Anforderungen, Altersgrenzen sowie Leistungsanforderungen an die

1 Der Begriff Migration wird in dieser Arbeit synonym verwendet für das im deutschen Recht geläufigere Wort Zuwanderung bzw. für das im europäischen Recht in Art. 79 AEUV verwendete Wort Einwanderung. Zum Begriff ausführlich Thym, Migrationsverwaltungsrecht, S. 8 ff.

2 Der Begriff Zuwanderer ist juristisch nicht definiert. Er ist jedoch gerade aus diesem Grund weniger ordnungsrechtlich geprägt als der Begriff Ausländer. Er wird daher in dieser Arbeit synonym zum Begriff Ausländer i.S.d. § 2 Abs. 1 AufenthG verwendet.

3 Der im europäischen Recht gebräuchliche Begriff Familienzusammenführung und der im Aufenthaltsrecht verwendete Begriff Familiennachzug werden in dieser Arbeit synonym verwendet.

4 Vgl. § 27 AufenthG des Gesetzes über den Aufenthalt, die Erwerbstätigkeit und die Integration von Ausländern im Bundesgebiet (Aufenthaltsgesetz – AufenthG) i.d.F. der Bekanntmachung v. 25.02.2008 (BGBl. I, S. 162), zuletzt geändert durch Art. 1 des Gesetzes v. 20.07.2017 (BGBl. I, S. 2780) sowie Art. 4 Abs. 1 der Richtlinie 2003/86/EG des Rates v. 22.09.2003 betreffend das Recht auf Familienzusammenführung, ABl. L 251 v. 03.10.2003, S. 12 ff., nachfolgend: Familienzusammenführungs-RL.

5 S. Erwägungsgrund (4) Familienzusammenführungs-RL.

6 Drittstaatsangehöriger ist jede Person, die nicht Unionsbürger i.S.v. Art. 17 Abs. 1 EG ist, vgl. Art. 2 lit. a Familienzusammenführungs-RL.

nachziehenden Familienmitglieder. Da der Familiennachzug jedoch auch als wesentliches Element für eine gelungene Integration angesehen wird, birgt die dadurch befürchtete Verzögerung oder Verhinderung der Familienzusammenführung die Gefahr, dass das Familienleben gestört und Integration gerade verhindert wird.

Zugleich wird das Familienleben von Zuwanderern durch ein immer dichter werdendes Netz an nationalen, europäischen und internationalen Rechtsnormen geschützt. Zwar erkennt bisher kein internationales Menschenrechtsinstrument ausdrücklich ein subjektives Recht auf Familienzusammenführung an.[7] Mittlerweile hat jedoch beispielsweise der Europäische Gerichtshof für Menschenrechte (EGMR) aus Art. 8 der Europäischen Konvention zum Schutz der Menschenrechte und Grundfreiheiten (EMRK),[8] der dem Schutz der Familie dient, Schutzwirkungen zugunsten von Personen abgeleitet, die die Familienzusammenführung begehren.[9] Auch im Unionsrecht ist die Familienzusammenführung zu Drittstaatsangehörigen seit 2003 in Form der Familienzusammenführungs-RL verankert.[10] Diese Rechtsakte setzen den Bestrebungen des nationalen Gesetzgebers, Familienzusammenführung zum Zwecke der Integration zu regeln, Grenzen.

Verschiedene juristische Arbeiten haben sich bereits mit den rechtlichen Grundlagen der Familienzusammenführung,[11] mit dem Spracherfordernis beim Ehegattennachzug[12] und mit dem Integrationskonzept im deutschen und europäischen Recht[13] beschäftigt. Ebenso gibt es empirische Untersuchungen zur

---

7 *Cholewinski*, EJML 2002, S. 271, 275.

8 Europäische Konvention zum Schutz der Menschenrechte und Grundfreiheiten v. 04.11.1950, in der Fassung der Bekanntmachung v. 17.05.2002, BGBl. II, S. 1054.

9 Zur Rechtsprechung des EGMR s.u. Teil 2:A.I, S. 87 ff.

10 Richtlinie 2003/86/EG des Rates vom 22.09.2003 betreffend das Recht auf Familienzusammenführung, ABl. L 251 v. 3.10.2003, S. 12 ff.

11 Schöllhorn, Die Familienzusammenführung mit Drittstaatsangehörigen im Recht der Europäischen Union; Walter, Familienzusammenführung in Europa.

12 De Vries, Integration at the border; *Groenendijk*, Pre-departure Integration Strategies in the European Union: Integration or Immigration Policy?, EJML 2011, S. 1–30; Leuschner, Das Spracherfordernis beim Ehegattennachzug.

13 *Davy*, Integration of Immigrants in Germany: A Slowly Evolving Concept, EJML 2005, S. 123–144; Eichenhofer, Begriff und Konzept der Integration im Aufenthaltsgesetz; Thym, Migrationsverwaltungsrecht; *Groenendijk*, Legal Concepts of Integration in EU Migration Law, EJML 2004, S. 111–126; *Gross*, Integration of Immigrants: The Perspective of European Community Law, EJML 2005, S. 145–161.

sozioökonomischen Situation nachgezogener Familienangehöriger[14] und zu den Auswirkungen ausgewählter Familienzusammenführungsregelungen auf die Familienzusammenführung und die Integration.[15] Eine Arbeit, die diese Aspekte miteinander verbindet und umfassend den Zusammenhang zwischen Familiennachzugsregelungen und Integration im Spannungsfeld mit höherrangigem Recht und weiteren staatlichen Interessen untersucht, fehlt bislang.

Vor diesem Hintergrund ist Ziel der folgenden Arbeit die Klärung der Frage, inwieweit die aufenthaltsrechtlichen Familienzusammenführungsregelungen die Integration fördern und wie die Integration, unter Beachtung der rechtlichen Grenzen und der sonstigen staatlichen Steuerungsinteressen, gegebenenfalls besser erreicht werden kann. Die Untersuchung wird sich dabei auf die Einreiseregelungen für Familienangehörige von Drittstaatsangehörigen konzentrieren. Grund hierfür ist, dass das Einreiserecht für diese Personengruppe in den letzten Jahren zahlreichen rechtlichen Änderungen unterworfen war, die eine Bewertung der Integrationswirkung erforderlich machen. Die für Unionsbürger geltenden Familiennachzugsregelungen werden nur analysiert, sofern dies für eine bessere Einordnung und Bewertung der für Drittstaatsangehörige geltenden Regelungen erforderlich ist.

Die Untersuchung erfolgt in vier Schritten. In *Teil 1* werden die Grundlagen für diese Arbeit gelegt. Im Rahmen einer historischen Analyse wird zunächst nachvollzogen, wie der deutsche und der europäische Gesetzgeber bislang Familienzusammenführung im Hinblick auf die Integration geregelt haben. Anschließend wird geklärt, inwieweit Familienangehörige einen besonderen Integrationsbedarf haben. Daraufhin wird untersucht, welches Integrationskonzept dem Aufenthaltsrecht zugrunde liegt. Vergleichend wird zudem das Integrationskonzept des europäischen Gesetzgebers analysiert. Ausgehend von dieser Analyse wird ein Konzept entwickelt, anhand dessen im weiteren Verlauf der Arbeit bewertet werden soll, ob die deutschen Familienzusammenführungsregelungen die Integration von Ausländern fördern und wie die Integration – unter

---

14 Büttner/Stichs, BAMF-Heiratsmigrationsstudie; Wälde/*Evers*, Arbeitsmarktintegration von Zuwanderern im Familiennachzug.

15 Aybek/Straßburger u.a., Marriage Migration from Turkey, in: Aybek/Huinink u.a., Spatial Mobility, Migration, and Living Arrangements, S. 23 ff.; Strik/de Hart u.a., Family Reunification: a barrier or facilitator of integration? A comparative study; Strik/Böcker u.a., Integration and Naturalisation tests, INTEC-Projekt Synthesis Report, S. 1 ff.; Triebl/Klindworth, Family Reunification: a Barrier or Facilitator of Integration?, German Country Report, S. 63.

Einbeziehung anderer staatlicher Interessen und höherrangiger rechtlicher Vorgaben – gegebenenfalls besser erreicht werden kann.

Teil 2 bietet einen Überblick über die völker- und europarechtlichen Grenzen, denen die gesetzgeberische Steuerung der Familienzusammenführung unterliegt. Die Darstellung konzentriert sich dabei auf die Normen, die der EuGH und der EGMR vorrangig als Prüfungsmaßstäbe heranziehen, wenn sie Familienzusammenführungsregelungen überprüfen. Dabei handelt es sich um das durch Art. 8 EMRK geschützte Recht auf Achtung des Familienlebens, die UN-Kinderrechtskonvention, die Europäische Sozialcharta, die Europäische Grundrechtecharta, das Assoziationsrecht Türkei-EU, verschiedene Diskriminierungsverbote und die Familienzusammenführungs-RL.

In *Teil 3* wird schließlich das deutsche Familienzusammenführungsrecht im Hinblick auf die Integrationsförderung untersucht. Hierbei werden zunächst die deutschen verfassungsrechtlichen Vorgaben für die Steuerung der Familienzusammenführung dargestellt. Anschließend werden die im Aufenthaltsrecht vorhandenen Familiennachzugsregelungen in den fünf Regelungsbereichen persönlicher Anwendungsbereich, wirtschaftliche Nachzugsvoraussetzungen, Spracherfordernisse, Altersgrenzen und Verfahren auf ihre Integrationsförderlichkeit hin untersucht. Bei jedem Regelungsbereich werden Inhalt, die damit verfolgten Zwecke, Erkenntnisse zu den Wirkungen sowie die Vereinbarkeit mit höherrangigem Recht analysiert und abschließend im Hinblick auf rechtliche Verbesserungsmöglichkeiten bewertet.

In *Teil 4* wird das Ergebnis der Untersuchung zusammengefasst und ein Ausblick auf die künftige Gestaltung des Familiennachzugsrechts zur Förderung der Integration Drittstaatsangehöriger gegeben.

Teil 1: Grundlagen

A. Entwicklung des Familiennachzugsrechts in Deutschland

I. Ab 1955: Anwerbepolitik und Integration auf Zeit

Die Entwicklung des heute in Deutschland geltenden Rechts betreffend den Familiennachzug und die Integration von Zuwanderern hat ihren Ursprung in der Anwerbepolitik der 1950er Jahre. Ausgelöst durch die 1948 in den drei westlichen Besatzungszonen durchgeführte Währungs- und Wirtschaftsreform kam es dort in den 1950er Jahren zum Wirtschaftsaufschwung.[16] Der daraus resultierende Arbeitskräftemangel konnte schließlich auch durch die Zuwanderung aus der Sowjetischen Besatzungszone nicht mehr gestillt werden.[17]

Daher schloss die Bundesrepublik zwischen 1955 und 1968 acht Abkommen mit verschiedenen europäischen und außereuropäischen Staaten zur Anwerbung ausländischer Arbeitskräfte.[18] 1964 wurde bereits die Ankunft des millionsten „Gastarbeiters" in der Bundesrepublik gefeiert.[19] Angeworben wurden die Arbeitnehmer für Arbeiten im Niedriglohnbereich, für die es wegen der schlechten Bezahlung kaum deutsche Interessenten gab.[20] Dazu gehörten beispielsweise körperlich schwere Arbeit und Arbeit im Schichtsystem.[21] Die Angeworbenen waren vorwiegend gering qualifiziert. Ein Erfahrungsbericht der

16 Renner, Politik und Justiz im Ausländerrecht, in: FS Zeidler, S. 1003, 1005.

17 Münz/Seifert u.a., Zuwanderung nach Deutschland, S. 36. Insgesamt wanderten bis zum Bau der Mauer 1961 ca. fünf Millionen Menschen aus der Sowjetischen Besatzungszone und der 1949 gegründeten Deutschen Demokratischen Republik aus, Renner, Politik und Justiz im Ausländerrecht, in: FS Zeidler, S. 1003, 1005.

18 Italien (1955), Spanien (1960), Griechenland (1960), Türkei (1961), Marokko (1963), Portugal (1964), Tunesien (1965) und Jugoslawien (1968), vgl. Herbert, Geschichte der Ausländerpolitik in Deutschland, S. 381, Fn. 34.

19 Münz/Seifert u.a., Zuwanderung nach Deutschland, S. 36. Der millionste „Gastarbeiter", Armando Rodrigues de Sà aus Portugal traf am 10.09.1964 in Köln-Deutz ein und wurde durch den medienwirksamen Empfang einschließlich Übergabe eines Mopeds zum Inbegriff des „Gastarbeiters" in Deutschland, Münz/Seifert u.a., Zuwanderung nach Deutschland, S. 37, Fn. 9.

20 Münz/Seifert u.a., Zuwanderung nach Deutschland, S. 37 f.

21 Herbert, Geschichte der Ausländerpolitik in Deutschland, S. 213.

damaligen Bundesanstalt für Arbeitsvermittlung und Arbeitslosenversicherung zeigt, dass 1964 nur jeder achte Angeworbene qualifiziert war.[22]

Die rechtlichen Rahmenbedingungen waren auf einen befristeten Aufenthalt der ausländischen Arbeitnehmer ausgerichtet. Die Gültigkeitsdauer der bei der Anwerbung ausgestellten, zur Arbeit berechtigenden sog. Legitimationskarten war i.d.R. auf ein Jahr befristet und fortbestehender Arbeitskräftebedarf sollte durch neu angeworbene Arbeiter aus dem Ausland befriedigt werden.[23] Dieses sog. Rotationsprinzip[24] sollte es erlauben, die Migration an den durch die jeweilige Wirtschaftslage vorgegebenen Arbeitskräftebedarf anzupassen: In Zeiten einer Rezession kehrten die Arbeitnehmer wegen der befristeten Aufenthaltsdokumente wieder in ihre Heimatländer zurück, bei wirtschaftlichem Aufschwung konnten erneut Arbeitnehmer angeworben werden.[25]

Der nur vorübergehende Aufenthalt entsprach auch den damaligen Plänen vieler ausländischer Arbeitnehmer. Sie kamen meist ohne Familie nach Deutschland[26] und hatten vor, nach einigen Jahren in Deutschland als „gemachter Mann" in die Heimatländer zurückzukehren.[27] Ohnehin regelte beispielsweise das Abkommen mit der Türkei den Familiennachzug nicht. Nur die Abkommen mit Italien und Griechenland enthielten – unter der Voraussetzung ausreichenden Wohnraums für die Familienangehörigen – explizite Klauseln zur wohlwollenden Prüfung der sog. Familiennachführung.[28] Die Rotation zwang ganze Familien zu einem Leben „zwischen Arbeitswanderung, Rückwanderung und Einwanderung" und führte damit häufig zu familiären Schwierigkeiten.[29]

---

22 Bundesanstalt für Arbeitsvermittlung und Arbeitslosenversicherung, Erfahrungsbericht 1964, S. 21.

23 Münz/Seifert u.a., Zuwanderung nach Deutschland, S. 38 f.

24 Rotationsprinzip ist dabei kein historischer, sondern ein analytischer Begriff, der sich erst in den 1970er Jahren zur Beschreibung dieses Systems herausgebildet hat, Pagenstecher, Ausländerpolitik, S. 37.

25 Vgl. Münz/Seifert u.a., Zuwanderung nach Deutschland, S. 38 f.

26 Herbert, Geschichte der Ausländerpolitik in Deutschland, S. 212.

27 Beck, Die integrationspolitische Debatte in Deutschland, in: Barwig/Davy, Auf dem Weg zur Rechtsgleichheit? Hohenheimer Tage zum Ausländerrecht 2003 und 2004, S. 26. Diese Vorstellung entpuppte sich oft erst nach Jahrzehnten als „Lebenslüge", Renner, Politik und Justiz im Ausländerrecht, in: FS Zeidler, S. 1003, 1008.

28 Für Italien s. Art. 16 Abs. 1 des Abkommens, für Griechenland s. Mattes, „Gastarbeiterinnen" in der Bundesrepublik, S. 276.

29 *Bade*, ZAR 2010, S. 7, 9.

Das Ausländergesetz von 1965[30] schuf keine besonderen gesetzlichen Grundlagen für den Familiennachzug. Ähnlich wie die zuvor geltende Ausländerpolizeiverordnung von 1938[31] enthielt das AuslG 1965 in § 2 Abs. 1 S. 2 nur eine Generalklausel, wonach einem Ausländer eine Aufenthaltserlaubnis unter der Voraussetzung erteilt werden durfte, dass seine Anwesenheit „die Belange der Bundesrepublik Deutschland nicht beeinträchtigt". Der unbestimmte Rechtsbegriff („Belange") und das Ermessen bei der Erteilung überließen der Verwaltung einen erheblichen Ermessensspielraum, den sie in der Folgezeit durch eine unüberschaubare Zahl von Verwaltungsvorschriften ausfüllte, u.a. im Bereich des Familiennachzugs.[32] Lediglich Kinder bis zur Vollendung des 16. Lebensjahres waren vom Erfordernis einer Aufenthaltserlaubnis befreit, § 2 Abs. 2 Nr. 1 AuslG 1965. Auch die Verlängerung des Aufenthalts stand im Ermessen der bundesdeutschen Behörden und war ebenfalls nur nach der Generalnorm des § 2 Abs. 1 S. 2 AuslG 1965 möglich. Eine ständige Niederlassung wurde von den Gerichten als Verstoß gegen diese Generalnorm gewertet.[33]

Die Arbeitgeber bewerteten den Familiennachzug allerdings positiv: Er erhöhte aus ihrer Sicht die Arbeitsmotivation ihrer ausländischen Arbeitnehmer, verringerte die Arbeitnehmerfluktuation und ermöglichte die Gewinnung neuer Mitarbeiter.[34] Bereits in dieser Zeit erfolgte daher eine Ausdehnung des Familiennachzugs, indem explizit Ehepaare und andere Verwandte angeworben wurden oder die deutschen Behörden den Familiennachzug zu bereits ansässigen Personen erlaubten.[35]

Ende der 1960er Jahre mehrte sich die Kritik am Rotationssystem: Den Arbeitgebern missfiel der Zwang, immer wieder neue Arbeitnehmer einzustellen und einzuarbeiten und die Arbeitskräfte selbst konnten während ihres kurzen Aufenthalts ihre Sparziele häufig nicht erreichen.[36] In der Folge erleichterte die Bundesregierung 1971 die Möglichkeit der Verlängerung von Aufenthaltsgenehmigungen.[37] Damit wurde erstmals eine längere Verweildauer im Bundesgebiet als legitim anerkannt.

---

30 Ausländergesetz der Bundesrepublik Deutschland v. 28.04.1965, BGBl. I, S. 353, in Kraft getreten am 01.10.1965, abgedruckt in ZaöRV 1965, S. 499 ff.

31 Ausländerpolizeiverordnung v. 22.08.1938, RGBl. I, S. 1053.

32 Renner, Politik und Justiz im Ausländerrecht, in: FS Zeidler, S. 1003, 1006 f.

33 Herbert, Geschichte der Ausländerpolitik in Deutschland, S. 212.

34 Mattes, „Gastarbeiterinnen" in der Bundesrepublik, S. 276.

35 Pagenstecher, Ausländerpolitik, S. 40.

36 Münz/Seifert u.a., Zuwanderung nach Deutschland, S. 40.

37 Münz/Seifert u.a., Zuwanderung nach Deutschland, S. 40.

Faktisch fand somit auf dauerhaften Verbleib ausgerichtete Einwanderung in die Bundesrepublik statt.[38] Zwar kehrte der Großteil der in den Jahren 1955 bis 1973 zugewanderten 14 Millionen Ausländer, nämlich ca. 11 Millionen, tatsächlich in die Herkunftsländer zurück.[39] Für einen Teil der ausländischen Arbeitnehmer war die Rückkehr mangels Reintegrationsperspektive im Herkunftsstaat jedoch keine sinnvolle Alternative zum Verbleib in der Bundesrepublik.[40] Die Zahl der Ausländer in Deutschland lag 1973 bei 4 Mio.[41] Von den politischen Entscheidungsträgern wurde der Anstieg dennoch nur als vorübergehender, hauptsächlich von der Arbeitsmarktsituation abhängiger Zustand angesehen.[42] Die Politik konzentrierte sich auf die sog. „temporäre Integration" der Ausländer, d.h. ihre Integration für die Zeit ihres Aufenthalts in Deutschland.[43] Den tatsächlichen Gegebenheiten, insbesondere der Verdauerung des Aufenthalts und dem Einsetzen des Familiennachzugs, wurde diese Integrationspolitik nicht gerecht.

II. Ab 1973: Anwerbestopp und Zunahme des Familiennachzugs

Die Situation der ausländischen Arbeitskräfte änderte sich infolge der Ölkrise 1973. In Befürchtung einer Beschäftigungskrise verhängte die Bundesregierung einen sog. Anwerbestopp für ausländische Arbeitskräfte.[44] Ausgenommen davon waren lediglich italienische Staatsangehörige, da Italien damals von den Anwerbestaaten der einzige EWG-Mitgliedstaat war.[45] Aufgrund des Anwerbestopps stagnierte die Zahl der in Deutschland lebenden Ausländer seit 1973 bei ca. 4 Mio.[46] 1978 wurden daraufhin einige Erleichterungen für Ausländer und

38 *Göbel-Zimmermann/Masuch*, ZRP 1998, S. 435, 436.

39 *Bade*, ZAR 2010, S. 7, 9.

40 Renner, Politik und Justiz im Ausländerrecht, in: FS Zeidler, S. 1003, 1008.

41 Statistisches Bundesamt, Ausländerstatistik Deutschland.

42 Bernsdorff, Probleme der Ausländerintegration, S. 4.

43 Bernsdorff, Probleme der Ausländerintegration, S. 4.

44 Der Anwerbestopp erfolgte durch eine Anweisung des damaligen Bundesarbeitsministers an die zuständigen Behörden, keine drittstaatsangehörigen Arbeitnehmer zuzulassen oder ihnen Arbeitserlaubnisse zu erteilen, *Davy*, EJML 2005, S. 123 sowie *Franz*, DVBl 1975, S. 350; Thym, Migrationsverwaltungsrecht, S. 60, Herzog-Schmidt, Zuwanderung Hochqualifizierter, S. 41.

45 Griechenland trat der Europäischen Gemeinschaft erst 1981 bei, Spanien und Portugal 1986. Ausgenommen von diesem Stopp waren außerdem bestimmte, durch Verordnungen vorgegebene Beschäftigungsgebiete, *Davy*, EJML 2005, S. 123.

46 *Statistisches Bundesamt,* Ausländerstatistik Deutschland.

ihre Familienangehörigen eingeführt: Es wurde insbesondere die Verfestigung des Aufenthaltsstatus von Ausländern erleichtert, indem eine unbefristete Aufenthaltserlaubnis nach fünfjährigem und eine sog. Aufenthaltsberechtigung nach achtjährigem Aufenthalt eingeführt wurden.[47]

Der Anwerbestopp hatte zwei zentrale Entwicklungen für die Integration und den Familiennachzug zur Folge: Zum einen wurde aus der bis dahin relativ mobilen Gastarbeitergesellschaft endgültig eine auf Dauer aufhältige Einwanderungsbevölkerung.[48] Während die Gastarbeiter zuvor auf Rezessionen mit Rückwanderung reagiert hatten, blieben sie nun auch bei wirtschaftlichem Abschwung dauerhaft im Inland, um ihren Aufenthaltsstatus in Deutschland und die Möglichkeit zur Rückkehr nach Deutschland nicht zu verlieren.[49] 1979 betrug die Aufenthaltsdauer von 32 % der Ausländer bereits mehr als zehn Jahre und von 50 % der Ausländer mehr als acht Jahre.[50] Zum anderen entschlossen sich viele ausländische Arbeitnehmer dazu, ihre Familien nachzuholen und der Familiennachzug stieg damit weiter.[51] Begünstigend dafür war, dass Kinder zum damaligen Zeitpunkt bis zum 16. Lebensjahr keine Aufenthaltserlaubnis benötigten.[52] Der Familiennachzug wurde zum wichtigsten Grund für legale, dauerhafte Zuwanderung. Eine relativ hohe Geburtenrate bei den Ausländern der ersten Generation sorgte für einen weiteren moderaten Anstieg der ausländischen Bevölkerung.[53] Im Jahr 1981 lebten bereits 4,6 Mio. Ausländer in der Bundesrepublik.[54] Aus einem mehrjährigen, beanstandungsfreien Aufenthalt und dem dadurch begründeten Vertrauensschutz folgerte das BVerfG außerdem Aufenthaltsrechte,[55] je nach Ausmaß und Intensität der Integration.[56]

Dennoch hielt die Bundesregierung an ihrem Dogma fest, Deutschland sei kein Einwanderungsland.[57] Erst durch den ersten Ausländerbeauftragten der

---

47 Allgemeine Verwaltungsvorschrift zur Änderung der Allgemeinen Verwaltungsvorschrift zur Ausführung des Ausländergesetzes v. 07.07.1978, GMBl 1978, S. 368, die Änderung galt ab 01.10.1978.

48 *Bade*, ZAR 2010, S. 7, 9.

49 *Bade*, ZAR 2010, S. 7, 9.

50 Bernsdorff, Probleme der Ausländerintegration, S. 3.

51 Renner, Politik und Justiz im Ausländerrecht, in: FS Zeidler, S. 1003, 1010; *Barwig*, ZAR 2014, S. 42, 44.

52 *Barwig*, ZAR 2014, S. 42, 44, s. § 2 Abs. 2 Nr. 1 AuslG 1965.

53 Bernsdorff, Probleme der Ausländerintegration, S. 3.

54 Renner, Politik und Justiz im Ausländerrecht, in: FS Zeidler, S. 1003, 1010.

55 *BVerfG*, Beschl. v. 26.09.1978, 1 BvR 772/788, BVerfGE 49, S. 168, 185.

56 *BVerfG*, Beschl. v. 26.09.1978, 1 BvR 772/788, BVerfGE 49, S. 168, 188.

57 Bade, Sozialhistorische Migrationsforschung, S. 393.

Bundesregierung, Heinz Kühn, begann auf Bundesebene Ende der 1970er Jahre ein Umdenken in der Ausländerpolitik. Kühn lehnte 1979 in seinem Memorandum „Stand und Weiterentwicklung der Integration der ausländischen Arbeitnehmer und ihrer Familien in der Bundesrepublik Deutschland“[58] die bisherige Politik, die auf eine Integration „auf Zeit“ ausgerichtet war, als nicht realistisch ab und forderte, den bleibewilligen Ausländern eine Integration auf Dauer zu ermöglichen.[59] Seine Vorschläge für eine neue Integrationspolitik konzentrierten sich auf die Anerkennung der faktischen Einwanderung, die Verbesserung der Integration von Kindern und Jugendlichen ausländischer Arbeitnehmer (beispielsweise durch den Ausbau von Integrationsmaßnahmen oder auch die Erleichterung der Einbürgerung) sowie auf die Verbesserung der Integration der dauerhaft aufhältigen ausländischen Arbeitnehmer und ihrer Familien (z.B. durch Gewährung des kommunalen Wahlrechts und durch Erhalt unbeschränkten Arbeitsmarkt- und Ausbildungsmarktzugangs).[60]

1980 rückte die Bundesregierung mit ihrem Beschluss zur Weiterentwicklung der Ausländerpolitik allerdings nur geringfügig von ihrer bisherigen Konzeption der „Integration auf Zeit“ ab, indem sie als Schwerpunkte einer neuen Integrationspolitik die Integration der Kinder und Jugendlichen sowie die Einbürgerung von Ausländern erleichtert wollte.[61] Es war ein unzureichender Integrationsversuch, da gleichzeitig Reintegrationsmaßnahmen in den Herkunftsländern und Rückkehrfördermaßnahmen beschlossen wurden und die weitergehenden Vorschläge Kühns zur Integration langfristig aufhältiger Arbeitnehmer, zur Besserstellung von Familien und zur Anerkennung der faktischen Einwanderung nicht übernommen wurden.

1981 veranlassten die Bundesregierung schließlich verschiedene Gründe zur drastischen Einschränkung des Familiennachzugs: Die wirtschaftliche Lage hatte sich infolge der zweiten Ölkrise 1979/1980 verschlechtert und die Arbeitslosigkeit war 1981 auf den höchsten Stand seit 1955 gestiegen.[62] Angesichts der Zunahme der Arbeitslosigkeit unter Ausländern und weiter zunehmenden

58 Kühn, Stand und Weiterentwicklung der Integration der ausländischen Arbeitnehmer und ihrer Familien in der Bundesrepublik Deutschland, Memorandum des Beauftragten der Bundesregierung, Bonn, September 1979.

59 Kühn, Memorandum zum Stand und Weiterentwicklung der Integration, S. 3.

60 Kühn, Memorandum zum Stand und Weiterentwicklung der Integration, S. 3 f.

61 Bernsdorff, Probleme der Ausländerintegration, S. 6.

62 Statistik der Bundesagentur für Arbeit, Arbeitslosigkeit im Zeitverlauf, Tabelle 1. Die Arbeitslosenquote betrug 1981 5,5 %, 1980 lag sie noch bei 3,8 %.

Familiennachzugs befürchtete die Regierung ein Steigen der Ausländerfeindlichkeit.[63] Die Kinder der Gastarbeiter erreichten in dieser Zeit das ehefähige Alter und es wurde ein erheblicher Ehegattennachzug erwartet. Daneben brachten verschiedene wahrgenommene Fehlentwicklungen, z.B. betreffend Scheinehen und den Nachzug von Kindern, die erst kurz vor Erreichen der Volljährigkeitsgrenze zur Sicherung des Aufenthaltsrechts in die Bundesrepublik gebracht wurden, den Familiennachzug in die Kritik. Als wirklicher Auslöser für das plötzliche politische Handeln wird jedoch „die emotionale Verquickung mit einem ganz anders gearteten Problem: der raschen Zunahme der Asylsuchenden" gesehen – im Wahljahr 1980 wurden 108.000 Asylanträge gestellt, mehr als doppelt so viele wie im Jahr davor und danach.[64] Mit ihren „Beschlüssen zur sozialverantwortlichen Steuerung des Familiennachzugs zu Ausländern aus Nicht-EG-Staaten" vom 2. Dezember 1981 bat die Bundesregierung[65] die Bundesländer um Umsetzung mehrerer Familiennachzugsbeschränkungen: Der Ehegattennachzug zu Personen, die selbst als Kinder in die Bundesrepublik eingereist waren, d.h. faktisch zu Ausländern der zweiten Generation, sollte nur Ehegatten über 18 Jahre, bei einem Voraufenthalt von in der Regel acht Jahren sowie nach einer Ehebestandszeit von einem Jahr möglich sein, der Familiennachzug zu Ausländern im Ausbildungs-, Fortbildungs- oder Werkvertragsarbeitsverhältnis sollte ebenso ausgeschlossen werden wie der Nachzug von Kindern über 16 Jahre sowie der Kindernachzug, wenn sich noch ein Elternteil im Ausland aufhielt.[66] Nur in Härtefällen und bei Nichtbestehen integrationspolitischer Bedenken sollten Ausnahmen vom Nachzugsausschluss gelten.[67] Mit Blick auf die ähnlich intendierte, aber ausführlichere Regelung des Landes Berlin dürften integrationspolitische Bedenken nicht bestanden haben bei Vorhandensein eines Ausbildungs- oder

63 BT-Drs. 9/1629 v. 05.05.1982, S. 4.

64 S. auch zum Vorstehenden Der Spiegel, Ausländer: „Schmerzhafte Grenze gezogen", Ausgabe 50/1981, S. 24, 26; zu den Asylantragszahlen s. *BAMF*, Aktuelle Zahlen zu Asyl, Ausgabe Juli 2017, S. 3.

65 Bundeskanzler war zum damaligen Zeitpunkt Helmut Schmidt, der Regierungskoalition gehörten SPD und FDP an.

66 Beschlüsse des Bundeskabinetts zur sozialverantwortlichen Steuerung der Familienzusammenführung von Ausländern aus Nicht-EG-Staaten v. 02.12.1981, abgedruckt in InfAuslR 1981, S. 306 f.

67 Beschlüsse des Bundeskabinetts zur sozialverantwortlichen Steuerung der Familienzusammenführung von Ausländern aus Nicht-EG-Staaten v. 02.12.1981, abgedruckt in InfAuslR 1981, S. 306, 307.

Beschäftigungsverhältnisses oder einfacher deutscher Sprachkenntnisse nebst Erfüllung der Schulpflicht und Vorhandensein von angemessenem Wohnraum.

Das Ziel der Beschränkungen legt der ähnlich lautende Beschluss des Landes Berlin aus dem Jahr 1981 offen: Die Maßnahmen sollten explizit das weitere Ansteigen der ausländischen Bevölkerung begrenzen.[68] Der Familiennachzug wurde deswegen als problematisch angesehen, weil die im Rahmen des Familiennachzugs Zugewanderten „keine Bindungen an die Bundesrepublik [haben und] der Integrationsprozess stets von neuem beginnen muss".[69] Durch die Beschränkung des Kindernachzugs sollte dem Phänomen vorgebeugt werden, dass ausländische Eltern ihre Kinder erst kurz vor Erreichen des 18. Lebensjahrs aus dem Ausland nach Deutschland holen, um ihnen so noch das bis zum 18. Lebensjahr mögliche Aufenthalts- und Beschäftigungsrecht zu sichern.[70] Die Chancen dieser Kinder auf Integration und Beschäftigung wurden für gering gehalten.[71]

Das Bundesland Berlin[72] ging sogar noch weiter: Es untersagte, zusätzlich zu den vorgenannten Maßnahmen, in Berlin aufhältigen ausländischen Kindern über 18 Jahre den weiteren Aufenthalt und verpflichtete sie zur „Rückkehr" in die Herkunftsländer, wenn sie nicht kumulativ bereits seit fünf Jahren in Berlin aufhältig waren und im Besitz eines Ausbildungs- oder Beschäftigungsverhältnisses waren oder kumulativ über einfache Deutschkenntnisse verfügten, die Schulpflicht erfüllten und über eine angemessene Wohnung verfügten.[73]

Unter dem Schlagwort „Konsolidierung der Ausländerbeschäftigung" zielte die Innenpolitik in den nächsten Jahren auf die drei Aspekte Zuwanderungsbegrenzung, Rückkehrförderung und soziale Integration der ausländischen Bevölkerung und ihrer Familien.[74] An der Widersprüchlichkeit dieser Ziele scheiterte

---

68 Maßnahmen des Senators für Inneres Berlin zum Familiennachzug v. 20.11.1981, ZAR 1981, S. 147, in Kraft getreten am 20.11.1981. Berlin wurde seit den vorgezogenen Wahlen zum Abgeordnetenhaus vom 10.05.1981 erstmals von der CDU regiert.

69 Maßnahmen des Senators für Inneres Berlin zum Familiennachzug v. 20.11.1981, ZAR 1981, S. 147.

70 Erläuterung zu den ähnlich lautenden Maßnahmen des Senators für Inneres Berlin zum Familiennachzug v. 20.11.1981, ZAR 1981, S. 147.

71 Vgl. die Erläuterung zu den Maßnahmen des Senators für Inneres Berlin zum Familiennachzug v. 20.11.1981, ZAR 1981, S. 147.

72 Maßnahmen des Senators für Inneres Berlin zum Familiennachzug v. 29.09.1981, ZAR 1981, S. 147 f.

73 Maßnahmen des Senators für Inneres Berlin zum Familiennachzug v. 20.11.1981, ZAR 1981, S. 147.

74 Bade, Ausländer- und Asylpolitik in der Bundesrepublik Deutschland, in: Mehrländer, Einwanderungsland Deutschland, S. 51, 54.

die Politik. Die Erleichterung der Verdauerung von Aufenthaltstiteln vermittelte ausländischen Arbeitnehmern die Perspektive einer Zukunft in der Bundesrepublik. Gleichzeitig führte aber beispielsweise der Beschluss des Bundeslandes Berlin von 1981, in der Bundesrepublik aufgewachsene, nicht integrierte Jugendliche nach Erreichen des 18. Lebensjahrs auszuweisen, zur Verunsicherung und Desintegration dieser Bevölkerungsgruppe. Erstmals entdeckte die Politik jedenfalls die Beschränkung des Familiennachzugs als Mittel zur Lösung von Integrationsproblemen.

III. Ab 1990: Gesetzliche Steuerung von Familiennachzug und Integration

Mit dem AuslG 1990[75] vollzog sich schließlich ein Paradigmenwechsel. Mit dem Gesetz erkannte der Gesetzgeber an, dass die meisten Ausländer auf Dauer in Deutschland bleiben würden und sie mehr Aufenthaltssicherheit erhalten sollten.[76] Ausdrückliche Ziele des Gesetzes waren insbesondere die Schaffung von Rechtssicherheit für Ausländer und die Sicherstellung eines bundeseinheitlichen Vorgehens bei der Aufenthaltsgewährung.[77] Die Integration von Ausländern war somit zwar kein ausdrückliches, aber ein implizites Ziel des Gesetzes. Ehegatten und Kinder unter 16 Jahren erhielten einen Anspruch auf Erteilung einer Aufenthaltserlaubnis, § 18 Abs. 1 bzw. § 20 Abs. 2 Nr. 2 AuslG 1990. Nachzugsvoraussetzungen waren schon damals das Vorhandensein ausreichenden Wohnraums sowie die Sicherung des Lebensunterhalts, § 17 Abs. 2 AuslG 1990. Der Nachzug minderjähriger Kinder über 16 Jahre wurde nach Ermessen gewährt und von dem Beherrschen der deutschen Sprache oder einer anderweitigen Gewährleistung der Einfügung in die Lebensverhältnisse abhängig gemacht, § 20 Abs. 4 Nr. 1 AuslG 1990. Die bereits 1981 durch die Beschlüsse der Bundesregierung eingeführte Begrenzung des Kindernachzugs aus integrationspolitischen Gründen wurde damit gesetzlich verankert und im Interesse der Rechtssicherheit auch spezifiziert. Sonstige Familienangehörige erhielten ein Recht auf Nachzug nach Ermessen zur Vermeidung einer außergewöhnlichen Härte, § 22 S. 1 AuslG 1990.

---

75 Gesetz über die Einreise und den Aufenthalt von Ausländern im Bundesgebiet v. 09.07.1990, BGBl. I, S. 1354.

76 Vgl. Entwurf für ein Gesetz zur Neuregelung des Ausländerrechts, BT-Drs. 11/6321 v. 27.01.1990, S. 40 ff.

77 BT-Drs. 11/6321 v. 27.01.1990, S. 1.

Der Ehegattennachzug zu Ausländern der zweiten Generation wurde wie schon 1981 restriktiv gehandhabt. Er wurde nur zugelassen, wenn sie sich seit acht Jahren rechtmäßig im Bundesgebiet aufhielten, einen langfristigen Aufenthaltstitel (eine sog. Aufenthaltsberechtigung oder unbefristete Aufenthaltserlaubnis) besaßen und volljährig waren, § 18 Abs. 1 Nr. 4 AuslG 1990. Auch der Ehegattennachzug zu sonstigen Ausländern war nur möglich bei einer Bestandsehe, § 18 Abs. 1 Nr. 3 AuslG 1990, zu Asylberechtigten, § 18 Abs. 1 Nr. 2 AuslG 1990, oder faktisch nach achtjährigem Aufenthalt des Zusammenführenden, weil die nach § 18 Abs. 1 Nr. 1 AuslG erforderliche Aufenthaltsberechtigung i.S.d. § 27 AuslG 1990 i.d.R. erst nach achtjährigem Aufenthalt erteilt wurde.

2004 verabschiedete der Gesetzgeber das Zuwanderungsgesetz, welches als Artikelgesetz u.a. das Aufenthaltsgesetz enthielt und 2005 in Kraft trat.[78] Das weitgehend identische Zuwanderungsgesetz v. 20. Juni 2002[79] hatte das BVerfG zuvor wegen formeller Fehler für nichtig erklärt.[80] Wichtige Vorarbeiten für das Gesetz hatte die Unabhängige Kommission Zuwanderung (sog. Süssmuth-Kommission) mit ihrem 2001 vorgelegten Bericht zur Zuwanderung in Deutschland geleistet.[81] Die Integration von Ausländern wurde als Ziel in das Gesetz aufgenommen.[82] Die wesentlichen Grundzüge des AuslG 1990 blieben indes unangetastet. Der Familiennachzug wurde geringfügig erleichtert. Insbesondere erhielten Kinder über 16 Jahre einen Nachzugsanspruch, ohne die deutsche Sprache beherrschen zu müssen oder eine Gewähr für die Eingliederung in die Lebensverhältnisse bieten zu müssen, wenn sie gemeinsam mit den Eltern oder mit dem allein Sorgeberechtigten einreisten.[83] Außerdem wurde die Voraufenthaltsfrist für den Ehegattennachzug, wenn keine Bestandsehe oder ein anderweitig privilegierter Aufenthaltstitel vorlag, auf fünf Jahre festgelegt – entsprechend

78 Gesetz zur Steuerung und Begrenzung der Zuwanderung und zur Regelung des Aufenthalts und der Integration von Unionsbürgern und Ausländern (Zuwanderungsgesetz) v. 30.07.2004, BGBl. I, S. 1950 ff.

79 Gesetz zur Steuerung und Begrenzung der Zuwanderung und zur Regelung des Aufenthalts und der Integration von Unionsbürgern und Ausländern (Zuwanderungsgesetz) v. 20.06.2002, BGBl. I, S. 1946 ff.

80 *BVerfG*, Urt. v. 18.12.2002, 2 BvF 1/02, NJW 2003, S. 339 ff.

81 Unabhängige Kommission Zuwanderung, Bericht: Zuwanderung gestalten – Integration fördern, S. 13. Die Kommission wurde 2000 vom damaligen Innenminister Schily eingesetzt. Ihr gehörten 21 Mitglieder aus Politik und Zivilgesellschaft an, die damalige Bundestagspräsidentin Rita Süssmuth übernahm den Vorsitz.

82 Vgl. § 1 Abs. 1 S. 4 AufenthG.

83 § 32 Abs. 2 und Abs. 1 Nr. 2 AufenthG (2004).

der auf fünf Jahre verkürzten Dauer für den Erhalt einer Niederlassungserlaubnis.[84] Die Zuwanderung zu Erwerbszwecken wurde im Aufenthaltsgesetz weiterhin restriktiv gehandhabt. Nur für Hochqualifizierte wurde der Anwerbestopp aufgehoben.[85] Der Familiennachzug blieb damit der Hauptgrund für legale, dauerhafte Zuwanderung.

Als staatliches Integrationsgrundangebot auf Bundesebene wurden durch das Zuwanderungsgesetz insbesondere die Integrationskurse geschaffen, die Ausländern ausreichende Kenntnisse der deutschen Sprache sowie Kenntnisse der deutschen Rechtsordnung, Kultur und Geschichte vermitteln sollen, § 43 Abs. 2 und 3 AufenthG. Bestimmte Ausländergruppen, wie beispielsweise nachgezogene Familienangehörige und Erwerbsmigranten, erhielten einen gesetzlichen Anspruch auf Teilnahme am Integrationskurs, § 44 Abs. 1 AufenthG 2004. Sie durften darüber hinaus gem. § 44a Abs. 1 S. 1 Nr. 1 AufenthG zur Kursteilnahme verpflichtet werden, wenn sie sich nicht auf einfache Art in deutscher Sprache mündlich verständigen konnten.[86]

Durch das EU-Richtlinienumsetzungsgesetz v. 19. Juli 2007 (RLUmsG 2007),[87] mit dem u.a. die Familienzusammenführungs-RL umgesetzt wurde, wurden die Regelungen für den Ehegattennachzug verschärft: Es wurden ein Mindestalter von 18 Jahren für beide Ehegatten und, nach niederländischem Beispiel, die Pflicht zum Nachweis einfacher deutscher Sprachkenntnisse vor der Einreise durch den Nachziehenden festgelegt.[88] Sowohl die Altersgrenze als auch das Spracherfordernis sollen die Integration fördern und Zwangsheiraten verhindern.[89] Für Ehegatten wurde außerdem der Verpflichtungstatbestand für die Integrationskursteilnahme verschärft: Sie können seitdem zur Teilnahme am Integrationskurs sogar dann noch verpflichtet werden, wenn sie zwar über einfache, nicht aber über ausreichende[90] Sprachkenntnisse verfügen, § 44a Abs. 1 S. 1 Nr. 1 lit. b AufenthG 2007. Aufgrund der Vorgaben der

84 § 30 Abs. 1 Nr. 3 AufenthG (2004), s. BT-Drs. 15/420 v. 07.02.2003, S. 82.

85 *Davy*, EJML 2005, S. 123, 124.

86 Gleiches gilt gemäß § 44a Abs. 1 S. 1 Nr. 2 lit. a AufenthG für SGB-II-Leistungsbezieher und für besonders integrationsbedürftige Personen, § 44a Abs. 1 S. 1 Nr. 2 lit. b AufenthG.

87 Gesetz zur Umsetzung aufenthalts- und asylrechtlicher Richtlinien der Europäischen Union v. 19.08.2007, BGBl. I, S. 1970, in Kraft seit 28.08.2007.

88 § 30 Abs. 1 S. 1 Nr. 2 AufenthG.

89 BT-Drs. 16/5065 v. 23.04.2007, S. 172.

90 Ausreichende Sprachkenntnisse entsprechen gem. § 2 Abs. 11 AufenthG Niveau B 1 GER.

Familienzusammenführungs-RL wurde die Mindestvoraufenthaltsfrist für den Zusammenführenden, d.h. die Person, zu der der Nachzug stattfindet, Art. 2 lit. c Familienzusammenführungs-RL, bei Aufenthaltserlaubnissen von fünf auf zwei Jahre herabgesetzt, § 30 Abs. 1 Nr. 3 lit. d AufenthG und Art. 8 UA 1 Familienzusammenführungs-RL.

2011 wurde der Familiennachzug durch das Zwangsheiratsbekämpfungsgesetz[91] weiter verschärft, indem in § 8 Abs. 3 S. 6 AufenthG ausdrücklich eine Regelung aufgenommen wurde, nach der die Verlängerung einer Aufenthaltserlaubnis auf höchstens ein Jahr befristet werden „soll", solange ein zur Teilnahme am Integrationskurs verpflichteter Ausländer noch keinen erfolgreichen Abschluss eines Integrationskurses vorweisen[92] oder seine Integration anderweitig nachweisen kann. Die Regelung sollte nach dem Willen des Gesetzgebers nur der Klarstellung dienen und die Anwendung der entsprechenden Rechtsnormen in der Praxis verbessern.[93] Die Regelung bezieht sich zwar auf alle zur Teilnahme verpflichteten Ausländer und nicht nur auf Familienangehörige. Familienangehörige werden – im Gegensatz zu den meisten anderen Ausländern – jedoch sogar zur Integrationskursteilnahme verpflichtet, wenn sie zwar einfache, aber keine ausreichenden Sprachkenntnisse vorweisen können, vgl. § 44a Abs. 1 S. 1 Nr. 1 lit. b AufenthG. Sie sind von der Regelung daher ungleich stärker betroffen als sonstige Ausländer, die nur bei Fehlen einfacher Sprachkenntnisse zur Teilnahme verpflichtet werden können, § 44a Abs. 1 S. 1 Nr. 1 lit. a AufenthG.

2013 erhielten schließlich im Zuge anderweitiger Verbesserungen für ausländische Arbeitnehmer auch die Familienangehörigen unbeschränkten Zugang zur Erwerbstätigkeit, § 27 Abs. 5 AufenthG.[94] Er war zuvor an den Umfang der Zulassung der Erwerbstätigkeit für den Zusammenführenden gekoppelt.

---

91 Gesetz zur Bekämpfung der Zwangsheirat und zum besseren Schutz der Opfer von Zwangsheirat sowie zur Änderung weiterer aufenthalts- und asylrechtlicher Vorschriften (ZwHeiratBekG) v. 23.06.2011, BGBl. I, S. 1266, in Kraft getreten am 01.07.2011.

92 Laut § 17 Abs. 2 Integrationskursverordnung ist die Teilnahme am Integrationskurs erfolgreich i.S.v. § 43 Abs. 2 S. 2 AufenthG, wenn der Teilnehmer im Sprachtest „Deutsch-Test für Zuwanderer" das Sprachniveau B 1 GER nachgewiesen und im Test „Leben in Deutschland" die für das Bestehen des Orientierungskurses notwendige Punktzahl erreicht hat.

93 Entwurf eines Gesetzes zur Bekämpfung der Zwangsheirat und zum besseren Schutz der Opfer von Zwangsheirat sowie zur Änderung weiterer aufenthalts- und asylrechtlicher Vorschriften, BT-Drs. 17/4401 v. 13.01.2011, S. 1.

94 Gesetz zur Verbesserung der Rechte von international Schutzberechtigten und ausländischen Arbeitnehmern v. 29.08.2013, BGBl. I v. 05.09.2013, S. 3484 ff., in Kraft getreten am 06.09.2013.

IV. Bewertung

Der umfangreiche Familiennachzug nach Deutschland hat seinen Ursprung in der Anwerbephase der 1950er Jahre. Dauerhafter Aufenthalt, Familiennachzug, und nachhaltige Integration von Ausländern waren bis in die 1990er Jahre keine politischen Ziele. Dass dauerhafte Aufenthaltsnahme und Familiennachzug dennoch stattfinden konnten, ist der Lebenswirklichkeit und der Untätigkeit der damaligen Politik geschuldet. Es entspricht der Lebenswirklichkeit, dass Menschen nach einem längeren Aufenthalt in einem anderen Staat ihre Familie mitbringen möchten. Zuwanderungsbegrenzung und Rückkehrförderung erfolgten jedenfalls viel zu spät. Eine konsequente Umsetzung des Rotationsprinzips, das die dauerhafte Aufenthaltsnahme niedrig qualifizierter Arbeiter ursprünglich hatte verhindern sollen, fand nicht statt. Das Rotationsprinzip war wirtschaftlich nicht sinnvoll, da Unternehmen auf diese Weise ihre eingearbeiteten Mitarbeiter verloren. Die humanitären Kosten der Rotation mussten ohnehin die ausländischen Arbeitskräfte und ihre Familien zu tragen.

Die Integrationsprobleme sind ebenfalls einerseits in der Anwerbestrategie begründet, andererseits auch im Fehlen einer konsequenten Integrationspolitik. Eine Steuerung der Migration nach Qualifikation erfolgte in der Anwerbephase größtenteils nicht. Im Gegenteil: Möglichst ungelernt und damit günstig für die Wirtschaft sollten die angeworbenen Arbeitskräfte sein. Dieser Schritt befeuerte zwar den Wirtschaftsaufschwung Deutschlands. Eine Folge der Anwerbung niedrig qualifizierter Personen war aber, wie sich aus der weiter unten in *Kapitel C.* dargestellten Tendenz zur Wahl bildungshomogamer Ehepartner ergibt, dass auch die i.R.d. Familiennachzugs Nachziehenden niedrig qualifizierte Personen waren.

Die Beschränkungen des Familiennachzugs, die 1981 mit Blick auf die schlechte Wirtschaftslage und den Anstieg der Asylzahlen getroffen wurden, finden sich auch heute noch im Aufenthaltsrecht wieder, wenn auch in abgeschwächter Form. Dies gilt für das Mindestvoraufenthaltserfordernis ebenso wie für die Einschränkung des Nachzugs 16- und 17-jähriger Kinder. Neuland betrat der Gesetzgeber mit dem durch das RLUmsG 2007 gestarteten Versuch, den Ehegattennachzug durch vor der Einreise zu erbringende Integrationsleistungen in Form von Sprachkenntnissen zu steuern.

Es zeigt sich, dass insgesamt die Entwicklung des Familiennachzugrechts nicht geradlinig erfolgte und von Faktoren beeinflusst wird, die nicht notwendig mit der Integration der Familienangehörigen oder der quantitativen Entwicklung der Familienzusammenführung zusammenhängen. Entscheidenden Einfluss auf die Entwicklung der Familiennachzugspolitik haben auch das allgemeine

Migrationsgeschehen und die Rechtsentwicklung in anderen Staaten. Aus historischer Perspektive scheint geradlinig und unumkehrbar lediglich die Entwicklung, dass Ausländern zum Zwecke der Integration Aufenthaltssicherheit und ihren engen Familienangehörigen Familiennachzugsansprüche gewährt werden, dass Personen, die sich langfristig in Deutschland aufhalten werden, zum Zwecke der Integration unbeschränkte Beschäftigungsrechte erhalten müssen und dass ihre dauerhafte Integration von Anfang an gefördert werden muss.

B. Entwicklung des Familienzusammenführungsrechts in der Europäischen Union

I. Familienzusammenführung zu Unionsbürgern

Bereits zu Beginn der EWG wurde die Familienzusammenführung zu Unionsbürgern aufgrund ihrer Bedeutung für das in Art. 48 EWG-Vertrag von 1957[95] verankerte Freizügigkeitsrecht für Arbeitnehmer der Mitgliedstaaten entwickelt.[96]

1. Verordnung Nr. 15 von 1961

Die Verordnung Nr. 15 von 1961[97], mit der die ersten Schritte zur Beseitigung der Beschränkungen der Arbeitnehmerfreizügigkeit festlegt wurden, vermittelte Ehegatten und Kindern unter 21 Jahren von Arbeitnehmern ein Recht auf Familienzusammenführung, Art. 11 Abs. 1 der Verordnung. Nachzugsberechtigt waren allerdings nur Familienangehörige, die die Staatsangehörigkeit eines Mitgliedstaats hatten.[98] In Bezug auf alle weiteren Familienangehörigen, denen

---

95 Der EWG-Vertrag wurde durch den sog. Vertrag von Maastricht (Vertrag über die Europäische Union) umbenannt in Vertrag zur Gründung der Europäischen Gemeinschaft (EGV), Art. G.A.1 des Vertrags von Maastricht, ABl. EG C 191 v. 29.07.1992, S. 1, 5.

96 Der EuGH hat diese Bedeutung in seiner Rechtsprechung stets betont, s. *EuGH*, Urt. v. 25.07.2008, C-127/08, *Metock u.a.*, NVwZ 2008, S. 1097, 1098, Rn. 56; Urt. v. 11.07.2002, C-60/00, *Carpenter*, Slg. 2002, I-6279, Rn. 38; Urt. v. 25.07.2002, C-459/99, *MRAX*, Slg. 2002, I-6591, Rn. 53; Urt. v. 14.04.2005, C-157/03, *Kommission/Spanien*, Slg. 2005, I-2911, Rn. 26; Urt. v. 31.01.2006, C-503/03, *Kommission/Spanien*, Slg. 2006, I-1097, Rn. 41; Urt. v. 27.04.2006, C-441/02, *Kommission/Deutschland*, Slg. 2006, I-3449, Rn. 109; Urt. v. 11.12.2007, C-291/05, *Eind*, Slg. 2007, I-10719, Rn. 44.

97 Verordnung Nr. 15 über die ersten Maßnahmen zur Herstellung der Freizügigkeit der Arbeitnehmer innerhalb der Gemeinschaft v. 12.06.1961, ABl. EG Nr. 57 v. 26.08.1961, S. 1073.

98 Art. 11 Abs. 1 VO 15/1961.

der Arbeitnehmer Unterhalt gewährte oder mit denen er in häuslicher Gemeinschaft lebte, bestimmte die Verordnung zumindest eine Pflicht zur Förderung der Familienzusammenführung.[99]

Der Nachzug war nur an das Vorhandensein einer Wohnung für die Familie geknüpft, die den normalen Anforderungen entsprechen musste.[100] Den Ehegatten und Kindern wurde eine Beschäftigung im Lohn- und Gehaltsverhältnis im selben Umfang wie dem Zusammenführenden gewährt.[101]

2. *Verordnung Nr. 1612 von 1968*

Die Verordnung Nr. 1612 von 1968 über die Freizügigkeit der Arbeitnehmer innerhalb der Gemeinschaft[102] erweiterte sowohl das Freizügigkeitsrecht als auch das Recht auf Familienzusammenführung zu EWG-Staatsangehörigen. Die Verordnung erklärte die Freizügigkeit zu einem „Grundrecht der Arbeitnehmer und ihrer Familien".[103] Die Familienzusammenführung und Integration der Familienangehörigen sollten erleichtert werden, „[d]amit das Recht auf Freizügigkeit [...] in Freiheit und Menschenwürde wahrgenommen werden kann".[104] Die Familienzusammenführung diente damit einerseits wirtschaftlichen Zielen in Form der wirtschaftlichen Integration der EWG,[105] wurde andererseits aber auch als Mittel zur Führung eines menschenwürdigen Lebens im Ausland anerkannt.

Den Kreis der Nachzugsberechtigten dehnte die Verordnung aus auf alle Verwandten in absteigender Linie, d.h. z.B. auch auf Enkel, sofern sie unter 21 Jahre alt waren oder ihnen Unterhalt gewährt wurde. Ebenfalls ein Nachzugsrecht erhielten die Verwandten beider Ehegatten in aufsteigender Linie, sofern ihnen der Zusammenführende Unterhalt gewährte.[106] Die Verordnung regelte nur die

---

99 Art. 11 Abs. 2 VO 15/1961.

100 Art. 11 Abs. 3 VO 15/1961.

101 Art. 12 VO 15/1961.

102 Verordnung Nr. 1612 des Rats über die Freizügigkeit der Arbeitnehmer innerhalb der Gemeinschaft v. 15.12.1968, ABl. EG v. 19.10.1968, L 257, S. 2, zuletzt geändert durch Richtlinie 2004/38/EG des Europäischen Parlaments und des Rates v. 29.04.2004, ABl. EG v. 30.04.2004, Nr. L 158, S. 77.

103 Erwägungsgründe Abs. 3 VO 1612/68.

104 Erwägungsgründe Abs. 5 VO 1612/68.

105 Walter, Familienzusammenführung in Europa, S. 122.

106 Art. 10 Abs. 1 lit. b VO 1612/68. Zu den Verwandten in aufsteigender Linie gehören neben den Eltern auch Großeltern usw.

Wanderung innerhalb der Gemeinschaft und nicht den Zuzug von Drittstaatsangehörigen, die sich noch außerhalb der EWG befanden.[107]

Gegenüber der Verordnung Nr. 15 von 1961 wurde das Wohnraumerfordernis durch die Verordnung Nr. 1612/68 insofern eingeschränkt, als die Wohnung nicht mehr generell normalen Anforderungen, sondern nur noch den normalen Anforderungen „in dem Gebiet" entsprechen musste,[108] d.h. die Wohnung musste hinsichtlich Ausstattung und Größe mit den regional geltenden normalen Standards vergleichbar sein. Den Familienangehörigen wurde nunmehr im gesamten Hoheitsgebiet eine Tätigkeit im Lohn- und Gehaltsverhältnis gestattet.[109]

3. *Nichterwerbstätigenrichtlinien*

Erst die Anfang der 1990er Jahre erlassenen sog. Nichterwerbstätigenrichtlinien gestatteten den Familiennachzug zu Studenten, zu nicht mehr erwerbstätigen und zu nicht freizügigkeitsberechtigten Unionsbürgern. Nachzugsberechtigt waren im Fall der Studenten die Ehegatten und die Unterhalt beziehenden Kinder, im Fall der nicht mehr erwerbstätigen und nicht freizügigkeitsberechtigten Unionsbürger die Ehegatten und alle Unterhalt beziehenden Verwandten in auf- und absteigender Linie.[110] Nachzugsvoraussetzungen waren das Vorhandensein ausreichender Existenzmittel und ausreichenden Krankenversicherungsschutzes.[111] Den drittstaatsangehörigen Ehegatten und den Unterhalt erhaltenden Kindern wurde die Erwerbstätigkeit unbeschränkt gestattet.[112]

---

107 *EuGH*, Urt. v. 23.09.2003, Rs. C-109/01, *Akrich*, Slg. 2003, I-9665, Rn. 49. Vgl. auch Art. 9 Abs. 2 UA 2 VO 1612/68.

108 Art. 10 Abs. 3 VO 1612/68.

109 Art. 11 VO 1612/68.

110 RL 90/364/EWG v. 28.06.1990 (Aufenthaltsrecht für nicht freizügigkeitsberechtigte Unionsbürger), ABl. L 180 v. 13.07.1990, S. 26; RL 90/365 v. 28.06.1990 (Rentner und Selbstständige), ABl. Nr. L 180 v. 13.07.1990, S. 28 und RL 93/96 v. 29.10.1993 (Studenten), ABl. Nr. L 317, S. 59.

111 S. z.B. Art. 1 Abs. 1 RL 90/364/EWG.

112 Art. 2 Abs. 2 UA 2 RL 90/364/EWG v. 28.06.1990, ABl. L 180 v. 13.07.1990, S. 26; Art. 2 Abs. 2 UA 2 RL 90/965/EWG v. 28.06.1990, ABl. L 180 v. 13.07.1990, S. 28 sowie Art. 2 Abs. 2 UA 2 RL 93/96 v. 29.10.1993, ABl. Nr. L 317, S. 59.

4. *Richtlinie 2004/38/EG*

Die Richtlinie 2004/38/EG (nachfolgend Unionsbürger-RL)[113] löste schließlich die Verordnung Nr. 1612 von 1968 und die Nichterwerbstätigenrichtlinien weitgehend ab und regelt seitdem die für die Freizügigkeit und den Aufenthalt innerhalb der Europäischen Union geltenden Bedingungen für Unionsbürger und ihre Familienangehörigen.[114]

Den Kreis der nachzugsberechtigten Familienangehörigen erweiterte die Richtlinie um eingetragene Lebenspartner unter folgenden Voraussetzungen: Eintragung der Partnerschaft nach dem Recht eines Mitgliedstaats, Gleichstellung der Partnerschaft mit einer Ehe nach dem Recht des Aufnahmemitgliedstaats und Erfüllung der dafür nach nationalem Recht erforderlichen Voraussetzungen, Art. 2 Nr. 2 lit. b Unionsbürger-RL.

Mit der Erfassung von Lebenspartnern wollte die Europäische Kommission der Entwicklung Rechnung tragen, dass zunehmend Menschen als sog. De-facto-Paare, teilweise mit Kindern, zusammenleben und verschiedene Mitgliedstaaten hierfür einen Rechtsstatus eingeführt haben.[115] Für Deutschland bedeutet dies: Da das deutsche Recht kein Rechtsinstitut der Lebenspartnerschaft für Personen unterschiedlichen Geschlechts vorsieht, können diese sich auch nicht auf den Nachzug als Lebenspartner berufen.

Dem Vorschlag der Europäischen Kommission, den Kreis der Nachzugsberechtigten weiter auszudehnen, z.B. auf Kinder über 21 Jahre,[116] sind die Mitgliedstaaten nicht gefolgt.[117] Da den erwachsenen Kindern von Unionsbürgern i.d.R. eigene Freizügigkeitsrechte zustehen dürften, ist der Mehrwert der Altersgrenze von 21 Jahren gering.

---

113 Richtlinie 2004/38/EG des europäischen Parlaments und des Rates vom 29. April 2004 über das Recht der Unionsbürger und ihrer Familienangehörigen, sich im Hoheitsgebiet der Mitgliedstaaten frei zu bewegen und aufzuhalten, zur Änderung der Verordnung (EWG) Nr. 1612/86 und zur Aufhebung der Richtlinien 64/221/EWG, 68/360/EWG, 72/194/EWG, 73/148/EWG, 75/34/EWG, 75/35/EWG, 90/364/EWG, 90/365/EWG und 93/96/EWG, ABl. EG v. 30.04.2004, Nr. L 158, S. 77 ff.

114 Brechmann, in: Callies/Ruffert, EUV/AEUV, Art. 45 AEUV, Rn. 3.

115 KOM(2001) 257 endg. v. 23.05.2001, S. 8.

116 S. KOM(2001) 257 endg. v. 23.05.2001, S. 8: „Wie die hochrangige Sachverständigengruppe unter dem Vorsitz von Frau Veil festgestellt hat, gibt es keinen triftigen Grund, Kindern, die volljährig [sind] oder keinen Unterhalt erhalten, oder Verwandten in aufsteigender Linie, denen kein Unterhalt gewährt wird, zu verweigern, ihrer Familie in [einen] anderen Mitgliedstaat nachzureisen."

117 S. Art. 2 Abs. 2 lit. c Unionsbürger-RL.

Neu ist die Klarstellung, dass es sich bei den Verwandten in auf- und absteigender Linie um solche in „gerader" Linie handeln muss, Art. 2 Nr. 2 lit. c Unionsbürger-RL. Verwandte über Seitenlinien, wie beispielsweise Neffen, haben damit weiterhin keinen Nachzugsanspruch.[118] Hätte dieser Personenkreis einen Nachzugsanspruch, würde das nachfolgend geschilderte, eingeschränkte Nachzugsrecht sonstiger Familienangehöriger seines Sinnes beraubt.

In Bezug auf den Nachzug aller sonstigen Familienangehörigen haben die Mitgliedstaaten eine Pflicht zur Erleichterung des Familiennachzugs, sofern ihnen der Unionsbürger bereits im Herkunftsland Unterhalt gewährt hat oder er mit ihnen in häuslicher Gemeinschaft gelebt hat.[119] Neu eingeführt wurde die Pflicht der Mitgliedstaaten, in diesen Fällen die persönlichen Umstände eingehend zu untersuchen und Ablehnungen der Einreise und des Aufenthalts des nachzugsinteressierten Familienangehörigen zu begründen.[120]

Der Aufenthalt von Unionsbürgern und ihren Familienangehörigen in anderen EU-Mitgliedstaaten ist bis zu drei Monate voraussetzungslos möglich.[121] Für längerfristige Aufenthalte des Unionsbürgers und seiner Familienangehörigen muss der Unionsbürger entweder Arbeitnehmer oder Selbstständiger im Aufnahmemitgliedstaat sein. Weitere Möglichkeiten eines längerfristigen Aufenthalts bestehen, wenn der Unionsbürger über ausreichende Existenzmittel einschließlich umfassenden Krankenversicherungsschutzes für sich und seine Familienangehörigen verfügt, sowie bei Studenten bzw. Auszubildenden, die ausreichende Existenzmittel glaubhaft machen und über umfassenden Krankenversicherungsschutz verfügen.[122]

Im Vergleich zu den Vorgängerverordnungen ist das Wohnraumerfordernis beim Familiennachzug zu allen Unionsbürgern vollständig entfallen.[123] Der Wegfall sollte die Familienzusammenführung so weit wie möglich fördern, damit als Folge der Ausübung der Freizügigkeit nicht die Familie zerbricht.[124]

---

118 Die gerade aufsteigende Linie umfasst Großeltern, Urgroßeltern usw., nicht hingegen Großtanten usw., vgl. zur Definition der Abstammung in gerader Linie auch § 1589 BGB.

119 Art. 3 Abs. 2 S. 1 lit. a Unionsbürger-RL.

120 Art. 3 Abs. 2 S. 2 Unionsbürger-RL.

121 Die Familienangehörigen müssen lediglich im Besitz eines Reisepasses oder, sofern sie Unionsbürger sind, im Besitz eines gültigen Personalausweises oder Reisepasses sein, Art. 6 Abs. 2 Unionsbürger-RL.

122 Art. 7 Abs. 1 Unionsbürger-RL.

123 Art. 7 Abs. 1 lit. a und d Unionsbürger-RL.

124 Erwägungsgrund (6) vom „Vorschlag für eine Verordnung (EG) des Europäischen Parlaments und des Rates zur Änderung der Verordnung (EWG) Nr. 1612/68 des Rates

Beschränkungen der Familienzusammenführung aus Gründen der Integration sieht die Unionsbürger-RL nicht vor, sodass entsprechend den Ausführungen des EuGH im Fall *Metock* diesbezügliche Nachzugsvoraussetzungen bei der Familienzusammenführung zu Unionsbürgern nicht erlaubt sind.[125]

5. *Nachzugsrecht aus dem Kernbestand der Unionsbürgerschaft*

Drittstaatsangehörigen Familienangehörigen von Unionsbürgern kann ein Aufenthaltsrecht auch direkt aus dem sog. Kernbestand der Unionsbürgerschaftsrechte gewährt werden.[126] Es kommt in Fällen zum Tragen, in denen die Unionsbürger-RL unanwendbar ist, weil der Unionsbürger nie von seinem Freizügigkeitsrecht Gebrauch gemacht hat und daher kein grenzüberschreitender Bezug gegeben ist.[127] Der EuGH hat erstmals im Fall *Ruiz Zambrano* ein Aufenthaltsrecht aus Art. 20 AEUV für den drittstaatsangehörigen Vater minderjähriger belgischer Kinder, denen er Unterhalt gewährte, hergeleitet, um den Kindern den weiteren Aufenthalt in Belgien zu ermöglichen.[128] Die Ablehnung eines Aufenthaltsrechts für den Sorgeberechtigten hätte die Unionsbürger faktisch zum Verlassen ihres Aufenthaltsstaats gezwungen, um die elterliche Sorge genießen zu können.[129] Der EuGH leitete aus Art. 20 AEUV ab, dass mitgliedstaatliche Maßnahmen nicht die Wirkung haben dürfen, „dass den Unionsbürgern der tatsächliche Genuss des Kernbestands der Rechte, die ihnen der Unionsbürgerstatus verleiht, verwehrt wird.“[130] Welche Rechte er als Kernbestand i.S.d. Art. 20

über die Freizügigkeit der Arbeitnehmer innerhalb der Gemeinschaft“, KOM(1998) 394 endg. v. 14.10.1998, ABl. C 334 v. 12.11.1998, S. 9 ff. Die Kommission hatte dementsprechend in Art. 10 Abs. 3 des Vorschlags bereits den Wegfall des Wohnraumerfordernisses angeregt, *Cholewinski*, EJML 2002, S. 271, 277.

125 Vgl. *EuGH*, Urt. v. 25.07.2008, C-127/08, *Metock u.a.*, NVwZ 2008, S. 1097, Rn. 48 f., wonach die Familienzusammenführung Drittstaatsangehöriger zu Unionsbürgern nicht von einem Voraufenthalt in einem anderen Mitgliedstaat abhängig gemacht werden kann, weil keine der Bestimmungen der Richtlinie deren Anwendung von einer solchen Voraussetzung abhängig macht. S. zum Fall Metock *Epiney*, EuR 2008, S. 540 ff.

126 *EuGH*, Urt. v. 08.03.2011, C-34/09, *Ruiz Zambrano*, NJW 2011, S. 2033, 2034, Rn. 42; Urt. v. 13.09.2016, C-304/14, *Secretary of State for the Home Department/CS*, ECLI:EU:C:2016:674, Rn. 50 sowie Urt. v. 13.09.2016, C-165/14, *Rendón Marín*, ECLI:EU:C:2016:675, Rn. 71.

127 *EuGH*, Urt. v. 08.03.2011, C-34/09, *Ruiz Zambrano*, NJW 2011, S. 2033, 2034, Rn. 39.

128 *EuGH*, Urt. v. 08.03.2011, C-34/09, *Ruiz Zambrano*, NJW 2011, S. 2033, 2034, Rn. 42 ff.

129 *EuGH*, Urt. v. 08.03.2011, C-34/09, *Ruiz Zambrano*, NJW 2011, S. 2033, 2034, Rn. 44.

130 *EuGH*, Urt. v. 08.03.2011, C-34/09, *Ruiz Zambrano*, NJW 2011, S. 2033, 2034, Rn. 42.

AEUV ansieht, hat der EuGH dabei nicht definiert.[131] Gemäß Art. 20 Abs. 2 AEUV folgen die Rechte und Pflichten der Unionsbürger i.S.d. Artikels aus den Verträgen. Sie ergeben sich daher aus dem gesamten Unionsrecht.[132]

Dem Aufenthaltsrecht steht es, wie der EuGH in den Fällen *Secretary of State for the Home Department/CS* und *Rendón Marín* von 2016 feststellte, nicht einmal entgegen, wenn der allein sorgeberechtigte Elternteil kleiner Kinder eine Straftat begangen hat.[133] Die Ablehnung des Aufenthaltsrechts aus Gründen der öffentlichen Ordnung hält der EuGH nur für zulässig, wenn „außer der Störung der sozialen Ordnung, die jeder Gesetzesverstoß darstellt, eine tatsächliche, gegenwärtige und erhebliche Gefahr vorliegt, die ein Grundinteresse der Gesellschaft berührt“ sowie nach einer umfassenden Interessenabwägung.[134]

Aus dem Kernbestand der aus der Unionsbürgerschaft abgeleiteten Rechte hat der EuGH in den zuvor genannten Fällen bislang nur Nachzugsrechte zu minderjährigen Unionsbürgern abgeleitet, in den Fällen *Mc Carthy, Kreshnik Ymerage* und *Dereci*, in denen es um den Nachzug zu erwachsenen Unionsbürgern ging, hat er hingegen Nachzugsrechte abgelehnt.[135] Teilweise wird vermutet, dass der EuGH das Aufenthaltsrecht nur wegen des besonderen Schutzbedürfnisses von Kindern angenommen hat und diese Rechtsprechung eher nicht auf erwachsene Unionsbürger übertragbar sei.[136] Der EuGH hat in seinen Urteilen

131 *Nettesheim*, JZ 2011, S. 1030, 1033.

132 Hatje, in: Schwarze, EU-Kommentar, Art. 20, Rn. 10.

133 *EuGH*, Urt. v. 13.09.2016, C-165/14, *Rendón Marín*, ECLI:EU:C:2016:675, Rn. 85; s. auch Urt. v. 13.09.2016, C-304/14, *Secretary of State for the Home Department/CS*, ECLI:EU:C:2016:674, Rn. 50.

134 *EuGH*, Urt. v. 13.09.2016, C-304/14, *Secretary of State for the Home Department/CS*, ECLI:EU:C:2016:674, Rn. 38 und Rnrn. 41–42; Urt. v. 13.09.2016, C-165/14, *Rendón Marín*, ECLI:EU:C:2016:675, Rnrn. 83–85.

135 Im Fall *McCarthy* lehnte der EuGH die Erstreckung des Kernbestands der Unionsbürgerrechte auf das Aufenthaltsrecht für Ehegatten aus einem Drittstaat ab, *EuGH*, Urt. v. 05.05.2011, *McCarthy/Secretary of State for the Home Department*, Slg. 2011, I-03375, Rn. 49. Das Interesse am Zusammenleben mit den Eltern und Geschwistern reichte nicht für die Nachzugsgewährung zu einem erwachsenen Unionsbürger aus dem Kernbestand in *EuGH*, Urt. v. 08.05.2013, C-87/12, *Kreshnik Ymeraga*, ECLI:EU:C:2013:291, Rn. 39. Ebenso genügtem dem EuGH im Fall *Dereci*, allein wirtschaftliche Interessen des Unionsbürgers am Verbleib in seinem Mitgliedstaat nicht für die Gewährung der Familienzusammenführung aus dem Kernbestand der Unionsbürgerschaftsrechte, *EuGH*, Urt. v. 15.11.2011, C-265/11, *Dereci u.a.*, Slg. 2011, I-11315, Rn. 68.

136 *Hailbronner/Thym*, NJW 2011, S. 2008, 2013.

zum Nachzug zu Kindern jedoch die Besonderheiten der zugrunde liegenden Einzelfälle hervorgehoben.[137] Ausgeschlossen ist damit nicht, dass auch bei Erwachsenen eine Situation vorliegen kann, in der die Ablehnung des Familiennachzugs dem Kernbestand der durch die Unionsbürgerschaft vermittelten Rechte widerspricht. Entscheidend ist, ob der Unionsbürger durch die Versagung des Aufenthaltsrechts für seine Familienangehörigen gezwungen ist, die Europäische Union zu verlassen.[138] Es kommt daher auf die Schutzbedürftigkeit und die Abhängigkeit des erwachsenen Unionsbürgers von dem nachzugswilligen Familienangehörigen an. Das Schutzbedürfnis des Erwachsenen muss dem eines Kindes gleichkommen. Ein entsprechendes Schutzbedürfnis kann angenommen werden bei Unionsbürgern, die aufgrund einer Behinderung, einer Krankheit oder des Alters auf die Fürsorge ihrer Familienangehörigen angewiesen sind.

Ungeklärt ist bislang, ob Mitgliedstaaten das Nachzugsrecht aus dem Kernbestand der Unionsbürgerrechte an integrationsbezogene Beschränkungen, beispielsweise Sprachkenntnisse, knüpfen können. Dafür spricht, dass die Nachzugsart eng auszulegen ist, da die Mitgliedstaaten bezüglich der Behandlung eigener, nicht-mobiler Staatsangehöriger ihre Kompetenz gerade nicht auf die europäische Ebene übertragen haben. Dagegen spricht, dass das Ziel dieser Nachzugsart nicht die Integration, sondern allein die Aufenthaltssicherheit des Unionsbürgers ist. Der EuGH hat sich zudem im Rahmen seiner Rechtsprechung zum Kernbestand der Unionsbürgerrechte hinsichtlich des Begriffs der öffentlichen Ordnung an seiner Rechtsprechung zur Unionsbürger-RL orientiert.[139] Dies spricht dafür, dass Mitgliedstaaten das Nachzugsrecht nicht an weitere, nicht einmal in der Unionsbürger-RL vorgesehene Nachzugsvoraussetzungen knüpfen können.

---

137 *EuGH*, Urt. v. 08.03.2011, C-34/09, *Ruiz Zambrano*, NJW 2011, S. 2033, 2034, Rn. 42: „Unter diesen Umständen […]"; Urt. v. 13.09.2016, C-165/14, *Rendón Marín*, ECLI:EU:C:2016:675, Rn. 74: „[…] dass es ganz besondere Sachverhalte gibt […]."

138 S. bei einem von Kindern abgeleiteten Aufenthaltsrecht *EuGH*, Urt. v. 13.09.2016, C-165/13, *Rendón Marín*, ECLI:EU:C:2016:675, Rn. 75 m.w.N.

139 S. *EuGH*, Urt. v. 13.09.2016, C-304/14, *Secretary of State for the Home Department/CS*, ECLI:EU:C:2016:674, unter Verweis in Rn. 39 auf *EuGH*, Urt. v. 23.11.2010, C-145/09, *Tsakouridis*, EU:C:2010:708, Rnrn. 43 und 44.

6. *Bewertung*

Die Familienzusammenführung mit Unionsbürgern diente von Anfang an dem Hauptziel, die Inanspruchnahme der Grundfreiheiten zu erleichtern. Obwohl die innergemeinschaftlichen Wanderungsbewegungen somit erwünscht waren und gefördert werden sollten, hat auch das weitere Regelungsziel der Nichtbelastung der öffentlichen Haushalte die Ausgestaltung des Familiennachzugsrechts zu Unionsbürgern beeinflusst. Auch wenn beim Nachzug zu Arbeitnehmern Lebensunterhaltssicherung nicht explizit gefordert wurde, war der Nachzug zunächst nur zu Arbeitnehmern erlaubt, nicht hingegen zu nicht erwerbstätigen Unionsbürgern. Bei den Arbeitnehmern konnte ausreichendes Einkommen vermutet werden und damit die Minimierung des Risikos einer Abhängigkeit von staatlichen Transferleistungen. In Umsetzung dieses Ziels ist auch der seit 1990 im Unionsrecht geregelte Nachzug zu nicht erwerbstätigen Unionsbürgern nur bei Nachweis ausreichender Existenzmittel und Krankenversicherungsschutzes möglich.

Die ausschließliche Ausrichtung der Familienzusammenführung an diesen zwei Zielen hat ein stringentes Familienzusammenführungskonzept entstehen lassen, dessen Fortentwicklung unabhängig von wirtschaftlicher Lage und Zuwanderungsentwicklung ist. Die Familienzusammenführung ist sowohl hinsichtlich des Kreises der Nachzugsberechtigten als auch hinsichtlich der Nachzugsvoraussetzungen immer großzügiger ausgestaltet worden, um die Mobilität der Unionsbürger zu erleichtern. Altersgrenzen oder Wissensnachweise zum Zwecke der Integration waren und sind diesem Familienzusammenführungsregime vollkommen fremd. Die Rechte der Nachziehenden wurden immer weiter ausgedehnt. Der ursprünglich gewählte Ansatz, wonach die Familienzusammenführung zu fördern ist, durchzieht das Familienzusammenführungsrecht zu Unionsbürgern damit konsequent. Probleme, die sich auch bei Unionsbürgern aus dem Zuzug von Personen ergeben können, deren Lebensunterhalt oder Wohnsituation beispielsweise nicht gesichert ist, werden somit nicht der Lösung durch das Migrationsrecht, sondern durch z.B. das Sozialrecht überlassen.

II. Familienzusammenführung zu Drittstaatsangehörigen

1. *Intergouvernementale Zusammenarbeit und erste politische Initiativen im Bereich der Familienzusammenführung*

Im Gegensatz zur Familienzusammenführung zu Unionsbürgern hatte die EWG (heute EU) im Bereich der Einwanderungspolitik für Drittstaatsangehörige und damit auch der Familienzusammenführung zunächst keine

Regelungskompetenz. Die Bereiche Justiz und Inneres galten als Kernbereiche staatlicher Souveränität.[140] Auch für den hierzu gehörenden Bereich der Einwanderungspolitik schied aufgrund des Prinzips der begrenzten Einzelermächtigung mangels ausdrücklicher Regelungskompetenz der EWG ein gemeinschaftliches Handeln aus.[141]

Erst in den 1990er Jahren erkannten die Mitgliedstaaten die Notwendigkeit einer gemeinsamen europäischen Einwanderungspolitik, die auch die Drittstaatsangehörigen umfasst. Für dieses Umdenken gab es mehrere Gründe. Zum einen stieg die Zahl der Drittstaatsangehörigen in der damaligen EWG (späteren EG) stetig an.[142] Zum anderen waren nach und nach die meisten Mitgliedstaaten dem durch das Schengener Abkommen von 1985 gegründeten Schengen-Raum beigetreten, in dem Personenkontrollen an den Binnengrenzen schrittweise abgeschafft wurden.[143] Lediglich Großbritannien und Irland beteiligten sich daran nicht. Ein einmal in das Schengen-Gebiet eingereister Drittstaatsangehöriger konnte sich ohne Personenkontrollen an den Binnengrenzen im Schengen-Gebiet frei bewegen.[144] Die Aufhebung der Kontrollen an den Binnengrenzen

---

140 Suhr, in: Calliess/Ruffert, EUV/AEUV, Art. 67 AEUV, Rn. 5.

141 Aufgrund des Prinzips der begrenzten Einzelermächtigung hat die EU nur die ihr von den Mitgliedstaaten übertragenen Zuständigkeiten, Kadelbach, in: von der Groeben/Schwarze u.a., Europäisches Unionsrecht, Bd. 1, Art. 5. Rn. 4. Das Prinzip der begrenzten Einzelermächtigung ist seit dem Vertrag von Maastricht ausdrücklich im EUV genannt, mittlerweile in Art. 5 Abs. 2 EUV und wurde zuvor durch Auslegung ermittelt, Calliess, in: Calliess/Ruffert, EUV/AEUV, Art. 5 EUV, Rn. 6.

142 Zu Beginn der europäischen Integration war das Migrationsgeschehen hauptsächlich von der europäischen Binnenmigration geprägt, Guild, Immigration Law in the European Community, S. 8. Bei der letzten Messung 2011 hingegen waren zwei Drittel der in der EU-27 lebenden ausländischen Staatsangehörigen Drittstaatsangehörige (20,5 von 33,3 Millionen Personen), insgesamt sind 6,6 % der Gesamtbevölkerung ausländische Staatsangehörige, Vasileva, Nearly two-thirds of the foreigners living in EU Member States are citizens of countries outside the EU-27, S. 1.

143 Übereinkommen zwischen den Regierungen der Staaten der Benelux-Wirtschaftsunion, der Bundesrepublik Deutschland und der Französischen Republik betreffend den schrittweisen Abbau der Kontrollen an den gemeinsamen Grenzen v. 14.06.1985, GMBl 1986, S. 79 ff. Das Schengener Abkommen wurde im luxemburgischen Grenzort Schengen geschlossen. Das Abkommen unterzeichneten zunächst nur Deutschland, Frankreich und die Benelux-Länder. Durch das Abkommen wurden die Grenzkontrollen für alle Personen an die Außengrenzen des Schengen-Raums verlagert.

144 Vgl. Art. 2 Abs. 1 SDÜ: „Die Binnengrenzen dürfen an jeder Stelle ohne Personenkontrollen überschritten werden."

führte daher zu dem Bedarf, die Außengrenzen stärker zu kontrollieren und die Einwanderungspolitik auf europäischer Ebene zu harmonisieren.[145]

Bereits 1991 bestätigte der Europäische Rat von Maastricht die Familienzusammenführung als prioritär zu harmonisierenden Themenbereich im Bereich der Einreisebedingungen.[146] In einem vorbereitenden Dokument stellte der Rat der Einwanderungsminister fest, dass Einwanderung zwar von keinem Staat gefördert wird, aber z.B. in Form der Familienzusammenführung stattfindet.[147]

Durch den 1993 in Kraft getretenen Vertrag von Maastricht von 1992[148] wurde die intergouvernementale Zusammenarbeit in den Bereichen Justiz und Inneres einschließlich der Familienzusammenführung in den Kompetenzbereich der Europäischen Union aufgenommen (in Titel VI, Art. K des EU-Vertrags). Die Zusammenarbeit beschränkte sich jedoch auf politische Koordination und Konsultationen, Art. K.3 Abs. 1 des EU-Vertrags. Die Schaffung von Rechtsakten erlaubte die Kompetenznorm hingegen nicht. Entsprechende Regelungen blieben damit weiterhin den Mitgliedstaaten vorbehalten.

Auf politischer Ebene folgten in diesem Zeitraum mehrere Initiativen die Familienzusammenführung betreffend: 1993 nahm der Rat der für Einwanderungsfragen zuständigen Minister auf seiner Tagung in Kopenhagen eine „Entschließung über die Harmonisierung der nationalen Politiken im Bereich der Familienzusammenführung" an.[149] Darin wurden die Grundsätze der Politik der

145 ter Steeg, Das Einwanderungskonzept der EU, S. 78. Die Überführung wesentlicher Teile des Schengener Abkommens und des Schengener Durchführungsübereinkommens in den gemeinschaftsrechtlichen Rahmen erfolgte schließlich durch den Vertrag von Amsterdam von 1997, Voet van Vormizeele, in: von der Groeben/Schwarze u.a., Europäisches Unionsrecht, Bd. 1, Art. 26 AEUV, Rn. 32.

146 *Europäischer Rat,* Maastricht v. 09./10.12.1991, Schlussfolgerungen der Präsidentschaft v. 11.12.1991, SN 27111/91, S. 4. Der Europäische Rat bestätigte darin den entsprechenden Vorschlag des Rats der Einwanderungsminister, Report from the Ministers responsible for immigration to the European Council meeting in Maastricht on immigration and asylum policy, SN 4038/91 (WGI 930) v. 03.12.1991.

147 *Rat der Einwanderungsminister*, Report from the Ministers responsible for immigration to the European Council meeting in Maastricht on immigration and asylum policy, SN 4038/91 (WGI 930) v. 03.12.1991, S. 5.

148 Vertrag von Maastricht, ABl. EG C 191 v. 29.07.1992, S. 1, unterzeichnet am 07.02.1992, in Kraft getreten am 01.11.1993.

149 Rat der Europäischen Union, Entschließung über die Harmonisierung der nationalen Politiken im Bereich der Familienzusammenführung v. 01.06.1993, SN 2828/1/93 (WGI 1497 REV 1), abgedruckt in Handoll, Free Movement of Persons in the EU, S. 646 ff.

Mitgliedstaaten im Bereich der Familienzusammenführung mit Drittstaatsangehörigen festgelegt, die sich im Hoheitsgebiet der Mitgliedstaaten rechtmäßig aufhielten und zumindest Aussichten auf einen dauerhaften Aufenthalt hatten.[150] Die Mitgliedstaaten wurden durch die Entschließung aufgefordert, ihre nationalen Gesetze ab dem 1. Januar 1995 an diese Entschließung anzupassen.[151] Mangels anderweitiger Rechtsakte blieb sie in dem Bereich der Familienzusammenführung für Drittstaatsangehörige bis zum Inkrafttreten der Familienzusammenführungs-RL das entscheidende Instrument.[152] Die Entschließung erfolgte explizit auch vor dem Hintergrund der Einwanderungskontrolle, welche die Entschließung ausdrücklich als Erfordernis für die Integration bereits aufhältiger Drittstaatsangehöriger bezeichnete.[153] Vom Anwendungsbereich ausdrücklich nicht erfasst war die Familienzusammenführung zu Bürgern der Gemeinschaft, die von ihrem Freizügigkeitsrecht Gebrauch machen, da für diese bereits anderweitige Familienzusammenführungsregelungen im Gemeinschaftsrecht bestanden.[154] Ebenfalls nicht erfasst wurde die Familienzusammenführung zu Drittstaatsangehörigen mit Flüchtlingsstatus, da die Mitgliedstaaten für diese Personengruppe teilweise günstigere Regelungen vorsahen.[155] Nachzugsberechtigt sollte die Kernfamilie sein, d.h. Ehegatten, Kinder und Adoptivkinder.[156] Die Kinder mussten minderjährig – je nach Entscheidung des Mitgliedstaates höchstens zwischen 16 und 18 Jahren – und unverheiratet sein und durften noch kein selbstständiges Leben führen.[157] Den Mitgliedstaaten wurde die Einführung von

---

150 Nr. 1 der Entschließung. Studenten waren daher beispielsweise ausgenommen, s. Erwägungsgrund (9) UA 1 der Entschließung.

151 Erwägungsgrund (5) der Entschließung.

152 *Cholewinski,* EJML 2002, S. 271, 274. Insbesondere war die Entschließung von 1993 bis zum Inkrafttreten der Familienzusammenführungs-RL Teil des gemeinschaftlichen Besitzstands, des sog. *acquis communautaire*, d.h. der Gesamtheit des gültigen Rechts der EU, das die EU-Beitrittskandidaten umsetzen und anwenden mussten, *Cholewinski,* EJML 2002, S. 271, 274.

153 Erwägungsgrund (4) der Entschließung: „On the other hand, there is also a need to control migration flows into the territories of the Member States. This is considered to be one of the factors for the successful integration of immigrants who are lawfully resident within the territories of Member States."

154 Umkehrschluss aus Nr. 1 i.V.m. Erwägungsgrund (8) der Entschließung. Zu den anderweitigen Regelungen für Bürger der Gemeinschaft s.o. die Darstellung zu VO 15/1961 usw., S. 46 ff.

155 Erwägungsgrund (9) UA 2 der Entschließung.

156 Nr. 2 der Entschließung.

157 Nr. 8 sowie Erläuterung (iv) zu Nr. 2 der Entschließung.

Beschränkungen der Familienzusammenführung durch Wartefristen, Altersgrenzen für Kinder über 16 Jahre, Einkommens-, Wohnraum- und Krankenversicherungsnachweis überlassen.[158]

1994 mahnte die Kommission in einer Mitteilung über Einwanderungs- und Asylpolitik ein integriertes europäisches Gesamtkonzept der Einwanderung an.[159] Die Mitteilung enthielt noch keine detaillierten Vorgaben zu den Inhalten dieser Politik. In der Mitteilung betonte die Kommission jedoch die Bedeutung der Familienzusammenführung und diesbezüglicher Rechtssicherheit für rechtmäßig aufhältige Drittstaatsangehörige und für den Erfolg der Integrationspolitik.[160] Sie regte daher an, diesen Bereich rechtlich verbindlich zu regeln, beispielsweise in Form eines Abkommens.[161] Aufgrund der weiterhin zwischen den Mitgliedstaaten bestehenden Unterschiede hielt die Kommission gemeinsame Regelungen in Bezug auf Wartezeiten, Altersgrenzen für den Nachzug von Kindern, den Umgang mit Familiengründung, Nachzugsberechtigung von unverheirateten Partnern, adoptierten Kindern und Verwandten zweiten Grades sowie den Rechtsstatus der zugelassenen Familienangehörigen für erforderlich.[162]

1996 beschloss der Rat, im Bereich Einwanderung während der folgenden zwei Jahre vorrangig den Bereich der Familienzusammenführung zu untersuchen.[163] In der Folge legte die Kommission 1997, gestützt auf Art. K.3 Abs. 2 lit. c des EU-Vertrags (Maastricht), einen Vorschlag für einen Rechtsakt des Rates vor, der die Zulassung von Drittstaatsangehörigen in das Hoheitsgebiet der Mitgliedstaaten betraf und auch Regelungen zur Familienzusammenführung enthielt.[164] Der Vorschlag sollte eine Vorarbeit für eine Richtlinie werden, die durch die Kompetenzgrundlagen im zeitgleich erarbeiteten Vertrag von Amsterdam

---

158 Nr. 2, 3 und 16 der Entschließung.

159 Mitteilung der Kommission an den Rat und das Europäische Parlament über Einwanderungs- und Asylpolitik, KOM(1994) 23 endg. v. 23.02.1994, S. 1a.

160 KOM(1994) 23 endg. v. 23.02.1994, S. 21, Nr. 74.

161 KOM(1994) 23 endg. v. 23.02.1994, S. 21, Nr. 74.

162 KOM(1994) 23 endg. v. 23.02.1994, S. 21, Nr. 74.

163 Entschließung des Rates v. 14.10.1996 zur Festlegung der Prioritäten für die Zusammenarbeit im Bereich Justiz und Inneres für den Zeitraum v. 01.07.1996 bis zum 30.06.1998, ABl. EG C 319 v. 26.10.1996, S. 1, 2.

164 Vorschlag für einen Rechtsakt des Rates über die Ausarbeitung des Übereinkommens zur Regelung der Zulassung von Staatsangehörigen dritter Länder in das Hoheitsgebiet der Mitgliedstaaten, KOM(97) 387 endg. v. 30.07.1997, 97/0227 (CNS), ABl. EG C 337 v. 07.11.1997, S. 9 ff.

möglich werden sollte.[165] Das Dokument basierte auf der Vorstellung, in einem einzigen Rechtsakt die verschiedenen legalen Zuwanderungsströme sowie die Rechtsstellung der Drittstaatsangehörigen komplett regeln zu können.[166] Vom Vorschlag nicht erfasst waren u.a. Asylbewerber, Vertriebene und Personen, die aus humanitären Gründen aufgenommen wurden.[167]

Der Vorschlag enthielt Regelungen für die Familienzusammenführung von Ehegatten und minderjährigen,[168] unverheirateten Kindern, einschließlich der adoptierten, von Drittstaatsangehörigen.[169] Den Nachzug sonstiger unterhaltsberechtigter Verwandter in aufsteigender Linie sowie unterhaltsbedürftiger Verwandter in absteigender Linie sollten die Mitgliedstaaten wohlwollend prüfen.[170] Für die Familienzusammenführung sah der Akt verschiedene Voraussetzungen vor. So hätte der Zusammenführende über einen Mindestvoraufenthalt von einem Jahr und über ein für ein Jahr gültiges Aufenthaltsrecht verfügen müssen.[171] Außerdem hätte er angemessenen Wohnraum und ausreichende Mittel zur Sicherung des Lebensunterhalts nachweisen müssen.[172] Zum Krankenversicherungsschutz hingegen enthielt der Vorschlag keine Aussage, ebenso wenig hätten Sprachkenntnisse oder Ähnliches gefordert werden sollen. Diesem ambitionierten Ansatz stimmte das Parlament weitgehend zu.[173] Nach Inkrafttreten des Vertrags von Amsterdam im Jahr 1999 mit seinen zahlreichen

165 KOM(97) 387 endg. v. 30.07.1997, Präambel.

166 Der Vorschlag KOM(97) 387 endg. v. 30.07.1997 umfasste die folgenden Migrationszwecke: Ausübung einer abhängigen oder selbstständigen Erwerbstätigkeit, Saisonarbeit, Aufnahme eines Studiums oder beruflicher Bildung, sonstige Zwecke, Familienzusammenführung sowie Aufenthaltsgenehmigung für langfristig aufhältige Staatsangehörige.

167 KOM(97) 387 endg. v. 30.07.1997, Art. 2 Abs. 1.

168 Die Festlegung des Volljährigkeitsalters sollte sich aufgrund des Subsidiaritätsprinzips nach dem Recht des jeweiligen Mitgliedstaats richten, KOM(97) 387 endg. v. 30.07.1997, Erläuterung zu Art. 26.

169 KOM(97) 387 endg. v. 30.07.1997, Art. 26 Nr. 1 und 2.

170 KOM(97) 387 endg. v. 30.07.1997, Art. 26 Nr. 3.

171 KOM(97) 387 endg. v. 30.07.1997, Art. 24 Abs. 1.

172 KOM(97) 387 endg. v. 30.07.1997, Art. 28 Abs. 1.

173 Legislative Entschließung mit der Stellungnahme des Europäischen Parlaments zu dem Vorschlag für einen Rechtsakt des Rates über die Ausarbeitung des Übereinkommens zur Regelung der Zulassung von Staatsangehörigen dritter Länder in das Hoheitsgebiet der Mitgliedstaaten (KOM(97)0387 C4-0681/97 97/0227(CNS)) (Verfahren der Konsultation), ABl. EG C 150 v. 28.05.1999, S. 187.

Kompetenzgrundlagen im Migrationsbereich wurde der Vorschlag nicht mehr weiter verfolgt.

2. *Gemeinschaftskompetenz für Einwanderungspolitik und die Familienzusammenführungs-RL*

Durch den 1999 in Kraft getretenen Vertrag von Amsterdam von 1997[174] erhielt die damalige Europäische Gemeinschaft umfangreiche Kompetenzen in den Bereichen Einwanderung und Asyl von Drittstaatsangehörigen.[175] Der im neuen Titel IV „Visa, Asyl, Einwanderung und andere Politiken betreffend den freien Personenverkehr" des Vertrags zur Gründung der Europäischen Gemeinschaft (EG) enthaltene Art. 63 Abs. 1 Nr. 3 lit. a EG verlieh dem Rat den Auftrag und die Kompetenz zur Schaffung von Sekundärrechtsakten im Bereich der Einreise- und Aufenthaltsvoraussetzungen einschließlich solcher zur Familienzusammenführung. Für den Bereich des Einwanderungs- und Asylrechts galt für die Beschlussfassung im Rat das vom damaligen deutschen Bundeskanzler Kohl durchgesetzte Einstimmigkeitsprinzip für eine Dauer von fünf Jahren ab Inkrafttreten des Vertrags von Amsterdam fort, Art. 67 Abs. 1 EG.[176] Mit der Festlegung des Einstimmigkeitsprinzips im Rat stand von Anfang an fest, dass nationale Interessen einen starken Einfluss auf die Entwicklung des Sekundärrechts in dem Bereich des Einwanderungs- und Asylrechts haben würden und weitreichende Harmonisierungsziele nur schwerlich erreicht werden würden.

---

174 Vertrag von Amsterdam zur Änderung des Vertrags über die Europäische Union, der Verträge zur Gründung der Europäischen Gemeinschaften sowie einiger damit zusammenhängender Rechtsakte, unterzeichnet in Amsterdam am 02.10.1997, ABl. EG C 340 v. 10.11.1997, S. 1 ff., in Kraft getreten am 01.05.1999, konsolidierte Fassung ABl. EU C 321 E v. 29.12.2006, S. 1 ff.

175 Die Einwanderungs- und Asylpolitik wurde von der sog. dritten Säule der intergouvernementalen Zusammenarbeit der Europäischen Union in die sog. erste Säule der Europäischen Gemeinschaft verschoben. Konkret wurde durch den Vertrag der Bereich des Einwanderungs- und Asylrechts aus dem bisherigen Titel VI des EU-Vertrags (Maastricht) in den neuen Titel IV über „Visa, Asyl, Einwanderung und andere Politiken betreffend den freien Personenverkehr" des EG-Vertrags (Amsterdam) verlagert.

176 Ausgenommen davon war lediglich der Bereich der Visabestimmungen. *Göbel-Zimmermann/Masuch* sprechen angesichts der Fünfjahresfrist von „unechter" Vergemeinschaftung, ZRP 1998, S. 435, 438. Kohl wollte mit dem Einstimmigkeitsprinzip weiterhin nationale Interessen bei der Zulassung von Drittstaatsangehörigen zum Arbeitsmarkt durchsetzen können, vgl. *Göbel-Zimmermann/Masuch*, ZRP 1998, S. 435, 438 m.w.N.

Nach mehrjähriger Verhandlung erließ die Europäische Gemeinschaft (jetzt Union) auf Grundlage der durch den Amsterdamer Vertrag geschaffenen Gemeinschaftskompetenz 2003 die Familienzusammenführungs-RL. Erstmals wurde durch die Richtlinie ein Recht auf Familienzusammenführung zu Drittstaatsangehörigen geschaffen, die sich rechtmäßig in einem EU-Mitgliedstaat aufhalten. Später wurden auf Grundlage der Kompetenznorm des Art. 63 EG weitere Migrationsrichtlinien erlassen, wie beispielsweise die RL 2003/109/EG (nachfolgend: Daueraufenthalts-RL),[177] die RL 2004/114/EG (nachfolgend: Studenten-RL),[178] die RL 2005/71/EG (nachfolgend: Forscher-RL)[179] und die RL 2009/50/EG (nachfolgend: Blaue-Karte-RL).[180] Diese verweisen für ihre Anwendungsbereiche hinsichtlich der Familienzusammenführung teilweise auf die Familienzusammenführungs-RL oder schließen deren Anwendung für die jeweilige Zielgruppe, insbesondere bei Hochqualifizierten, in Bezug auf einzelne Nachzugsvoraussetzungen teilweise aus.[181]

---

177 Richtlinie 2003/109/EG des Rates v. 25.11.2003 betreffend die Rechtsstellung der langfristig aufenthaltsberechtigten Drittstaatsangehörigen, ABl. EU L 16 v. 12.01.2004, S. 44–53.

178 Richtlinie 2004/114/EG des Rates v. 13.12.2004 über die Bedingungen für die Zulassung von Drittstaatsangehörigen zur Absolvierung eines Studiums oder zur Teilnahme an einem Schüleraustausch, einer unbezahlten Ausbildungsmaßnahme oder einem Freiwilligendienst, ABl. EU L 375 v. 23.12.2004, S. 12–18.

179 Richtlinie 2005/71/EG des Rates v. 12.10.2005 über ein besonderes Zulassungsverfahren für Drittstaatsangehörige zum Zwecke der wissenschaftlichen Forschung, ABl. EU L 289 v. 03.11.2005, S. 15–22.

180 Richtlinie 2009/50/EG des Rates v. 25.05.2009 über die Bedingungen für die Einreise und den Aufenthalt von Drittstaatsangehörigen zur Ausübung einer hochqualifizierten Beschäftigung, ABl. EU L 155 v. 18.06.2009, S. 17–29.

181 S. z.B. Art. 2 lit. e Daueraufenthalts-RL sowie Art. 2 lit. f Blaue-Karte-RL, die hinsichtlich des Begriffs des Familienangehörigen auf die Familienzusammenführungs-RL verweisen. S. auch Art. 15 Abs. 1 Blaue-Karte-RL zur grundsätzlichen Anwendbarkeit der Familienzusammenführungs-RL im Bereich der Blaue-Karte-RL aber Art. 15 Abs. 3 Blaue-Karte-RL zur Unanwendbarkeit von Integrationsmaßnahmen vor der Einreise sowie Art. 9 Abs. 2 Forscher-RL hinsichtlich der Nichtanwendbarkeit von Wartefristen bei der Familienzusammenführung im Bereich der Forscher-RL.

3. *Fortführung durch den Vertrag von Lissabon*

Durch den am 1. Dezember 2009[182] in Kraft getretenen Vertrag von Lissabon von 2007[183] wurden die Kompetenzen der Europäischen Union (ehemals Gemeinschaft)[184] im Bereich der Familienzusammenführung dem Grunde nach nicht geändert. Neu eingeführt wurde, dass für den Erlass von Sekundärrechtsmaßnahmen, wie beispielsweise Richtlinien, das sog. ordentliche Gesetzgebungsverfahren gilt, Art. 79 Abs. 2 AEUV. Es sieht vor, dass Sekundärrechtsmaßnahmen auf Vorschlag der Kommission vom Europäischen Parlament und vom Rat angenommen werden, Art. 289 Abs. 1 AEUV.[185] Das Parlament entscheidet in der Regel mit einfacher Mehrheit und der Rat mit qualifizierter Mehrheit, vgl. Art. 294 EUV.[186] Für den Erlass von Sekundärrecht ist somit Einstimmigkeit im Rat grundsätzlich nicht mehr erforderlich.[187] Auf Grundlage dieser Kompetenz wurde mit der RL 2014/66/EU (nachfolgend: ICT-RL)[188], die

---

182 Das ursprünglich für den 01.01.2009 geplante Inkrafttreten des Vertrags scheiterte daran, dass zu diesem Zeitpunkt noch nicht alle 27 Mitgliedstaaten den Vertrag ratifiziert und die Ratifikationsurkunden hinterlegt hatten (vgl. Art. 6 Abs. 2 der Schlussbestimmungen des Vertrags von Lissabon). In Irland, das als einziger EU-Mitgliedstaat für die Ratifikation eines zustimmenden Referendums bedurfte, wurde der Vertrag im Referendum vom 12.06.2008 mit 53,4 % der Stimmen zunächst abgelehnt, Hellmann, Der Vertrag von Lissabon, S. 13. Auf ihrem Gipfel vom 11./12.12.2008 in Brüssel einigten sich die Staats- und Regierungschefs darauf, dass der Vertrag bis Ende Dezember 2009 in Kraft treten sollte, s. Europäischer Rat von Brüssel v. 11./12.12.2008, Schlussfolgerungen des Vorsitzes, Ratsdok. 17271/1/08, REV 1 v. 13.02.2009, S. 1. Das zweite Referendum in Irland am 03.10.2009 war schließlich mit klarer Mehrheit von 67,1 % erfolgreich. Der Vertrag konnte damit am 01.12.2009 in Kraft treten.

183 Vertrag von Lissabon zur Änderung des Vertrags über die Europäische Union und des Vertrags zur Gründung der Europäischen Gemeinschaft, unterzeichnet in Lissabon am 13.12.2007, ABl. EU C 306 v. 17.12.2007, S. 1 ff., zuletzt bekannt gemacht durch Abdruck der konsolidierten Fassung in ABl. EU C 326 v. 26.10.2012, S. 1 ff.

184 Die Europäische Gemeinschaft wurde als Rechtsperson vollständig durch die Europäische Union ersetzt.

185 Dabei handelt es sich um ein gestuftes Verfahren mit bis zu drei Lesungen.

186 Die qualifizierte Mehrheit wurde durch den Vertrag neu geregelt. Nunmehr soll eine „doppelte Mehrheit" erforderlich sein, für die 55 % der Mitgliedstaaten zustimmen müssen, sofern die von ihnen vertretene Bevölkerung mindestens 65 % ausmacht, Art. 238 AEUV, Oppermann/Classen/Nettesheim, Europarecht, § 3, Rn. 14.

187 Einstimmigkeit ist lediglich erforderlich, wenn das Europäische Parlament zu einem Gesetzesentwurf Abänderungen vorschlägt und die Kommission zu diesen Abänderungsvorschlägen eine ablehnende Stellungnahme abgibt, Art. 294 Abs. 9 AEUV.

188 Richtlinie 2014/66/EU des Europäischen Parlaments und des Rates v. 15.05.2014 über die Bedingungen für die Einreise und den Aufenthalt von Drittstaatsangehörigen im Rahmen eines unternehmensinternen Transfers, ABl. L 157 v. 27.05.2014, S. 1 ff.

unternehmensintern transferierte Arbeitnehmer betrifft, eine weitere Richtlinie erlassen, die bestimmte Drittstaatsangehörige aus wirtschaftspolitischen Gründen bei der Familienzusammenführung privilegiert.

4. Bewertung

Die Darstellung zeigt, dass erst der Wegfall der Binnengrenzkontrollen die Mitgliedstaaten Anfang der 1990er Jahre dazu motivierte, eine gemeinsame Migrationspolitik zu entwickeln. Vorrangiges Ziel der Harmonisierung war nicht wie bei Unionsbürgern die Förderung der Wanderung von Arbeitnehmern, sondern die Einwanderungskontrolle. Dementsprechend zeigen die verschiedenen Regelungsvorschläge aus dieser Zeit, dass schon damals ein gemeinsames Verständnis unter den Mitgliedstaaten bestand, demzufolge die Familienzusammenführung zu Drittstaatsangehörigen im Vergleich zur Familienzusammenführung zu Unionsbürgern restriktiver gestaltet werden sollte. Beispielsweise wurde das Nachzugsrecht in der Entschließung des Rates über die Harmonisierung der nationalen Politiken im Bereich der Familienzusammenführung von 1993 und in dem Vorschlag der Kommission von 1997 für einen Rechtsakt des Rates nur der Kernfamilie gewährt, nicht hingegen den sonstigen Verwandten in auf- und absteigender Linie.[189] Für den Nachzug von Kindern wurde ein maximales Nachzugsalter von 18 Jahren festgelegt und den Mitgliedstaaten zudem die Festlegung eines geringeren Nachzugsalters gestattet, während das Nachzugsalter bei der Familienzusammenführung zu Unionsbürgern nach wie vor bei 21 Jahren liegt. Das Bedürfnis zur Festlegung von Integrationsregelungen bei der Familienzusammenführung wurde anerkannt und den Mitgliedstaaten die Regelung überlassen. So erlaubten beide Vorschläge Nachzugsvoraussetzungen, wie z.B. Altersgrenzen für Kinder, Wohnraumerfordernis und Einkommensnachweis.[190]

Eine gemeinsame Migrationspolitik kam erst dank der durch den Vertrag von Amsterdam 1997 geschaffenen Gemeinschaftskompetenz zustande. Die Vielzahl der mittlerweile erlassenen Migrationsrichtlinien zeigt, dass der im Vorschlag der Kommission für eine Richtlinie von 1997[191] enthaltene Ansatz aufgegeben wurde, alle Migrationsarten für Drittstaatsangehörige in einem einzigen Rechtsakt zu regeln. Damit wurde auch der Gedanke aufgegeben, drittstaatsangehörigen Migranten so weit wie möglich einheitliche Rechte zu gewähren, u.a. im Bereich der Familienzusammenführung. Vielmehr zeigt sich an den Richtlinien,

---

189 S. hierzu ausführlicher oben Teil 1:B.II.1, S. 54 ff.

190 S. zu all diesen Regelungen ausführlicher oben Teil 1:B.II.1, S. 54 ff.

191 S. zum Vorschlag genauer oben S. 58 f.

dass ein weiteres Ziel in Form der Förderung der Zuwanderung Hochqualifizierter bei der Regelung der Familienzusammenführung berücksichtigt wurde.

C. Familienangehörige als Zielgruppe mit besonderem Integrationsbedarf?

Wie die zuvor dargestellte Zunahme integrationsbezogener Familiennachzugsregelungen vermuten lässt, gelten die Familienangehörigen als Zuwanderer mit besonderem Integrationsbedarf. Daher wird nachfolgend geprüft, inwiefern diese Annahme zutrifft. Diese Untersuchung soll eine bessere Einordnung und Bewertung der Familiennachzugsregelungen in Teil 3 dieser Arbeit ermöglichen.

Tatsache ist, dass sich Familienangehörige von Arbeitsmigranten hinsichtlich des Ablaufs und der Art der Integration unterscheiden. Der sog. BAMF-Heiratsmigrationsstudie zufolge haben Ehegatten im Vergleich zu Arbeitsmigranten weit höhere Bleibeabsichten: Insgesamt 78,4 % der befragten Ehegatten planten dauerhaft (60,7 %) oder für zumindest zehn Jahre (17,7 %) in Deutschland zu bleiben, nur 2 % planten einen Aufenthalt von unter fünf Jahren und 17,7 % wussten die Bleibedauer noch nicht.[192] Demgegenüber waren in der IAB-SOEP-Migrationsstichprobe 45 % der Befragten mit Fach- oder Hochschulabschluss und mehrfacher Migrationserfahrung unentschieden, ob sie in Deutschland bleiben wollten.[193] Bei Arbeitsmigranten mit einem Aufenthaltstitel nach § 18 AufenthG wollten nach einer Studie des BAMF von 2012 insgesamt nur 45,3 % langfristig in Deutschland bleiben, davon 19,8 % dauerhaft und 25,5 % für mindestens zehn Jahre.[194] Bei den Hochqualifizierten mit Aufenthaltstitel nach § 19 AufenthG beabsichtigten im Rahmen einer Befragung 68,6 % einen langfristigen Aufenthalt, davon planten 31,6 % einen dauerhaften Aufenthalt und 37 % einen Aufenthalt von mindestens zehn Jahren, immerhin 15,8 % planten einen Aufenthalt von unter fünf Jahren.[195] Die hohen Bleibeabsichten der Familienangehörigen sprechen grundsätzlich für günstige Integrationsbedingungen, da sie Investitionen in die Integration befördern.[196] Die Pläne von Familienangehörigen sind dabei nicht der Haupt-, aber ein Faktor auch für den dauerhaften Verbleib von Fachkräften im Bundesgebiet: Unabhängig davon, ob sie verheiratet waren oder nicht, gaben 38% der Hochqualifizierten mit Aufenthaltstitel nach

192 Büttner/Stichs, BAMF-Heiratsmigrationsstudie, S. 259.
193 Brücker/Tucci u.a., IAB-Kurzbericht 21.1/2014, S. 3, 10.
194 Heß, Zuwanderung von Fachkräften nach § 18 AufenthG, S. 90.
195 Heß, Zuwanderung von Hochqualifizierten, S. 70.
196 Büttner/Stichs, BAMF-Heiratsmigrationsstudie, S. 259.

§ 19 AufenthG die Pläne von Familienangehörigen als einen Grund an, der die Aufenthaltsdauer beeinflusst.[197] Gelingt es somit, den Familienangehörigen eine Perspektive in Deutschland zu vermitteln, kann dies auch bei Hochqualifizierten zu einer Verlängerung ihres Aufenthaltswunsches führen.

Familienangehörige kommen in der Regel als Ehegatten nach Deutschland: 62,4 % aller Visa zum Familiennachzug wurden 2015 an diese Gruppe erteilt, bis 2012 schwankte der Anteil sogar um 75 % und sank erst in Folge des Anstiegs der Flüchtlingszahlen und der damit verbundenen Zunahme des Kindernachzugs zu anerkannten Flüchtlingen.[198] Die Ehegatten sind zum Einreisezeitpunkt in der Regel noch sehr jung und befinden sich in der Phase vor der Familiengründung: 39,4% der im Rahmen der BAMF-Heiratsmigrationsstudie befragten Ehegatten waren bei der Einreise bis 24 Jahre, weitere 43,1 % zwischen 25 und 34 Jahren.[199] 77 % bekamen Kinder nach der Einreise, 90,7 % davon innerhalb der ersten drei Jahre nach der Einreise.[200] Nicht Erwerbstätigkeit, sondern Familiengründung steht somit zunächst im Fokus der Nachziehenden. Das Zeitfenster bis zur Geburt des ersten Kindes ist zudem gering. Bei der gesetzlichen Gestaltung der Integration ist dies zu berücksichtigen.

Die BAMF-Heiratsmigrationsstudie hat ergeben, dass der Ehegattennachzug geprägt ist von Bildungshomogamie: Im Kontext der Familienzusammenführung hatten die untersuchten nachziehenden Ehegatten und die Zusammenführenden zu 41,4 % dasselbe Bildungsniveau. Die zweithäufigste Konstellation war mit 35,4 % die, bei der der nachziehende Ehegatte sogar höher qualifiziert war als der Zusammenführende.[201] Die Familienzusammenführung lässt sich somit mittelbar über die Auswahl der Zusammenführenden nach Humankapitalkriterien steuern.[202] Im Hinblick darauf, dass die Zuwanderung Hochqualifizierter seit Jahren zunimmt,[203] hat die Politik hierfür die richtigen Weichen gestellt.

Dennoch weisen Ehegatten im Vergleich zu Arbeitnehmern nicht nur zu Beginn des Aufenthalts, sondern auf Dauer eine schlechtere Arbeitsmarktintegration auf. Im Vergleich zu Arbeitnehmern sind Ehegatten häufiger nicht in

---

197 Heß, Zuwanderung von Hochqualifizierten, S. 71 f.

198 BAMF, Migrationsbericht 2015, S. 109 f.

199 Büttner/Stichs, BAMF-Heiratsmigrationsstudie, S. 76.

200 Büttner/Stichs, BAMF-Heiratsmigrationsstudie, S. 125.

201 Büttner/Stichs, BAMF-Heiratsmigrationsstudie, S. 183.

202 Büttner/Stichs, BAMF-Heiratsmigrationsstudie, S. 186.

203 S. BAMF, Migrationsbericht 2015, S. 68. Danach wurden 2015 6.792 Blaue Karten EU an Hochqualifizierte erteilt. Die Zahl lag bei Einführung dieses Aufenthaltstitels im Jahr 2012 noch bei 2.190 und hat sich jährlich gesteigert.

qualifikationsadäquaten Tätigkeiten beschäftigt. Von den i.R.d. BAMF-Heiratsmigrationsstudie befragten Ehegatten waren 70,6 % nicht qualifikationsadäquat beschäftigt.[204] Von den befragten Arbeitnehmern nach § 18 AufenthG waren nach eigener Einschätzung hingegen 84 % qualifikationsadäquat beschäftigt.[205] Hauptgrund für eine Beschäftigung unterhalb des eigenen Qualifikationsniveaus sind bei Ehegatten zu geringe Sprachkenntnisse.[206] Nach Ergebnissen der IAB-SOEP-Migrationsstichprobe sind arbeitsmarktferne Zuwanderungswege, wie beispielsweise der Familiennachzug, von einer geringeren Erwerbstätigkeitsquote und einem geringeren Lohnniveau geprägt als arbeitsmarktnahe Zuwanderungswege.[207] Nach derselben Studie führt die Zuwanderung in eine Familie zudem dazu, dass Zuwanderer mit Hochschulabschluss oder ohne Berufsausbildung vor der Einreise weniger in Sprachkenntnisse investieren als Zuwanderer, die bei der Einreise nicht von Familienangehörigen unterstützt werden.[208] Nur bei Personen mit Berufsausbildung wurde in dieser Studie kein negativer Zusammenhang festgestellt.

Die Analyse hat gezeigt, dass insbesondere Ehegatten im Vergleich zu Arbeitnehmern einen besonderen Integrationsbedarf haben. Es ist daher gerechtfertigt, die Einreise dieser Personengruppe aufenthaltsrechtlich im Hinblick auf die Integration besonders auszugestalten. Besondere Bedeutung für die Integration hat auch das Phänomen der Bildungshomogamie: Die Anwerbung von Niedrigqualifizierten in der Vergangenheit hatte dementsprechend auch die Zuwanderung von niedrigqualifzierten Familienangehörigen zur Folge. Die Zunahme der Zuwanderung von Hochqualifizierten in den letzten Jahren wird bewirken, dass mehrheitlich hoch qualifizierte Familienangehörige nachziehen. Der hohe Anteil qualifikationsinadäquat beschäftigter Ehegatten zeigt dennoch fortbestehenden Handlungsbedarf zur Verbesserung der Integration der Nachziehenden.

---

204 Büttner/Stichs, BAMF-Heiratsmigrationsstudie, S. 195.
205 Heß, Zuwanderung von Fachkräften nach § 18 AufenthG, S. 51.
206 Büttner/Stichs, BAMF-Heiratsmigrationsstudie, S. 194.
207 Brücker/Tucci, IAB-Kurzbericht 21.1/2014, S. 3, 12.
208 Liebau/Romiti, IAB-Kurzbericht 21.2/2014, S. 13, 14.

D. Integration als Ziel im deutschen und europäischen Migrationsrecht

I. Einführung

Nachdem in den vorhergehenden Kapiteln die historische Entwicklung der Familienzusammenführung und die besondere Integrationssituation von Familienangehörigen nachvollzogen wurden, widmet sich dieses Kapitel dem Konzept der Integration. Auf Grundlage dieser Analyse wird in der Folge eine Definition des Integrationsbegriffs entwickelt, an deren Maßstab im weiteren Verlauf der Arbeit die Familienzusammenführungsregelungen daraufhin überprüft werden sollen, ob sie die Integration fördern. Während bei Unionsbürgern das Integrationskonzept entsprechend den Ausführungen im vorhergehenden Kapitel klar in der Rechtsgewährung besteht, ist das Integrationskonzept für Drittstaatsangehörige weitaus komplexer. Dieses Kapitel bezieht sich daher ebenso wie die weitere Arbeit auf die Integration Drittstaatsangehöriger. Geklärt wird nachfolgend zunächst, welches Integrationskonzept der deutsche Gesetzgeber seiner Integrationsgesetzgebung im Aufenthaltsrecht zugrunde legt. Wesentliche Teile des Migrationsrechts sind mittlerweile europarechtlich determiniert. Daher wird anschließend das Integrationskonzept der Europäischen Union analysiert, um mögliche Erkenntnisse für die Weiterentwicklung des Integrationsbegriffs im deutschen Recht zu gewinnen. Untersucht wird jeweils, welche Ziele der deutsche und der europäische Gesetzgeber mit dem Begriff der Integration verfolgen und wie diese Ziele mit den Mitteln des Migrationsrechts erreicht werden sollen.

II. Das Integrationskonzept des AufenthG

Für den Bereich des Aufenthaltsrechts erhebt der Gesetzgeber die Integration von Ausländern zu einem gesetzgeberischen Ziel, § 1 Abs. 1 S. 4 AufenthG. Mit § 1 Abs. 1 S. 4 AufenthG manifestiert der Gesetzgeber zugleich die Annahme, dass Integration durch gesetzliche Regelungen regel- und förderbar ist.

Gesetzlich definiert ist der Integrationsbegriff, den der Staatstheoretiker *Rudolf Smend* Anfang des 20. Jahrhunderts für den Bereich des Staatsrechts prägte,[209] im deutschen Aufenthaltsrecht nicht. Etymologisch leitet sich das Wort „Integration“ vom lateinischen Substantiv „integratio“ ab, das „Erneuerung“

---

209 Smend, Verfassung und Verfassungsrecht, S. 18 f. Smend bezeichnete die Integration als den „Kernvorgang des staatlichen Lebens“ und meinte damit die ständige Fortentwicklung des Staates, um die einzelnen Gesellschaftsteile zusammenzuhalten.

oder „Wiederherstellung eines Ganzen“ bedeutet.[210] Das Substantiv deutet somit auf einen Veränderungsprozess hin, bei dem entweder ein ursprüngliches Ganzes wiederhergestellt wird oder etwas Neues, ein um das Ergänzte Erweitertes, entsteht. Auf dieser Grundlage sollen nun der Begriff und das Konzept der Integration im Verfassungs- und Aufenthaltsrecht analysiert werden.

1. Das Ziel der Eingliederung

a) Verfassungsrechtliche Heterogenitätsgarantie

Den Rahmen dafür, wie Integration im deutschen Recht zu verstehen ist, bilden die Regelungen des Grundgesetzes. Migration an sich ist mit Verschiedenheit verbunden.[211] Das Grundgesetz schützt über „Art. 1 Abs. 1, Art. 2 Abs. 1, Art. 4 Abs. 1 und Art. 5 Abs. 1 GG“, das Interesse des Einzelnen, seine „staatsbürgerliche und kulturelle Identität bewahren zu können.“[212] Nicht die vom Staatsrechtler *Carl Schmitt* Anfang des 20. Jahrhunderts für den Erhalt der Demokratie geforderte Homogenität des Staatsvolks,[213] sondern die Garantie von Unterschiedlichkeit ist somit ein verfassungsrechtliches Ziel.[214] Das Grundgesetz garantiert, dass Menschen ihre sprachlichen, weltanschaulichen, politischen, religiösen und herkunftsmäßigen Unterschiede ausleben dürfen. Beim Ziel der Integration geht es laut dem BVerfG in seiner Leitentscheidung zum Familiennachzug von 1987 daher nur um „das Verlangen einer weitgehenden wirtschaftlichen und sozialen Eingliederung [...] im Sinne einer Einfügung in die äußere Ordnung der Bundesrepublik Deutschland.“[215] Es kann hingegen kein „völliges Aufgehen in den deutschen Lebensumständen und -gewohnheiten [...], das die gesamte Persönlichkeit der betroffenen Ausländer ergriffe“ verlangt werden.[216] Staatlichen Integrationsbemühungen, durch die ein homogenes Staatsvolk geschaffen werden soll, steht das Grundgesetz entgegen.

---

210 Langenscheidt Schulwörterbuch Latein.

211 *Davy,* EJML 2005, S. 123, 126.

212 *BVerfG,* Beschl. v. 12.05.1987, 2 BvR 1226/83 u.a., NJW 1988, S. 626, 629 f.

213 Schmitt, Die geistesgeschichtliche Lage des heutigen Parlamentarismus, 2. Aufl. 1926, S. 14. S. hierzu kritisch *Davy,* EJML 2005, S. 123, 126 f. sowie *Lübbe-Wolff,* ZAR 2007, S. 121, 123 f.

214 In diesem Sinne auch *Davy,* EJML 2005, S. 123, 130.

215 *BVerfG,* Beschl. v. 12.05.1987, 2 BvR 1226/83 u.a., NJW 1988, S. 626, 629 f.

216 *BVerfG,* Beschl. v. 12.05.1987, 2 BvR 1226/83 u.a., NJW 1988, S. 626, 629 f.

b) *Eingliederung in Wirtschaft, Kultur und Gesellschaft*

Die Integration wird laut dessen Überschrift in Kapitel 3 des AufenthG (§§ 43–45a AufenthG) geregelt, das die staatlichen Integrationsfördermaßnahmen betrifft. Gemäß § 43 Abs. 1 AufenthG wird „[d]ie Integration von rechtmäßig auf Dauer im Bundesgebiet lebenden Ausländern in das *wirtschaftliche, kulturelle und gesellschaftliche Leben* [...] gefördert und gefordert".[217] Zu diesem Zweck gewährt das AufenthG Ausländern insbesondere das „Grundangebot zur Integration" in Form des Integrationskurses, § 43 Abs. 2 S. 1 AufenthG. Der Integrationskurs vermittelt Ausländern ausreichende Sprachkenntnisse und Kenntnisse der Rechtsordnung, Kultur und Geschichte, § 43 Abs. 2 S. 2 AufenthG. Der Gesetzgeber selbst geht davon aus, dass Kapitel 3 des AufenthG nur einen „Mindestrahmen staatlicher Integrationsangebote" in Form von Sprachkursen und einer Einführung in die Lebensverhältnisse gewährt.[218] Durch das vermittelte Grundwissen sollen Ausländer den Alltag ohne Unterstützung Dritter meistern können, § 43 Abs. 2 S. 3 AufenthG. Das Aufenthaltsrecht beschränkt sich dabei auf das Ziel der Eingliederung in die Bereiche Wirtschaft, Kultur und Gesellschaft, schließt damit aber nicht aus, dass die Eingliederung auch in andere Bereiche für die Integration von Ausländern wesentlich ist. Was genau „wirtschaftliche, kulturelle und gesellschaftliche" Eingliederung (s. § 43 Abs. 1 AufenthG) bedeutet, bleibt i.R.d. Kapitels 3 des AufenthG offen.

Hinweise dazu, was der Gesetzgeber mit der Eingliederung „in das wirtschaftliche, kulturelle und gesellschaftliche Leben" verbindet, lassen sich implizit den Normen entnehmen, die ein bestimmtes Ausmaß an Integration mit dem Erwerb eines Aufenthaltstitels verknüpfen, wie beispielsweise § 9 (Niederlassungserlaubnis), § 18a (Aufenthaltserlaubnis für qualifizierte Geduldete zum Zweck der Beschäftigung), § 25a (Aufenthaltsgewährung bei gut integrierten Jugendlichen und Heranwachsenden) und 25b AufenthG (Aufenthaltsgewährung bei nachhaltiger Integration).[219] Die Erteilungsvoraussetzungen werden zutreffend in der Literatur als Integrationsindikatoren bezeichnet.[220] Integrationserfolge, die die wirtschaftliche Eingliederung nachweisen, reichen von der überwiegend eigenständigen Sicherung des Lebensunterhalts, § 25b Abs. 1 S. 2 Nr. 3 AufenthG, bis

---

217 Hervorhebung d. Verf.

218 BT-Drs. 15/420 v. 07.02.2003, S. 62.

219 Dafür, in die Analyse des Integrationsbegriffs sowohl die expliziten, als auch die impliziten Integrationsnormen des Aufenthaltsgesetzes einzubeziehen, plädiert auch Eichenhofer, Begriff und Konzept der Integration im Aufenthaltsgesetz, S. 150.

220 *Niesten-Dietrich*, ZAR 2012, S. 85, 90.

zum Vorhandensein einer bestimmten qualifizierten Ausbildung oder Tätigkeit, § 18a Abs. 1 Nr. 1 AufenthG. Für die Erteilung einer Niederlassungserlaubnis werden zusätzlich zur Lebensunterhaltssicherung Sicherstellung eines Rentenbezugs o.Ä. (z.B. durch 60 Monate Pflichtbeiträge in die Rentenversicherung) und Wohnraum gefordert, § 9 Abs. 2 S. 1 Nr. 3 und Nr. 9 AufenthG, letztere Voraussetzung gilt ebenfalls im Fall des § 18a Abs. 1 Nr. 2 AufenthG. Es sollen also nur solche Personen einen derartigen Aufenthaltstitel erhalten, die die öffentlichen Haushalte aufgrund ihrer Erwerbstätigkeit, sonstiger Einkünfte oder Kenntnisse für die gesamte Dauer ihres Aufenthalts nicht belasten.

Die kulturelle Eingliederung wird durch die im Integrationskurs vermittelten Grundkenntnisse der Kultur der Bundesrepublik nachgewiesen, § 43 Abs. 2 S. 2 AufenthG. Die konkrete Ausgestaltung dieses Erfordernisses wird dabei der Verwaltung überlassen, die die Konzepte für den Integrationskurs erstellt. In der Literatur wird dementgegen vorgeschlagen, auf sämtliche Elemente der Kultur zu verzichten und Integration nur als die „aktive Teilhabe eines Einwanderers am sozialen, wirtschaftlichen und öffentlichen Leben einer Gesellschaft“ zu definieren,[221] weil die Integration in den Bereich der Kultur das Risiko einer Diskussion darüber berge, welche Kultur „besser“ oder im Aufnahmestaat vorherrschend ist.[222] Im Gegensatz dazu werden politische Forderungen erneuert, Kultur weiterhin als wichtigen Teilbereich der Integration zu sehen.[223] Ausgangspunkt der Überlegung muss sein, ob es den gesellschaftlichen Zusammenhalt gefährden würde, wenn kulturelle Eingliederung nicht Teil des Integrationsbegriffs wäre. Kultur bezieht sich auf rechtlich in der Regel nicht fixierte Werte, insbesondere die Sitten und Gebräuche.[224] Probleme können sich im Zusammenleben zwischen Ausländern und Aufnahmegesellschaft gerade aus der Unkenntnis der kulturellen Gepflogenheiten ergeben. Da die Grundrechte allen Assimilationsbestrebungen Grenzen setzen, darf es bei Eingliederung in die Kultur nur um den Erwerb von Kenntnissen über die Kultur und den Erwerb interkultureller Kompetenzen gehen. Das Konzept für den Orientierungskurs des Integrationskurses sieht dementsprechend auch nur den Erwerb entsprechender Kenntnisse

---

221 *Groenendijk,* EJML 2004, S. 111, 114, eigene Übersetzung.

222 *Groenendijk,* EJML 2004, S. 111, 114.

223 S. die am 16.05.2017 vom damaligen Innenminister Thomas de Maizière vorgestellten Thesen für kulturelle Integration der „Initiative kulturelle Integration“, die aus Wohlfahrtsverbänden, Kirchen und Ministerien besteht, Schendel, „Die Religionen haben eine Verantwortung“, in: faz-net v. 16.05.2017.

224 *BAMF,* Curriculum für einen bundesweiten Orientierungskurs, April 2017, S. 35.

vor.[225] So verstanden ist das Risiko der Ausgrenzung minimal. Der aufenthaltsrechtliche Begriff der Kultur geht in seiner konkreten Ausgestaltung damit nicht über die Integration in den Bereich Gesellschaft hinaus.

Zum Nachweis gesellschaftlicher Eingliederung verlangt das AufenthG mindestens weitgehende Straffreiheit, § 18a Abs. 1 Nr. 7 AufenthG, maximal ein Bekenntnis zur Identifikation mit der freiheitlich-liberalen Grundordnung, § 25b Abs. 1 S. 2 Nr. 2 AufenthG.

Die im Integrationskurs vermittelten ausreichenden Sprachkenntnisse, § 43 Abs. 2 S. 2 AufenthG, werden im Falle des § 9, 18a und 25b AufenthG gefordert und unterstützen die Eingliederung in allen Bereichen. Im Falle des § 25a AufenthG wird die Sprachbeherrschung durch das Erfordernis eines vierjährigen Schulbesuchs oder eines Schul- bzw. Berufsabschlusses sowie das Erfordernis der Gewährleistung der Einfügung in die Lebensverhältnisse der Bundesrepublik gewährleistet, § 25a Abs. 1 S. 1 Nr. 2 bzw. Nr. 4 AufenthG.

Ziel der Integration i.R.d. Aufenthaltsgesetzes ist damit die gesellschaftliche, kulturelle und wirtschaftliche Eingliederung von Ausländern, damit sie ihren Lebensunterhalt eigenständig sichern können, keine kulturellen Konflikte entstehen und sie die Gesetze und gesellschaftlichen Grundstrukturen der Bundesrepublik achten. Integration hat also das Ziel, das wirtschaftliche Gleichgewicht und die freiheitlich-demokratische Grundordnung aufrechtzuerhalten.

Zielgruppe der aufenthaltsrechtlichen Integrationsfördermaßnahmen des Kapitels 3 des AufenthG waren explizit nur die in der Bundesrepublik rechtmäßig auf Dauer aufhältigen Ausländer, § 43 Abs. 1 AufenthG. Der Ausschluss unrechtmäßig oder temporär aufhältiger Personen ist problematisch, da sie sich unter Umständen im weiteren Verlauf dauerhaft in der Bundesrepublik aufhalten und Integrationsprobleme somit verschoben statt gelöst werden. Die Gewährung eines prekären Rechtsstatus führt außerdem zu Desintegration.[226] Der Gesetzgeber hat mit dem Integrationsgesetz von 2016[227] teilweise Abhilfe geschaffen, indem er für Asylbewerber, „bei denen ein rechtmäßiger und dauerhafter Aufenthalt zu erwarten ist“ den vorzeitigen Zugang zu bestimmten Erwerbstätigkeiten, vgl. z.B. § 132 Sozialgesetzbuch III (Ausbildungsförderung), und zu Integrationskursen erlaubt hat, § 5 Abs. 4 S. 2 Nr. 5 Integrationskursverordnung[228].

---

225 S. zu dem Lernziel der interkulturellen Kompetenz BAMF, Curriculum für einen bundesweiten Orientierungskurs, April 2017, S. 7.

226 Eichenhofer, Begriff und Konzept der Integration, S. 286.

227 Integrationsgesetz v. 31.07.2016, BGBl. I, S. 1939, in Kraft seit 06.08.2016.

228 Integrationskursverordnung v. 13.12.2004, BGBl. I, S. 3370, zuletzt geändert durch Art. 5 der Verordnung v. 31.07.2016, BGBl. I, S. 1950.

2. *Instrumente zur Förderung der Integration*

Nachdem in den vorangegangenen Abschnitten der Frage nachgegangen wurde, welches Ziel der Gesetzgeber des Aufenthaltsgesetzes mit dem Begriff der Integration verbindet, soll nun die Frage geklärt werden, wie der Gesetzgeber dieses Ziel aufenthaltsrechtlich zu erreichen versucht.

a) Aufenthaltssicherheit und Stufung des Integrationsprozesses

Ein Regelungsinstrument ist die Gewährung von Rechts- und Aufenthaltssicherheit, die sich in der Gewährung von Nachzugsansprüchen für Ehegatten, Lebenspartner und minderjährige Kinder eines rechtmäßig aufhältigen Ausländers zeigt, §§ 30 Abs. 1, 32 Abs. 1 und 27 Abs. 2 AufenthG, und in der erleichterten Möglichkeit dieser Personen zur Verdauerung ihres Aufenthalts, s. §§ 31 und 35 AufenthG.

Ein weiteres Instrument zur Förderung der Integration ist die gestufte Gewährung von Rechten an Ausländer. Der Umfang der Rechte hängt vom jeweiligen Aufenthaltstitel ab und damit von der bereits erreichten Integration des Ausländers. Je weniger rechtmäßig der bisherige Aufenthalt war und je mehr Rechte der begehrte Aufenthaltstitel vermittelt, umso höher sind die Anforderungen an den neuen Aufenthaltstitel. Es wird also von Personen mit schwachem oder unrechtmäßigem Aufenthalt eine besonders hohe Integrationsleistung gefordert, vgl. §§ 18a[229] und 25b AufenthG[230].

Der stufenhafte Prozess soll die Motivation zur Integration unterstützten. Der Gesetzgeber stattet die betreffenden Ausländer grundsätzlich umso großzügiger

---

229 § 18a AufenthG, eingeführt durch Gesetz zur arbeitsmarktadäquaten Steuerung der Zuwanderung Hochqualifizierter und zur Änderung weiterer aufenthaltsrechtlicher Regelungen (Arbeitsmigrationssteuerungsgesetz) v. 20.12.2008, BGBl. I, S. 2846, in Kraft seit 01.01.2009, den Aufenthaltstitel erhalten geduldete Personen bei erfolgreicher Integration z.B. bei Nachweis einer abgeschlossenen Berufsausbildung oder einer in § 18a AufenthG genannten hochwertigen Tätigkeit.

230 § 25b AufenthG, eingeführt durch Gesetz zur Neubestimmung des Bleiberechts und der Aufenthaltsbeendigung v. 27.07.2015, BGBl. I, S. 1386, in Kraft getreten am 01.08.2015, verlangt sogar ein Bekenntnis „zur freiheitlichen demokratischen Grundordnung der Bundesrepublik Deutschland“ sowie „Grundkenntnisse der Rechts- und Gesellschaftsordnung und der Lebensverhältnisse im Bundesgebiet“. Dies entspricht zwei Voraussetzungen für den Erwerb der deutschen Staatsangehörigkeit, § 10 Abs. 1 S. 1 Nr. 1 und 7 StAG. Die Voraussetzungen für die Erteilung dieses Aufenthaltstitels sind deswegen besonders hoch, weil er erstmals unabhängig von Alter und Stichtag erteilt werden kann.

mit Rechten aus, je länger ihre Aufenthaltsperspektive ist. Nachziehenden Ehegatten wird daher bereits von Anfang an die Erwerbstätigkeit gestattet, § 27 Abs. 5 AufenthG, Flüchtlingen hingegen grundsätzlich erst mit Anerkennung der Flüchtlingseigenschaft, § 25 Abs. 1 S. 4 AufenthG. Zu perspektivisch rechtmäßig langfristig aufhältigen Drittstaatsangehörigen wird der Ehegattennachzug gewährt, während er zu allen temporär Aufhältigen ausgeschlossen ist, vgl. § 30 Abs. 1 S. 1 Nr. 3 lit. d und e AufenthG.

b) Unterstützungsmaßnahmen und Integrationspflichten

Einen weiteren Regelungsansatz beschreibt § 43 Abs. 1 AufenthG, wonach die Integration von Ausländern nicht nur „gefördert“ sondern auch „gefordert“ wird. Den staatlichen Fördermaßnahmen, insbesondere in Form des Integrationskurses, stellt der Gesetzgeber daher die Erwartung an „Eingliederungsbemühungen von Ausländern“ entgegen, § 43 Abs. 2 AufenthG. Ausländer können dementsprechend auch zur Teilnahme an einem Integrationskurs verpflichtet werden, § 44a AufenthG. Auf Gegenseitigkeit beruhende Leistungen, wie beispielsweise Integrationsverträge oder Integrationsvereinbarungen, sind hingegen keine aufenthaltsrechtlichen Handlungsinstrumentarien.[231]

3. *Integration als Steuerungsgrund*

Das AufenthG nennt als Ziel der Gestaltung der Zuwanderung die Berücksichtigung der „Aufnahme- und Integrationsfähigkeit“ der Aufnahmegesellschaft, § 1 Abs. 1 S. 2 AufenthG. Aus den Erwägungen der Unabhängigen Kommission Zuwanderung, die in Bezug auf dieses Ziel die Einschränkung des Kreises der Familiennachzugsberechtigten vorschlug, wird deutlich, dass hinter dem Begriff Aufnahmefähigkeit Erwägungen wie die „Integrationsmöglichkeiten der Aufnahmegesellschaft“ und das „Spannungsverhältnis zum Arbeitsmarkt“ standen.[232] In Kenntnis der Entwicklung Anfang der 1980er Jahre lassen sich hierunter sowohl Befürchtungen der kulturellen Überforderung der Aufnahmegesellschaft als auch die Überforderung der Integrationsinfrastruktur und des Arbeitsmarktes subsumieren. In Umsetzung dieses Ziels wird z.B. der Arbeitsmarktzugang eingeschränkt für Studierende, § 16 Abs. 3 AufenthG, und für andere Personen ohne dauerhaftes Aufenthaltsrecht, vgl. § 18c Abs. 1 AufenthG.

---

231 Die Eingliederungsvereinbarung ist hingegen eines der Standardinstrumente der Sozialgesetzgebung, s. § 15 Sozialgesetzbuch Zweites Buch (SGB II).

232 Unabhängige Kommission Zuwanderung, Bericht: Zuwanderung gestalten – Integration fördern, S. 195 f.

Familienangehörige außerhalb der Kernfamilie haben keinen Anspruch auf Familienzusammenführung, sondern können nur ausnahmsweise zuziehen, § 36 Abs. 2 AufenthG.[233] Durch das „Gesetz zur Einführung beschleunigter Asylverfahren“[234] wurde 2016 für zwei Jahre der Familiennachzug zu subsidiär Schutzberechtigten ausgeschlossen, laut der Gesetzesbegründung „im Interesse der Aufnahme- und Integrationssysteme in Staat und Gesellschaft“.[235] Dadurch wurde eine „bessere[...] Bewältigung der aktuellen Situation“ erwartet.[236] Mit anderen Worten sollte die Integrationsinfrastruktur in dieser Zeit für die erwartete große Anzahl nachzugswilliger Familienangehöriger ausgebaut werden. Der Aspekt der Zuwanderungssteuerung bis hin zur Zuwanderungsbegrenzung ist damit Teil des aufenthaltsrechtlichen Integrationsbegriffs. Integration ist daher nicht nur von den Integrationserfolgen eines Ausländers abhängig, sondern kann an der Aufnahme- und Integrationskapazität der Aufnahmegesellschaft scheitern.

III. Das Integrationskonzept im europäischen Recht

Das deutsche Aufenthaltsrecht wird mittlerweile vom Recht der Europäischen Union überformt. Daher soll auch das Integrationskonzept im europäischen Recht mit in den Blick genommen werden. Für den Bereich der Einwanderung[237] ist der Integrationsbegriff – ebenso wie im deutschen Recht – nicht rechtsverbindlich definiert. Durch den Vertrag von Lissabon erhielt die Europäische Union zwar mit Art. 79 Abs. 4 AEUV eine Kompetenz für Handlungen im Bereich der Integration. Diese ist jedoch eng begrenzt und erlaubt nur Unterstützungsmaßnahmen in Bezug auf die Integrationsbemühungen der Mitgliedstaaten betreffend rechtmäßig dort aufhältige Drittstaatsangehörige. Maßnahmen zur rechtlichen Harmonisierung sind explizit ausgeschlossen. Ebenso wenig wie das Europäische Primärrecht können aufgrund des Harmonisierungsverbots die im Einwanderungsbereich erlassenen europäischen Richtlinien eine rechtsverbindliche Integrationsdefinition vorgeben. Es gilt daher, das europäische Konzept der

233 So bereits der Vorschlag der Unabhängige Kommission Zuwanderung, Bericht: Zuwanderung gestalten – Integration fördern, S. 195 f.

234 Gesetz zur Einführung beschleunigter Asylverfahren v. 11.03.2016, BGBl. I, S. 390, in Kraft getreten am 17.03.2016. Durch das Gesetz wurde der Familiennachzug zu Personen, die nach dem 17.03.2016 eine Aufenthaltserlaubnis als subsidiär Schutzberechtigte erhalten haben, bis zum 16.03.2018 ausgesetzt.

235 BT-Drs. 18/7538 v. 16.02.2016, S. 1.

236 BT-Drs. 18/7538 v. 16.02.2016, S. 2.

237 Einwanderung ist der in Art. 79 AEUV benutzte Begriff für Zuwanderung.

Integration anhand der im Bereich des Einwanderungsrechts erlassenen Richtlinien und der zahlreichen rechtlich unverbindlichen Dokumente der Europäischen Kommission und des Europäischen Rates sowie der Rechtsprechung des Europäischen Gerichtshofs (EuGH) herauszuarbeiten.[238]

1. *Das Integrationsziel: Von der Gleichstellung nach Tampere zur Zweiseitigkeit mit Teilhabe an Wirtschaft und Gesellschaft*

Prägend für den Integrationsbegriff auf europäischer Ebene war die vom Europäischen Rat im finnischen Tampere 1999 getroffene Aussage, dass die Integrationspolitik Drittstaatsangehörigen „*vergleichbare Rechte und Pflichten* wie EU-Bürgern" zuerkennen sollte und die „Nichtdiskriminierung im wirtschaftlichen, sozialen und kulturellen Leben" fördern sollte.[239] Integration und Integrationsförderung beschränkten sich nach diesem Ansatz auf die Gleichstellung von Drittstaatsangehörigen. Die Rechtsgleichheit, unabhängig davon, inwieweit der Drittstaatsangehörige in sozialer Hinsicht tatsächlich integriert war, wurde als Ziel und Erfüllung der Integration an sich gewertet.[240] Die Ausführungen zur Nichtdiskriminierung betonten ebenso wie das deutsche Recht nicht nur die wesentliche Bedeutung der Teilhabe an den Bereichen Wirtschaft und Gesellschaft für die Integration, sondern auch am Bereich der Kultur.

In Weiterentwicklung der Definition von Tampere erklärte die Kommission im Jahr 2000 in ihrer Mitteilung über eine Migrationspolitik der Gemeinschaft[241] Integration zu einem „*zweiseitige[n] Prozess* [...], der sowohl von den Einwanderern als auch von der Aufnahmegesellschaft Anpassung verlangt."[242] Die Aufnahmegesellschaft sollte „gleiche[...] Lebensbedingungen und gleichen Zugang zu Diensten" schaffen, die Einwanderer die „gemeinsamen grundlegenden Prinzipien und Werte" respektieren.[243] Rechtsgleichheit sollte somit weiterhin Ziel

---

238 Ausführlich zu den Aktivitäten der EU (ehemals EWG bzw. EG) im Bereich der Integration seit den 1970er Jahren Carrera, In search of the perfect citizen?, S. 22 ff.

239 Europäischer Rat, Schlussfolgerungen des Vorsitzes des Europäischen Rats von Tampere am 15./16.10.1999, Schlussfolgerung 18, Hervorhebung d. Verf.

240 *Thym*, EJML 2016, S. 89, 90.

241 KOM(2000) 757 endg. v. 22.11.2000. In der Mitteilung beschrieb die Kommission verschiedene, im Rahmen der Migrationspolitik auftretende Probleme. So sei problematisch, dass die soziale Ausgrenzung unverhältnismäßig häufig Immigranten treffe, die überdies vielfach Opfer von Rassismus und Fremdenfeindlichkeit seien, *ibid.*, S. 18.

242 KOM(2000) 757 endg. v. 22.11.2000, S. 19, Hervorhebung d. Verf.

243 KOM(2000) 757 endg. v. 22.11.2000, S. 19.

der Integrationspolitik sein. Die Definition vom zweiseitigen Prozess wurde in der Folgezeit von den Europäischen Organen mehrfach aufgegriffen.[244]

Mit der 2003 erlassenen Familienzusammenführungs-RL wurden erstmals im Einwanderungsrecht Regelungen geschaffen, die ausdrücklich die Integration von Drittstaatsangehörigen betrafen. Eine Definition des Integrationsbegriffs fehlte zwar in der Richtlinie trotz Erwähnung an acht Stellen.[245] Allerdings lässt sich, ähnlich wie der kurz darauf erlassenen Daueraufenthalts-RL,[246] der Familienzusammenführungs-RL das Ziel entnehmen, dass durch Integration der „wirtschaftliche und soziale Zusammenhalt gefördert" wird, s. Erwägungsgrund (4) der Familienzusammenführungs-RL und Erwägungsgrund (4) Daueraufenthalts-RL.

Die Einschätzung, in welchen Bereichen Integration erfolgen soll bzw. muss, hat sich im Laufe der Zeit verändert. Die Familienzusammenführungs-RL konzentrierte sich auf die Förderung der Teilhabe im Bereich der Bildung und Wirtschaft, vgl. Erwägungsgrund (15) Familienzusammenführungs-RL, die Daueraufenthalts-RL zielte auch auf die Teilhabe im Bereich des Sozialen, z.B. durch Gewährung von Sozialhilfe, Erwägungsgründe (12) und (13) Daueraufenthalts-RL. Im Stockholm-Programm von 2009, in dem der Europäische Rat die strategischen Leitlinien für die Planung im gesetzgeberischen und im operativen Bereich in den Jahren 2010–2014 für den Raum der Freiheit, der Sicherheit und des Rechts fortentwickelte, forderte der Europäische Rat die „aktive Teilhabe der Zuwanderer an *allen* Bereichen des Zusammenlebens".[247] Ziel der Integrationspolitik sollte es sein, „optimalen Nutzen aus der Einwanderung" zu

---

244 Z.B. Europäische Kommission, Mitteilung der Kommission über Einwanderung, Integration und Beschäftigung, KOM(2003) 336 endg. v. 03.06.2003, S. 18; Europäischer Rat, Haager Programm zur Stärkung von Freiheit, Sicherheit und Recht in der Europäischen Union, Ratsdok. 16054/04 v. 13.12.2004, S. 11; Rat der Europäischen Union, Grundprinzip Nr. 1 der Gemeinsamen Grundprinzipien für die Politik der Integration von Einwanderern in der Europäischen Union, Ratsdok. 14615/04 (Presse 321), Mitteilung an die Presse, 2618. Tagung des Rates Justiz und Inneres, Brüssel, 19.11.2004, S. 15 ff.; Europäische Kommission, Dritter Jahresbericht der Kommission über Migration und Integration, KOM(2007) 512 endg. v. 11.09.2007, S. 4.

245 Erwägungsgründe (3), (4), (12), (15), Art. 4 Abs. 1 UA 3, Art. 4 Abs. 5, Art. 7 Abs. 2 UA 1 und UA 2 Familienzusammenführungs-RL.

246 Richtlinie 2003/109/EG des Rates v. 25.11.2003 betreffend die Rechtsstellung der langfristig aufenthaltsberechtigten Drittstaatsangehörigen, ABl. EU L 16 v. 12.01.2004, S. 44–53.

247 Europäischer Rat, Das Stockholmer Programm, ABl. C 115, ABl. v. 04.05.2010, S. 1, 30, Hervorhebung d. Verf.

ziehen.[248] In ihrer Europäischen Integrationsagenda aus dem Jahr 2011 erklärte die Europäische Kommission als Ziel der Integrationspolitik „die wirtschaftliche, soziale, kulturelle und politische Teilhabe“ und priorisierte dabei die Teilhabe in den Bereichen Sprachelernen, Bildung, Berufstätigkeit und Lebensbedingungen, insbesondere Sozial- und Gesundheitsfürsorge.[249]

Auch aus dem Urteil des EuGH im Fall *K. und A.* zu in der Familienzusammenführungs-RL enthaltenen Integrationsmaßnahmen kann gefolgert werden, dass die Teilhabe an Wirtschaft und Gesellschaft Ziel der Integration ist. Der Gerichtshof subsumierte unter den Begriff der Integration „die Schaffung von *Bindungen zum Aufnahmemitgliedstaat*“ zum einen soziale Beziehungen zu den Staatsangehörigen des aufnehmenden Mitgliedstaats sowie die Verständigung und Interaktion mit diesen, zum anderen aber auch den Arbeitsmarktzugang und den Zugang zu Berufsausbildung.[250] Der Gerichtshof bestätigt damit den Ansatz, dass Integration nicht nur Rechtsgewährung, sondern auch den beiderseitigen Aufbau von sozialen Bindungen umfasst. Zuletzt bestätigte die Europäische Kommission in ihrem Aktionsplan für die Integration von Drittstaatsangehörigen aus dem Jahr 2016, dass der „dynamische, auf Gegenseitigkeit beruhende Integrationsprozess“ von Zuwanderern das Erlernen der Sprache des Aufnahmelandes erwartet und von den Mitgliedstaaten das Angebot zur „Teilhabe an der Wirtschaft und Gesellschaft“.[251]

Insgesamt war der europäische Integrationsbegriff damit einem mehrfachen Wandel unterworfen und unterscheidet sich teilweise vom aufenthaltsrechtlichen Integrationsbegriff. Der ursprüngliche Ansatz, der unter Integration allein das Ziel der Rechtsgleichheit verstand, ist einem Integrationsbegriff gewichen, der – ebenso wie das Aufenthaltsrecht – auf die Teilhabe in den Bereichen Wirtschaft und Gesellschaft abzielt. Die Teilhabe im Bereich der Kultur findet im Gegensatz zum deutschen Recht in den Richtlinien und den neueren europäischen

---

248 *Europäischer Rat,* Das Stockholmer Programm, ABl. C 115, ABl. v. 04.05.2010, S. 1, 30.

249 *Europäische Kommission*, Mitteilung an das Europäische Parlament, den Rat, den Europäischen Wirtschafts- und Sozialausschuss und den Ausschuss der Regionen: Europäische Agenda für die Integration von Drittstaatsangehörigen, KOM(2011) 455 endg. v. 20.07.2011, S. 4 ff.

250 *EuGH*, Urt. v. 09.07.2015, Rs. C-153/14, *K. und A./Niederlande*, ECLI:EU:C:2015:453, Rn. 53 f.

251 *Europäische Kommission*, Mitteilung an das Europäische Parlament, den Rat, den Europäischen Wirtschafts- und Sozialausschuss und den Ausschuss der Regionen: Aktionsplan für die Integration von Drittstaatsangehörigen, COM(2016) 377 final v. 07.06.2016, S. 5, Hervorhebung d. Verf.

Dokumenten keine Erwähnung mehr. Ausdrücklicher als der deutsche Gesetzgeber im AufenthG betont die Europäische Union in ihren rechtlich unverbindlichen Dokumenten das Erfordernis nicht nur des Respekts, sondern sogar des Zueigenmachens der Grundwerte der Europäischen Union. Ziel der Integration ist damit auch die Schaffung eines Wertekonsenses.

Als Zielgruppe der Integrationsbemühungen wurden in europäischen Dokumenten stets nur die legal aufhältigen Einwanderer genannt.[252] Darüber hinausgehend kritisierte die Europäische Kommission in ihrem Aktionsplan von 2016 zwar, dass Flüchtlinge vor und während der Anerkennung zur Untätigkeit gezwungen sind, und mahnte an, dass Integration möglichst früh beginnen sollte.[253] Die vorgeschlagenen Maßnahmen zielten aber nur auf die frühzeitige Information von umzusiedelnden Flüchtlingen aus dem Ausland.[254] Im Gegensatz zum deutschen Gesetzgeber beziehen die Europäischen Akteure ihr Integrationskonzept noch nicht auf Drittstaatsangehörige mit guter Anerkennungsprognose, über deren Antrag auf Flüchtlingsschutz noch nicht entschieden wurde.

2. *Instrumente zur Förderung der Integration*

a) *Aufenthaltssicherheit und gestufte Gewährung von Rechten*

Ebenso wie im deutschen Recht erfolgt die Motivation des Integrationsprozesses im europäischen Einwanderungsrecht vor allem durch Gewährung von Aufenthaltssicherheit, vgl. Erwägungsgrund (15) i.V.m. Art. 15 Familienzusammenführungs-RL, und durch Gewährung von Rechten, insbesondere auf Familienzusammenführung und auf Zugang zu allgemeiner Bildung, zu Erwerbstätigkeit sowie zu beruflicher Beratung und Bildung, vgl. Erwägungsgrund (15) i.V.m. Art. 14 Abs. 1 Familienzusammenführungs-RL. Aus dem Zusammenwirken von Daueraufenthalts-RL[255] und Familienzusammenführungs-RL wird zudem deutlich, dass die EU ebenso wie der deutsche Gesetzgeber

252 Das Stockholmer Programm – ein offenes und sicheres Europa im Dienste und zum Schutz der Bürger, ABl. C 115, ABl. v. 04.05.2010, S. 1, 30 sowie Aktionsplan für die Integration von Drittstaatsangehörigen, COM(2016) 377 final v. 07.06.2016, S. 2, Fn. 2.

253 COM(2016) 377 final v. 07.06.2016, S. 4 ff.

254 COM(2016) 377 final v. 07.06.2016, S. 6.

255 Richtlinie 2003/109/EG des Rates v. 25.11.2003 betreffend die Rechtsstellung der langfristig aufenthaltsberechtigten Drittstaatsangehörigen, ABl. EU L 16 v. 12.01.2004, S. 44–53.

davon ausgeht, dass die Rechte gestuft erteilt werden, d.h. dass mit zunehmender Aufenthaltsdauer mehr Rechte erteilt werden.[256] In Abweichung von diesem Grundsatz erfolgt teilweise eine Besserstellung aus wirtschaftspolitischen Gründen, z.B. für Inhaber der Blauen Karte.

b) *Unterstützungsmaßnahmen und Integrationspflichten unter Ausschluss der Steuerung*

Ein weiteres wesentliches Element zur Integrationsförderung sind Unterstützungsmaßnahmen. Während ursprünglich das Verständnis vorherrschte, diese Maßnahmen sollten „möglichst bald *nach* der Aufnahme" ansetzen,[257] hat sich infolge der durch Art. 7 Abs. 2 UA 1 Familienzusammenführungs-RL vorgesehenen Möglichkeit, von Drittstaatsangehörigen vor der Einreise Integrationsmaßnahmen zu verlangen, das Verständnis durchgesetzt, dass die Integrationsförderung „zu einem möglichst frühen Zeitpunkt des Migrationsprozesses" ansetzen sollte, d.h. schon „im Vorfeld von Ausreise und Aufenthalt".[258] Dabei setzt die Kommission aber statt auf zwingende Sprachtests auf die Schaffung von Angeboten, wie beispielsweise Sprachkurse und berufliche Fortbildungsmaßnahmen vor der Ausreise, und auf die Bereitstellung von Informationen.[259] In ihrer Mitteilung von 2000 hatte die Kommission beispielsweise auch Hilfsangebote, um den Zugang zu öffentlichen Diensten zu verbessern, empfohlen.[260]

Selbst Integrationstests vor der Einreise sind erlaubt, dürfen nach den Feststellungen des EuGH im Fall *K. und A.* jedoch nicht der Entscheidung darüber dienen, welche Personen das Recht auf Familienzusammenführung erhalten.[261] Diese Maßnahmen können im Bereich der Familienzusammenführung nach dem europäischen Integrationskonzept somit nicht zur Steuerung der Zuwanderung verwendet werden. Steuerungsgründe wie die Überforderung der Integrationsfähigkeit der Aufnahmegesellschaft finden in den sonstigen europäischen Dokumenten auch keine Erwähnung.

---

256 S. auch Erwägungsgrund (12) der Daueraufenthalts-RL, wonach langfristig Aufenthaltsberechtigte „in vielen wirtschaftlichen und sozialen Bereichen wie die Bürger des Mitgliedstaats behandelt werden" sollten.

257 KOM(2000) 757 endg. v. 22.11.2000, S. 19, Hervorhebung d. Verf.

258 COM(2016) 377 endg. v. 07.06.2016, S. 6.

259 COM(2016) 377 endg. v. 07.06.2016, S. 6 f.

260 KOM(2000) 757 endg. v. 22.11.2000, S. 19.

261 *EuGH*, Urt. v. 09.07.2015, Rs. C-153/14, *K. und A./Niederlande*, ECLI:EU:C:2015:453, Rn. 57.

IV. Bewertung

Sowohl der deutsche als auch der europäische Integrationsbegriff beschränken sich nicht auf die Gleichstellung von Ausländern mit den Staatsangehörigen des Aufnahmestaates. In beiden Rechtskreisen ist es Ziel der einwanderungsrechtlichen Integrationsbemühungen, Ausländer in die Bereiche Wirtschaft und Gesellschaft einzugliedern. Während im deutschen Recht die dahinterstehenden gesetzgeberischen Intentionen eher negativ und abschottend wirken, indem Integration verhindern soll, dass durch Zuwanderung die öffentlichen Haushalte und der Arbeitsmarkt beeinträchtigt werden, wirken die Formulierungen der europäischen Akteure eher positiv, indem es darum geht, gerade vor dem Hintergrund des demografischen Wandels die Zuwanderung bestmöglich zu nutzen.

Im europäischen Recht für Daueraufenthaltsberechtigte und in den rechtlich unverbindlichen europäischen Dokumenten betreffend die Integration wird darüber hinaus die Teilhabe in den Bereich Soziales i.S.v. Sozialhilfe usw. als Ziel beschrieben, die im deutschen Recht in anderen Rechtsgebieten, nicht aber im Aufenthaltsrecht Beachtung findet.

Im Gegensatz zum europäischen Recht zielt das AufenthG nach wie vor auch auf die Eingliederung in den Bereich der Kultur. Der Begriff ist in seiner tatsächlichen Ausgestaltung allerdings weitgehend inhaltsleer und hat keine Auswirkungen, die über das Integrationsziel der Eingliederung in die Gesellschaft hinausgehen. Die inhaltliche Begrenztheit des aufenthaltsrechtlichen Kulturbegriffs ist als Konsequenz der verfassungsrechtlichen Heterogenitätsgarantie zu sehen. Daher kann im Rahmen einer Bewertung der Integrationsförderlichkeit von Regelungen darauf verzichtet werden.

Ebenso wie der deutsche Gesetzgeber geht der europäische Gesetzgeber von einem graduellen System fortschreitender Integration aus. Rechtssicherheit durch Gewährung des Familiennachzugs ist ebenfalls ein wichtiges Integrationsinstrument. Auch weil nur bestimmte Integrationserfolge aufenthaltsrechtlich bewertet werden, geben weder der aufenthaltsrechtliche noch der europäische Integrationsbegriff abschließend darüber Auskunft, ob eine Person tatsächlich integriert ist. In beiden Rechtsordnungen wird zudem der Integrationswille als entscheidend für das Gelingen von Integration angesehen. Dies ergibt sich aus der Bedeutung, die der Aufenthaltssicherheit eingeräumt wird.

Kritisch zu sehen ist, dass das Aufenthaltsrecht gerade von den Personen, die besonders integrationsbedürftig sind, besonders hohe Integrationsleistungen verlangt und nur gut Integrierten oder langfristig rechtmäßig Aufhältigen die Rechte verleiht, die für die Integration erforderlich sind. Das deutsche Recht reagiert auf diesen Umstand mittlerweile in begrenztem Umfang, indem beispielsweise Flüchtlingen mit Aufenthaltsperspektive integrationsförderliche Rechte und Unterstützungsmaßnahmen betreffend die Erwerbstätigkeit gewährt werden, nicht hingegen betreffend die Gewährung der Familienzusammenführung.

Ausdrücklicher als im deutschen Aufenthaltsrecht wird in europäischen Dokumenten die Bedeutung des Respekts der Werte der Union hervorgehoben. Im deutschen Aufenthaltsrecht wird dieses Erfordernis bislang nur bei Personen, die eine Niederlassungserlaubnis erlangen wollen oder die als Geduldete eine Aufenthaltserlaubnis erhalten möchten, verlangt. Eine stärkere Betonung des Respekts der Grundordnung im Aufenthaltsrecht, beispielsweise bei der Verlängerung eines Aufenthaltstitels, könnte eine stärkere Identifikation bewirken.

E. Bewertung der Integrationswirkung von Familiennachzugsregelungen

Nachdem im vorangegangenen Kapitel die Integrationskonzepte des deutschen und europäischen Gesetzgebers näher betrachtet wurden, soll auf dieser Grundlage nun geklärt werden, wie Familienzusammenführungsregelungen im weiteren Verlauf der Arbeit dahin gehend bewertet werden können, ob sie die Integration fördern.

I. Der MIPEX als Bewertungsinstrument

Einen Ansatz zur Messung der Integrationsförderlichkeit der Familienzusammenführungsregelungen liefert der „Migrant Integration Policy Index“ 2015 (MIPEX). Dieser basiert auf 167 Indikatoren, mit deren Hilfe in unregelmäßigen Abständen acht Politikfelder, darunter der Bereich der Familienzusammenführung, auf ihre Integrationsförderlichkeit untersucht werden.[262] Von den verglichenen 38 Staaten kam Deutschland 2015 im Politikfeld Familienzusammenführung auf Platz 24. Die Familiennachzugspolitik wurde untersucht nach folgenden fünf Bereichen: Umfang des Familiennachzugs, Anspruchsberechtigung, Familiennachzugsvoraussetzungen, Aufenthaltssicherheit und Rechte im Aufenthalt. Jeder dieser Bereiche wurde wiederum durch fünf bis sieben Indikatoren bewertet.[263] Den Bewertungsmaßstab bildeten die Maßgaben Europäischer Abkommen, Richtlinien und internationaler Abkommen, die den höchsten Standard in Bezug auf die Gewährung gleicher Rechte, Pflichten und Chancen

262 Huddleston/Bilgili u.a., Migrant Integration Policy Index 2015, S. 7.
263 Huddleston/Bilgili u.a., Migrant Integration Policy Index 2015, S. 25 f.

für alle Mitglieder einer Gesellschaft aufweisen.[264] Diese werden dann von ausgewählten Experten bewertet und in einen internationalen Vergleich gesetzt. Die Auswirkungen der Regelungen in der Praxis, insbesondere auf die tatsächliche Teilhabe an Wirtschaft und Gesellschaft, sind hingegen nicht Gegenstand der Untersuchung. Die hier interessierende Frage, ob die Maßnahmen des Gesetzgebers die Integration tatsächlich befördern, lässt sich mit dem MIPEX daher nicht messen.

II. Bewertungskonzept

Nach dem hier vertretenen Vorschlag werden Familienzusammenführungsregelungen als integrationsförderlich bewertet, wenn sie

(1) die Teilhabe von Ausländern an Wirtschaft und Gesellschaft verbessern,
(2) deren Integrationswillen nicht beeinträchtigen und
(3) dazu beitragen, dass die Aufnahmestrukturen der Aufnahmegesellschaft nicht überfordert werden.

Im Detail ergibt sich dieses Bewertungsschema aus folgenden Überlegungen: Grundlage für die Bewertung der Geeignetheit und Erforderlichkeit von Regelungen zur Integrationsförderung sind die oben herausgearbeiteten Intentionen des deutschen und europäischen Gesetzgebers, wonach Integration zumindest die Teilhabe an Wirtschaft und Gesellschaft ist.

Außerdem muss eine Untersuchung der Integrationsförderlichkeit von Regelungen der herausgearbeiteten Erkenntnis Rechnung tragen, dass Integration durch die Motivation bzw. den Integrationswillen beeinflusst wird.[265] Viel spricht dafür, dass der Integrationswille nicht nur durch die Rechts- und Aufenthaltssicherheit, sondern auch durch die Ausgestaltung der einzelnen Familienzusammenführungsregelungen und des Verfahrens beeinflusst wird. Denkbar sind diesbezüglich insbesondere der Einfluss der Transparenz von Regelungen und der Einfluss der Störung des Familienzusammenführungsprozesses.

Das Kriterium der Transparenz basiert auf der Annahme, dass unverständliche Familienzusammenführungsbeschränkungen den Integrationswillen eines Ausländers beeinträchtigen. In diesem Sinne hatte bereits die Unabhängige Kommission Zuwanderung 2001 zu den damals geltenden Familiennachzugsregelungen angemerkt, diese seien schwer überschaubar und müssten besser

264 Huddleston/Bilgili u.a., Migrant Integration Policy Index 2015, S. 7.
265 Ebenso *Davy*, EJML 2005, S. 123, 129, die Regelungen als integrationshinderlich einordnet, wenn sie kaum erfüllbar sind oder den Integrationswillen beeinträchtigen.

strukturiert werden, „[u]m dem Betroffenen das Verständnis zu erleichtern“.[266] Das Kriterium der Transparenz lässt sich aus dem rechtsstaatlichen Bestimmtheitsgebot ableiten. Das Bestimmtheitsgebot verlangt, dass die Gesetze für den Einzelnen klar berechenbare Handlungsanweisungen vorgeben.[267] Mit Transparenz soll gemeint sein, ob die Regelungen und das Verfahren so ausgestaltet sind, dass sie für den einzelnen verständlich sind.[268]

Das Kriterium der geringstmöglichen Störung des Familienzusammenführungsprozesses folgt aus dem Gedanken, dass Familienzusammenführung an sich die Integration fördert und zusätzliche Anforderungen den Integrationsprozess stören. Dementsprechend hatte bereits der Generalanwalt beim EuGH Szpunar im Fall *O. und* S. aus dem Jahre 2015 die vor der Einreise zu erbringenden Integrationsprüfungen dafür kritisiert, dass sie Maßnahmen der Migrationskontrolle sind und den Integrationsprozess stören.[269]

Ebenfalls Berücksichtigung finden soll der Aspekt der Aufnahme- und Integrationsfähigkeit. Damit wird dem Ansatz des deutschen Gesetzgebers gefolgt, dass die Arbeitsmarktsituation und die Integrationsinfrastruktur entscheidenden Einfluss auf das Gelingen von Integration haben. Ansätze, die die Integrationsförderung allein in der rechtlichen Gleichstellung von Ausländern mit eigenen Staatsangehörigen sehen,[270] scheiden daher als Bewertungsgrundlage aus.

III. Wirkungsanalyse

Nach dem vorgeschlagenen Bewertungskonzept ist insbesondere zu prüfen, ob Familiennachzugsregelungen die wirtschaftliche und soziale Eingliederung von Drittstaatsangehörigen verbessern und dadurch das wirtschaftliche Gleichgewicht und die freiheitlich-demokratische Grundordnung nicht beeinträchtigt werden. Eine Wirkungsanalyse ermöglichen die Sozialwissenschaften.[271]

---

266 Unabhängige Kommission Zuwanderung, Bericht: Zuwanderung gestalten – Integration fördern, S. 196.

267 Grzeszick, in: Maunz/Dürig, GG-Kommentar, 48. EL November 2006, Art. 20, Rn. 58.

268 Ansatzweise Grzeszick, in: Maunz/Dürig, GG-Kommentar, 48. EL November 2006, Art. 20, Rn. 58, der darauf abstellt, ob die Regelungsfolgen für den Einzelnen „vorhersehbar und berechenbar“ sind.

269 Schlussanträge des Generalanwalts Maciej Szpunar v. 28.01.2015, Rs. C-579/13, *P. und* S., ECLI:EU:C:2015:39, Rn. 89–90, s. den Hinweis von *Thym*, EJML 2016, S. 89, 92.

270 S. z.B. *Davy*, EJML 2005, S. 123, 129.

271 In diesem Sinne Thym, Migrationsverwaltungsrecht, S. 271 ff.

Etabliert hat sich dabei die Nutzung von Indikatoren, die sowohl Aussagen über den Stand der Integration als auch den Prozess der Integration erlauben.[272]

Zu Analysezwecken unterscheidet die Sozialwissenschaft bei der Evaluation einer Politik zwischen der Zielerreichung (outcomes) und den sonstigen Wirkungen bzw. Auswirkungen (impact) von Einreisepolitiken.[273] Eine Untersuchung des Ziels einer Sprachmaßnahme beschränkt sich beispielsweise auf die Untersuchung der Verbesserung der Sprachkenntnisse, die Untersuchung der Wirkungen bezieht sich hingegen darauf, welche sonstigen Folgen eingetreten sind, beispielsweise die Verbesserung des sozioökonomischen Status.[274] Diese Wirkungsanalyse steht jedoch vor zahlreichen Herausforderungen. Eine Schwierigkeit ist, dass Integration ein multidimensionaler Prozess ist, der von zahlreichen Faktoren beeinflusst wird. Im Rahmen der PROSINT-Studie von 2012 wurde beispielsweise geprüft, inwiefern sich anhand der Europäischen Arbeitskräfteerhebung, die seit 2008 in unregelmäßigen Abständen auch ein Modul zur Arbeitsmarktintegration Drittstaatsangehöriger umfasst, Wirkungsanalysen durchführen lassen.[275] Arbeitsmarktintegration ist danach von den Sprachkenntnissen, vom System zur Anerkennung von Abschlüssen, der allgemeinen Arbeitsmarktsituation, der Wirtschaftslage, Arbeitsmarktzugangsbeschränkungen, dem Ausmaß an Diskriminierung und religiösen Werten abhängig.[276] Bei der Untersuchung, inwieweit Veränderungen bei der Integration tatsächlich auf konkrete gesetzliche Familienzusammenführungsbestimmungen zurückzuführen sind, müssten diese anderen Faktoren berücksichtigt werden und herausgerechnet werden können.

Wirkungsanalysen basieren zudem immer auf einem Vergleich – entweder einem Vergleich mit einer Vergleichsgruppe oder einem zeitlichen Vergleich.[277] Untersuchungen scheitern im Bereich der Familienzusammenführung häufig schon an der Schwierigkeit, eine geeignete Vergleichsgruppe zu finden.[278] Bei der Untersuchung, ob der Sprachnachweis für Ehegatten die Integration fördert, wird beispielsweise i.d.R. nur die Gruppe der nachziehenden Ehegatten befragt. Im Ausland lebende Ehegatten, die gerne nachgezogen wären, sich durch den

---

272 S. grundlegend dazu Entzinger/Biezeveld, Benchmarking in Immigrant Integration, S. 32 ff., s. ebenfalls *OECD*, Indicators of Immigrant Integration 2015.

273 Lechner u.a.: Impacts of admission policies, PROSINT, WP 5, S. 5 m.w.N.

274 Lechner u.a.: Impacts of admission policies, PROSINT, WP 5, S. 5.

275 Lechner u.a.: Impacts of admission policies, PROSINT, WP 5, S. 16 f.

276 Lechner u.a.: Impacts of admission policies, PROSINT, WP 5, S. 8 f.

277 Lechner u.a.: Impacts of admission policies, PROSINT, WP 5, S. 10.

278 Groenendijk, EJML 2011, S. 1, 24.

vor der Einreise geforderten Sprachtest aber davon abschrecken ließen, lassen sich kaum für Befragungen ermitteln. Für die Bundesrepublik fehlen zudem weitgehend Daten, die den Stand oder die Entwicklung der sozioökonomischen Teilhabe von Familienangehörigen im Vergleich zu Ausländern mit einem anderen Aufenthaltsstatus untersuchen.[279] Ein zeitlicher Vergleich bestimmter Indikatoren vor oder nach Einführung einer Familiennachzugsregelung scheitert teilweise daran, dass die Neuregelungen eingeführt wurde, bevor statistische Erhebungen, z.B. zum Umfang der Familienzusammenführung, eingeführt wurden oder daran, dass gleichzeitig mehrere neue Familienzusammenführungsregelungen eingeführt wurden und sich die Wirkungen nicht trennen lassen.[280]

Verschiedene, insbesondere qualitative Untersuchungen, beschäftigen sich indes mit den Auswirkungen der Familiennachzugsregelungen. Die sich daraus ergebenden empirischen Erkenntnisse sind wegen der vorgenannten Einschränkungen eher indizierender Natur.[281] Die Autoren der 2013 erschienenen IMPACIM-Studie[282] untersuchten die Auswirkungen von nach der Einreise bestehenden Zugangsbeschränkungen für Familienangehörige betreffend Erwerbstätigkeit, Sozialleistungen, öffentliche Dienstleistungen und Wahlrecht auf die Integration.[283] Verschiedene Untersuchungen betreffen zudem die Auswirkungen der Sprachtests für den Ehegattennachzug.[284] Die Studie „Family Reunification: a barrier or facilitator of integration?“ von 2013 untersuchte die Auswirkungen des Wohnraum-, des Einkommens- und des Spracherfordernisses sowie der Altersgrenze auf die Familienzusammenführung und die Integration.[285] Untersuchungen zu den politisch weniger debattierten Nachzugsvoraussetzungen wie der Definition der Nachzugsberechtigten und Wartefristen fehlen demgegenüber.

---

279 Zu diesem Ergebnis gelangen auch Triebl/Klindworth, Family Reunification: a Barrier or Facilitator of Integration?, German Country Report, S. 63.

280 Zu dieser Schwierigkeit s. bereits Strik u.a., Family Reunification: a barrier or facilitator of integration? A comparative study, S. 88.

281 Ebenso bereits Oliver, IMPACIM – Synthesis Report, S. 12.

282 Oliver, IMPACIM – Synthesis Report, S. 12.

283 Oliver, IMPACIM – Synthesis Report, S. 8.

284 Strik/Böcker u.a., Integration and Naturalisation tests, INTEC-Projekt Synthesis Report, S. 1 ff.; *Groenendijk*, EJML 2011, S. 1, 23 ff.; Aybek/Straßburger u.a., Marriage Migration from Turkey to Germany, in: Aybek/Huinink u.a., Spatial Mobility, Migration, and Living Arrangements, S. 23 ff; Büttner/Stichs, BAMF-Heiratsmigrationsstudie.

285 Strik u.a., Family Reunification: a barrier or facilitator of integration? A comparative study, S. 92.

Aufgrund ihrer juristischen Ausrichtung wird sich die vorliegende Arbeit weitgehend darauf beschränken, die Wirkungen der Familienzusammenführungsregelungen anhand der vorhandenen quantitativen und qualitativen Erkenntnisse zu untersuchen. Diese Untersuchung der Wirkungen der Familienzusammenführungsregelungen wird in *Teil 3* dieser Arbeit erfolgen. Sie dient anschließend der rechtlichen Überprüfung der Verhältnismäßigkeit von Familienzusammenführungsbeschränkungen, insbesondere der Geeignetheit und Erforderlichkeit zur Integrationsförderung. Auf dieser Grundlage werden die Familiennachzugsregelungen im Hinblick auf die Integrationsförderung bewertet.

Teil 2: Vorgaben des Völker- und Unionsrechts für den Familiennachzug

Teil 2 dieser Arbeit widmet sich der Frage, welche Spielräume das Völker- und Unionsrecht dem europäischen und nationalen Gesetzgeber bei der Regelung der Familienzusammenführung zum Zwecke der Integration belassen. Die Herausarbeitung der gesetzgeberischen Spielräume ist erforderlich, um die geltenden nationalen Familienzusammenführungsregelungen bewerten und Verbesserungsvorschläge erarbeiten zu können.

A. Völkerrechtliche Vorgaben zum Familienschutz

Kein völkerrechtliches Abkommen gewährt ausdrücklich ein Recht auf Familienzusammenführung. Zahlreiche Völkerrechtsinstrumente schützen allerdings das Familienleben von Migranten. Diese Regelungen bilden den Rahmen für die Kompetenz des Unions- und des nationalen Gesetzgebers zur Regelung der Familienzusammenführung. Die nachfolgende Darstellung beschränkt sich dabei auf die völkerrechtlichen Regelungen zum Familienschutz, die der EGMR bzw. der EuGH regelmäßig als Prüfungsmaßstab für Maßnahmen betreffend die Familienzusammenführung heranziehen. Dies sind Art. 8 EMRK, die UN-Kinderrechtskonvention und die Europäische Sozialcharta (ESC).

I. Art. 8 EMRK

Von zentraler Bedeutung für die Möglichkeiten der rechtlichen Ausgestaltung der Familienzusammenführung ist Art. 8 der EMRK.[286] Die EMRK bindet 47 Vertragsstaaten, darunter alle EU-Mitgliedstaaten.[287]

Auf die Rechte der EMRK können sich die auf dem Hoheitsgebiet eines Vertragsstaats befindlichen Personen berufen, da sie dessen Hoheitsgewalt unterliegen, vgl. Art. 1 EMRK.[288] Auch die im Ausland befindlichen ausländischen

---

286 BGBl. II 1952, S. 685, berichtigt S. 953, Neubekanntmachung in BGBl. II 2002, S. 1054, 1055.

287 Für Deutschland in Kraft getreten am 03.09.1953, BGBl. II 1954, S. 14. S. den Stand der Ratifikationen, online: https://www.coe.int/en/web/conventions/full-list/-/conventions/treaty/005/signatures?p_auth=dx1UEoMe (letzter Abruf: 26.08.2017).

288 Hoheitsgewalt i.S.d. Art. 1 EMRK übt ein Staat über Personen aus, die rechtlich und tatsächlich seiner anhaltenden und ausschließlichen Kontrolle unterliegen, *EGMR*,

Familienangehörigen unterliegen der Hoheitsgewalt des EMRK-Vertragsstaats, wenn sie den Nachzug begehren und können sich auf die EMRK berufen.[289]

Die EMRK ist für die Europäische Union mangels Beitritt zur EMRK[290] bislang völkerrechtlich nicht verbindlich.[291] Allerdings ist die Familienzusammenführungs-RL im Einklang mit Art. 8 EMRK auszulegen, Erwägungsgrund (2) der Familienzusammenführungs-RL. Nationales Recht ist an der EMRK zu messen, wenn es rein nationalen Ursprungs ist oder auf europäischem Primärrecht beruht, weil es dann ebenfalls von den Mitgliedstaaten selbst geschaffen wurde.[292] Auch beim Vollzug von Unionsrecht sind die Mitgliedstaaten vollumfänglich für die Einhaltung der Konvention verantwortlich, sofern sie Handlungsspielräume nutzen.[293] Der EGMR hält nationale Vollzugsmaßnahmen lediglich für gerechtfertigt und schränkt seine Prüfungskompetenz für diese Maßnahmen ein, wenn

---

Urt. v. 23.02.2012, Nr. 27765/09, *Hirsi Jamaa u.a./Italien*, NVwZ 2012, S. 809, 811, Rn. 81 f.

289 Sander, Der Schutz des Aufenthalts durch Artikel 8 EMRK, S. 105 f. Im Ergebnis ebenso Walter, Familienzusammenführung in Europa, S. 72; Scheer, Der Ehegatten- und Familiennachzug von Ausländern, S. 45 f. Der EGMR hat ohne nähere Begründung Anträge von im Ausland lebenden ausländischen Familienangehörigen auf Familienzusammenführung am Maßstab des Art. 8 EMRK geprüft, z.B. *EGMR*, Urt. v. 28.11.1996, Nr. 73/1995/579/665, *Ahmut/Niederlande*, InfAuslR 1997, 141, Rn. 1, ebenso *EGMR*, Urt. v. 21.12.2001, 31465/96, *Şen/Niederlande*, InfAuslR 2002, S. 334.

290 Kompetenz und Verpflichtung der Europäischen Union zum EMRK-Beitritt bewirkt der Vertrag von Lissabon, s. Art. 6 Abs. 2 S. 1 EUV: „tritt bei". Den Entwurf von Europarat und Europäischer Union für eine Beitrittsvereinbarung (Ratsdok. 47+1(2013)008rev2 v. 05.04.2013) hielt der EuGH für nicht mit dem Primärrecht vereinbar, *EuGH*, Gutachten 2/13 des Gerichtshofs (Plenum) v. 18.12.2014, ECLI:EU:C:2014:2454. Nach Auffassung des EuGH verkannte der Entwurf, dass die Europäische Union kein Staat ist und sah dafür nicht die notwendigen Abstimmungsverfahren vor, vgl. Gutachten, Rn. 200.

291 Kingreen, in: Calliess/Ruffert, EUV/AEUV, Art. 6 EUV, Rn. 7. Eine Überprüfung von Unionsrecht durch den EGMR scheidet bis zum Beitritt aus, s. *EGMR*, Urt. v. 18.02.1999, *Matthews/Vereinigtes Königreich*, Nr. 24833/94, EuZW 1999, S. 308, 309, Rn. 32 in Bezug auf die Europäische Gemeinschaft. Individualbeschwerden gegen die Europäische Union und ihre Organe sind bis zum Beitritt ratione personae unzulässig, *EGMR*, Entsch. v. 09.12.2008, 73274/01, *Conolly/15 Staaten der Europäischen Union, -HUDOC.*

292 *EGMR*, Urt. v. 18.02.1999, 24833/94, *Matthews/Vereinigtes Königreich*, EuZW 1999, S. 308, 309, Rn. 33.

293 *EGMR*, Urt. v. 21.01.2011, 30696/09, *M.S.S./Belgien und Griechenland*, Rn. 340, *-HUDOOC.*

diese Maßnahmen aufgrund einer strikten, sich aus der Mitgliedschaft in einer internationalen Organisation ergebenden rechtlichen Verpflichtung erfolgen und diese Organisation einen gleichwertigen Grundrechtsschutz bietet.[294]

1. Familienleben

Art. 8 Abs. 1 EMRK schützt das Recht jeder Person auf Achtung ihres Familienlebens. Geschützt sind alle natürlichen Personen[295] unabhängig von ihrer Staatsangehörigkeit.[296]

a) Kernfamilie

Als Familie geschützt ist jede rechtmäßige, d.h. formal gültig geschlossene Ehe.[297] Die Gültigkeit beurteilt sich vorrangig nach dem Recht des Staats, in dem sie geschlossen wurde,[298] sodass auch Mehrehen geschützt sind.[299] Nicht geschützt sind Zwangsehen, ebenso wenig Scheinehen,[300] d.h. Ehen, bei denen der gemeinsame Wille beider Ehepartner zur Führung einer ehelichen Lebensgemeinschaft fehlt.[301] Zusammenleben verlangt der EGMR in seinen neueren Urteilen nicht

---

294 *EGMR* [GK], Urt. v. 30.06.2005, 45036/98, *Bosphorus*, NJW 2006, 197, 202, Rn. 155 f.

295 Die in Art. 8 Abs. 1 EMRK ebenfalls genannten Rechte des Privatlebens, der Wohnung und der Korrespondenz gewährt der EGMR auch juristischen Personen, s. zum Schutz von Geschäftsräumen *EGMR*, Urt. v. 16.12.1992, 72/1991/324/394, *Niemitz/Deutschland*, Serie A, Nr. 251-B, S. 34, Rn. 31; Urt. v. 16.04.2002, 37971/97, *Société Colas Est u.a./Frankreich*, ECHR 2002-III, S. 105, 123, Rn. 41. S. davon abweichend *EuGH*, Urt. v. 21.09.1989, C-46/87, *Hoechst*, Slg. 1989, S. 2859, Rn. 18, in dem der Gerichtshof u.a. mangels Rechtsprechung des EGMR eine Erstreckung auf juristische Personen abgelehnt hatte.

296 Mückl, in: Merten/Papier, Handbuch der Grundrechte, Bd. VI/1, § 141, Rn. 38.

297 *EGMR*, Urt. v. 28.05.1985, 15/1983/71/107–109, *Abdulaziz u.a./Vereinigtes Königreich*, InfAuslR 1985, S. 298, 299 = NJW 1986, S. 3007, 3008, Rn. 62 f. Selbst eine nicht rechtmäßig geschlossene Ehe ist geschützt, wenn das Paar selbst aufgrund der Umstände von der Gültigkeit der Eheschließung ausging und dementsprechend lebte, *ibid*, Rn. 63.

298 Sander, Der Schutz des Aufenthalts durch Artikel 8 EMRK, S. 54 m.w.N. aus der Rechtsprechung des EGMR.

299 Walter, Familienzusammenführung in Europa, S. 82.

300 Frowein, in: Frowein/Peukert, EMRK-Kommentar, Art. 8, Rn. 22; Sander, Der Schutz des Aufenthalts durch Artikel 8 EMRK, S. 55.

301 Sander, Der Schutz des Aufenthalts durch Artikel 8 EMRK, S. 55.

mehr.[302] Eine Scheidung beendet das Familienleben zwischen Ehepartnern, selbst wenn sie Eltern gemeinsamer Kinder sind.[303]

Als Familienleben von Rechts wegen geschützt ist die Beziehung zwischen Eltern und ihren ehelich geborenen Kindern.[304] Bei unehelich geborenen Kindern müssen neben der biologischen Verwandtschaft zusätzliche rechtliche oder tatsächliche Anhaltspunkte für eine enge persönliche Beziehung zum Elternteil sprechen,[305] z.B. Zusammenleben[306] oder Übernahme von Verantwortung und Sorge für das Kind ab der Geburt.[307] Die familiäre Beziehung zu Kindern können nur außergewöhnliche Umstände beenden, beispielsweise fehlender Kontakt über längere Zeit trotz Möglichkeit hierzu.[308]

---

302 S. im Gegensatz dazu noch *EGMR*, Urt. v. 28.05.1985, 15/1983/71/107–109, *Abdulaziz u.a./Vereinigtes Königreich*, InfAuslR 1985, S. 298, 299 = NJW 1986, S. 3007, 3008, Rn. 62 f., wonach das Eheleben bestehen muss, d.h. die Ehepartner zusammenleben, zusammengelebt haben oder ein Zusammenleben und Führung eines normalen Familienlebens zumindest ernsthaft anstreben mussten.

303 Grabenwarter/Pabel, EMRK, § 22, Rn. 17.

304 *EGMR*, Urt. v. 21.06.1988, 3/1987/126/177, *Berrehab/Niederlande*, InfAuslR 1993, S. 84, 85, Rn. 21; Urt. v. 19.02.1996, 53/1995/559/645, *Gül/Schweiz*, InfAuslR 1996, S. 245, 246, Rn. 32; Urt. v. 26.05.1994, 16/1993/441/490, *Keegan/Irland*, NJW 1995, S. 2153, Rn. 44; Urt. v. 01.06.2004, 45582/99, *Lebbink/Niederlande*, 45582/99, ECHR 2004-IV, S. 181, 193, Rn. 35; Urt. v. 02.06.2005, 77785/01, *Znamenskaya/Russland*, nicht veröffentlicht, Rn. 26, -*HUDOC*.

305 *EGMR*, Urt. v. 01.06.2004, 45582/99, *Lebbink/Niederlande*, Slg. 2004-IV, S. 181, 193, Rn. 37; Urt. v. 21.12.2010, 20578/07, *Anayo/Deutschland*, NJW 2011, S. 3565, 3566, Rn. 56; Meyer-Ladewig/Nettesheim, in: Meyer-Ladewig/Nettesheim u.a., EMRK, Art. 8, Rn. 57.

306 Vgl. Urt. v. 26.05.1994, 16/1993/441/490, *Keegan/Irland*, NJW 1995, S. 2153, Rn. 44; Urt. v. 13.07.2000, 25735/94, *Elsholz/Deutschland*, 2000-VIII, S. 345, 362, Rn. 43, Urt. v. 01.06.2004, 45582/99, *Lebbink/Niederlande*, 45582/99, ECHR 2004-IV, S. 181, 193, Rn. 35; Urt. v. 02.06.2005, 77785/01, *Znamenskaya/Russland*, nicht veröffentlicht, Rn. 26, -*HUDOC*; Urt. v. 21.12.2010, 20578/07, *Anayo/Deutschland*, nicht veröffentlicht, Rn. 55, -*HUDOC*; s. auch Urt. v. 31.01.2006, 50435/99, *Rodrigues da Silva und Hoogkamer/Niederlande*, EuGRZ 2006, S. 562, 563, Rn. 37.

307 *EGMR*, Urt. v. 13.06.1979, 6833/74, *Marckx/Belgien*, NJW 1979, S. 2449, 2450, Rn. 31.

308 *EGMR*, Urt. v. 19.02.1996, 53/1995/559/645, *Gül/Schweiz*, InfAuslR 1996, S. 245, 246, Rn. 32 f. Im Fall *Berrehab* war der EGMR hingegen noch davon ausgegangen, dass das Familienleben durch nachträgliche Ereignisse „natürlich" aufgelöst werden könne, *EGMR*, Urt. v. 21.06.1988, 3/1987/126/177, *Berrehab/Niederlande*, InfAuslR 1993, S. 84, 85, Rn. 21. In dem Fall bewertete der EGMR die Beziehung eines Vaters zu seiner Tochter wegen der Häufigkeit und Regelmäßigkeit der Besuche des Vaters trotz des fehlenden Zusammenlebens nicht als aufgelöst. Der Vater hatte das bei der Mutter

Zu erwachsenen Kindern besteht Familienleben bei Vorliegen zusätzlicher Anhaltspunkte für eine Abhängigkeit,[309] beispielsweise Zusammenleben bei zugleich fehlender eigener Familiengründung der volljährigen Kinder.[310]

b) Sonstige Beziehungen

Verwandtschaftliche Beziehungen außerhalb der Kernfamilie sind als Familienleben geschützt, wenn neben der emotionalen Bindung zusätzliche Umstände der Abhängigkeit vorliegen.[311] Derartige Umstände können ein gemeinsamer Haushalt sein[312] oder die Übernahme der Erziehung.[313]

Selbst nicht-verwandtschaftliche Beziehungen sind geschützt, wenn „enge persönliche Bindungen wirklich und tatsächlich vorhanden sind".[314] Anhaltspunkte dafür sind z.B. Zusammenleben, Intensität und Dauer der Beziehung, ob die Partner aneinander beispielsweise durch gemeinsame Kinder gebunden sind.[315] Gleichgeschlechtliche Beziehungen erkennt der EGMR mittlerweile „[e]benso wie eine Partnerschaft unterschiedlichen Geschlechts" als Familienleben an, wenn die Partner zusammenleben und eine tatsächliche Partnerschaft führen.[316] Der Gerichtshof begründete dies mit der wachsenden Tendenz in den Vertragsstaaten, gleichgeschlechtliche Partnerschaften rechtlich anzuerkennen und mit verschiedenen EU-Rechtsakten, die diese Beziehungen als Familie definieren.[317] Die Gleichbehandlung mit Partnern unterschiedlichen Geschlechts

---

verbliebene Kind nach der Scheidung vier Mal wöchentlich für mehrere Stunden besucht.

309 Meyer-Ladewig/Nettesheim, in: Meyer-Ladewig/Nettesheim u.a., EMRK, Art. 8, Rn. 61.

310 Meyer-Ladewig/Nettesheim, in: Meyer-Ladewig/Nettesheim u.a., EMRK, Art. 8, Rn. 61.

311 Grabenwarter/Pabel, EMRK, § 22, Rn. 18.

312 Frowein, in: Frowein/Peukert, EMRK-Kommentar, Art. 8, Rn. 20.

313 Sander, Der Schutz des Aufenthalts durch Artikel 8 EMRK, S. 76 m.w.N.

314 *EGMR*, Urt. v. 12.07.2001, 25702/94, *K. u. T./Finnland*, NJW 2003, S. 809, 810, Rn. 150.

315 Grabenwarter/Pabel, EMRK, § 22, Rn. 16.

316 *EGMR*, Urt. v. 22.07.2010, Nr. 18984/02, *P. B. und J. S./Österreich*, nicht in ECHR veröffentlicht, Rn. 30, *-HUDOC*, Übersetzung d. Verf. 2001 hatte der EGMR dies noch abgelehnt und lediglich das Vorliegen von Privatleben i.S.d. Art. 8 EMRK anerkannt, *EGMR*, Beschl. v. 10.05.2001, Nr. 56501/00, *Mata Estevez/Spanien*, ECHR 2001-VI.

317 *EGMR*, Urt. v. 22.07.2010, Nr. 18984/02, *P. B. und J. S./Österreich*, nicht in ECHR veröffentlicht, Rn. 29.

spricht dafür, dass auch ohne Zusammenleben weitere tatsächliche Umstände ein Familienleben begründen können.[318]

2. *Familienzusammenführung*

Eine der wesentlichsten Gewährleistungen des Rechts auf Achtung des Familienlebens i.S.d. Art. 8 Abs. 1 EMRK ist das familiäre Zusammenleben.[319] Ehegatten und Kindern garantiert Art. 8 EMRK das Zusammenleben, auch wenn ein solches bislang nicht möglich war.[320]

a) *Systematische Einordnung*

Zweck des in Art. 8 EMRK enthaltenen Menschenrechts ist der Schutz des Einzelnen vor willkürlichen Maßnahmen nationaler Behörden.[321] In diesem Sinne gewährt Art. 8 EMRK jedermann ein Abwehrrecht, d.h. eine negative Verpflichtung der Vertragsstaaten, von Eingriffen in das Recht auf Familienleben abzusehen.[322] Nach ständiger Rechtsprechung des EGMR kann es einen Eingriff in das Familienleben i.S.d. Art. 8 Abs. 1 EMRK darstellen, wenn eine Person vom Hoheitsgebiet eines Landes ausgeschlossen wird, in dem sie enge Verwandte hat.[323] Die Rechtfertigung des Eingriffs ermöglicht Art. 8 Abs. 2 EMRK.

Fallkonstellationen der Familienzusammenführung prüft der EGMR demgegenüber nicht als rechtfertigungsbedürftigen Eingriff. Sie betreffen nach Auffassung des EGMR zwar einerseits den Bereich des Familienlebens, andererseits aber auch den Bereich der Einwanderung, wozu „nach den feststehenden

---

318 Frowein, in: Frowein/Peukert, EMRK-Kommentar, Art. 8, Rn. 20.

319 *EGMR*, Urt. v. 16.04.2013, final am 09.09.2013, Nr. 12020/09, *Udeh/Schweiz*, nicht in ECHR veröffentlicht, Rn. 53, *-HUDOC*; v. 29.07.2010, Nr. 3295/06, *Agraw/Schweiz*, nicht veröffentlicht, Rn. 51, *-HUDOC*, und v. 29.07.2010, Nr. 24404/05, *Mengesha Kimfe/Schweiz*, nicht in ECHR veröffentlicht, Rn. 69–72, *-HUDOC*.

320 *EGMR*, Urt. v. 28.05.1985, 15/1983/71/107–109, *Abdulaziz u.a., Cabales und Balkandali/Vereinigtes Königreich*, NJW 1986, S. 3007, 3008, Rn. 62; Frowein, in: Frowein/Peukert, EMRK-Kommentar, Art. 8, Rn. 19.

321 *EGMR*, Urt. v. 28.11.1996, Nr. 73/1995/579/665, *Ahmut/Niederlande*, InfAuslR 1997, S. 141, 142, Rn. 63.

322 Grabenwarter/Pabel, EMRK, § 22, Rn. 1.

323 *EGMR*, Urt. v. 18.02.1991, 31/1989/191/291, *Moustaquim/Belgien*, Serie A Nr. 193, S. 18, Rn. 16; Urt. v. 16.04.2013, Nr. 12020/09, *Udeh/Schweiz*, nicht veröffentlicht, Rn. 38, *-HUDOC*; Urt. v. 11.07.2002, Nr. 56811/00, *Amrollahi/Dänemark*, Rn. 26, *-HUDOC*, Rn. nicht enthalten in InfAuslR 2004, S. 180 f.

Grundsätzen des Völkerrechts" ein Recht zur Einwanderungskontrolle gehört.[324] Art. 8 EGMR vermittelt laut dem Gerichtshof keine generelle Pflicht, ausländischen Familienangehörigen die Einreise und den Aufenthalt zu gestatten, damit diese im Vertragsstaat ihren Familienwohnsitz wählen können.[325] Es besteht somit kein grundsätzlicher Anspruch auf Familienzusammenführung. Aus der in Art. 8 EMRK festgeschriebenen Pflicht zur effektiven Achtung des Familienlebens folgert der EGMR – neben den genannten negativen Pflichten – jedoch auch positive Schutz- und Handlungspflichten für die Vertragsstaaten, die im Einzelfall einen Nachzugsanspruch begründen können.[326]

Nach anderer Ansicht soll auch die Ablehnung der Familienzusammenführung als rechtfertigungsbedürftiger Eingriff in das Familienleben zu werten sein.[327] Dieses Vorgehen erlaube beispielsweise eine besser strukturierte Überprüfung von Maßnahmen.[328] In der Tat führt die Systematisierung des EGMR zu Abgrenzungsschwierigkeiten, insbesondere wenn sich der Familienangehörige bereits im Inland befindet und eine Fortführung seines unrechtmäßigen Aufenthalts zur Führung eines Familienlebens erstrebt.[329] Die Abgrenzung erfolgt danach, ob bereits ein Eingriff in Form einer Ausweisung vorliegt – die systematische Einordnung ist also eine Frage der Zeit und wirkt damit zufällig.

Die Grenzen zwischen den negativen (Unterlassungsverpflichtungen) und den positiven (Handlungsverpflichtungen) Pflichten sind auch nach Auffassung

---

324 *EGMR*, Urt. v. 28.05.1985, Nr. 15/1983/71/107–109, *Abdulaziz u.a./Vereinigtes Königreich*, InfAuslR 1985, S. 298, 300 = NJW 1986, S. 3007, 3009, Rn. 67.

325 *EGMR*, Urt. v. 28.05.1985, 15/1983/71/107–109, *Abdulaziz u.a./Vereinigtes Königreich*, InfAuslR 1985, S. 298, 300 = NJW 1986, S. 3007, 3009, Rn. 68; Urt. v. 19.02.1996, 53/1995/559/645, *Gül/Schweiz*, InfAuslR 1996, S. 245, 246, Rn. 38. Der Fall betraf die Weigerung der Schweizer Behörden, einem 12 Jahre alten türkischen Jungen den Nachzug zu seinen in der Schweiz lebenden Eltern zu erlauben.

326 *EGMR*, Urt. v. 28.11.1996, Nr. 73/1995/579/665, *Ahmut/Niederlande*, InfAuslR 1997, S. 141, 142, Rn. 63; Urt. v. 21.12.2001, Nr. 31465/96, *Şen/Niederlande*, InfAuslR 2002, S. 334, 335.

327 *Szczekalla*, NVwZ 2006, S. 1019, 1021; Walter, Familienzusammenführung in Europa, S. 75 f.; so auch EGMR-Richter Wildhaber in seinem Sondervotum im Fall *Stjerna/Finnland*, EGMR, Urt. v. 25.11.1994, Nr. 38/1993/433/512, Ser. A No. 299-B, S. 2.

328 Walter, Familienzusammenführung in Europa, S. 76.

329 S. z.B. *EGMR*, Urt. v. 31.07.2008, Beschwerde Nr. 265/07, *Omoregie*, nicht veröffentlicht, -*HUDOC* für die Aufenthaltsbeendigung eines unrechtmäßig aufhältigen, ausreisepflichtigen Drittstaatsangehörigen und *EGMR*, Urt. v. 31.01.2006, Nr. 50435/99, *Rodrigues da Silva und Hoogkamer/Niederlande*, EuGRZ 2006, S. 562 ff. für die Familienzusammenführung einer unrechtmäßig aufhältigen Drittstaatsangehörigen.

des EGMR nicht eindeutig, die anzuwendenden Prinzipien aber ähnlich.[330] Bei beiden Arten von Pflichten ist im Rahmen einer Interessenabwägung ein Gleichgewicht zwischen den Interessen des Einzelnen und der Gesellschaft herzustellen.[331] Die Abwägungskriterien ähneln sich in beiden Fällen,[332] sodass die Art des Prüfungsschemas kaum inhaltliche Auswirkungen hat. Die Annahme eines Rechts auf Familienzusammenführung im Sinne eines Anspruchs ist somit rechtlich möglich, aber zum Schutz des Familienlebens nicht erforderlich.

b) Interessenabwägung

Die positive Pflicht eines Staates zur Gewährung der Familienzusammenführung ermittelt der EGMR im Rahmen einer Interessenabwägung, bei der ein ausgewogenes Gleichgewicht „zwischen den Interessen des Einzelnen und der gesamten Gesellschaft" gefunden werden muss und der Gerichtshof den Staaten „einen gewissen Beurteilungsspielraum" (sog. *margin of appreciation/marge d'appréciation*)[333] zugesteht.[334]

---

330 *EGMR*, Urt. v. 28.11.1996, Nr. 73/1995/579/665, *Ahmut/Niederlande*, InfAuslR 1997, S. 141, 142, Rn. 63.

331 *EGMR*, Urt. v. 28.11.1996, Nr. 73/1995/579/665, *Ahmut/Niederlande*, InfAuslR 1997, S. 141, 142, Rn. 63; Urt. v. 19.02.1996, Nr. 53/1995/559/645, *Gül/Schweiz*, InfAuslR 1996, S. 245, 246, Rn. 38. Während der Gerichtshof in einigen seiner Entscheidungen eine klare Abgrenzung zwischen den negativen und positiven Pflichten vornimmt, verzichtet er in anderen Entscheidungen hierauf, vgl. z.B. *EGMR*, Urt. v. 26.05.1994, Nr. 16/1993/441/490, *Keegan*, NJW 1995, S. 2153, 2154, Rn. 52, in dem der EGMR die Entscheidung ausdrücklich offengelassen hat, da aus seiner Sicht eine Maßnahme vorlag, die als Eingriff zu werten war, sodass es nicht mehr darauf ankam zu prüfen, ob eine positive Verpflichtung zur Gewährung eines Rechts gegeben war.

332 Vgl. die Fälle *EGMR*, Urt. v. 31.07.2008, Beschwerde Nr. 265/07, *Omoregie*, nicht veröffentlicht, -*HUDOC*, Rn. 57 für die Aufenthaltsbeendigung und *EGMR*, Urt. v. 31.01.2006, Nr. 50435/99, *Rodrigues da Silva und Hoogkamer/Niederlande*, EuGRZ 2006, S. 562, 564, Rn. 39 für die Familienzusammenführung.

333 In der englischen Fassung der EGMR-Urteile wird i.d.R. der Begriff „margin of appreciation" verwendet. Verschiedentlich wird dies ins Deutsche mit „Ermessensspielraum" übersetzt, s. z.B. *EGMR*, Urt. v. 28.05.1985, 15/1983/71/107–109, *Abdulaziz u.a./Vereinigtes Königreich*, NJW 1986, S. 3007, 3009, Rn. 72.

334 *EGMR*, Urt. v. 19.02.1996, Nr. 53/1995/559/645, *Gül/Schweiz*, InfAuslR 1996, S. 245, 246, Rn. 38; Urt. v. 28.11.1996, Nr. 73/1995/579/665, *Ahmut/Niederlande*, InfAuslR 1997, S. 141, 142, Rn. 63 und S. 143, Rn 67a; Urt. v. 21.12.2001, Nr. 31465/96, *Şen/*

Zu den Abwägungskriterien und deren Gewichtung im Rahmen der Interessenabwägung hat der EGMR die nachfolgend geschilderten Grundsätze entwickelt. Während der Gerichtshof die ersten Familienzusammenführungsbegehren *Abdulaziz, Gül* und *Ahmut* ablehnte, weil die Familienzusammenführung nicht „die einzige Möglichkeit" zur Entwicklung eines Familienlebens war (sog. „elsewhere approach"),[335] stellt der EGMR mittlerweile darauf ab, ob die Gewährung der Familienzusammenführung „das angemessenste Mittel für die Entwicklung eines Familienlebens" („the most adequate means") ist.[336] Unter Anwendung dieser Formel verpflichtete der Gerichtshof in den Fällen *Şen*[337] aus dem Jahr 2001 und *Tuquabo-Tekle* aus dem Jahr 2005[338] die Niederlande dazu, einem neunjährigen Mädchen bzw. einem 15-jährigen Kind die Familienzusammenführung zu den Eltern in die Niederlande zu gewähren.[339]

Aufseiten des Einzelnen berücksichtigt der Gerichtshof im Falle des Kindernachzugs das Alter des Kindes, seine Situation im Herkunftsstaat sowie den Grad, zu dem es noch von seinen Eltern abhängig ist.[340] Dem Alter kommt dabei keine überragende Bedeutung zu. Dass das Kind im Nachzugsfall *Tuquabo-Tekle* mit seinen 15 Jahren wesentlich älter war als das neunjährige Kind im Fall *Şen*,

---

Niederlande, InfAuslR 2002, S. 334, 336; Urt. v. 01.12.2005, Nr. 60665/00, *Tuquabo-Thekle/Niederlande*, Rn. 42, nicht veröffentlicht, Auszug in InfAuslR 2006, S. 105 f.

335 *EGMR*, Urt. v. 19.02.1996, Nr. 53/1995/559/645, *Gül/Schweiz*, InfAuslR 1996, S. 245, 246, Rn. 39, s. auch die englische Originalfassung, -*HUDOC*: „would be the only way […] to develop family life". Der EGMR selbst hat den Begriff „elsewhere approach" in seinen Entscheidungen nicht erwähnt, vgl. *EGMR*, Urt. v. 19.02.1996, Nr. 53/1995/559/645, *Gül/Schweiz*, InfAuslR 1996, 245, 246, Rn. 39 sowie Urt. v. 28.11.1996, Nr. 73/1995/579/665, *Ahmut/Niederlande*, InfAuslR 1997, 141. Der Begriff hat sich in der Literatur für diese Rechtsprechungslinie des EGMR durchgesetzt, s. z.B. *Toner*, Partnership Rights, S. 88 ff. In der Sache entsprach schon der erste Familiennachzugsfall *Abdulaziz, Cabales und Balkandali* von 1985 diesem Rechtsprechungsansatz. Der Gerichtshof stellte knapp fest, die Antragstellerinnen hätten nicht dargelegt, weshalb sie weder „in ihrem eigenen [noch] im Herkunftsstaat ihrer Ehemänner" ihren Wohnsitz begründen könnten, *EGMR*, Urt. v. 28.05.1985, 15/1983/71/107–109, *Abdulaziz u.a./Vereinigtes Königreich*, NJW 1986, S. 3007, 3009, Rn. 68.

336 *EGMR*, Urt. v. 21.12.2001, Nr. 31465/96, *Şen/Niederlande*, InfAuslR 2002, S. 334, 337.

337 *EGMR*, Urt. v. 21.12.2001, Nr. 31465/96, *Şen/Niederlande*, InfAuslR 2002, S. 334, 337.

338 *EGMR*, Urt. v. 01.12.2005, Nr. 60665/00, *Tuquabo-Thekle/Niederlande*, InfAuslR 2006, S. 105.

339 *EGMR*, Urt. v. 21.12.2001, Nr. 31465/96, *Şen/Niederlande*, InfAuslR 2002, S. 334, 337; Urt. v. 01.12.2005, Nr. 60665/00, *Tuquabo-Thekle/Niederlande*, InfAuslR 2006, S. 105.

340 *EGMR*, Urt. v. 21.12.2001, Nr. 31465/96, *Şen/Niederlande*, InfAuslR 2002, S. 334, 336.

änderte angesichts der ähnlichen Umstände die Beurteilung nicht.[341] Das Kindeswohl ist nach der Rechtsprechung ein berücksichtigungswürdiger Belang von entscheidender Bedeutung.[342] Darüber hinaus lassen sich der Rechtsprechung keine Richtlinien zur Gewichtung der einzelnen Kriterien entnehmen.

Daneben lässt der Gerichtshof die Integration der Familienmitglieder im Zielstaat und ihre Bindungen an den Herkunftsstaat in die Abwägung einfließen. Anders als noch im Fall *Ahmut*, in dem weder die niederländische Staatsangehörigkeit des Vaters noch seine wirtschaftliche Integration als Geschäftsinhaber in den Niederlanden zur Gewährung der Familienzusammenführung führte,[343] u.a. weil er seine marokkanische Staatsangehörigkeit beibehalten hatte,[344] reichte es in den Fällen *Şen* und *Tuquabo-Tekle* aus, dass die Eltern der Antragsteller (bzw. im Fall *Tuquabo-Tekle* Mutter und Stiefvater) sich in den Niederlanden seit Langem rechtmäßig aufhielten und jeweils zwei Geschwister dort verwurzelt waren.[345] Anders als noch im Fall *Ahmut*, in dem laut dem Gerichtshof für die Verhältnismäßigkeit der Ablehnungsentscheidung sprach, dass der Vater aufgrund seiner eigenen Entscheidung Marokko verlassen hatte und dadurch die Trennung herbeigeführt hatte,[346] führte die Tatsache, dass die Eltern selbst ursprünglich die Kinder verlassen haben, nun nicht mehr zum dauerhaften

---

341 *EGMR*, Urt. v. 01.12.2005, Nr. 60665/00, *Tuquabo-Thekle/Niederlande*, InfAuslR 2006, S. 105, 106.

342 Vgl. *EGMR [GK]*, Urt. v. 08.07.2003, 31871/96, *Sommerfeld/Deutschland*, ECLI:CE:ECHR:2003:0708JUD003187196, Rn. 62, – *HUDOC*, nicht abgedruckt in ECHR 2003-VIII (Auszüge): „Undoubtedly, consideration of what lies in the best interest of the child is of crucial importance in every case of this kind."

343 *EGMR*, Urt. v. 28.11.1996, Nr. 73/1995/579/665, *Ahmut/Niederlande*, InfAuslR 1997, S. 141, 142, Rn. 64.

344 *EGMR*, Urt. v. 28.11.1996, Nr. 73/1995/579/665, *Ahmut/Niederlande*, InfAuslR 1997, S. 141, 143, Rn. 70.

345 Im Fall *Şen* lebten die Eltern des Antragstellers seit 15 bzw. sechs Jahren rechtmäßig in den Niederlanden und hatten ihr Eheleben dort aufgebaut. Im Fall *Tuquabo-Tekle* waren Mutter und Stiefvater seit mindestens fünf Jahren in den Niederlanden und sie hatten mittlerweile die niederländische Staatsangehörigkeit. Es gab jeweils zwei Geschwister bzw. Halbgeschwister, die in den Niederlanden geboren waren, dort aufwuchsen und die niederländische Staatsangehörigkeit hatten, *EGMR*, Urt. v. 21.12.2001, Nr. 31465/96, *Şen/Niederlande*, InfAuslR 2002, S. 334, 336 f. und *EGMR*, Urt. v. 01.12.2005, Nr. 60665/00, *Tuquabo-Thekle/Niederlande*, InfAuslR 2006, S. 105.

346 *EGMR*, Urt. v. 28.11.1996, Nr. 73/1995/579/665, *Ahmut/Niederlande*, InfAuslR 1997, S. 141, 143, Rn. 70.

Ausschluss der Familienzusammenführung.[347] Daher ist anzunehmen, dass aus der „most adequate means"-Formel eine großzügigere Gewährung der Familienzusammenführung folgt. Ein individuelles Recht auf Familiennachzug wird auch durch die modifizierte Formel hingegen nicht begründet.[348]

Im nächsten Familiennachzugsfall, dem Fall *Rodrigues da Silva*,[349] ging es nicht um die Einreise, sondern um die Legalisierung des Aufenthalts der unrechtmäßig in den Niederlanden aufhältigen brasilianischen Mutter eines niederländischen Kindes. Der Gerichtshof listete in dieser Entscheidung zahlreiche, teilweise integrationsbezogene Kriterien auf, die er bei der Interessenabwägung berücksichtigt: Das Ausmaß der Beeinträchtigung der familiären Beziehung im Falle der Ablehnung der Familienzusammenführung, die Bindungen zum Vertragsstaat, ob einem Zusammenleben im Herkunftsland unüberwindliche Hindernisse entgegenstehen, Aspekte der Einwanderungskontrolle (z.B. mehrfacher Verstoß gegen Einwanderungsrecht) oder der öffentlichen Ordnung und ob den Familienmitgliedern bei Familiengründung die Unsicherheit der Fortdauer des Familienlebens im Vertragsstaat aufgrund des Aufenthaltsstatus bewusst war.[350] Die Kriterien entsprechen denen, die der EGMR für die Verhältnismäßigkeitsprüfung von Ausweisungsentscheidungen entwickelt hat, vgl. Fall *Omoregie*.[351] Der Mutter angesichts der gravierenden Folgen für das Kind ihren unrechtmäßigen Aufenthalt vorzuwerfen, lehnte der Gerichtshof als exzessiven Formalismus ab.[352] Allerdings hatte die Mutter – was die Situation vom ähnlich gelagerten Fall *Omoregie* unterschied – in der Vergangenheit die Möglichkeit gehabt, ihren Aufenthalt zu legalisieren. Es kann daher nicht generell gefolgert werden, dass der EGMR der Unrechtmäßigkeit des Voraufenthalts neuerdings eine vergleichsweise geringe Bedeutung beimisst.

---

347 *EGMR*, Urt. v. 01.12.2005, Nr. 60665/00, *Tuquabo-Thekle/Niederlande*, InfAuslR 2006, S. 105.

348 Hailbronner/Arévalo, Directive 2003/86/EC, in: Hailbronner/Thym, EU Immigration and Asylum Law, Art. 1, Rn. 23.

349 Im Fall *Rodrigues da Silva und Hoogkamer/Niederlande*, Urt. v. 31.01.2006, Nr. 50435/99, EuGRZ 2006, S. 562 ff.

350 *EGMR*, Urt. v. 31.01.2006, Nr. 50435/99, *Rodrigues da Silva und Hoogkamer/Niederlande*, EuGRZ 2006, S. 562, 564, Rn. 39.

351 *EGMR*, Urt. v. 31.07.2008, Beschwerde Nr. 265/07, *Omoregie*, nicht veröffentlicht, -*HUDOC*, Rn. 57.

352 *EGMR*, Urt. v. 31.01.2006, Nr. 50435/99, *Rodrigues da Silva und Hoogkamer/Niederlande*, EuGRZ 2006, S. 562, 564, Rn. 44.

Zu den staatlichen Interessen, die in die Abwägung einfließen können, und ihrer Gewichtung äußert sich der EGMR kaum. Ohne nähere Erläuterung hat der Gerichtshof in Einreisekonstellationen als staatliches Interesse anerkannt die Einwanderungskontrolle,[353] das wirtschaftliche Wohl eines Landes[354] sowie die öffentliche Ordnung.[355] Das Ziel der Integration lässt sich dabei mindestens unter das wirtschaftliche Wohl des Landes subsumieren.

3. *Bewertung*

Die Rechtsprechungsentwicklung betreffend gleichgeschlechtliche Beziehungen zeigt, dass der Familienbegriff i.R.d. Art. 8 EMRK nicht statisch, sondern dynamisch ist. Der Begriff kann so an die aktuellen gesellschaftlichen, rechtlichen und politischen Entwicklungen und damit an den tatsächlichen Schutzbedarf von Familien angepasst werden. Dies führt zu einer Rechtsvereinheitlichung hinsichtlich des Familienschutzes innerhalb der Vertragsstaaten und tendenziell im Laufe der Zeit zu einer Erweiterung des Schutzbereichs. Es wird dem hohen Schutzgut der Familie gerecht, dass der EGMR den Schutzbereich sehr weit versteht, und die Einschränkung erst im Rahmen der Rechtfertigung unternimmt.

Kritisch zu sehen ist, dass der EGMR nach wie vor die Familienzusammenführung nicht als Recht ansieht. Der EGMR hält damit den traditionellen Völkerrechtsgrundsatz aufrecht, dass Staaten das Recht auf Einreisekontrolle haben. Im Rahmen der Interessenabwägung, ob einem Familienmitglied die Einreise zur Familienzusammenführung zu gewähren ist oder nicht, erfolgt die Gewährung des Familiennachzugs nur, wenn sie das angemessenste Mittel zur Führung eines Familienlebens ist, vgl. zuletzt Fall *Tuquabo-Tekle*.[356] Staatlichen Regelungen zur Integration und Steuerung der Familienzusammenführung steht Art. 8 EMRK damit nur entgegen, wenn die Führung des Familienlebens im Herkunftsland nicht zumutbar ist. Angenommen hat der EGMR ein Nachzugsrecht bisher nur für minderjährige Kinder in Fallkonstellationen, in denen Eltern und Geschwister im Zielstaat integriert waren. Dass Eltern ein Kind freiwillig

---

353 Vgl. *EGMR*, Urt. v. 28.11.1996, Nr. 73/1995/579/665, *Ahmut/Niederlande*, InfAuslR 1997, S. 141, 143, Rn. 73.

354 *EGMR*, Urt. v. 31.01.2006, Nr. 50435/99, *Rodrigues da Silva und Hoogkamer/Niederlande*, EuGRZ 2006, S. 562, 564, Rn. 44.

355 *EGMR*, Urt. v. 31.01.2006, Nr. 50435/99, *Rodrigues da Silva und Hoogkamer/Niederlande*, EuGRZ 2006, S. 562, 564, Rn. 39.

356 *EGMR*, Urt. v. 01.12.2005, Nr. 60665/00, *Tuquabo-Thekle/Niederlande*, InfAuslR 2006, S. 105.

im Herkunftsland zurückgelassen haben, führt nicht mehr zum Ausschluss des Nachzugs. Dies erlaubt es, bei nachträglichen Sachverhaltsänderungen zu angemesseneren Ergebnissen zu kommen.

Ob allein die Integration der Eltern oder eines Ehepartners im Zielstaat ausreicht für die Gewährung des Familiennachzugs, lässt sich der Rechtsprechung nicht eindeutig entnehmen. Da der EGMR weiterhin davon ausgeht, dass Staaten die Wohnortwahl einer Familie in ihrem Staatsgebiet nicht akzeptieren müssen, ist es wahrscheinlich, dass in diesen Fällen der Nachzug nur bei Hinzutreten zusätzlicher Elemente gewährt wird. Als zusätzliche Umstände, die zur Nachzugsgewährung führen, sind beispielsweise das Fehlen einer wirtschaftlichen Lebensgrundlage im Herkunftsstaat im Falle der Rückkehr oder fehlende Verbindungen dorthin denkbar. Gerade Zuwanderer, die es schaffen, in mehreren Kulturen heimisch zu sein, werden dadurch benachteiligt. Die eigentlich erwünschten Integrationsanstrengungen von Zuwanderern werden damit i.R.d. EMRK jedenfalls nicht ausreichend gewürdigt. Art. 8 EMRK begründet damit einen relativ schwachen Schutz von rechtmäßig aufhältigen Ausländern. Die Rechtsprechung des EGMR zeigt somit ein hohes Maß an Unsicherheit in Familienzusammenführungsfällen. Angesichts der großen Anzahl von Ausländern, auch der zweiten Generation, die sich mittlerweile auf dem Gebiet der EMRK-Vertragsstaaten befinden, wäre es vorzugswürdig, wenn die wirtschaftliche Integration des Zusammenführenden im Vertragsstaat zur Gewährung der Familienzusammenführung führen würde. Da zahlreiche EMRK-Vertragsstaaten Ausländern mittlerweile die Familienzusammenführung in derartigen Fällen gewähren,[357] steht zu erwarten, dass der Gerichtshof ein Recht auf Familienzusammenführung eines Tages auch aus Art. 8 EMRK ableiten wird.

Für die Schaffung von Familiennachzugsbeschränkungen bedeutet die Rechtsprechung, dass diese nicht generell unzulässig sind. Sie müssen aber so ausgestaltet sein, dass die Familienzusammenführung gestattet wird, wenn die Führung eines Familienlebens im Herkunftsland unzumutbar ist.

II. UN-Kinderrechtskonvention

Rechtliche Auswirkungen auf die Familienzusammenführung hat auch das Übereinkommen über die Rechte des Kindes vom 20. November 1989 (im

---

357 Insbesondere die EU-Mitgliedstaaten, s.u. insbesondere die Ausführungen zum Recht auf Familienzusammenführung aus der Familienzusammenführungs-RL, Teil 2:D.II, S. 134 ff.

Folgenden: UN-KRK).[358] Die UN-KRK bindet alle EU-Mitgliedstaaten.[359] Ihren ursprünglich zur UN-KRK erklärten Vorbehalt für den Bereich des Ausländerrechts hat die Bundesregierung 2010 zurückgenommen.[360] Schon zuvor hatte der EuGH 2006 in seinem Urteil *Parlament/Rat* die UN-KRK zu den allgemeinen Gemeinschaftsrechtsgrundsätzen erklärt[361] und damit den deutschen Vorbehalt im Bereich der Gemeinschaftsgrundrechte weitgehend obsolet werden lassen.[362]

1. Der Begriff des Kindes

Die Konvention schützt alle Kinder unter 18 Jahren, es sei denn, das jeweils anwendbare Recht sieht ein früheres Volljährigkeitsalter vor, Art. 1 UN-KRK. Für jüngere Kinder trifft die Konvention keine Altersunterscheidungen. Familiennachzugsvoraussetzungen, die nur für Kinder einer bestimmten Altersgrenze gelten, werden daher teilweise für unzulässig gehalten.[363] Gegen die Unzulässigkeit derartiger Altersgrenzen spricht, dass eine solche Unterscheidung die Anwendung der das Kind schützenden Regelungen der UN-KRK auf alle Kinder unter 18 Jahren nicht ausschließt.[364]

---

358 Die Konvention wurde am 26. Januar 1990 von der Bundesrepublik Deutschland unterzeichnet. Sie ist am 02.09.1990 in Kraft getreten. Die Zustimmung von Bundestag und Bundesrat erfolgte durch Gesetz vom 17.02.1992, BGBl. II, S. 121. Die Konvention trat für Deutschland am 05.04.1992 in Kraft, Bekanntmachung v. 10.07.1992, BGBl. II, S. 990.

359 Der Stand der Ratifikationen ist abrufbar unter https://treaties.un.org/Pages/ViewDetails.aspx?src=IND&mtdsg_no=IV-11&chapter=4&clang=_en (letzter Abruf: 31.08.2017).

360 Deutschland hatte 1992 gleichzeitig mit der Hinterlegung der Ratifikationsurkunde einen Vorbehalt u.a. für asyl- und ausländerrechtliche Sachverhalte eingelegt. Erst am 15.07.2010 nahm die Bundesregierung den Vorbehalt mit völkerrechtlicher Wirkung zurück, nachdem der Bundesrat hierfür seine Zustimmung erklärt hatte.

361 *EuGH*, Urt. v. 27.06.2006, Rs. C-540/03, *Parlament/Rat*, Slg. 2006, I-5769, Rn. 37.

362 *Thym*, NJW 2006, S. 3249, 3250; Walter, Familienzusammenführung in Europa, S. 381 f.

363 Walter, Familienzusammenführung in Europa, S. 382 f.; Schmahl, Kinderrechtskonvention-Kommentar, Art. 10, Rn. 16, s. z.B. § 32 Abs. 2 AufenthG, s.u. Teil 3:B.IV.1, S. 283 ff.

364 *BVerwG*, Urt. v. 29.11.2012, BVerwG 10 C 4.12, Rn. 10, -*juris*.

2. Das Kindeswohl und seine Bedeutung für den Familiennachzug

Zentraler Begriff der Konvention ist das Kindeswohl, auf das die Konvention in mehreren Vorschriften Bezug nimmt, ohne es zu definieren.[365] Der Begriff soll nachfolgend näher bestimmt werden, um dessen Auswirkungen auf die Familienzusammenführung zu prüfen.

Einen Anhaltspunkt für die Auslegung bietet Erwägungsgrund (6) der Konvention, wonach ein „Kind zur vollen und harmonischen Entfaltung seiner Persönlichkeit in einer Familie […] aufwachsen sollte". Dem Kindeswohl entspricht somit nicht nur das Aufwachsen in familiärer Umgebung, sondern auch das Unterlassen staatlicher Handlungen, die ein harmonisches Familienleben stören.

Weiter legt Art. 3 Abs. 1 UN-KRK den Grundsatz fest, dass das Kindeswohl bei allen Kinder betreffenden Maßnahmen ein vorrangig zu berücksichtigender Gesichtspunkt ist, „gleichviel ob sie von öffentlichen oder privaten Einrichtungen der sozialen Fürsorge, Gerichten, Verwaltungsbehörden oder Gesetzgebungsorganen getroffen werden". Damit sind gesetzgeberische und Verwaltungsentscheidungen zur Familienzusammenführung, die das Kind betreffen, vorrangig am Maßstab des Wohls des Kindes auszurichten.[366] Dem Kindeswohl kommt somit insbesondere Vorrang vor den Interessen der betroffenen Erwachsenen zu.[367] Art. 3 Abs. 1 UN-KRK kann bewirken, dass Vertragsstaaten den Aufenthalt der nicht aufenthaltsberechtigten Eltern eines rechtmäßig dort aufhältigen Kindes bis zu dessen Volljährigkeit im Vertragsstaat hinnehmen müssen, wenn es andernfalls zu einer Trennung des Kindes von seinen Eltern kommen würde.[368] Aus dem Wortlaut des Art. 3 Abs. 1 UN-KRK („*ein* Gesichtspunkt")[369] folgt jedoch, dass das Kindeswohl bei rechtlich geschützten Interessen zurücktreten kann.[370] Welche Interessen dies sind, bleibt offen. Staatliche Interessen wie die Integrationsförderung und das völkerrechtlich garantierte Recht der Staaten zur Einwanderungskontrolle dürften damit berechtigte Interessen sein.

---

365 Art. 3, Art. 9 Abs. 1, 3 und 4, Art. 18 UN-Kinderrechtskonvention.

366 Vgl. Scheer, Der Ehegatten- und Familiennachzug von Ausländern, S. 26 f.

367 Schmahl, Kinderrechtskonvention-Kommentar, Art. 3, Rn. 7.

368 *Benassi*, InfAuslR 2010, S. 283, 291. In Betracht käme danach eine Duldung nach § 60a Abs. 2 AufenthG.

369 Hervorhebung d. Verf.

370 Schmahl, Kinderrechtskonvention-Kommentar, Art. 3, Rn. 7.

3. *Familienzusammenführung, Art. 10 Abs. 1 UN-KRK*

Explizit die Familienzusammenführung betrifft Art. 10 Abs. 1 UN-KRK. Danach müssen Anträge auf Familienzusammenführung „wohlwollend, human und beschleunigt bearbeitet" werden. Art. 10 Abs. 1 UN-KRK vermittelt damit schon seinem Wortlaut nach keinen Anspruch auf Erteilung einer Aufenthaltserlaubnis zur Familienzusammenführung.[371] Die in Art. 10 Abs. 1 S. 1 UN-KRK verankerte Verpflichtung zur wohlwollenden Antragsbearbeitung bewirkt, dass etwaige Ermessensspielräume wohlwollend zugunsten der Interessen des Kindes ausgeübt werden müssen.[372] Die in anderen Bestimmungen erwähnte Bedeutung des Aufwachsens im familiären Umfeld bewirkt eine Auslegung, wonach einem Kind regelmäßig der Aufenthalt zur Familienzusammenführung in dem Land zu gestatten ist, in dem seine Eltern ihren rechtmäßigen Aufenthalt haben.[373]

4. *Bewertung*

Trotz ihres Wortlauts ist die in Art. 3 Abs. 1 UN-KRK verankerte Pflicht zur vorrangigen Berücksichtigung des Kindeswohls als relativ schwach einzuordnen. Es folgt daraus nicht, dass insbesondere staatliche Belange das Kindeswohl nicht überwiegen können. Staatliche Ziele, wie beispielsweise die Integrationsfähigkeit der Aufnahmegesellschaft oder die Zuwanderungskontrolle, können daher dem Kindeswohl vorgehen. Wesentliches Verdienst der UN-KRK ist damit, dass das Wohl minderjähriger Kinder überhaupt als eigenständiger Belang und vorrangig vor den Interessen von Erwachsenen in die Abwägung einfließt.

---

371 *BVerwG*, Urt. v. 11.06.1996, BVerwG 1 C 19.93, BVerwGE S. 236, 246 f.; *Verschraegen*, Die Kinderrechtskonvention, S. 15, Rn. 85; Scheer, Der Ehegatten- und Familiennachzug von Ausländern, S. 26; Walter, Familienzusammenführung in Europa, S. 44; a.A. Caroni, Privat- und Familienleben zwischen Menschenrecht und Migration, S. 76, wonach Art. 10 Abs. 1 UN-KRK, auch wenn die Vorschrift nicht wie ein direkt durchsetzbares Recht formuliert sei, doch einen Anspruch auf Familiennachzug enthalte.

372 Schmahl, Kinderrechtskonvention-Kommentar, Art. 10, Rn. 4; wohl auch *BVerwG*, Urt. v. 11.06.1996, BVerwG 1 C 19.93, BVerwGE S. 236, 246 f., wonach sich aus der Bestimmung „*allenfalls* das Gebot [ergibt], von einem [...] Ermessensspielraum wohlwollend Gebrauch zu machen."

373 Scheer, Der Ehegatten- und Familiennachzug von Ausländern, S. 26 f.; Walter, Familienzusammenführung in Europa, S. 44.

III. Europäische Sozialcharta

Die ESC wurde am 18. Oktober 1961 durch die Mitglieder des Europarats verabschiedet.[374] Nach vollständiger Überarbeitung wurde die Charta am 3. Mai 1996 neu verabschiedet. Die Ursprungscharta haben mittlerweile alle EU-Mitgliedstaaten ratifiziert, die revidierte Fassung hingegen nur 20 Mitgliedstaaten.[375] Deutschland ist bis auf einige Vorschriften, für die Ausnahmen erklärt wurden,[376] an die Ursprungscharta von 1961 gebunden,[377] mangels Ratifizierung allerdings nicht an die revidierte Charta von 1996.[378]

Die Charta soll den Schutz der EMRK hinsichtlich sozialer Rechte und Freiheiten vervollständigen.[379] Die ESC hat keine unmittelbare Wirkung, sodass Privatpersonen die darin verbürgten Rechte vor dem ECSR (European Committee of Social Rights – ECSR) nicht direkt einklagen können.[380] Zur Sicherstellung der Wirksamkeit der ESC sind die Mitgliedstaaten gegenüber dem Europäischen Sozialrechtsausschuss berichtspflichtig.[381] Das ECSR entscheidet auf Grundlage der Berichte der Vertragsstaaten darüber, ob die Vertragsstaaten die ESC einhalten (sog. conclusions).[382]

1. Anwendungsbereich

Der Anwendungsbereich der Charta ist begrenzt. Anwendbar ist die Charta nur auf Ausländer, die Staatsangehörige eines Vertragsstaats der ESC sind.[383] Art. 19 ESC, der die Vertragsstaaten zur Erleichterung der Familienzusammenführung

---

374 Gesetz zur Europäischen Sozialcharta v. 18.10.1961, erlassen am 19.09.1964, BGBl. II 1964, S. 1261.

375 Übersicht über den Stand der Unterzeichnungen zum 21.03.2016, http://www.coe.int/en/web/turin-european-social-charter/signatures-ratifications (letzter Abruf: 26.08.2017).

376 Ausgenommen sind Art. 4 Abs. 4, Art. 7 Abs. 1, Art. 8 Abs. 2 und 4, Art. 10 Abs. 4 ESC.

377 BGBl. II 1964, S. 1261.

378 Zur Überarbeitungshistorie *Fortunato,* EuR 2008, S. 27 f.

379 *Fortunato,* EuR 2008, S. 27, 28.

380 *Fortunato*, EuR 2008, S. 27, 28.

381 Beim ECSR handelt es sich um den Ausschuss unabhängiger Sachverständiger gemäß Art. 25 ESC. Er hat sich 1998 aufgrund von Art. 3 des Zusatzprotokolls von 1991 in ECSR umbenannt, um den Menschenrechtscharakter stärker hervorzuheben, Schneider, Die Justiziabilität wirtschaftlicher Rechte, S. 17.

382 Art. 24 Abs. 2 i.d.F. v. Art. 2 ZP 1991, s. detailliert Schneider, Die Justiziabilität wirtschaftlicher Rechte, S. 19.

383 Cholewinski, The legal status of migrants admitted for employment, S. 11.

zu sog. Wanderarbeitnehmern verpflichtet, ist nach seinem Sinn und Zweck sogar nur anwendbar auf Staatsangehörige der Vertragsstaaten, die sich rechtmäßig in einem Vertragsstaat aufhalten oder dort arbeiten.[384]

Die Charta ist von den an sie gebundenen Mitgliedstaaten vorrangig gegenüber der Familienzusammenführungs-RL zu beachten, Art. 3 Abs. 4 Familienzusammenführungs-RL.[385] Das nationale Familienzusammenführungsrecht dieser Mitgliedstaaten ist hingegen an der ESC zu messen, soweit sie an die Charta gebunden sind, selbst wenn es auf der Umsetzung der Richtlinie beruht und die Richtlinienbestimmungen nicht mit der Charta vereinbar sind.[386]

2. *Der Begriff der Familie*

Laut dem Anhang zur Sozialcharta von 1961 sind Familienangehörige eines Wanderarbeitnehmers i.S.d. Art. 19 Abs. 6 ESC „seine Ehefrau und seine Kinder unter 21 Jahren, für die er unterhaltspflichtig ist".[387] Das Alter von 21 Jahren entsprach bei Entstehung der Charta 1961 dem Volljährigkeitsalter in vielen Vertragsstaaten. Erst die revidierte Charta von 1996 stellt bei Kindern mittlerweile auf das nationale Volljährigkeitsalter ab, sofern sie unverheiratet sind und der Wanderarbeitnehmer ihnen unterhaltspflichtig ist.[388] Für Mitgliedstaaten wie Deutschland, die nur oder solche, die auch die Charta von 1961 ratifiziert haben, gilt hingegen weiterhin das Volljährigkeitsalter der Charta von 1961, d.h. 21 Jahre.[389]

3. *Pflicht zur Erleichterung der Familienzusammenführung, Art. 19 Abs. 6 ESC*

Art. 19 Abs. 6 der ESC verpflichtet die Staaten „soweit möglich" zur Erleichterung der Familienzusammenführung eines niederlassungsberechtigten Wanderarbeitnehmers mit seiner Familie. Damit unterscheidet sich die Charta von zahlreichen anderen internationalen Vertragswerken, die nicht explizit auf die

384 *Cholewinski*, The legal status of migrants admitted for employment, S. 11.
385 *EuGH*, Urt. v. 27.06.2006, Rs. C-540/03, *Parlament/Rat*, Slg. 2006, I-5769, Rn. 107.
386 *ECSR*, Conclusions (2015) – Estland, Art. 19-6, -*HUDOC*.
387 Anhang zur ESC 1961, Erläuterung zu Art. 19 Abs. 6.
388 Anhang zur ESC 1996, Erläuterung zu Art. 19 Abs. 6.
389 Von der Bindung der Bundesrepublik an die Ursprungsfassung geht offensichtlich auch das ECSR aus, vgl. *ECSR*, Conclusions XX-4 (2015) – Deutschland – Art. 19-6, -*HUDOC*, ebenso Walter, Familienzusammenführung in Europa, S. 387.

Familienzusammenführung eingehen.[390] Schon aus dem Wortlaut der Vorschrift, die lediglich eine Pflicht zur Erleichterung der Familienzusammenführung formuliert, kann kein Anspruch auf Familienzusammenführung hergeleitet werden.[391] Familienzusammenführungsbeschränkungen wie beispielsweise Wartefristen, Altersgrenzen oder das Erfordernis ausreichender Unterhaltsmittel sind ebenso zulässig wie das Wohnraumerfordernis.[392] Bezüglich Letzterem erfolgt eine Einschränkung durch Art. 19 Abs. 4 ESC, der die Vertragsstaaten zur Gleichbehandlung mit eigenen Staatsangehörigen in Bezug auf die Unterkunft verpflichtet, und laut dem ECSR die Vertragsstaaten zur Unterstützung ausländischer Staatsangehöriger und ihrer Familienangehörigen bei der Wohnraumsuche verpflichtet.[393] Maßnahmen, die die ausländischen Arbeitnehmer und ihre Familienangehörigen zur Integration motivieren sollen, hält das ECSR für grundsätzlich zulässig und sogar für bedeutsam für den wirtschaftlichen und sozialen Zusammenhalt.[394] Art. 19 Abs. 6 ESC verpflichtet die Vertragsstaaten aber dazu, ihre Rechtsordnung an das darin genannte Ziel der Erleichterung der Familienzusammenführung anzupassen, soweit ihnen dies wirtschaftlich möglich ist.[395] Die Vertragsstaaten dürfen zudem die Verpflichtung zur Erleichterung der Familienzusammenführung nicht durch staatliche Maßnahmen aushöhlen.[396] Dementsprechend hat das ECSR aus Art. 19 Abs. 6 ESC verschiedene Vorgaben für nationale Familiennachzugsbeschränkungen entwickelt.

a) Verbot exzessiver Verzögerungen

Verzögerungen der Familienzusammenführung von über einem Jahr, beispielsweise durch Voraufenthalts-, Wartefristen oder Altersgrenzen, hält das ECSR

---

390 Walter, Familienzusammenführung in Europa, S. 95 insbesondere unter Verweis auf die EMRK, bei der die Position zur Familienzusammenführung erst durch die Rechtsprechung des EGMR zu Art. 8 EMRK definiert wurde.

391 Im Ergebnis ebenso Walter, Familienzusammenführung in Europa, S. 96.

392 Cholewinski, Migrant Workers, S. 345; Walter, Familienzusammenführung in Europa, S. 96 f.

393 *ECSR*, Conclusions I (1969), Statement of interpretation on Article 19; Conclusions XX-4 (2016) – Luxemburg, Art. 19-4, -*HUDOC*; ebenso *Cholewinski*, The legal status of migrants admitted for employment, S. 13. Cholewinski, Migrant Workers, S. 344 f. und Walter, Familienzusammenführung in Europa, S. 97, folgern diese Pflicht aus Art. 16 ESC.

394 *ECSR*, Conclusions XX-4 (2015) – Statement of interpretation, Art. 19-6, -*HUDOC*.

395 Walter, Familienzusammenführung in Europa, S. 96 m.w.N.

396 Cholewinski, Migrant Workers, S. 344 f.; Walter, Familienzusammenführung in Europa, S. 97.

grundsätzlich für exzessiv und damit unvereinbar mit Art. 19 Abs. 6 ESC.[397] Die österreichische Quotenregelung, die bei fehlendem Quotenplatz zu einem Ausschluss des Familiennachzugs von mehr als drei Jahren führen kann,[398] hat das ECSR daher ebenso für unzulässig erklärt[399] wie die in verschiedenen nationalen Rechtsordnungen vorgesehene Altersgrenze von 21 Jahren für den Ehegattennachzug, weil sie im Einzelfall zu einer Wartezeit von über einem Jahr bis zur Nachzugsgewährung führen kann.[400]

Die Rechtfertigung einer Wartezeit von über einem Jahr ist möglich „in Fällen von" Zwangsehen oder des Missbrauchs von Einwanderungsregelungen.[401] Ein Missbrauch der Einwanderungsregelungen dürfte bei begründeten Zweifeln an der Echtheit der familiären Beziehung vorliegen, z.B. bei konkreten Anhaltspunkten für eine Scheinehe. Pauschale Verweise des Gesetzgebers auf das Regelungsziel der Verhinderung von Zwangsehen dürften für die Rechtfertigung nicht genügen.

In Bezug auf Altersgrenzen für Kinder hält es das ECSR für zulässig, wenn volljährige Kinder keinen Anspruch auf Familienzusammenführung zu ihren Eltern haben, solange ihnen nach Ermessen zur Vermeidung eines außergewöhnlichen Härtefalls der Nachzug gewährt wird.[402] Die staatliche Pflicht zur Förderung des gemeinsamen Familienlebens nimmt mit zunehmendem Alter der Kinder ab.

---

397 *ECSR*, Conclusions (2015) – Estland, Art. 19-6, -*HUDOC*; ebenso Conclusions (2015) – Zypern, Art. 19-6, -*HUDOC* sowie Conclusions XX-4 (2015) – Deutschland, Art. 19-6, -*HUDOC*.

398 § 12 NAG (Niederlassungs- und Aufenthaltsgesetz, österreichisches BGBl. I 100/2005, seit 01.01.2006 in Kraft). Zur Quotenregelung und die teilweise für Nichtigerklärung durch den österreichischen Verfassungsgerichtshof durch Erkenntnis v. 08.10.2003, G 119,120/03: *Weichselbaum*, juridikum 2004, S. 24, 26 sowie *Weh*, juridikum 2004, S. 29 ff.

399 *ECSR*, Conclusions (2015) – Österreich, Art. 19-6, -*HUDOC*. Das österreichische Niederlassungs- und Aufenthaltsgesetz, NAG, wurde 2015 ausführlich untersucht, da Österreich die Charta erst am 20.05.2011 ratifiziert hatte.

400 *ECSR*, Conclusions (2015) – betreffend Österreich, Zypern und die Niederlande, Art. 19-6, -*HUDOC*.

401 *ECSR*, Conclusions XX-4 (2015) – Deutschland, Art. 19-6, -*HUDOC* betreffend die Wartefrist: „save for legitimate intervention in cases of forced marriage and fraudulent abuse of immigration rules." Ebenso bzgl. der Altersgrenze *ECSR*, Conclusions (2015) – Österreich, Art. 19-6, -*HUDOC*.

402 *ECSR*, Conclusions XX-4 (2015) – Deutschland, Art. 19-6, -*HUDOC*, unter Hinweis auf § 36 Abs. 2 AufenthG.

b) Verbot der Verhinderung der Familienzusammenführung ohne Einzelfallabwägung

Aus Art. 19 Nr. 6 ESC folgert das ESC, dass Nachzugsvoraussetzungen die Familienzusammenführung weder behindern statt fördern[403] noch dauerhaft ausschließen dürfen.[404] Sie dürfen daher nicht einmal die potenzielle Wirkung haben, einem Familienangehörigen die Einreise oder den Aufenthalt zu verweigern.[405] Ferner dürfen sie keine unerschwinglichen Kosten verursachen.[406] Außerdem müssen sie einer Einzelfallbetrachtung standhalten,[407] d.h. Nachzugsvoraussetzungen müssen die Berücksichtigung von Ausnahmefällen und der Umstände des Einzelfalls ermöglichen.[408] Ausdrücklich entschieden hat das ECSR das Erfordernis der Einzelfallabwägung beim Wohnraumerfordernis[409] sowie bei Spracherfordernissen vor der Einreise.[410] Abwägungskriterien in Bezug auf Spracherfordernisse sind insbesondere das Alter, der Ausbildungsstand und anderweitige Verpflichtungen durch Familie oder Arbeit.[411]

Die Regelung im deutschen Recht, wonach Kinder über 16 Jahre, die alleine einreisen, nur bei Beherrschen der deutschen Sprache oder anderweitiger Sicherstellung der Integration einreisen dürfen,[412] hat der Ausschuss ebenso für unzulässig erklärt wie den Sprachnachweis für Ehegatten im 2010 bis 2013 geltenden deutschen Recht, da diese beiden Sprachnachweise aus seiner Sicht Einzelfälle nicht ausreichend berücksichtigten und daher ein Hindernis für die Familienzusammenführung darstellten.[413]

---

403 *ECSR*, Conclusions XX-4 (2015) – Statement of interpretation, Art. 19-6, -*HUDOC*.

404 *ECSR*, Conclusions XX-4 (2015) – Deutschland, Art. 19-6, -*HUDOC*; so schon Walter, Familienzusammenführung in Europa, S. 387.

405 *ECSR*, Conclusions XX-4 (2015) – Statement of interpretation, Art. 19-6, -*HUDOC*: "have the potential effect of denying entry or the right to remain to family members of a migrant worker".

406 *ECSR*, Conclusions XX-4 (2015) – Statement of interpretation, Art. 19-6, -*HUDOC*.

407 *ECSR*, Conclusions XX-4 (2015) – Statement of interpretation, Art. 19-6, -*HUDOC* betreffend vor der Einreise zu erbringende Sprachtests.

408 *ECSR*, Conclusions XX-4 (2015) – Statement of interpretation, Art. 19-6, -*HUDOC*, betreffend das Wohnraumerfordernis.

409 *ECSR*, Conclusions (2015) – Österreich, Art. 19-6, -*HUDOC*.

410 *ECSR*, Conclusions XX-4 (2015) – Statement of interpretation, Art. 19-6, -*HUDOC*.

411 *ECSR*, Conclusions XX-4 (2015) – Statement of interpretation, Art. 19-6, -*HUDOC*.

412 § 32 Abs. 2 AufenthG.

413 *ECSR*, Conclusions XX-4 (2015) – Deutschland, Art. 19-6, -*HUDOC*.

4. *Bewertung*

Obwohl die ESC ebenso wenig wie Art. 8 EMRK ein Recht auf Familienzusammenführung enthält, schafft Art. 19 Abs. 6 ESC in der durch das ECSR vorgenommenen Auslegung faktisch ein Familienzusammenführungsrecht, das beispielsweise nur ein Jahr lang verzögert werden darf. Hinzu kommen positive Verpflichtungen zur Unterstützung von Ausländern, beispielsweise bei der Wohnungssuche. Die ESC schränkt damit den Handlungsspielraum der Vertragsstaaten zur Regelung der Familienzusammenführung weit stärker ein als die EMRK.

Kritisch zu sehen ist die beschränkte Möglichkeit zur Rechtfertigung von Familienzusammenführungsbeschränkungen. Zwar erkennt das ECSR die Integrationsförderung als legitimes Regelungsziel an. Allgemeine Behauptungen, eine Maßnahme diene der Verhinderung von Zwangsehen oder der Umgehung von Einwanderungsregelungen, genügen hingegen nicht. Einen gesetzgeberischen Beurteilungsspielraum gewährt das ECSR den Mitgliedstaaten damit nicht. Dies erscheint weder praktikabel noch sachgerecht, da Mitgliedstaaten aufgrund ihrer größeren Nähe genauere Kenntnis darüber haben, welche Maßnahmen zur Integration erforderlich sind und welche nicht. Interessen der Vertragsstaaten an der Förderung der Integration durch Integrationsregelungen werden dadurch nicht ausreichend gewichtet.

B. Unionsrechtliche Vorgaben zum Familienschutz

Neben den soeben dargestellten völkerrechtlichen Regelungen enthält auch das Recht der Europäischen Union Familien schützende Regelungen, die für die Frage relevant sind, welche Beschränkungen bei der Familienzusammenführung rechtlich zulässig sind. Dabei sollen nachfolgend vorrangig die Normen untersucht werden, die der EuGH regelmäßig bei der Prüfung von Integrationsregelungen zur Familienzusammenführung heranzieht. Hierbei handelt es sich um die EU-GRC und das Assoziationsrecht mit der Türkei.

I. EU-Grundrechtecharta

1. *Bindungswirkung*

Mit Inkrafttreten des Vertrags von Lissabon am 1. Dezember 2009 wurde die Charta der Grundrechte der Europäischen Union (EU-GRC)[414] verbindlicher

---

414 Konsolidierte Fassung ABl. EU C 326 v. 26.10.2012, S. 391.

Teil des Unionsrechts, Art. 6 Abs. 1 EU.[415] Sie ist gegenüber dem EU-Vertrag und dem AEUV rechtlich gleichrangig, Art. 6 Abs. 1 UA 1 Hs. 2 EU. Damit hat sie mittlerweile eine direktere Wirkung als die EMRK, die bis zum Beitritt der EU zur EMRK nur mittelbar als allgemeiner Grundsatz Geltung findet, vgl. Art. 6 Abs. 3 EU. Die EU-GRC gilt für die Durchführung des Unionsrechts durch Organe und Einrichtungen der Union und durch die Mitgliedstaaten, Art. 51 Abs. 1 S. 1 EU-GRC. Sie ist damit Prüfungsmaßstab für Richtlinien der Union ebenso wie für Akte der Mitgliedstaaten zur Umsetzung von Richtlinien.[416] Für die Mitgliedstaaten bildet die EU-GRC eine Auslegungsrichtlinie und Auslegungsgrenze, soweit ihnen das Sekundärrecht Handlungsspielräume belässt.[417] Nationales Recht kann sogar einen weitergehenden Schutz gewähren als die Charta in der Rechtsprechung des EuGH, solange durch die Anwendung nationaler Grundrechtsstandards weder „das *Schutzniveau der Charta*“ in der Auslegung des EuGH, „noch der Vorrang, die Einheit und die Wirksamkeit des Unionsrechts beeinträchtigt werden“, vgl. Fall *Fransson.*[418]

---

415 Dem Inkrafttreten ging eine wechselvolle Geschichte der EU-GRC voraus. Die Charta wurde am 07.12.2000 feierlich von den Präsidenten des Europäischen Parlaments, des Rates und der Kommission proklamiert, ABl. EU C 364 v. 18.12.2000, S. 1. Eine rechtliche Verbindlichkeit folgte daraus nicht. Leicht geändert bildete die Charta den zweiten Teil des Vertrags über eine Verfassung für Europa, der am 29.10.2004 von den Staats- und Regierungschefs der EU-Mitgliedstaaten unterzeichnet wurde, ABl. EU C 310 v. 16.12.2004, S. 1. Aufgrund der ablehnenden Referenden in Frankreich und den Niederlanden und der daraus folgenden fehlenden Ratifizierung in allen Mitgliedstaaten, konnte die Charta zum damaligen Zeitpunkt nicht in Kraft treten.

416 Dies folgt im Sinne eines Erst-recht-Schlusses aus *EuGH*, Urt. v. 21.12.2011, verb. Rs. C-411/10 und C-493/10, *N.S. u.a.*, Slg. 2011, I-13905, Rn. 68, wonach es unter den Begriff der Durchführung von Unionsrecht i.S.d. Art. 51 EU-GRC fällt, wenn ein Mitgliedstaat eine in einer Verordnung vorgesehene Ermessensentscheidung trifft.

417 Vgl. *EuGH*, Urt. v. 04.03.2010, Rs. 578/08, *Chakroun*, Slg. 2010, I-01839, Rn. 44 in Bezug auf Art. 7 und Art. 24 EU-GRC.

418 *EuGH*, Urt. v. 26.02.2013, Rs. C-617/10, *Åklagaren/Fransson*, ECLI:EU:C:2013:105, Rn. 29, Hervorhebung d. Verf. In dem, dem Vorlageverfahren zugrunde liegenden Ausgangsverfahren, ging es um einen schwedischen Fischer, der wegen Steuerhinterziehung in Schweden angeklagt war, *ibid.*, Rn. 12. Da in einem Verwaltungsverfahren bereits eine wirtschaftliche Sanktion (sog. Steuerzuschläge) ausgesprochen worden war, war die Frage, ob eine weitere strafrechtliche Verurteilung gegen den Grundsatz *ne bis in idem* gemäß Art. 50 EU-GRC verstoßen würde, *ibid.*, Rnrn. 12–14. Fraglich war, ob die EU-GRC überhaupt anwendbar sei, da sie gemäß Art. 51 EU-GRC „die Mitgliedstaaten ausschließlich bei der Durchführung des Rechts der Union“ bindet.

2. Regelungen zum Familienschutz

Während der EuGH Familienzusammenführungsfälle ursprünglich weitgehend nur am Maßstab der EMRK als allgemeinem Grundsatz des Unionsrechts i.S.d. Art. 6 Abs. 3 EU (vormals Art. 6 Abs. 2 EU) geprüft hat,[419] prüft er nationales Recht zur Familienzusammenführung mittlerweile ausschließlich am Maßstab des Art. 7 i.V.m. Art. 24 EU-GRC.[420] Dies entspricht der verbesserten Stellung der EU-GRC, die seit dem Vertrag von Lissabon auf dem gleichen Rang steht wie das europäische Primärrecht, Art. 6 Abs. 1 UA 1, 2. Hs. EU.

Art. 7 EU-GRC regelt Familienzusammenführung nicht ausdrücklich, sondern garantiert, angelehnt an Art. 8 EMRK, jeder Person ein Recht auf Achtung ihres Familienlebens. Darüber hinaus garantiert Art. 24 EU-GRC die Rechte des Kindes. Bei Maßnahmen öffentlicher oder privater Stellen, die Kinder betreffen, muss danach das Kindeswohl die vorrangige Erwägung sein, Art. 24 Abs. 2 EU-GRC. Die Vorschrift greift Art. 3 Abs. 1 UN-KRK auf. Art. 24 Abs. 3 EU-GRC gewährt jedem Kind einen „Anspruch auf *regelmäßige persönliche Beziehungen* und direkte Kontakte *zu beiden Elternteilen*", sofern das dem Wohl des Kindes nicht entgegensteht.[421] Die EMRK enthält zwar keine Art. 24 EU-GRC entsprechende Vorschrift. Das Wohl des Kindes wird jedoch aus Art. 8 EMRK als berücksichtigungswürdiger Belang von entscheidender Bedeutung hergeleitet.[422] Art. 24 Abs. 3 EU-GRC übernimmt dabei wortgleich die Ausführungen des EGMR zu Art. 8 EMRK in der Ausweisungsentscheidung *Udeh/Schweiz.*[423]

---

419 So nannte der EuGH im Verfahren *Parlament/Rat* zwar Art. 7 und 24 EU-GRC als Prüfungsmaßstäbe, s. *EuGH*, Urt. v. 27.06.2006, Rs. C-540/03, *Parlament/Rat*, Slg. 2006, I-5769, Rn. 59, der Gerichtshof prüfte aber beispielsweise die angegriffene Norm des Art. 4 Abs. 6 Familienzusammenführungs-RL nur am Maßstab des Art. 8 EMRK, *ibid.*, Rn. 85.

420 Vgl. *EuGH,* Urt. v. 13.09.2016, C-304/14, *Secretary of State for the Home Department/CS*, ECLI:EU:C:2016:674, Rn. 36; Urt. v. 13.09.2016, C-165/13, *Rendón Marín*, ECLI:EU:C:2016:675, Rn. 66; Urt. v. 06.12.2012, verb. Rs. C-356/11 und C-357/11, *O. und S.*, ECLI:EU:C:2012:776, Rn. 76.

421 Hervorhebung d. Verf.

422 Vgl. *EGMR*, Urt. v. 08.07.2003, 31871/96, *Sommerfeld/Deutschland,* ECLI:CE:ECHR :2003:0708JUD003187196, Rn. 62, – *HUDOC,* nicht abgedruckt in ECHR 2003-VIII (Auszüge): „Undoubtedly, consideration of what lies in the best interest of the child is of crucial importance in every case of this kind."

423 *EGMR*, Urt. v. 16.04.2013, Nr. 12020/09, *Udeh/Schweiz*, nicht veröffentlicht, Rn. 52, *-HUDOC.*

Die Bedeutung und Tragweite der Grundrechte der EU-GRC entsprechen denen der EMRK, das Unionsrecht kann jedoch einen weitergehenden Schutz gewähren, Art. 52 Abs. 3 EU-GRC. Die EuGH-Rechtsprechung zu Art. 7 EU-GRC zeigt indes eine enge Orientierung an der Rechtsprechung des EGMR zu Art. 8 EMRK. Laut dem EuGH hat „Art. 7 EU-GRC die gleiche Bedeutung und Tragweite […] wie Art. 8 Abs. 1 EMRK *in seiner Auslegung durch die Rechtsprechung des Europäischen Gerichtshofs für Menschenrechte*".[424] Art. 7 EU-GRC vermittelt danach keinen umfangreicheren Schutz als Art. 8 EMRK.

Dementsprechend gewährt Art. 7 i.V.m. Art. 24 EMRK laut dem EuGH Drittstaatsangehörigen kein subjektives Recht betreffend die Einreise und den Aufenthalt und nimmt den Mitgliedstaaten nicht den Ermessensspielraum, der ihnen bei der Entscheidung über Familienzusammenführungsanträge zusteht.[425] Ebenso wie Art. 8 EMRK unterscheidet Art. 7 EU-GRC laut dem EuGH im Hinblick auf die Familienzusammenführung nicht nach den Umständen und dem Zeitpunkt der Entstehung einer Familie und steht daher nationalen Auslegungen, die danach unterscheiden, entgegen.[426] Außerdem hat der EuGH explizit die aus Art. 7 i.V.m. Art. 24 Abs. 2 der Charta stammende Pflicht zur Berücksichtigung des Kindeswohls betont und i.V.m. Art. 24 Abs. 3 EU-GRC das Erfordernis festgehalten, dass das Kind „regelmäßige persönliche Beziehungen zu beiden Eltern unterhält".[427] Es handelt sich dabei lediglich um eine Wiederholung des der EGMR-Rechtsprechung entsprechenden Norminhalts und erlaubt nicht die Schlussfolgerung, dass der EuGH in Art. 24 Abs. 3 EU-GRC dem Kindeswohl eine größere Wirkung zukommen lässt als der EGMR i.R.d. Art. 8 EMRK.

3. *Bewertung*

Ebenso wie die EMRK enthält die EU-GRC keine ausdrücklichen Regelungen zur Familienzusammenführung. Dies ist bemerkenswert, da die EU-GRC viel später als die EMRK erlassen wurde und die Rechtsprechung des EGMR zur

---

424 *EuGH*, Urt. v. 05.10.2010, C-400/10 PPU, *McB.*, Slg. 2010, I-8965, Rn. 53; Urt. v. 15.11.2011, Rs. C-256/11, *Dereci u.a.*, Slg. 2011, I-11315, Rn. 70; Hervorhebung d. Verf.

425 *EuGH*, Urt. v. 27.06.2006, Rs. C-540/03, *Parlament/Rat*, Slg. 2006, I-5769, Rn. 59; *EuGH*; Urt. v. 06.12.2012, verb. Rs. C-356/11 und C-357/11, *O. und S.*, ECLI:EU:C:2012:776, Rn. 79.

426 *EuGH*, Urt. v. 04.03.2010, Rs. 578/08, *Chakroun*, Slg. 2010, I-01839, Rn. 63.

427 *EuGH*, Urt. v. 27.06.2006, Rs. C-540/03, *Parlament/Rat*, Slg. 2006, I-5769, Rn. 58; Urt. v. 06.12.2012, verb. Rs. C-356/11 und C-357/11, *O. und S.*, ECLI:EU:C:2012:776, Rn. 76.

Familienzusammenführung durchaus ausdrücklich hätte mit inkorporiert werden können. Zumindest wird deutlich, dass die EU-GRC aufgrund ihrer verbesserten, nun primärrechtsgleichen Stellung im Normgefüge der Union als Prüfungsmaßstab die EMRK in Form des allgemeinen Rechtsgrundsatzes i.S.d. Art. 6 Abs. 3 EU verdrängt. Für Maßnahmen der Union und nationale Umsetzungsmaßnahmen betreffend die Familienzusammenführung ist ein Rückgriff auf die allgemeinen Unionsrechtsgrundsätze i.V.m. Art. 8 EMRK damit nicht mehr erforderlich. Gleiches dürfte für die UN-KRK gelten, deren Inhalt von Art. 24 aufgenommen wurde. Auch wenn der EuGH bislang in seiner Rechtsprechung zu Art. 7 i.V.m. Art. 24 EU-GRC nicht von der Rechtsprechung des EGMR zu Art. 8 EMRK abweicht, sollte dem Kindeswohl im Rahmen der Charta eine größere Bedeutung zukommen als im Rahmen des Art. 8 EMRK. Dafür spricht die ausdrückliche Erwähnung und Hervorhebung des Kindeswohls als vorrangig zu berücksichtigender Belang in Art. 24 Abs. 2 EU-GRC. In Anlehnung an die UN-KRK und über Art. 8 EMRK hinausgehend sollte Art. 24 Abs. 2 EU-GRC daher so ausgelegt werden, dass der Nachzug von Kindern zu ihren rechtmäßig aufhältigen Eltern im Regelfall gewährt werden muss.

II. Assoziationsrecht EU-Türkei

Regelungen für die Familienzusammenführung türkischer Staatsangehöriger können sich aus dem Assoziationsabkommen zwischen der EWG, ihren Mitgliedstaaten und der Türkei von 1963 ergeben,[428] das durch ein Zusatzprotokoll vom 23. November 1970 ergänzt wurde.[429] Das Abkommen sollte die Handels- und Wirtschaftsbeziehungen zwischen den Vertragsparteien im Hinblick auf einen späteren EWG-Beitritt der Türkei verstärken.[430] Zu diesem Zweck sah

---

428 Abkommen zur Gründung einer Assoziation zwischen der Europäischen Wirtschaftsgemeinschaft und der Republik Türkei v. 12.09.1963, ABl. EG 217 v. 29.12.1964, S. 3687–3688, bestätigt durch Beschluss 64/732/EWG des Rates v. 23.12.1963, ABl. L 217 v. 29.12.1964, S. 3685. Die beteiligten Mitgliedstaaten waren Deutschland, Belgien, Frankreich, Italien, Luxemburg, die Niederlande, in Kraft getreten am 01.12.1964, Ratifikationsgesetz der Bundesrepublik Deutschland zum Assoziationsabkommen v. 13.05.1964, BGBl. II 1964, S. 509 und zum Zusatzprotokoll v. 12.02.1975, BGBl. II 1975, S. 165.

429 Unterzeichnet am 23.11.1970 in Brüssel, bestätigt durch Verordnung (EWG) Nr. 2760/72 des Rates vom 19.12.1972, ABl. L 293, S. 1, in Kraft getreten am 01.01.1973, Gesetz zum Zusatzprotokoll für die Übergangsphase der Assoziation zwischen der Europäischen Wirtschaftsgemeinschaft und der Türkei, BGBl. II 1972, S. 385 sowie II 1973, S. 113.

430 Erwägungsgrund (4), Art. 2 Abs. 1 und Art. 28 Assoziationsabkommen.

das Abkommen die schrittweise Einführung der Arbeitnehmerfreizügigkeit, Niederlassungsfreiheit und des freien Dienstleistungsverkehrs zwischen den Vertragsparteien vor.[431] Ein Assoziationsrat sollte zur Verwirklichung der Assoziationsziele für die Vertragsstaaten verbindliche Beschlüsse erlassen.[432]

Weder der EU-Beitritt der Türkei[433] noch die vollständige Einführung der genannten Grundfreiheiten sind bislang erfolgt. Das Zusatzprotokoll und der Assoziationsratsbeschluss Nr. 1 von 1980 (nachfolgend: ARB 1/80) regeln jedoch Beschäftigungszugangsrechte, Grundzüge einer Niederlassungs- und Dienstleistungsfreiheit und Stillhalteklauseln. Deren rechtliche Folgen für den Familiennachzug türkischer Staatsangehöriger werden nachfolgend geprüft.

1. Der Begriff des Familienangehörigen

Der Begriff des Familienangehörigen ist im Assoziationsrecht nicht definiert. Nach Ansicht des EuGH zielen der ARB 1/80 und weitere Vorschriften des Assoziationsrechts darauf ab, entsprechend dem Freizügigkeitsrecht für Unionsbürger schrittweise die Freizügigkeit für türkische Arbeitnehmer herzustellen, sodass die für EU-Bürger geltenden Grundsätze so weit wie möglich auch auf Assoziationsberechtigte zu übertragen sind.[434] Den Begriff des Familienangehörigen legt der EuGH aus diesem Grund ebenso aus wie bei freizügigkeitsberechtigten Arbeitnehmern der EU.[435] Der Begriff „Familienangehörige" i.S.d. ARB 1/80 umfasst daher ebenso wie Art. 2 Nr. 2 Unionsbürger-RL insbesondere

---

431 Art. 12–14 Assoziationsabkommen. Die Arbeitnehmerfreizügigkeit sollte zwischen dem Ende des 12. und dem Ende des 22. Jahres (d.h. zwischen 01.12.1976 und 01.12.1986) nach Inkrafttreten des Abkommens hergestellt werden, Art. 36 Zusatzprotokoll. Diesbezügliche Initiativen des Assoziationsrates scheiterten an politischen und wirtschaftlichen Hindernissen, *Hailbronner*, ZAR 2011, S. 322, 323. Die Zeitfolge der Herstellung der Niederlassungsfreiheit und des freien Dienstleistungsverkehrs sollte der Assoziationsrat festlegen, Art. 41 Abs. 2 des Zusatzprotokolls, entsprechende Beschlüsse wurden nicht erlassen.

432 Art. 22 Abs. 1 Assoziationsabkommen.

433 Die Türkei hat 1987 die Mitgliedschaft beantragt, Beitrittsverhandlungen laufen seit 2005. Die Menschenrechtssituation in der Türkei stellt eines der wesentlichen Hindernisse gegen den Beitritt dar, Oppermann/Classen/Nettesheim, Europarecht, § 42, Rn. 34 f.

434 Vgl. *EuGH*, Urt. v. 30.09.2004, C-275/02, *Ayaz*, Slg. 2004, I-8765, Rn. 44.

435 *EuGH*, Urt. v. 30.09.2004, C-275/02, *Ayaz*, Slg. 2004, I-8765, Rn. 45.

Ehegatten und Angehörige in gerader, absteigender Linie unter 21 Jahren.[436] Die Staatsangehörigkeit der Familienangehörigen ist unerheblich.[437]

2. *Recht auf Familienzusammenführung*

a) *Aufenthaltsrechtliche Wirkung der Beschäftigungszugangsregelungen*

ARB 1/80 vermittelt türkischen Arbeitnehmern (Art. 6 ARB 1/80) und ihren Familienangehörigen (Art. 7 ARB 1/80) nach der Aufenthaltsdauer gestufte Rechte auf Beschäftigungszugang, um ihre schrittweise Integration im Aufnahmemitgliedstaat zu ermöglichen.[438] Der EuGH hat aus beiden Vorschriften implizite Aufenthaltsrechte abgeleitet, die den Arbeitnehmern und ihren Familienangehörigen zumindest ab dem Zeitpunkt, ab dem ihnen ein Beschäftigungszugang gewährt wird, zustehen.[439] Diese auf dem Grundsatz des *effet utile*[440] fußende Rechtsprechung nimmt an, dass das Recht auf Arbeitsmarktzugang ohne Aufenthaltsrecht wirkungslos wäre.[441] Die Einreisebedingungen sind

---

436 *Dienelt*, in: Bergmann/Dienelt, Ausländerrecht, Art. 7 ARB 1/80, Rn. 21. Im Fall *Ayaz* erkannte der EuGH den noch nicht 21 Jahre alten, Unterhalt beziehenden Stiefsohn als Familienangehörigen an, *EuGH*, Urt. v. 30.09.2004, C-275/02, *Ayaz*, Slg. 2004, I-8765, Rn. 48. Daneben erfasst Art. 2 Nr. 2 Unionsbürger-RL als Familienangehörige Lebenspartner, Verwandte in gerader absteigender Linie des Unionsbürgers, des Ehegatten oder des Lebenspartners, die das 21. Lebensjahr noch nicht vollendet haben oder denen von diesen Unterhalt gewährt wird sowie Verwandte in gerader aufsteigender Linie des Unionsbürgers, Ehegatten oder Lebenspartners, denen von diesen Unterhalt gewährt wird.

437 *EuGH*, Urt. v. 30.09.2004, C-275/02, *Ayaz*, Slg. 2004, I-8765, Rn. 45. Der EuGH hat in diesem Fall eine Beschränkung aufgrund der Staatsangehörigkeit nicht festgestellt.

438 *EuGH*, Urt. v. 17.09.2009, Rs. C-242/06, *Sahin*, Slg. 2009, I-8465, Rn. 51 zu Art. 6 ARB 1/80.

439 *EuGH*, Urt. v. 20.09.1990, Rs. C-192/89, *Sevince*, Slg. 1990, I-3461, Rn. 29 zu Art. 6 ARB 1/80 und *EuGH*, Urt. v. 11.11.2004, Rs. C-467/02, *Cetinkaya*, NVwZ 2005, S. 198, 199, Rn. 31 zu Art. 7 ARB 1/80, sinngemäß ebenso Urt. v. 16.02.2006, Rs. C-502/04; *Torun*, Slg. 2006, I-1563, Rn. 20.

440 Der Grundsatz des *effet utile*, der die praktische Wirksamkeit des Unionsrechts meint, verpflichtet dazu, von mehreren Auslegungsvarianten diejenige zu wählen, die „die Verwirklichung der Vertragsziele und Funktionsfähigkeit der Union sicherstellt“, *Mayer*, in Grabitz/Hilf/Nettesheim, Das Recht der Europäischen Union, Art. 19 EUV, Rn. 57.

441 *EuGH*, Urt. v. 20.09.1990, Rs. C-192/89, *Sevince*, Slg. 1990, I-3461, Rn. 29, seitdem st. Rspr., s. z.B. Urt. v. 11.05.2000, Rs. C-37/98, *Savaş*, Slg. 2000 I-02927, Rn. 60; Urt. v. 16.12.1992, Rs. C-237/91, *Kuş*, Slg. 1992, I-6781, Rn. 29; Urt. v. 06.06.1995, Rs.

hingegen nicht Gegenstand der Assoziationsrechtsregelungen, sodass die erstmalige Genehmigung der Einreise türkischer Staatsangehöriger grundsätzlich ausschließlich der Regelung des nationalen Gesetzgebers unterliegt.[442]

b) *Einreiserechtliche Wirkung der Stillhalteklauseln*

Das Assoziationsrecht enthält verschiedene Stillhalteklauseln, die die nachträgliche Erschwerung der Einführung der wirtschaftlichen Freiheiten verhindern sollen.[443] Art. 41 Abs. 1 des Zusatzprotokolls verbietet den Mitgliedstaaten die Einführung neuer Beschränkungen der Niederlassungsfreiheit und des freien Dienstleistungsverkehrs ab dem Zeitpunkt des Inkrafttretens des Zusatzprotokolls für den Mitgliedstaat,[444] d.h. für die Bundesrepublik ab dem 1. Januar 1973.[445] Art. 13 ARB 1/80 untersagt den Mitgliedstaaten die Einführung neuer Arbeitsmarktzugangsbeschränkungen für türkische Arbeitnehmer und ihre Familienangehörigen ab dem Zeitpunkt des Inkrafttretens des Beschlusses Nr. 1/80 in dem Mitgliedstaat. Für die Familienangehörigen ist der 1. Dezember 1980 maßgeblich,[446] für türkische Arbeitnehmer ist der 1. Dezember 1976 entscheidend, da der an diesem Tag in Kraft getretene ARB 2/76 für diesen Personenkreis bereits eine Stillhalteklausel enthielt.[447] Die Stillhalteklauseln sind nach ständiger Rechtsprechung unmittelbar anwendbar.[448] Die durch die Stillhalteklauseln

---

C-434/93, *Bozkurt*, Slg. 1995, I-1475, Rn. 28; Urt. v. 10.02.2000, Rs. C-340/97, *Nazli*, Slg. 2000, I-957, Rn. 28. S. hierzu kritisch *Hailbronner*, ZAR 2011, S. 322, 323.

442 *EuGH*, Urt. v. 11.11.2004, Rs. C-467/02, *Cetinkaya*, NVwZ 2005, S. 198, Rn. 22.

443 So *EuGH*, Urt. 20.09.2007, Rs. C-16/05, *Tum & Dari*, Slg. 2007, I-7415, Rn. 61 in Bezug auf die Niederlassungsfreiheit.

444 *EuGH*, Urt. 20.09.2007, Rs. C-16/05, *Tum & Dari*, Slg. 2007, I-7415, Rn. 69.

445 Gesetz zum Zusatzprotokoll für die Übergangsphase der Assoziation zwischen der Europäischen Wirtschaftsgemeinschaft und der Türkei, BGBl. II 1972, S. 385.

446 Art. 16 Abs. 1 ARB 1/80.

447 ARB 2/76 enthielt eine ähnliche Stillhalteklausel wie ARB 1/80, sie galt jedoch allein für türkische Arbeitnehmer. Für Arbeitnehmer kommt es daher auf den Zeitpunkt des Inkrafttretens von ARB 2/76 an, da nichts dafür spricht, dass die dort bereits enthaltene Stillhalteklausel durch Art. 13 ARB 1/80 nicht nur ergänzt, sondern außer Kraft gesetzt werden sollte, *VGH Mannheim, Beschl.* v. 16.09.2015, 11 S 1711/15, ZAR 2016, S. 150; *Fehrenbacher*, ZAR 2008, S. 335, 336.

448 *EuGH*, Urt. v. 11.05.2000, Rs. C-37/98, *Savaş*, Slg. 2000, I-02927, Rn. 54 zu Art. 41 Abs. 1 Zusatzprotokoll; Urt. v. 20.09.1990, Rs. C-192/98, *Sevince*, Slg. 1990, I-3461, Rn. 26 zu Art. 13 ARB 1/80; Urt. v. 21.10.2003, Rs. C-317/01 und C-369/01, *Abatay u. a.*, Slg. 2003, I-12301, Rn. 58 zu beiden Vorschriften. Die unmittelbare Wirkung der Vorschriften folgt daraus, dass sie klare, präzise und nicht an weitere Bedingungen geknüpfte Verpflichtungen für die Mitgliedstaaten enthalten, die rechtlich gesehen

Berechtigten können vor nationalen Gerichten durch Berufung auf diese Klauseln die Anwendung entgegenstehender nationaler Regelungen verhindern.[449]

Aus den Stillhalteklauseln können türkische Staatsangehörige weder Niederlassungs-, Dienstleistungs- oder Beschäftigungsrechte noch Aufenthalts- oder Einreiserechte herleiten.[450] Die Regelung des Einreise- und Aufenthaltsrechts bleibt dem nationalen Gesetzgeber vorbehalten.[451] Die Klauseln haben somit keine materiellrechtliche, sondern lediglich verfahrensrechtliche Bedeutung.[452] Sie verbieten den Mitgliedstaaten die Einführung von Maßnahmen, die den Zweck oder die Wirkung haben, die Voraussetzungen für die Ausübung der Niederlassungs- oder Dienstleistungsfreiheit bzw. des Zugangs zum Arbeitsmarkt durch türkische Staatsangehörige im Vergleich zu denen zu erschweren, die bei Inkrafttreten des Zusatzprotokolls bzw. der entsprechenden ARB galten.[453] Beschränkungen sind alle Maßnahmen, die „geeignet [sind], die tatsächliche Ausübung dieser Freiheit zu beeinträchtigen", z.B. eine Visumpflicht mit daraus folgendem höherem Verwaltungs- oder finanziellem Aufwand.[454]

Der EuGH hat die Wirkung der Stillhalteklausel mittlerweile auf die aufenthalts- und einreiserechtlichen Voraussetzungen für türkische Staatsangehörige, die ihre assoziationsrechtlichen Grundfreiheiten ausüben möchten, ausgedehnt.[455] Die Stillhalteklausel gilt demnach für „die materiell- und/oder

---

reine Unterlassungspflichten darstellen, *EuGH*, Urt. v. 21.10.2003, Rs. C-317/01 und C-369/01, *Abatay u. a.*, Slg. 2003, I-12301, Rn. 58; Urt. v. 11.05.2000, Rs. C-37/98, *Savaş*, Slg. 2000, I-02927, Rn. 46 f.; Urt. v. 20.09.1990, Rs. C-192/89, *Sevince*, Slg. 1990, I-3461, Rn. 22.

449 *EuGH*, Urt. v. 21.10.2003, Rs. C-317/01 und C-369/01, *Abatay u. a.*, Slg. 2003, I-12301, Rn. 59; Urt. v. 17.09.2009, Rs. C-242/06, *Sahin*, Slg. 2009, I-8465, Rn. 62; Urt. v. 11.05.2000, Rs. C-37/98, *Savaş*, Slg. 2000, I-02927, Rn. 54.

450 *EuGH*, Urt. v. 11.05.2000, Rs. C-37/98, *Savaş*, Slg. 2000, I-02927, Rnrn. 64 und 71 3. Spiegelstrich; Urt. v. 21.10.2003, Rs. C-317/01 und C-369/01, *Abatay u. a.*, Slg. 2003, I-12301, Rn. 62; Urt. 20.09.2007, Rs. C-16/05, *Tum & Dari*, Slg. 2007, I-7415, Rn. 52 und Urt. v. 19.02.2009, Rs. C-228/06, *Soysal & Savatli*, Slg. 2009, I-01031, Rn. 47 betreffend Art. 41 Abs. 1 Zusatzprotokoll sowie Urt. v. 17.09.2009, Rs. C-242/06, *Sahin*, Slg. 2009, I-8465, Rn. 53 zu Art. 13 ARB 1/80.

451 *EuGH*, Urt. v. 11.05.2000, Rs. C-37/98, *Savaş*, Slg. 2000, I-02927, Rn. 65; Urt. v. 21.10.2003, Rs. C-317/01 und C-369/01, *Abatay u. a.*, Slg. 2003, I-12301, Rn. 65.

452 *EuGH*, Urt. 20.09.2007, Rs. C-16/05, *Tum & Dari*, Slg. 2007, I-7415, Rn. 55.

453 *EuGH*, Urt. 19.02.2009, Rs. C-228/06, *Soysal & Savatli*, Slg. 2009, I-01031, Rn. 47.

454 *EuGH*, Urt. 19.02.2009, Rs. C-228/06, *Soysal & Savatli*, Slg. 2009, I-01031, Rn. 55.

455 Bzgl. Aufenthaltsrecht für Niederlassungsberechtigte *EuGH*, Urt. 20.09.2007, Rs. C-16/05, *Tum & Dari*, Slg. 2007, I-7415, Rn. 49, bzgl. Einreiserecht *EuGH*, Urt. 20.09.2007, Rs. C-16/05, *Tum & Dari*, Slg. 2007, I-7415, Rn. 63 für die

verfahrensrechtlichen Voraussetzungen für die *erstmalige Aufnahme*“ dieser Personen.[456]

Im Vorabentscheidungsverfahren *Dogan*[457] aus dem Jahr 2014 hat der EuGH die Wirkung der Stillhalteklausel des Art. 41 Abs. 1 Zusatzprotokoll zudem auf Einreiseregelungen für Familienangehörige türkischer Niederlassungsberechtigter ausgedehnt.[458] Ausgangspunkt des EuGH ist, dass die Familienzusammenführung „zur Ermöglichung des Familienlebens türkischer Erwerbstätiger“ unerlässlich ist, die „Qualität ihres Aufenthalts“ und ihre Integration in den Mitgliedstaaten verbessert.[459] Nationale Rechtsvorschriften, die den Familiennachzug erschweren oder unmöglich machen, könnten die Entscheidung eines türkischen Staatsangehörigen beeinträchtigen, der von seiner Niederlassungsfreiheit Gebrauch machen möchte: Er müsste sich „zwischen seiner Tätigkeit in dem betreffenden Mitgliedstaat und seinem Familienleben in der Türkei“ entscheiden.[460] Auf das Verschlechterungsverbot können sich daher nicht die Familienangehörigen berufen, sondern die türkischen Niederlassungsberechtigten. Die Schutzwirkung für Familienangehörige ist nur eine mittelbare Folge dieses Schutzes der Niederlassungsberechtigten.

Seine zu Art. 41 Abs. 1 Zusatzprotokoll im Fall *Dogan* gefundene Auslegung hat der EuGH im Urteil *Genc II*[461] auf Art. 13 ARB 1/80 übertragen.[462] Nationale Regelungen zur nachträglichen Einschränkung der Familienzusammenführung

---

Niederlassungsfreiheit und Urt. v. 17.09.2009, Rs. C-242/06, *Sahin*, Slg. 2009, I-8465, Rn. 64–66 für die Arbeitnehmerfreizügigkeit.

456 *EuGH*, Urt. 20.09.2007, Rs. C-16/05, *Tum & Dari*, Slg. 2007, I-7415, Rn. 69, Hervorhebung d. Verf., für die Niederlassungsfreiheit und *EuGH*, Urt. v. 17.09.2009, Rs. C-242/06, *Sahin*, Slg. 2009, I-8465, Rn. 64–66 für die Arbeitnehmerfreizügigkeit.

457 *EuGH*, Urt. v. 10.07.2014, Rs. C 138/13, *Dogan*, NVwZ 2014, S. 1081 ff.

458 S. *EuGH*, Urt. v. 10.07.2014, Rs. C-138/13, *Dogan*, NVwZ 2014, S. 1081, 1083, Rn. 36, der Fall betraf das im deutschen Recht vorgesehene Spracherfordernis für Ehegatten.

459 *EuGH*, Urt. v. 10.07.2014, Rs. C-138/13, *Dogan*, NVwZ 2014, S. 1081, 1082 f., Rn. 34.

460 *EuGH*, Urt. v. 10.07.2014, Rs. C-138/13, *Dogan*, NVwZ 2014, S. 1081, 1083, Rn. 35.

461 Dem Vorabentscheidungsverfahren *Genc II* lag der Antrag eines türkischen Minderjährigen auf Familienzusammenführung mit seinem türkischen Vater zugrunde, der zum Zeitpunkt der Antragstellung Arbeitnehmer war und einen unbefristeten Aufenthaltstitel in Dänemark hatte, *EuGH*, Urt. v. 12.04.2016, Rs. C-561/14, *Genc II*, ECLI:EU:C:2016:247, Rnrn. 15 und 18, Auszug in NVwZ 2016, S. 833 ff. Das entsprechende dänische Recht sah vor, dass die Familienzusammenführung nur möglich sein sollte, wenn „die Grundlage für eine erfolgreiche Integration“ gegeben ist, *ibid.*, Rn. 10.

462 *EuGH*, Urt. v. 12.04.2016, Rs. C-561/14, *Genc II*, NVwZ 2016, S. 833, 834, Rn. 42.

zu türkischen assoziationsberechtigten Arbeitnehmern sind neue Beschränkungen i.S.d. Art. 13 ARB 1/80.[463]

c) Begrenzung der Stillhalteklauseln durch zwingende Gründe des Allgemeininteresses

Das aus den Stillhalteklauseln abgeleitete Verbot zur Schaffung neuer Beschränkungen gilt nicht uneingeschränkt. Eine neue Beschränkung kann durch zwingende Gründe des Allgemeininteresses gerechtfertigt werden.[464] Zur Rechtfertigung muss die nationale Bestimmung außerdem dazu geeignet sein, das beabsichtigte legitime Ziel zu erreichen und darf nicht über das für die Zielerreichung erforderliche Maß hinausgehen.[465] Dies entspricht einer Verhältnismäßigkeitsprüfung. Im Fall *Dogan* stellte der EuGH dazu fest, dass eine nationale Bestimmung nicht erforderlich ist, wenn ihre Nichterfüllung „automatisch zur Ablehnung des Antrags auf Familienzusammenführung führt, ohne dass besondere Umstände des Einzelfalls berücksichtigt werden.“[466]

Im Fall *Genc II* hat der EuGH zumindest das Ziel der Integration als zwingenden Grund des Allgemeininteresses anerkannt.[467] Der EuGH leitete dies daraus ab, dass das Unionsrecht in Art. 79 Abs. 4 AEUV, der Familienzusammenführungs-RL und der Daueraufenthalts-RL die Bedeutung der Integration Drittstaatsangehöriger für den „wirtschaftlichen und sozialen Zusammenhalts“ hervorhebt, „der als eines der Hauptziele der Union im Vertrag angegeben ist“.[468] Jedes im EU-Vertrag genannte Ziel, welches sich in Art. 3 EU als Ziel der Union verankern lässt, kann damit ein die Rechtfertigung ermöglichendes Hauptziel der Union sein. Auch das Ziel der Verhinderung von Zwangsehen ist demgemäß im Hinblick auf den in Art. 3 Abs. 1 EU-GRC verankerten Schutz der körperlichen und geistigen Unversehrtheit, den die EU gem. Art. 3 Abs. 2 i.V.m. Art. 67 Abs. 1 EU achtet, als ein zwingender Grund des Allgemeininteresses anzusehen.[469]

---

463 *EuGH*, Urt. v. 12.04.2016, Rs. C-561/14, *Genc II*, NVwZ 2016, S. 833, 835, Rn. 50.

464 *EuGH*, Urt. v. 07.11.2013, Rs. C-225/12, *Demir*, ECLI:EU:C:2013:725, Rn. 40; Urt. v. 10.07.2014, Rs. C 138/13, *Dogan*, NVwZ 2014, S. 1081, 1083, Rn. 37; Urt. v. 12.04.2016, Rs. C-561/14, *Genc II*, NVwZ 2016, S. 833, 835, Rn. 51.

465 *EuGH*, Urt. v. 10.07.2014, Rs. C 138/13, *Dogan*, NVwZ 2014, S. 1081, 1083, Rn. 37.

466 *EuGH*, Urt. v. 10.07.2014, Rs. C 138/13, *Dogan*, NVwZ 2014, S. 1081, 1083, Rn. 38.

467 *EuGH*, Urt. v. 12.04.2016, Rs. C-561/14, *Genc II*, NVwZ 2016, S. 833, 835, Rn. 55 f.

468 *EuGH*, Urt. v. 12.04.2016, Rs. C-561/14, *Genc II*, NVwZ 2016, S. 833, 835, Rn. 55 f.

469 Offen gelassen von *EuGH*, Urt. v. 10.07.2014, Rs. C 138/13, *Dogan*, NVwZ 2014, S. 1081, 1083, Rn. 38: „Auch wenn man davon ausgeht […]“. Ebenso offen gelassen von *OVG Berlin-Brandenburg*, Urt. v. 30.01.2015, OVG 7 B 22.14, Rn. 28 f., – *juris*.

Als zwingende Gründe des Allgemeininteresses hat der EuGH ferner die wirksame Steuerung der Migrationsströme anerkannt, da es sich dabei um eines der in Art. 79 Abs. 1 AEUV genannten Ziele der Einwanderungspolitik der Union handelt,[470] sowie, ohne nähere Begründung, die Verhinderung der rechtswidrigen Einreise und des rechtswidrigen Aufenthalts.[471]

3. *Bewertung*

Die Urteile zeigen, dass der EuGH den Anwendungsbereich der Stillhalteklauseln fast grenzenlos auslegt, indem er nicht nur das Einreiserecht, sondern auch die Familienzusammenführung in deren Anwendungsbereich aufgenommen hat. Diese weite Auslegung ist konsequent insofern, als der EuGH das Assoziationsrecht damit erneut ähnlich dem Unionsrecht ausgelegt hat und sie dem Gedanken des *effet utile* entspricht. Kritisch daran ist allerdings, dass Familienangehörige in Art. 41 Abs. 1 Zusatzprotokoll nicht einmal erwähnt sind und durch das Vorgehen des EuGH die fortbestehende Kompetenz der Mitgliedstaaten zur Regelung der erstmaligen Zulassung türkischer Arbeitnehmer auf den ersten Blick erheblich eingeschränkt wird, obwohl die Türkei bisher kein Mitgliedstaat der Europäischen Union ist und beispielsweise die Frist für die Einführung der Arbeitnehmerfreizügigkeit 1979 ohne Erfolg abgelaufen ist. Dass der Handlungsspielraum der Mitgliedstaaten somit auch im Bereich der Familienzusammenführung von einer über 40 Jahre alten Übergangsregelung abhängt, ist besonders im Hinblick darauf bedenklich, dass der Bedarf an Integrationsregelungen in diesem Bereich sich aus gesellschaftlichen und wirtschaftlichen Veränderungen ergeben kann.

Wenngleich es somit vorzugswürdig wäre, den Anwendungsbereich der Stillhalteklauseln enger zu fassen als der EuGH, stellt die vom EuGH entwickelte Möglichkeit, Beschränkungen der Arbeitnehmer-, Niederlassungs- und Dienstleistungsfreiheit aus zwingenden Gründen des Allgemeininteresses rechtfertigen zu können, einen ausreichenden Ausgleich zur Sicherstellung der Bedürfnisse der Mitgliedstaaten dar. Unklar bleibt zwar, aus welcher Rechtsgrundlage der EuGH die Schranke herleitet.[472] Die Rechtfertigungsmöglichkeit durch zwingende

---

470 *EuGH*, Urt. v. 29.03.2017, Rs. C-652/15, *Tekdemir*, ECLI:EU:C:2017:239, Rn. 36. Mit ebendieser Begründung hatte zuvor bereits das BVerwG die Einführung der Aufenthaltserlaubnispflicht für unter 16-Jährige im deutschen Recht für gerechtfertigt gehalten. *BVerwG*, Urt. v. 06.11.2014, 1 C 4/14, BVerwGE 150, 276–285, Rn. 22, – *juris*.

471 *EuGH*, Urt. v. 07.11.2013, Rs. C-225/12, *Demir*, EU:C:2013:725, Rn. 41; bestätigt in Urt. v. 29.03.2017, Rs. C-652/15, *Tekdemir*, ECLI:EU:C:2017:239, Rn. 38.

472 So auch *Gutmann*, NVwZ 2015, S. 345, 348.

Gründe des Allgemeinwohls ist indes dem Unionsrecht nicht fremd, sondern entspricht der Rechtfertigung von Beschränkungen der Grundfreiheiten bei Unionsbürgern.[473] Die Ausführungen im Fall *Genc II* zeigen zudem, dass der EuGH hinsichtlich der zwingenden Gründe keine allzu hohen Anforderungen stellt. Es scheint, dass jedes im Unionsrecht verankerte Ziel ein „zwingender" Grund des Allgemeininteresses sein kann, sofern eines der in Art. 3 EU genannten Ziele der Union berührt ist. Die Prüfung der Rechtfertigung entspricht einer einfachen Verhältnismäßigkeitsprüfung. Der EuGH weist damit den Mitgliedstaaten einen gangbaren Weg, wie sie auch nach dem Inkrafttreten des Zusatzprotokolls neue Beschränkungen einführen können.

C. Völker- und unionsrechtliche Diskriminierungsverbote

Neben den genannten Familien schützenden Normen bilden Gleichheitssätze und Diskriminierungsverbote eine weitere Grenze für die Regelung der Familienzusammenführung. Verbotene Ungleichbehandlungen können sich beispielsweise daraus ergeben, dass bestimmte Personengruppen von der Geltung einschränkender Familiennachzugsvoraussetzungen ausgenommen werden.[474]

I. Art. 14 EMRK

1. Akzessorietät und Anwendung des Art. 14 EMRK in Einwanderungsfällen

Das bedeutsamste Diskriminierungsverbot enthält Art. 14 EMRK. Die Vorschrift verbietet es den Vertragsstaaten, beim „Genuss der in dieser Konvention anerkannten Rechte und Freiheiten [...] insbesondere wegen des Geschlechts, der Rasse, der Hautfarbe, der Sprache, der Religion, der politischen oder sonstigen Anschauung, der nationalen oder sozialen Herkunft, der Zugehörigkeit zu einer nationalen Minderheit, des Vermögens, der Geburt oder eines sonstigen Status zu" diskriminieren. Die Vorschrift gewährt kein selbstständiges Grundrecht, sondern ergänzt als akzessorisches Recht die materiellen Vorschriften der

473 *Thym*, ZAR 2014, S. 301, 303. S. zu der Rechtfertigung aus Gründen des Allgemeininteresses bei den Grundfreiheiten der Unionsbürger genauer Oppermann/Classen/Nettesheim, Europarecht, § 27, Rn. 50.

474 Vgl. Zur Kritik an den Ungleichbehandlungen HRW, The Netherlands: Discrimination in the name of integration; de Vries, Integration at the Border, S. 231 ff.

EMRK und ihrer Protokolle.[475] Eine Verletzung von Art. 14 EMRK kann nur angenommen werden in Verbindung mit einem weiteren Recht oder einer weiteren Freiheit der EMRK oder der Zusatzprotokolle.[476] Art. 14 EMRK erfordert nicht, dass dieses weitere Recht verletzt ist.[477] Voraussetzung für die Anwendbarkeit der Vorschrift ist, dass zumindest die Tatsachen des zugrunde liegenden Falls in den Anwendungsbereich einer substantiellen Vorschrift fallen.[478]

2. Der Begriff der Diskriminierung

Diskriminierung ist die „unterschiedliche Behandlung von Personen in wesentlich gleicher Lage ohne objektive und sachliche Rechtfertigung".[479] Die Ungleichbehandlung muss ihren Grund in einer „persönlichen Eigenschaft [haben], durch die Personen oder Personengruppen sich voneinander unterscheiden".[480] Gerechtfertigt ist die Ungleichbehandlung, wenn sie ein legitimes Ziel verfolgt und wenn die angewendeten Mittel verhältnismäßig zum verfolgten Ziel sind.[481]

---

475 *EGMR*, Urt. v. 28.05.1985, 15/1983/71/107–109, *Abdulaziz u.a./Vereinigtes Königreich*, NJW 1986, S. 3007, 3009, Rn. 71, vgl. den Wortlaut „Der Genuss der in dieser Konvention anerkannten Rechte und Freiheiten [...]" des Art. 14 EMRK.

476 Peukert, in: Frowein/Peukert, EMRK-Kommentar, Art. 14, Rn. 1.

477 Peukert, in: Frowein/Peukert, EMRK-Kommentar, Art. 14, Rn. 2; Grabenwarter/Pabel, EMRK, § 26, Rn. 5.

478 *EGMR*, Urt. v. 28.11.1984, 8777/79, *Rasmussen/Dänemark*, Serie A, Nr. 87, S. 12, Rn. 29; Urt. v. 28.05.1985, 15/1983/71/107–109, *Abdulaziz u.a./Vereinigtes Königreich*, NJW 1986, S. 3007, 3009, Rn. 71.

479 *EGMR*, Urt. v. 11.06.2002, 36042//97, *Willis/Vereinigtes Königreich*, ECHR 2002-IV, S. 311, Rn. 48, eigene Übersetzung; [GK], Urt. v. 13.11.2007, Nr. 57325/00, *D.H. u.a./Tschechien*, NVwZ 2008, S. 533, 534, Rn. 175.

480 *EGMR*, Urt. v. 07.12.1976, 5095/71, 5920/72 und 5926/72, *Kjeldsen, Busk Madsen und Pedersen/Dänemark*, Serie A Nr. 23, Rn 56, eigene Übersetzung, s. im Original: „[...] discriminatory treatment having as its basis or reason a personal characteristic (‚status') by which persons or groups of persons are distinguishable from each other"; s. fast wortgleich Urt. v. 16.03.2010, 42184/05, *Carson u.a./Vereinigtes Königreich*, ECHR 2010-II, S. 407, Rn. 70.

481 St. Rspr. *EGMR*, Urt. v. 23.07.1968, 1474/62 u.a., *Belgischer Sprachenfall*, Serie A Nr. 6, S. 34, Rn. 10; Urt. v. 13.06.1979, 6833/74, *Marckx/Belgien*, NJW 1979, S. 2449, 2450, Rn. 33; Urt. v. 28.11.1984, 8777/79, *Rasmussen/Dänemark*, Serie A, Nr. 87, Rn. 38; Urt. v. 28.05.1985, 15/1983/71/107–109, *Abdulaziz u.a./Vereinigtes Königreich*, NJW 1986, S. 3007, 3009, Rn. 72; Entsch. v. 15.02.2001, 42393/98, *Dahlab/Schweiz*, Reports 2001-V, Rn. 2; [GK], Urt. v. 13.11.2007, 57325/00, *D.H. u.a./Tschechien*, NVwZ 2008, S. 533, 536, Rn. 196; [GK], Urt. v. 18.02.1995, 29515/95, *Larkos/Griechenland*, Reports

Verboten sind nicht nur unterschiedliche Behandlungen, die direkt an ein verbotenes Unterscheidungsmerkmal anknüpfen (sog. unmittelbare Diskriminierung). Auch Maßnahmen, die sich nicht gezielt gegen eine bestimmte Personengruppe richten, z.B. neutral formulierte Regelungen, sind diskriminierend, wenn sie unverhältnismäßige Nachteile für diese Gruppe bringen (sog. mittelbare Diskriminierung).[482] Die Diskriminierung folgt dann „aus tatsächlichen Umständen".[483] Da eine mittelbare Ungleichbehandlung sich nicht offensichtlich aus dem Wortlaut einer Maßnahme ergibt, ist sie schwerer zu beweisen. Um die Konventionsrechte effektiv zu schützen, gilt für den Nachweis der Diskriminierung ein weniger strenger Beweismaßstab.[484] Im Fall *D.H. u.a./Tschechien* hat der EGMR anerkannt, dass Beschwerdeführer mittels verlässlicher, aussagekräftiger Statistiken einen Anscheinsbeweis für die diskriminierende Wirkung einer Maßnahme erbringen können, der zur Beweislastumkehr führt.[485] Dieser statistische Nachweis muss verlässlich und erheblich („reliable and significant") sein.[486] Der Gerichtshof hat in diesem Urteil aber ausdrücklich nicht ausgeschlossen, dass der Nachweis einer mittelbaren Diskriminierung auch ohne statistische Beweise möglich ist.[487] Dem Staat obliegen dann die Widerlegung der

---

1999-I, S. 557, Rn. 29; Urt. [GK] v. 12.04.2006, Nr. 65731/01 u. Nr. 65900/01, *Stec u.a./ Vereinigtes Königreich*, ECHR 2006-IV, Rn. 51.

482 *EGMR* [GK], Urt. v. 13.11.2007, Nr. 57325/00, *D.H. u.a./Tschechien*, NVwZ 2008, S. 533, 534, Rn. 175 i.V.m. Rn. 184. Im Fall *Abdulaziz* hatte der EGMR das Vorliegen einer mittelbaren Diskriminierung noch abgelehnt, weil die streitgegenständlichen Einwanderungsregelungen im Hinblick auf die pönalisierten Merkmale Rasse usw. neutral formuliert waren, obwohl die Hauptwirkung der Einwanderungsregelungen darin bestand, Einwanderung aus dem Neuen Commonwealth und Pakistan zu verhindern, *EGMR*, Urt. v. 28.05.1985, 15/1983/71/107–109, *Abdulaziz u.a./Vereinigtes Königreich*, NJW 1986, S. 3007, 3011, Rn. 84.

483 *EGMR* [GK], Urt. v. 13.11.2007, Nr. 57325/00, *D.H. u.a./Tschechien*, NVwZ 2008, S. 533, 534, Rn. 175.

484 *EGMR* [GK], Urt. v. 13.11.2007, Nr. 57325/00, *D.H. u.a./Tschechien*, NVwZ 2008, S. 533, 535, Rn. 186.

485 *EGMR* [GK], Urt. v. 13.11.2007, Nr. 57325/00, *D.H. u.a./Tschechien*, NVwZ 2008, S. 533, 535, Rn. 188.

486 *EGMR* [GK], Urt. v. 13.11.2007, Nr. 57325/00, *D.H. u.a./Tschechien*, NVwZ 2008, S. 533, 535, Rn. 188.

487 *EGMR* [GK], Urt. v. 13.11.2007, Nr. 57325/00, *D.H. u.a./Tschechien*, NVwZ 2008, S. 533, 535, Rn. 188.

Vermutung der diskriminierenden Wirkung und der Nachweis der Rechtfertigung der Ungleichbehandlung.[488]

3. *Beurteilungsspielraum*

Zur Beurteilung, ob bestimmte Umstände eine unterschiedliche rechtliche Behandlung rechtfertigen, steht den Vertragsstaaten ein „gewisser" („certain") Beurteilungsspielraum[489] zu.[490] Dessen Umfang hängt von „den jeweiligen Umständen, dem Gegenstand und dem Hintergrund" der Ungleichbehandlung ab.[491]

Für Problemkreise, die gesellschaftlich stark umstritten sind, hat der EGMR den Vertragsstaaten einen „weiten" Beurteilungsspielraum eingeräumt.[492] Aufgrund ihrer größeren Sachnähe zu den gesellschaftlichen Problemen können nach Auffassung des EGMR nationale Behörden besser als internationale Richter das öffentliche Interesse und die Geeignetheit und Erforderlichkeit nationaler Maßnahmen zur Problemlösung beurteilen.[493] Einen weiten Beurteilungsspielraum hat der EGMR in den Bereichen Wirtschafts- und Sozialpolitik angenommen.[494] Der Gerichtshof respektiert die Wahl des nationalen Gesetzgebers, solange die Entscheidung nicht offensichtlich einer vernünftigen Grundlage entbehrt („manifestly without reasonable foundation").[495] Im Bereich des

---

488 *EGMR* [GK], Urt. v. 13.11.2007, Nr. 57325/00, *D.H. u.a./Tschechien*, NVwZ 2008, S. 533, 535, Rn. 189.

489 Zur alternativen Verwendung des Begriffs Ermessensspielraum in den deutschen Übersetzungen der EGMR-Urteile s.o. Teil 2:A.I.2.b), S. 94, Fn. 333.

490 *EGMR,* Urt. v. 28.05.1985, 15/1983/71/107–109, *Abdulaziz u.a./Vereinigtes Königreich*, NJW 1986, S. 3007, 3010, Rn. 78.

491 *EGMR*, Urt. v. 28.11.1984, 8777/79, *Rasmussen/Dänemark*, Serie A, Nr. 87, Rn. 40; Urt. v. 28.05.1985, 15/1983/71/107–109, *Abdulaziz u.a./Vereinigtes Königreich*, NJW 1986, S. 3007, 3010, Rn. 78; Urt. v. 27.03.1998, 20458/92, *Petrovic/Österreich*, Reports 1998-II, Rn. 38.

492 *EGMR*, Urt. v. 21.02.1986, Nr. 8793/97, *James u.a./Vereinigtes Königreich*, Serie A Nr. 98, Rn. 46, deutsche Übersetzung unter EGMR-E 3 Nr. 13, S. 117, 124.

493 *EGMR*, Urt. [GK] v. 12.04.2006, Nr. 65731/01 u. Nr. 65900/01, *Stec u.a./Vereinigtes Königreich*, ECHR 2006-IV, Rn. 52.

494 *EGMR*, Urt. v. 21.02.1986, Nr. 8793/97, *James u.a./Vereinigtes Königreich*, Serie A Nr. 98, Rn. 46, deutsche Übersetzung unter EGMR-E 3 Nr. 13, S. 117, 124, ebenso Urt. [GK] v. 29.04.2008, *Burden/Vereinigtes Königreich*, 13378/05, Rn. 60; Urt. v. 27.09.2011, *Bah/Vereinigtes Königreich*, Nr. 56328/07, Reports 2011-VI, Rn. 37.

495 *EGMR*, Urt. v. 21.02.1986, Nr. 8793/97, *James u.a./Vereinigtes Königreich*, Serie A, Nr. 98, Rn. 46; Urt. [GK] v. 12.04.2006, Nr. 65731/01 u. Nr. 65900/01, *Stec u.a./Vereinigtes Königreich*, ECHR 2006-IV, Rn. 52.

Einwanderungsrechts hat der Gerichtshof den Vertragsstaaten hingegen nicht generell einen weiten Beurteilungsspielraum eingeräumt.[496] Der Umfang des Beurteilungsspielraums in Einwanderungsfällen hängt daher von den „Umständen, dem Gegenstand und dem Hintergrund" ab,[497] d.h. insbesondere von den betroffenen Differenzierungsmerkmalen und der Regelungsmaterie. Ein eingeschränkter Beurteilungsspielraum gilt bei Ungleichbehandlungen wegen des Geschlechts, da „die Gleichberechtigung der Geschlechter heute wesentliches Ziel der Mitgliedstaaten des Europarats ist".[498] Sie können nur durch „sehr schwerwiegende Gründe" („very weighty reasons") gerechtfertigt werden.[499] Einen eingeschränkten Beurteilungsspielraum hat der Gerichtshof im Bereich des Sozialrechts auch für Ungleichbehandlungen aufgrund der Nationalität angenommen.[500] Für Unterscheidungen aufgrund des Aufenthaltsstatus haben die Vertragsstaaten hingegen keinen eingeschränkten Beurteilungsspielraum, es bedarf im Vergleich zu Ungleichbehandlungen aufgrund der Nationalität nicht derart gewichtiger Rechtfertigungsgründe, da der Aufenthaltszweck im Vergleich zur Staatsangehörigkeit ein Element der freien Entscheidung enthält.[501] Ist zusätzlich der Regelungsgegenstand sozio-ökonomischer Art, nimmt der Gerichtshof einen „relativ weiten Beurteilungsspielraum" an.[502]

---

496 S. *EGMR*, Urt. v. 28.05.1985, 15/1983/71/107–109, *Abdulaziz u.a./Vereinigtes Königreich*, NJW 1986, S. 3007, 3009, Rn. 72. Zu dem in dieser Übersetzung verwendeten Begriff „Ermessensspielraum" s.o. S. 94, Fn. 333.

497 *EGMR*, Urt. v. 28.11.1984, 8777/79, *Rasmussen/Dänemark*, Serie A, Nr. 87, Rn. 40; Urt. v. 28.05.1985, 15/1983/71/107–109, *Abdulaziz u.a./Vereinigtes Königreich*, NJW 1986, S. 3007, 3010, Rn. 78; Urt. v. 27.03.1998, 20458/92, *Petrovic/Österreich*, Reports 1998-II, Rn. 38.

498 *EGMR*, Urt. v. 28.05.1985, 15/1983/71/107–109, *Abdulaziz u.a./Vereinigtes Königreich*, NJW 1986, S. 3007, 3010, Rn. 78 betreffend das Geschlecht.

499 *EGMR*, Urt. v. 28.05.1985, 15/1983/71/107–109, *Abdulaziz u.a./Vereinigtes Königreich*, NJW 1986, S. 3007, 3010, Rn. 78.

500 *EGMR*, Urt. 16.09.1996, 17371/90, *Gaygusuz/Österreich*, Reports 1996-IV, Rn. 42, in deutscher Sprache auszugsweise in InfAuslR 1997, S. 1 ff.

501 *EGMR*, Urt. v. 27.09.2011, *Bah/Vereinigtes Königreich*, Nr. 56328/07, Reports 2011-VI, Rn. 47.

502 *EGMR*, Urt. v. 27.09.2011, *Bah/Vereinigtes Königreich*, Nr. 56328/07, Reports 2011-VI, Rn. 47.

II. Allgemeiner Gleichbehandlungsgrundsatz und allgemeine Diskriminierungsverbote des Unionsrechts

Der EuGH hat unabhängig von Art. 14 EMRK einen allgemeinen Gleichheitssatz des Unionsrechts entwickelt. Dieser untersagt die unterschiedliche Behandlung vergleichbarer Sachverhalte und die Gleichbehandlung unterschiedlicher Sachverhalte, es sei denn, es gibt für diese Behandlung eine objektive Rechtfertigung.[503] Altersbezogene Familiennachzugsregelungen hat der EuGH bislang an einem „Verbot der Diskriminierung wegen des Alters" geprüft.[504] Ungleichbehandlungen bei Integrationsmaßnahmen zwischen eigenen Staatsangehörigen und Drittstaatsangehörigen hat der EuGH im Fall *P. und S.* am allgemeinen Gleichheitssatz des Unionsrechts geprüft.[505] Die Rechtsgrundlage für diese Grundsätze hat der EuGH bisher offen gelassen.[506] In der Sache zog sich der Gerichtshof im Fall *P. und S.* auf die fehlende Vergleichbarkeit der Maßnahme zurück, da deren Zweck in der Vermittlung von Kenntnissen der Sprache und der Gesellschaft des Aufnahmestaates bestünde, die bei eigenen Staatsangehörigen des Aufnahmemitgliedstaats gegeben seien, bei Drittstaatsangehörigen hingegen nicht.[507] Jedenfalls wird zutreffend darauf hingewiesen, dass die Bedeutung des Gleichheitssatzes im Zusammenhang mit Einwanderungsregelungen gering ist.[508] Ob überhaupt eine Ungleichbehandlung angenommen wird, hängt

---

503 *EuGH*, Urt. v. 20.09.1988, Rs. 203/86, *Spanien/Rat*, Slg. 1988, S. 4563, Rn. 25, dort noch als „Verbot der Diskriminierung" bezeichnet, seitdem st. Rspr., s. Urt. v. 17.07.1997, verbundene Rs. C-248/95 und C-249/95, *SAM Schiffahrt und Stapf*, Slg. 1997, I-4475, Rn. 50; v. 13.04.2000, Rs. C-292/97, *Karlsson u. a.*, Slg. 2000, I-2737, Rn. 39, v. 12.03.2002, verbundene Rs. C-27/00 und C-122/00, *Omega Air u. a.*, Slg. 2002, I-2569, Rn. 79; Urt. v. 09.09.2003 Rs. C-137/00, *Milk Marque und National Farmers' Union*, Slg. 2003, I-7975, Rn. 126; v. 09.09.2004, Rs. C-304/01, *Spanien/Kommission*, Slg. 2004, I-7655, Rn. 31; Urt. v. 14.12.2004, Rs. C-210/03, *Swedish Match*, Slg. 2004, I-11891, Rn. 70; Urt. v. 04.06.2015, C-579/13, *P. und S.*, ECLI:EU:C:2015:369, Rn. 41.

504 *EuGH*, Urt. v. 27.06.2006, Rs. C-540/03, *Parlament/Rat*, Slg. 2006, I-5769, Rn. 74.

505 *EuGH*, Urt. v. 04.06.2015, C-579/13, *P. und S.*, ECLI:EU:C:2015:369, Rn. 43.

506 Walter, Familienzusammenführung in Europa, S. 303. Im Fall Parlament/Rat berief sich das Parlament hingegen ausdrücklich auf einen Verstoß gegen das Verbot der Diskriminierung wegen des Alters der betreffenden Personen, das von Art. 14 EMRK erfasst und in Art. 21 Abs. 1 EU-GRC ausdrücklich aufgeführt ist, *EuGH*, Urt. v. 27.06.2006, Rs. C-540/03, *Parlament/Rat*, Slg. 2006, I-5769, Rn. 32.

507 *EuGH*, Urt. v. 04.06.2015, C-579/13, *P. und S.*, ECLI:EU:C:2015:369, Rn. 42.

508 *Thym*, EJML 2016, S. 89, 104 f.

somit, angelehnt an die Rechtsprechung des EGMR, vom Regelungsgegenstand und den Umständen ab.

Die Integration hat der EuGH im Fall *Parlament/Rat* implizit als legitimes Ziel zur Rechtfertigung von Ungleichbehandlungen in Einwanderungsfällen akzeptiert.[509] Der Rechtsprechung ist indes nicht zu entnehmen, ob die Staaten im Bereich des Einwanderungsrechts einen Beurteilungsspielraum[510] oder sogar einen weiten Beurteilungsspielraum haben – so wie der EuGH im Bereich der Arbeits- und Sozialpolitik einen weiten Beurteilungsspielraum der Staaten angenommen hat.[511] Für die Annahme eines Beurteilungsspielraums spricht, dass auch der EGMR von einem solchen in Einwanderungsfällen ausgeht.[512] Für einen generellen weiten Beurteilungsspielraum in Einwanderungsfragen liefern hingegen weder die Rechtsprechung des EGMR noch die des EuGH einen Anhaltspunkt.

III. Weitere Diskriminierungsverbote

Weitere Diskriminierungsverbote sind in verschiedenen völker- und europarechtlichen Regelungswerken enthalten. Allerdings sind die meisten dieser Diskriminierungsverbote entweder nicht anwendbar auf Drittstaatsangehörige (dies betrifft insbesondere Art. 18 Abs. 1 AEUV[513] und Art. 21 Abs. 2 EU-GRC)[514] oder auf den Bereich des Einwanderungsrechts (dies betriff die

509 Vgl. *EuGH*, Urt. v. 27.06.2006, Rs. C-540/03, *Parlament/Rat*, Slg. 2006, I-5769, Rn. 74 f., wonach die Einschränkung der Familienzusammenführung für Kinder über 12 Jahre darauf reagiert, dass ältere Kinder größere Schwierigkeiten bei der Integration haben.

510 Zu dem in anderen Übersetzungen verwendeten Begriff „Ermessensspielraum“ s.o S. 94, Fn. 333.

511 S. *EuGH*, Urt. v. 22.11.2005, Rs. C-144/04, *Mangold/Helm*, 2005 I-09981, Rn. 63.

512 Ebenso *Thym*, EJML 2016, S. 89, 105.

513 Art. 18 Abs. 1 AEUV verbietet im Anwendungsbereich der Verträge Diskriminierungen aus Gründen der Staatsangehörigkeit, d.h. jedenfalls bei dem Vollzug oder der Durchführung des Unionsrechts, Epiney, in: Calliess/Ruffert, EUV/AEUV, Art. 18 AEUV, Rn. 17. Art. 18 AEUV berechtigt jedoch nur Unionsbürger zur Gleichbehandlung, Epiney, in: Calliess/Ruffert, EUV/AEUV, Art. 18 AEUV, Rn. 41.

514 Art. 21 Abs. 2 EU-GRC verbietet Diskriminierungen aus Gründen der Staatsangehörigkeit, ist allerdings subsidiär gegenüber den besonderen, in den EU-Verträgen enthaltenen Diskriminierungsverboten und geht daher nicht über den Gewährleistungsbereich und die Beeinträchtigungsmöglichkeiten des Art. 18 AEUV hinaus, Rossi, in: Calliess/Ruffert, EUV/AEUV, Art. 21 GRCh, Rn. 11. Drittstaatsangehörigen vermittelt Art. 21 Abs. 2 EU-GRC somit ebenfalls kein Recht auf Nichtdiskriminierung wegen der Staatsangehörigkeit.

Gleichbehandlungs-RL),[515] sie gewähren keine subjektiven Rechte (z.B. Art. 10 AEUV)[516] oder nur nicht durchsetzbare Rechte (UN-Rassendiskriminierungsübereinkommen).[517] Erwägungsgrund (5) Familienzusammenführungs-RL enthält schon nach seinem Wortlaut („sollten“) kein ausdrückliches Diskriminierungsverbot, sondern lediglich eine Empfehlung an die Mitgliedstaaten zur Nichtdiskriminierung. Als Erwägungsgrund hat die Vorschrift ohnehin nur Bedeutung für die Auslegung der übrigen Vorschriften der Familienzusammenführungs-RL. Keines der Diskriminierungsverbote geht damit über Art. 14 EMRK und den allgemeinen Gleichheitsgrundsatz des Unionsrechts hinaus.

IV. Bewertung

Die Diskriminierungsverbote und Gleichbehandlungsgrundsätze des Völker- und Unionsrechts bieten gegen die Ungleichbehandlungen nur einen begrenzten Schutz. Zahlreiche Diskriminierungsverbote erfassen schon die

---

515 Das Diskriminierungsverbot der Richtlinie 2000/43/EG des Rates v. 29.06.2000 zur Anwendung des Gleichbehandlungsgrundsatzes ohne Unterschied der Rasse oder der ethnischen Herkunft, ABl. EG L 180 v. 19.07.2000, S. 22–26, gilt nicht für Ungleichbehandlungen wegen der Staatsangehörigkeit und i.R.d. Einreise- und Aufenthaltsvorschriften und -bedingungen betreffend Drittstaatsangehörigen, Art. 3 Abs. 2 der Richtlinie.

516 Art. 10 AEUV gewährt nach Wortlaut und systematischer Stellung, im Gegensatz zu Art. 21 EU-GRC, kein subjektives Recht auf Nichtdiskriminierung, vgl. Rossi/Calliess, in: Calliess/Ruffert, EUV/AEUV, Art. 10 AEUV, Rn. 6. Die Norm verpflichtet ausschließlich die Organe der Europäischen Union, ist hingegen auf die Mitgliedstaaten nicht anwendbar und entfaltet auch keine unmittelbare Wirkung, Rossi/Calliess, in: Calliess/Ruffert, EUV/AEUV, Art. 10 AEUV, Rn. 3. Eine konkrete, auf Basis des Vertrags von Lissabon erlassene Maßnahme der Union darf daher nicht zu einer Verschlechterung in Bezug auf eines der erfassten Diskriminierungsmerkmale führen, offengelassen von Rossi/Calliess, in: Calliess/Ruffert, EUV/AEUV, Art. 10 AEUV, Rn. 5. Auf die Familienzusammenführungs-RL, die bereits lange vor dem Lissaboner Vertrag erlassen wurde, ist das Diskriminierungsverbot daher nicht anwendbar und an dieser Stelle nicht tiefer zu erörtern.

517 Internationales Übereinkommen zur Beseitigung jeder Form von Rassendiskriminierung (UN-Rassendiskriminierungsübereinkommen) v. 21.12.1965, in Kraft getreten am 04.01.1969, für Deutschland in Kraft getreten am 15.06.1969, BGBl. II 1969, S. 961. Es umfasst gemäß Art. 1 Abs. 2 der Konvention ausdrücklich nicht die Staatsangehörigkeit als Diskriminierungsmerkmal. Die Durchsetzbarkeit des Übereinkommens ist außerdem beschränkt. Die Bundesrepublik Deutschland hat 2001 die Zuständigkeit des Ausschusses für Individualbeschwerden anerkannt.

Ungleichbehandlung aufgrund der Staatsangehörigkeit nicht. Die Europäische Union hat zur Verhinderung der Ungleichbehandlung von Unionsbürgern untereinander zahlreiche Rechtsnormen geschaffen. Die Diskriminierungsverbote für Drittstaatsangehörige sind hingegen noch relativ schwach ausgestaltet. Der relevanteste Prüfungsmaßstab ist einerseits Art. 14 EMRK und andererseits der allgemeine Grundsatz der Gleichbehandlung. Auch diesbezüglich ist die Rechtfertigungsprüfung jedoch von der Akzeptanz des Rechtfertigungsziels Integration und von einem Beurteilungsspielraum der Vertragsstaaten gekennzeichnet, sodass Ungleichbehandlungen i.d.R. gerechtfertigt sind.

D. Die Familienzusammenführungs-RL

Zentraler Rechtsakt für die Regelung der Familienzusammenführung zu Drittstaatsangehörigen im Unionsrecht ist die Familienzusammenführungs-RL. Ihre Entstehungsgeschichte und ihre integrationsbezogenen Regelungen werden daher nachfolgend dargestellt und anschließend einer Rechtmäßigkeitsprüfung unterzogen. Dadurch wird der den Mitgliedstaaten verbleibende Spielraum zur Regelung der Familienzusammenführung zum Zwecke der Integration definiert.

I. Entstehungsgeschichte, Ziel und Fortentwicklung der Richtlinie

Die Familienzusammenführungs-RL wurde 2003 auf Grundlage der durch den Amsterdamer Vertrag (1997) neu geschaffenen Gemeinschaftskompetenz in Art. 63 Nr. 3 lit. a EG (nunmehr Art. 79 Abs. 2 AEUV) erlassen. Die Richtlinie schuf erstmals im Unionsrecht ein Recht auf Familienzusammenführung zu Drittstaatsangehörigen.[518] Die europaweite Harmonisierung der Familienzusammenführungsregeln sollte verhindern, dass Drittstaatsangehörige ihren Zielstaat nach dem dort geltenden Familienzusammenführungsrecht auswählen.[519]

1. Ausgangslage und Richtlinienentwürfe

Der Annahme der Richtlinie im Jahr 2003 gingen seit 1999 währende, teilweise zähe Verhandlungen voraus, in deren Verlauf die Kommission nacheinander drei sehr unterschiedliche Richtlinienvorschläge unterbreitete. Grund für die lange Verhandlungsdauer und die zahlreichen Änderungen waren die höchst unterschiedlichen Ausgangs-, Rechts- und Interessenlagen der Mitgliedstaaten

518 Vgl. Art. 1 Familienzusammenführungs-RL.
519 KOM(1999)638 endg. v. 01.12.1999, S. 11 f., Punkt 9.2.

betreffend die Familienzusammenführung.[520] Ausschlaggebend hierfür waren vor allem die unterschiedliche historische Entwicklung der Zuwanderung und die daraus resultierenden unterschiedlichen Ausländerquoten.[521] Zudem sicherte das zum damaligen Zeitpunkt im Rat für die Schaffung von Sekundärrecht geltende Einstimmigkeitsprinzip[522] den Mitgliedstaaten eine starke Rolle im Verhandlungsprozess[523] und erschwerte dadurch zusätzlich eine Einigung auf die anfänglich ambitionierten Vorschläge der Kommission.

Der erste Richtlinienvorschlag vom 1. Dezember 1999[524] orientierte sich noch stark an den für Unionsbürger geltenden EG-rechtlichen Regelungen,[525] indem die Nachziehenden beispielsweise „in gleicher Weise wie die Unionsbürger" Zugang zu Ausbildung, Erwerbstätigkeit, beruflicher Beratung, Aus-, Fortbildung und Umschulung erhalten sollten.[526] Der Entwurf scheiterte bereits an den Einwänden des Parlaments, das u.a. die im Vorschlag vorgesehene Anwendung der Richtlinie auch auf Personen, denen subsidiärer Schutz gewährt wird, ablehnte, da es die Familienzusammenführung zu dieser Gruppe erst im Zuge der Harmonisierung des subsidiären Schutzes auf Gemeinschaftsebene regeln wollte.[527] Mit ihrem zweiten Richtlinienvorschlag vom Oktober

---

520 Ausführlich zur Ausgangslage *Hauschild*, ZAR 2003, S. 266 ff. Zur unterschiedlichen Rechtslage in den Mitgliedstaaten siehe die Erläuterungen der Kommission in ihrem ersten Richtlinienvorschlag für die Familienzusammenführungs-RL, KOM(1999) 638 endg. v. 01.12.1999, S. 5 f.

521 Während beispielsweise Luxemburg im Jahre 2002 einen Ausländeranteil von 34,1 % hatte, lag dieser bei neun der 15 die Richtlinie mit verhandelnden Mitgliedstaaten unter 5 %, Eurostat, Stand März 2002, abgebildet in *Hauschild*, ZAR 2003, S. 266, 268, Tabelle.

522 Bei der Schaffung von Sekundärrecht im Bereich der Familienzusammenführung galt gemäß Art. 67 Abs. 1 EG für fünf Jahre nach Inkrafttreten des Vertrages von Amsterdam am 01.05.1999 das Einstimmigkeitsprinzip im Rat.

523 Walter, Familienzusammenführung in Europa, S. 209. Zu den unterschiedlichen Verhandlungspositionen ausführlich Walter, Familienzusammenführung in Europa, S. 254 ff.

524 KOM(1999) 638 endg. v. 01.12.1999, ABl. C 116 E v. 26.04.2000, S. 66 ff.

525 *Hailbronner*, FamRZ 2005, S. 1, 2.

526 Art. 12 Abs. 1 KOM(1999) 638 endg. v. 01.12.1999.

527 Legislative Entschließung des Europäischen Parlaments zu dem Vorschlag für eine Richtlinie des Rates betreffend das Recht auf Familienzusammenführung, KOM(1999) 638 endg. v. 01.12.1999, ABl. C 135 v. 07.05.2001, S. 174 ff., Abänderung 19. Weitere wesentliche Vorschläge des Parlaments waren, dass günstigere Regelungen in den Mitgliedstaaten beibehalten werden sollten, um sicherstellen, dass das bestehende Schutzniveau in den

2000[528] übernahm die Kommission u.a. diesen Änderungsvorschlag des Europäischen Parlaments weitgehend.[529] Mangels Einigung im Rat für Justiz und Inneres, z.B. zum Nachzugsalter von 18 Jahren für Kinder, das die im deutschen Recht bestehende Altersbeschränkung von 16 Jahren nicht zugelassen hätte,[530] legte die Kommission am 2. Mai 2002 schließlich einen dritten, wesentlich geänderten Richtlinienvorschlag vor.[531] Statt einer Vollharmonisierung zielte der Vorschlag nur noch darauf ab, ein erster Schritt für eine vollständige Harmonisierung des Familiennachzugsrechts zu sein.[532] Zu diesem Zweck wurden die zuvor im Rat erzielten Kompromisse in Form von Optionsregelungen bzw. Öffnungsklauseln eingefügt, die den Mitgliedstaaten optional den Erlass einschränkender Familienzusammenführungsvoraussetzungen gestatteten. Beispielsweise wurde ihnen erlaubt, nach eigenem Ermessen den Nachzug von Kindern über zwölf Jahre an ein Integrationskriterium zu knüpfen,[533] eine optionale Mindestvoraufenthaltsdauer für Zusammenführende nicht nur von einem, sondern von zwei Jahren vorzusehen und eine Wartefrist von drei Jahren.[534] Zudem erhielten die Nachziehenden nur noch „in gleicher Weise“ wie die Zusammenführenden Zugang zu Ausbildung, Beschäftigung und beruflicher Bildung, um die unterschiedliche Behandlung der Familienmitglieder untereinander zu verhindern.[535]

Als Ausgleich für den weiten Ermessensspielraum wurden einige Optionsregelungen an Stillhalteklauseln[536] geknüpft, die auf den Zeitpunkt der Annahme der Richtlinie abstellten.[537] Die Stillhalteklauseln sollten einerseits einen Bestandsschutz für Altregelungen bewirken,[538] andererseits aber verhindern,

Mitgliedstaaten durch die Richtlinie nicht abgesenkt wird, Abänderung 9, und die Sicherstellung von Rechtsschutzmöglichkeiten, Abänderungen 11 und 28.

528 KOM(2000) 624 endg. v. 10.10.2000, ABl. C 62 E v. 27.02.2001, S. 99. Dazu *Boeles*, EJML 2001, S. 61 ff.

529 KOM(2000) 624 endg. v. 10.10.2000; Walter, Familienzusammenführung in Europa, S. 160; *Hauschild*, ZAR 2003, S. 266, 269.

530 S. *Hauschild*, ZAR 2003, S. 266, 268 f.

531 KOM(2002) 225 endg. v. 02.05.2002.

532 KOM(2002) 225 endg. v. 02.05.2002, S. 2.

533 KOM(2002) 225 endg. v. 02.05.2002, S. 6, Erläuterung zu Art. 4.

534 KOM(2002) 225 endg. v. 02.05.2002, S. 8 f., Erläuterung zu Art. 8.

535 KOM(2002) 225 endg. v. 02.05.2002, S. 10, Erläuterung zu Art. 14.

536 Zu Stillhalteklauseln in der Familienzusammenführungs-RL als Abweichungsbegrenzung s. vertiefend Walter, Familienzusammenführung in Europa, S. 212 f.

537 Z.B. die Altersgrenze für Kinder gem. Art. 4 Abs. 1 UA 3 Familienzusammenführungs-RL.

538 *Peek*, Richtlinienumsetzung, S. 53.

dass sich die Harmonisierung infolge nachträglich verschärften nationalen Rechts nach Erlass der Richtlinie erschweren würde.[539] Um die Harmonisierung später auszuweiten sollte die Kommission die Kernstreitpunkte der Richtlinie zwei Jahre nach Ablauf der Umsetzungsfrist auf möglichen Änderungsbedarf überprüfen.[540]

Im Laufe der Abschlussverhandlungen im Rat wurde u.a. noch die Regelung aufgenommen, dass von Drittstaatsangehörigen die Erfüllung von Integrationsmaßnahmen verlangt werden kann, die sich später zu einer der umstrittensten Regelungen entwickeln sollte.[541] Einige Stillhalteklauseln wurden aufgeweicht, indem sie nunmehr auf das zum Zeitpunkt der Umsetzung der Richtlinie geltende nationale Recht verwiesen und damit die Einführung entsprechender nationaler Regelungen während der Umsetzungsfrist erlaubten.[542]

2. Inkrafttreten und Fortentwicklung der Richtlinie

Nach Annahme der Richtlinie durch den Rat am 22. September 2003 trat sie am 3. Oktober 2003 in Kraft.[543] Seit Ablauf der zweijährigen Umsetzungsfrist bindet die Richtlinie die Mitgliedstaaten mit Ausnahme von Dänemark, Irland und dem Vereinigten Königreich, die sich aufgrund ihres Opt-out im Bereich des Einwanderungsrechts an der Annahme der Richtlinie nicht beteiligt haben.[544]

---

539 KOM(2002) 225 endg. v. 02.05.2002, S. 3.

540 KOM(2002) 225 endg. v. 02.05.2002, S. 3. Diese Regelung wurde so in die finale Richtlinie übernommen, Art. 19 Familienzusammenführungs-RL. Zu den zu überprüfenden Normen gehörten gemäß Art. 19 S. 2 Familienzusammenführungs-RL der Anwendungsbereich (Art. 3 Familienzusammenführungs-RL), die Nachzugsberechtigten (Art. 4 Familienzusammenführungs-RL), die Voraussetzungen für die Familienzusammenführung (Art. 7 Familienzusammenführungs-RL), die Wartefrist (Art. 8 Familienzusammenführungs-RL) und das Einreiseverfahren (Art. 13 Familienzusammenführungs-RL).

541 Art. 7 Abs. 2 UA 1 Familienzusammenführungs-RL. S. hierzu im Einzelnen weiter unten Teil 2:D.IV.4.c), S. 159 ff.

542 S. Art. 4 Abs. 1 UA 3 Familienzusammenführungs-RL (zuvor Art. 4 Abs. 1 lit. c UA 3 KOM(2002) 225 endg. v. 02.05.2002 sowie Art. 4 Abs. 6 Familienzusammenführungs-RL. Vgl. hingegen weiterhin Art. 8 UA 2: „Abweichend davon kann ein Mitgliedstaat, dessen bei *Annahme* der Richtlinie geltendes nationales Recht […]", Hervorhebung d. Verf.

543 Art. 21 Familienzusammenführungs-RL: Am Tag ihrer Verkündung im Amtsblatt.

544 Erwägungsgründe (17) und (18) Familienzusammenführungs-RL. S. hierzu Peek, Richtlinienumsetzung, S. 40 ff.

Deutschland hat die Richtlinie durch das ZuwG v. 30. Juli 2004[545] und durch das RLUmsG v. 19. Juli 2007[546] umgesetzt. Aufgrund der zahlreichen Ermessensspielräume hat die Richtlinie nicht nur eine geringe Harmonisierungswirkung, sondern die Umsetzung hat in einigen Mitgliedstaaten sogar zu einer Absenkung der Standards geführt, u.a. hinsichtlich der Wartefrist, dem Mindestalter des Zusammenführenden, dem geforderten Einkommen und der Erbringung von Integrationsmaßnahmen.[547]

Zur Fortentwicklung der Familienzusammenführungs-RL legte die Kommission am 15. November 2011 ein Grünbuch vor.[548] I.R.d. anschließenden Konsultation plädierten die meisten Nichtregierungsorganisationen für eine Überarbeitung der Richtlinie, um den Anwendungsbereich der Richtlinie zu erweitern (Erweiterung des Kreises der nachzugsberechtigten Familienangehörigen, Aufhebung der Beschränkungen für Zusammenführende, z.B. hinsichtlich der Wartefrist) und die Nachzugsvoraussetzungen zu lockern (Integrationsmaßnahmen, Altersgrenze für Ehegatten, Wartefristen, Gebühren).[549] Teilweise befürchteten sie aber eine Verschlechterung der Nachzugsbedingungen anlässlich der Überarbeitung.[550]

Fast alle Mitgliedstaaten lehnten die Änderung der Richtlinie ab, weil sie bei einer Änderung eine Begrenzung ihrer Flexibilität und Kompetenzen befürchteten und die Harmonisierung für ausreichend hielten.[551] Die Niederlande plädierten für eine Überarbeitung der Richtlinie, um den Mitgliedstaaten noch mehr Gestaltungsspielraum zu verschaffen. Insbesondere sollten neue Integrationsmaßnahmen, wie ein Bildungserfordernis („educational requirement"), die

545 Gesetz zur Steuerung und Begrenzung der Zuwanderung und zur Regelung des Aufenthalts und der Integration von Unionsbürgern und Ausländern (Zuwanderungsgesetz) v. 30.07.2004, BGBl. I, S. 1950, in Kraft getreten am 01.01.2005.

546 Gesetz zur Umsetzung aufenthalts- und asylrechtlicher Richtlinien der Europäischen Union v. 19.08.2007, BGBl. I, S. 1970, in Kraft seit 28.08.2007.

547 *Europäische Kommission*, Bericht an das Europäische Parlament und an den Rat über die Anwendung der Richtlinie 2003/86/EG des Rates betreffend das Recht auf Familienzusammenführung, KOM(2008) 610 endg. v. 08.10.2008, S. 17.

548 *Europäische Kommission*, Grünbuch zum Recht auf Familienzusammenführung von in der Europäischen Union lebenden Drittstaatsangehörigen (Richtlinie 2003/86/EG), KOM(2011) 735 endg. v. 15.11.2011.

549 *Europäische Kommission*, Summary of stakeholder responses to the green paper, S. 5 ff. Insgesamt gingen 120 Stellungnahmen von Mitgliedstaaten, nationalen Parlamenten, Nichtregierungsorganisationen, Privatpersonen und anderen ein.

550 *Europäische Kommission*, Summary of stakeholder responses to the green paper, S. 5.

551 *Europäische Kommission*, Summary of stakeholder responses to the green paper, S. 4.

Erhöhung der Einkommensgrenze auf 120 % des nationalen Mindestlohns sowie die Erhöhung des Nachzugsalters von Ehegatten auf 24 Jahre erlaubt werden, das Ausmaß der Bindungen zum Herkunftsland berücksichtigt werden können und ein unrechtmäßiger Voraufenthalt zum Ausschluss der Familienzusammenführung führen können.[552] Der allgemeine Sprachgebrauch legt nahe, dass mit „educational requirement" neben dem Sprachnachweis auch ein Schulabschluss, ggf. sogar ein Nachweis über berufliche Kenntnisse gefordert werden können sollte. Da auch nach dem neuen ordentlichen Gesetzgebungsverfahren die Mitgliedstaaten eine entscheidende Rolle im Gesetzgebungsverfahren der Union behalten,[553] hat angesichts der diesbezüglich ablehnenden Haltung der Mehrheit der Mitgliedstaaten auch die Kommission von einer Überarbeitung der Richtlinie mittlerweile Abstand genommen.[554] Stattdessen hat sie zum Zwecke der vollständigen Umsetzung der Richtlinie Vertragsverletzungsverfahren eingeleitet[555] und im April 2014 Leitlinien zur Anwendung der Familienzusammenführungs-RL vorgelegt, die Auslegungshinweise zu den problematischsten Regelungen der Richtlinie enthalten, beispielsweise zum persönlichen Anwendungsbereich, zu verfahrensrechtlichen Fragen und zu allgemeinen Auslegungsgrundsätzen.[556]

3. *Bewertung*

Wie erwähnt hat die Harmonisierung im Bereich der Familienzusammenführung zu Drittstaatsangehörigen auf einem niedrigen Niveau stattgefunden. Die Fortgeltung nationaler Sonderregelungen wurde akzeptiert, um überhaupt ein gemeinsames Familiennachzugsrecht zu begründen. Die Europäische Kommission hat durch ihr spätes Eingreifen zudem befördert, dass die Mitgliedstaaten

552 *Europäische Kommission*, Summary of stakeholder responses to the green paper, S. 5, Fn. 6.

553 Siehe Art. 294 Abs. 8 AEUV: Der Rat billigt die Rechtsakte. Zum ordentlichen Gesetzgebungsverfahren s.o. S. 62 f.

554 S. BT-Drs. 17/12780 v. 15.03. 2013, Antwort auf Frage 27.

555 S. z.B. Vertragsverletzungsverfahren gegen Deutschland in Bezug auf die Umsetzung von Art. 7 Abs. 2 UA 1 Familienzusammenführungs-RL, eingeleitet durch Entscheidung der Kommission v. 30.05.2013, Verfahrensnr. 2013/2009, Aufforderungsschreiben gemäß Art. 258 AEUV (ex-Art. 226 EG), eingestellt 2015, s. Europäische Kommission, Beschluss über den Abschluss des Vertragsverletzungsverfahrens 2013/2009 v. 19.11.2015.

556 Mitteilung der Kommission an den Rat und das Europäische Parlament: Leitlinien zur Anwendung der Richtlinie 2003/86/EG des Rates betreffend das Recht auf Familienzusammenführung, KOM(2014) 210 endg. v. 03.04.2014.

ihr durch die Richtlinie eingeräumtes Ermessen sehr großzügig ausgeübt haben. Das Ziel, dass Drittstaatsangehörige sich ihren Zielstaat nicht nach dem dort geltenden Familienzusammenführungsrecht aussuchen, kann durch die Richtlinie nicht erreicht werden. Die Mindestharmonisierung ist ausweislich der Ergebnisse der Konsultation zum Grünbuch kein vorläufiger, sondern ein endgültiger Harmonisierungsstand. Die historische Chance der Schaffung eines einheitlichen Familiennachzugsrechts wurde somit durch das Einstimmigkeitserfordernis vertan. Das Ergebnis ist zwiespältig: Einerseits hat die Richtlinie nationale Sonderwege europarechtlich aufgewertet, anstatt sie zu harmonisieren und zu beschränken, verständlicherweise sehen die Mitgliedstaaten jetzt keinen Bedarf mehr, sich davon wieder zu lösen. Andererseits ist der Wert der Richtlinie, angesichts der Bestrebungen, selbst dieses geringe erreichte Niveau wieder aufzuweichen, wie die Überlegungen der Niederlande im Rahmen der Anhörungen zum Grünbuch zeigen, dennoch als hoch einzuschätzen.

II. Das Recht auf Familienzusammenführung nach Art. 4 Abs. 1 Familienzusammenführungs-RL

Im Gegensatz zu internationalen und europäischen Menschenrechtsinstrumenten und zum europäischen Primärrecht setzt die RL 2003/86/EG „betreffend das *Recht* auf Familienzusammenführung“[557] bereits in ihrem Titel die Existenz eines „Rechts“ auf Familienzusammenführung voraus. Fraglich ist daher, welche Gewährleistungen dieses „Recht auf Familienzusammenführung“ enthält und inwieweit es die Kompetenz des nationalen Gesetzgebers zur Einschränkung der Familienzusammenführung begrenzt.

Art. 4 Abs. 1 Familienzusammenführungs-RL zufolge „gestatten die Mitgliedstaaten [den in der Vorschrift genannten Familienangehörigen] die Einreise und den Aufenthalt [...]“ zum Zwecke der Führung eines Familienlebens. Die in Art. 4 Abs. 1 Familienzusammenführungs-RL genannten Familienangehörigen erhalten somit ein subjektives Recht im Sinne eines Anspruchs auf Einreise und Aufenthalt zur Führung eines Familienlebens.[558] Dieses Recht geht über die Gewährleistung des Art. 8 EMRK und anderer menschenrechtlicher Gewährleistungen zum Familienschutz hinaus. Während Art. 8 EMRK den Mitgliedstaaten bei der Entscheidung über einen Antrag auf Familienzusammenführung einen Beurteilungsspielraum belässt, verpflichtet Art. 4 Abs. 1 Familienzusammenführungs-RL die Mitgliedstaaten ohne Beurteilungsspielraum dazu, den in

---

557 Hervorhebung d. Verf.

558 *EuGH*, Urt. v. 27.06.2006, Rs. C-540/03, *Parlament/Rat*, Slg. 2006, I-5769, Rn. 63.

der Vorschrift genannten Familienangehörigen den Nachzug zu gewähren.[559] Dieses Nachzugsrecht ist insbesondere nicht davon abhängig, welche Bindungen des Nachziehenden oder Zusammenführenden oder weiterer Familienangehöriger zum Herkunftsstaat bestehen. Das Recht auf Familienzusammenführung im Rahmen der Richtlinie besteht abweichend von Art. 8 EMRK nicht nur als Ergebnis einer Interessenabwägung.

Das subjektive Recht auf Familienzusammenführung ist indes nicht voraussetzungslos gewährt. Bereits Art. 4 Abs. 1 Familienzusammenführungs-RL legt fest, dass die Mitgliedstaaten dem Ehegatten und den anderen anspruchsberechtigten Familienmitgliedern die Einreise und den Aufenthalt „[v]orbehaltlich der in Kapitel IV sowie in Artikel 16 genannten Bedingungen gestatten".[560] Das subjektive Recht auf Familienzusammenführung kann daher an die von der Richtlinie vorgesehenen oder eröffneten Anspruchsvoraussetzungen geknüpft werden, z.B. kein Verstoß gegen die öffentliche Sicherheit, Ordnung oder Gesundheit, Art. 6 der Richtlinie, feste und regelmäßige Einkünfte, Krankenversicherungsschutz und Wohnraum, Art. 7 Abs. 1 der Richtlinie, sowie Fortbestehen der familiären Beziehung, Art. 16 der Richtlinie.

III. Auslegungs- und Umsetzungsgrundsätze

Der Familienzusammenführungs-RL und dem sonstigen Unionsrecht entnimmt der EuGH verschiedene Grundsätze für die Auslegung der Richtlinienbestimmungen. Sie werden nachfolgend dargestellt, um im Anschluss daran die in der Richtlinie enthaltenen Familienzusammenführungsvoraussetzungen unter Anwendung dieser Grundsätze analysieren zu können.[561]

1. Enge Auslegung von Ausnahmen

Dem in der Richtlinie enthaltenen „Recht auf Familienzusammenführung" entnimmt der EuGH, dass Ausnahmen von der Grundregel der Genehmigung der Familienzusammenführung eng auszulegen sind.[562] Dieser Grundsatz entspricht

559 *EuGH*, Urt. v. 27.06.2006, Rs. C-540/03, *Parlament/Rat*, Slg. 2006, I-5769, Rn. 60.

560 Ebenso *EuGH*, Urt. v. 04.03.2010, Rs. 578/08, *Chakroun*, Slg. 2010, I-01839, Rn. 41 f., wonach Art. 4 Abs. 1 Familienzusammenführungs-RL den Mitgliedstaaten zwar präzise positive Verpflichtungen zur Genehmigung des Nachzugs aufgibt, die Bestimmung jedoch „unter dem Vorbehalt der Einhaltung der u.a. in Kapitel IV der Richtlinie genannten Bedingungen" steht.

561 Teil 3:B, S. 194 ff.

562 *EuGH*, Urt. v. 04.03.2010, Rs. 578/08, *Chakroun*, Slg. 2010, I-01839, Rn. 43.

der vom EuGH ursprünglich für die Markfreiheiten entwickelten allgemeinen Auslegungsregel, wonach unionsrechtliche Gewährleistungen möglichst weit und Ausnahmen davon, die beispielsweise in Richtlinien enthalten sind, eng auszulegen sind.[563] Von mehreren Auslegungsvarianten ist daher diejenige zu wählen, die das durch Art. 4 Abs. 1 Familienzusammenführungs-RL gewährte Nachzugsrecht am wenigsten beeinträchtigt. Diese Auslegungsregel gilt für alle Regelungen, die vom Grundsatz der Genehmigung des Familiennachzugs abweichen. Die in der Richtlinie enthaltenen Regelungen, die den Mitgliedstaaten die Beibehaltung zusätzlicher Familienzusammenführungsvoraussetzungen nach nationalem Recht gestatten (sog. Optionsklauseln), sind daher eng auszulegen.

2. *Keine Beeinträchtigung des Richtlinienziels und Wahrung der praktischen Wirksamkeit*

Aus dem Ziel der Familienzusammenführungs-RL leitet der EuGH den Auslegungsgrundsatz ab, dass die Mitgliedstaaten ihren Handlungsspielraum nicht zur Beeinträchtigung des Richtlinienziels oder der praktischen Wirksamkeit der Richtlinie nutzen dürfen.[564] Gemäß Art. 1 Familienzusammenführungs-RL ist Ziel der Richtlinie „die Festlegung der Bedingungen für [die] Familienzusammenführung durch Drittstaatsangehörige, die sich rechtmäßig im Gebiet der Mitgliedstaaten aufhalten." Laut dem EuGH ist somit „die Begünstigung der Familienzusammenführung" Ziel der Richtlinie.[565] Der Begriff „Begünstigung" entspricht in der englischen Sprachfassung dem Begriff „promotion", der in Art. 79 Abs. 4 der englischen Sprachfassung des AEUV („promoting") verwendet wird und im Deutschen mit „Bemühungen" übersetzt wird, s. Art. 79 Abs. 4 AEUV. Entsprechend Art. 79 Abs. 4 AEUV und dem allgemeinen Sprachgebrauch verlangt die „Begünstigung" der Familienzusammenführung somit keine weitreichenden aktiven Maßnahmen, sondern das Schaffen einer für die Familienzusammenführung förderlichen Umgebung, beispielsweise durch transparente Regelungen oder finanzielle Förderung.[566]

---

563 S. *EuGH*, Urt. v. 17.11.1993, Rs. C-71/92, *Kommission/Spanien*, Slg. 1993, I-5923, Rn. 36; s. auch Urt. v. 26.04.2012, Rs. C-225/11, *The Commissioners for Her Majesty's Revenue and Customs/Able UK Ltd.*, ECLI:EU:C:2012:252, Rn. 14.

564 *EuGH*, Urt. v. 04.03.2010, Rs. 578/08, *Chakroun*, Slg. 2010, I-01839, Rn. 43; Urt. v. 09.07.2015, Rs. C-153/14, *K. und A.*, ECLI:EU:C:2015:453, Rn. 50. S. zu dem Grundsatz, dass das Richtlinienziel nicht beeinträchtigt werden darf, i.R.d. Familienzusammenführungs-RL detailliert *Hardy*, EJML 2012, S. 439 ff.

565 *EuGH*, Urt. v. 04.03.2010, Rs. 578/08, *Chakroun*, Slg. 2010, I-01839, Rn. 43.

566 *Hardy*, EJML 2012, S. 439, 440.

Die praktische Wirksamkeit der Richtlinie ist sichergestellt, wenn die tatsächliche und vollständige Anwendung der Richtlinie gewährleistet ist.[567] Nationale Umsetzungsmaßnahmen dürfen daher „weder den Zweck noch die Wirkung haben […], die Ausübung des Rechts auf Familienzusammenführung unmöglich zu machen oder übermäßig zu erschweren".[568] Das Ziel einer Richtlinie wäre infrage gestellt und die praktische Wirksamkeit genommen, wenn die Umsetzung „ein Hindernis für die Ausübung der durch die Richtlinie […] verliehenen Rechte schaffen könnte".[569] Die Rechtsausübung muss somit nicht tatsächlich verhindert werden, auch die potenzielle Beeinträchtigung der Rechtsausübung genügt bereits für die Annahme, dass dem Richtlinienziel die praktische Wirksamkeit genommen wird.

3. Berücksichtigung des Kindeswohls, Art. 5 Abs. 5 Familienzusammenführungs-RL

Einen weiteren Grundsatz, der bei der Umsetzung der Familienzusammenführungs-RL von den Mitgliedstaaten zu beachten ist, enthält Art. 5 Abs. 5 Familienzusammenführungs-RL. Danach müssen die Mitgliedstaaten bei der Prüfung des Antrags auf Familienzusammenführung „das Wohl minderjähriger Kinder gebührend berücksichtig[en]". Nach den Erläuterungen der Kommission zum ersten Richtlinienentwurf sollte die Vorschrift Art. 3 Abs. 1 UN-KRK entsprechen.[570] Statt des in Art. 3 Abs. 1 a.E. UN-KRK genannten Zusatzes „vorrangig" findet in Art. 5 Abs. 5 Familienzusammenführungs-RL nur noch eine Pflicht zur gebührenden Berücksichtigung Erwähnung.[571] Es ist indes auch im Rahmen der Richtlinie davon auszugehen, dass das Kindeswohl vorrangig vor den Interessen von Erwachsenen zu berücksichtigen ist, weil jede andere Auslegung kaum die

567 Vgl. *Oppermann/Classen/Nettesheim*, Europarecht, § 12, Rn. 35 f.

568 *EuGH*, Urt. v. 09.07.2015, Rs. C-153/14, *K. und A./Niederlande*, ECLI:EU:C:2015:453, Rn. 64.

569 Vgl. *EuGH*, Urt. v. 26.04.2012, *Kommission/Niederlande*, C-508/10, ECLI:EU:C:2012:243, Rn. 73 in Bezug auf die Daueraufenthalts-RL.

570 KOM(1999) 638 endg. V. 01.12.1999, S. 19.

571 Ein zwischenzeitlich im dritten Richtlinienvorschlag enthaltener ausdrücklicher Bezug zur UN-KRK ist in der finalen Richtlinie nicht mehr enthalten, vgl. noch Art. 5 Abs. 5 KOM(2002) 225 endg. v. 02.05.2002: „Bei der Prüfung des Antrags tragen die Mitgliedstaaten dafür Sorge, dass das Wohl minderjähriger Kinder *gemäß dem Übereinkommen über die Rechte des Kindes von 1989* gebührend berücksichtigt wird." Er hatte aber ohnehin nur deklaratorische Bedeutung, s. die Erläuterung auf S. 8 dieses Vorschlags.

Interessen und die Schutzwürdigkeit von Kindern gebührend berücksichtigen würde. Ein absoluter Vorrang des Kindeswohls vor anderen staatlichen Interessen folgt aus dem Wortlaut nicht.

Die Übernahme der UN-KRK in den Richtlinientext erlaubt es den Organen der Europäischen Union, die UN-KRK selbstständig auszulegen und anzuwenden und ihm dadurch eine effektivere Umsetzung zu sichern.[572] Zwar ist die UN-KRK Teil der allgemeinen Grundsätze der Europäischen Union.[573] In diesem Rahmen ist der EuGH jedoch an die Auslegung gebunden, die die UN-KRK durch die Mitgliedstaaten erfährt, vgl. Art. 6 Abs. 3 EU.

Art. 5 Abs. 5 Familienzusammenführungs-RL bewirkt laut dem EuGH, dass die Mitgliedstaaten die ihnen durch die Richtlinie belassenen Ermessensspielräume unter gebührender Beachtung der Interessen des Kindes ausüben müssen.[574] Da die Norm – wie sich aus dem systematischen Vergleich mit den weiteren verfahrensrechtlichen Absätzen des Art. 5 Familienzusammenführungs-RL ergibt, nur verfahrensrechtlicher Natur ist, kann daraus kein Anspruch auf Einreise abgeleitet werden.[575] Art. 5 Abs. 5 Familienzusammenführungs-RL ist daher als eine das Ermessen lenkende Regelung zu verstehen, die die Staaten zu Entscheidungen verpflichtet, die unter Berücksichtigung aller anderen Interessen im besten Interesse des Kindes sind.

4. Individualisierte Prüfung, Art. 17 Familienzusammenführungs-RL

Eine der wichtigsten Vorgaben für die Umsetzung von Familienzusammenführungsvorschriften im Rahmen der Familienzusammenführungs-RL ist die Pflicht zur individualisierten Prüfung. Diese Pflicht findet ihre Rechtsgrundlage zunächst in Art. 17 Familienzusammenführungs-RL. Gemäß dieser Vorschrift müssen die Mitgliedstaaten bei der Ablehnung eines Antrags auf Familienzusammenführung „die Art und die Stärke der familiären Bindungen“ sowie die Aufenthaltsdauer im Mitgliedstaat und „das Vorliegen familiärer, kultureller oder sozialer Bindungen zu ihrem Herkunftsland“ gebührend berücksichtigen.

---

572 *Groenendijk*, EJML 2006, S. 215, 221.

573 S. erstmals *EuGH*, Urt. v. 27.06.2006, Rs. C-540/03, *Parlament/Rat*, Slg. 2006, I-5769, Rn. 37.

574 *EuGH*, Urt. v. 27.06.2006, Rs. C-540/03, *Parlament/Rat*, Slg. 2006, I-5769, Rn. 62 f.

575 KOM(1999) 638 endg. v. 01.12.1999, Erläuterungen zu Art. 7 Nr. 1, S. 18; Hailbronner/Arévalo, Directive 2003/86/EC, in: Hailbronner/Thym, EU Immigration and Asylum Law, Art. 5, Rn. 1. Siehe z.B. Art. 5 Abs. 2 Familienzusammenführungs-RL, der die dem Antrag auf Familienzusammenführung beizufügenden Nachweise beschreibt.

Diese Kriterien sollen denjenigen entsprechen, die der EGMR in verschiedenen Ausweisungsfällen bei der Verhältnismäßigkeitsprüfung i.R.d. Art. 8 EMRK dafür angesetzt hat, ob das Interesse des Einzelnen ordnungsgemäß mit dem öffentlichen Interesse abgewogen wurde.[576] Der EGMR hat seine Abwägungskriterien in verschiedenen Entscheidungen, die nach Erlass der Richtlinie ergangen sind, ergänzt. Dies findet in Art. 17 Familienzusammenführungs-RL naturgemäß noch keine Berücksichtigung. Dementsprechend hat der EuGH im Fall *Chakroun* die Wirkungen von Art. 17 Familienzusammenführungs-RL auch weiter ausgelegt, als es der reine Wortlaut der Vorschrift nahelegt. Danach verlangt die Vorschrift „eine *individualisierte Prüfung* der Anträge auf Zusammenführung".[577] Es ist somit eine umfassende Einzelfallprüfung erforderlich, die sich nicht auf die Kriterien des Art. 17 Familienzusammenführungs-RL beschränkt, sondern alle relevanten Umstände umfasst.[578] Es sind daher alle Umstände des Einzelfalls zu berücksichtigen in den Fällen, in denen die Mitgliedstaaten eine Ermessensentscheidung über die Gewährung der Familienzusammenführung treffen.[579] Eine solche Ermessensentscheidung liegt vor, wenn Mitgliedstaaten von den sog. Öffnungsklauseln der Richtlinie Gebrauch machen, die ihnen die Beschränkung der Familienzusammenführung nach nationalem Recht gestatten.[580]

---

576 *EuGH*, Urt. v. 27.06.2006, Rs. C-540/03, *Parlament/Rat*, Slg. 2006, I-5769, Rnrn. 56 und 64 sowie KOM(1999) 638 endg. v. 01.12.1999, S. 23 (unter Verweis auf *EGMR*, Urt. v. 18.02.1991, 31/1989/191/291, *Moustaquim/Belgien*, EuGRZ 1993, S. 552 ff. und *EGMR*, Urt. v. 26.03.1992, 55/1990/246/317, *Beljoudi/Frankreich*, EuGRZ 1993, S. 556 ff. = InfAuslR 1993, S. 86 ff.).

577 *EuGH*, Urt. v. 04.03.2010, Rs. 578/08, *Chakroun*, Slg. 2010, I-01839, Rn. 48, Hervorhebung d. Verf.; ebenso Urt. v. 09.07.2015, Rs. C-153/14, *K. und A./Niederlande*, ECLI:EU:C:2015:453, Rn. 60.

578 *Milios*, EJML 2015, S. 127, 139.

579 Vgl. Walter, Familienzusammenführung in Europa, S. 299.

580 Z.B. die folgenden Öffnungsklauseln, die den Mitgliedstaaten abweichende Regelungen gestatten: Art. 4 Abs. 1 UA 3 Familienzusammenführungs-RL „Abweichend davon kann ein Mitgliedstaat […]", Art. 4 Abs. 6 Familienzusammenführungs-RL „Die Mitgliedstaaten können im Rahmen einer Ausnahmeregelung vorsehen […]", Art. 7 Abs. 2 UA 1 Familienzusammenführungs-RL „Die Mitgliedstaaten können gemäß dem nationalen Recht von Drittstaatsangehörigen verlangen […]" und Art. 8 UA 2 Familienzusammenführungs-RL „Abweichend davon kann ein Mitgliedstaat, dessen bei Annahme der Richtlinie geltendes nationales Recht […]". Zur Einfügung und Bedeutung der Öffnungsklauseln s.o. Teil 2:D.I.1, S. 130.

Wie eine solche Einzelfallabwägung im nationalen Recht ausgestaltet sein sollte, ist dem Urteil nicht zu entnehmen.[581] Angesichts der Rechtsprechung des EuGH im Fall *Chakroun* dürfte es jedoch nicht ausreichend für die Pflicht zur Berücksichtigung der Umstände des Einzelfalls sein, wenn der nationale Gesetzgeber bestimmte, häufig vorkommende Ausnahmefälle von einer im nationalen Recht vorgesehenen Nachzugsvoraussetzung abschließend als gesetzliche Ausnahmetatbestände vorgibt.[582] Es ist kaum möglich, mit derartigen Ausnahmetatbeständen in der normalen Verwaltungspraxis in jedem Einzelfall die in Art. 17 Familienzusammenführungs-RL vorgesehenen Faktoren ausreichend zu würdigen. Dies hat sich daran gezeigt, dass erst das BVerwG 2010 für nicht gesetzlich geregelte Ausnahmefälle eine Ausnahmelösung gefunden hat.[583] Am zielführendsten für die ausreichende Berücksichtigung des Einzelfalls dürfte eine Härtefallklausel sein, die die Familienzusammenführung ermöglicht, wenn Umstände des Einzelfalls es zur Vermeidung einer Härte erfordern.[584]

5. *Verhältnismäßigkeitsgrundsatz*

Außer an Art. 17 Familienzusammenführungs-RL sind Familiennachzugsregelungen auch am Verhältnismäßigkeitsgrundsatz zu messen.[585] Erstmals ausdrücklich hat der EuGH im Urteil *K. und A.* aus dem Jahr 2015 nationale Vorschriften zur Umsetzung der Familienzusammenführungs-RL am allgemeinen Grundsatz der Verhältnismäßigkeit geprüft,[586] der für den Gerichtshof „zu den allgemeinen Grundsätzen des Unionsrechts gehört".[587] Danach müssen die

---

581 *Thym*, ZAR 2014, S. 301, 305.

582 *Marx*, ZAR 2011, S. 11, 15.

583 *BVerwG*, Urt. v. 30.03.2010, 1 C 8.09, ZAR 2011, S. 27, 33, Rn. 46, wonach „der verfassungsrechtlich gebotene Interessenausgleich einfachgesetzlich auch auf andere Weise, etwa durch die Erteilung eines Aufenthaltstitels für einen vorübergehenden Aufenthalt zum Zwecke des Spracherwerbs (§ 16 Abs. 5 AufenthG) herbeigeführt werden" kann.

584 Ähnlich *Thym*, ZAR 2014, S. 301, 305, der eine Öffnungsklausel für die beste Umsetzungsvariante hält.

585 *EuGH*, Urt. v. 09.07.2015, Rs. C-153/14, *K. und A./Niederlande*, ECLI:EU:C:2015:453, Rn. 51.

586 *EuGH*, Urt. v. 09.07.2015, Rs. C-153/14, *K. und A./Niederlande*, ECLI:EU:C:2015:453, Rn. 51.

587 *EuGH*, Urt. v. 09.07.2015, Rs. C-153/14, *K. und A./Niederlande*, ECLI:EU:C:2015:453, Rn. 51 sowie Urt. v. 26.04.2012, *Kommission/Niederlande*, C-508/10, EU:C:2012:243, Rn. 75 in Bezug auf Gebühren im Rahmen der Daueraufenthalts-RL.

Umsetzungsmaßnahmen zum Erreichen eines rechtmäßigen Ziels geeignet und erforderlich sein.[588]

IV. Nachzugsvoraussetzungen

Nachdem im vorhergehenden Kapitel die allgemeinen Auslegungs- und Umsetzungsgrundsätze der Familienzusammenführungs-RL herausgearbeitet wurden, sollen nachfolgend deren Voraussetzungen für den Nachzug zu Drittstaatsangehörigen untersucht werden. Dadurch soll konkretisiert werden, welcher Gestaltungsspielraum dem nationalen Gesetzgeber für die Regelung der Familienzusammenführung zu Drittstaatsangehörigen mit dem Ziel der Integration verbleibt. Untersucht werden der Anwendungsbereich, wirtschaftliche Nachzugsvoraussetzungen, Integrationserfordernisse, Altersgrenzen und die Verfahrensvorschriften. Zu diesem Zweck werden jeweils der Regelungsinhalt, die Umsetzung in den Mitgliedstaaten und der Regelungszweck herausgearbeitet. Anschließend werden die Regelungen jeweils im Hinblick auf ihre Bedeutung für die Familienzusammenführung und Integration Drittstaatsangehöriger bewertet. Dies erlaubt es, die Möglichkeiten des nationalen Gesetzgebers zur Regelung der Familienzusammenführung mit dem Ziel der Integrationsförderung aufzuzeigen.

1. Anwendungsbereich

a) Sachlicher Anwendungsbereich

Der sachliche Anwendungsbereich der Familienzusammenführungs-RL erstreckt sich auf die Familienzusammenführung, die im Rahmen der Familienzusammenführungs-RL unabhängig vom Zeitpunkt der Familiengründung das Recht *drittstaatsangehöriger* Familienangehöriger umfasst, zum Zwecke der Aufrechterhaltung eines Familienlebens mit einem Drittstaatsangehörigen in einen Mitgliedstaat einzureisen und sich dort aufzuhalten, in dem sich der Drittstaatsangehörige rechtmäßig aufhält, Art. 2 lit. d Familienzusammenführungs-RL. Art. 2 lit. d Familienzusammenführungs-RL steht damit auch nationalen Regelungen entgegen, die nach dem Zeitpunkt des Entstehens der familiären Beziehungen unterscheiden.[589] Außerdem wird es den Mitgliedstaaten freigestellt,

---

588 *EuGH*, Urt. v. 09.07.2015, Rs. C-153/14, *K. und A./Niederlande*, ECLI:EU:C:2015:453, Rn. 51; Urt. v. 26.04.2012, *Kommission/Niederlande*, C-508/10, EU:C:2012:243, Rn. 75.

589 *EuGH*, Urt. v. 04.03.2010, Rs. 578/08, *Chakroun*, Slg. (2010) I-01839, Rn. 64.

die Richtlinie auch dann anzuwenden, „wenn die Familie *gemeinsam* einreist", Erwägungsgrund (7) Familienzusammenführungs-RL.[590]

b) Persönlicher Anwendungsbereich

aa) Zusammenführender

(1) Aufenthaltsperspektive, Art. 3 Abs. 1 Familienzusammenführungs-RL

Der persönliche Anwendungsbereich der Familienzusammenführungs-RL ist eröffnet, wenn der drittstaatsangehörige Zusammenführende[591] einen Aufenthaltstitel[592] mit einer Gültigkeit von mindestens einem Jahr hat und „begründete Aussicht darauf hat, ein dauerhaftes Aufenthaltsrecht zu erlangen", Art. 3 Abs. 1 Familienzusammenführungs-RL.[593] Zeitarbeitnehmer oder temporär Beschäftigte sollen durch das Erfordernis des einjährigen Aufenthaltstitels vom Anwendungsbereich ausgeschlossen werden.[594] Deren Familiennachzug richtet sich nach nationalem Recht.[595] Das Erfordernis der Aussicht auf Verdauerung soll den Familiennachzug unterbinden, wenn der Aufenthaltstitel zwar ein Jahr gültig ist, der Aufenthalt des Zusammenführenden aber absehbar begrenzt ist, wie bei Au-Pairs.[596] Bei befristeten Aufenthaltstiteln liegt die erforderliche Aufenthaltsperspektive vor, wenn nach normaler Verwaltungspraxis von deren Verlängerung auszugehen ist.[597]

---

590 Hervorhebung d. Verf.

591 Der Zusammenführende wird in Art. 2 lit. c Familienzusammenführungs-RL als Drittstaatsangehöriger definiert, der sich rechtmäßig in einem Mitgliedstaat aufhält.

592 Visa werden vom europarechtlichen Begriff des Aufenthaltstitels nicht erfasst, vgl. Europäische Kommission, Leitlinien zur Familienzusammenführungs-RL, S. 4 – im Gegensatz zum deutschen Recht gem. § 4 Abs. 1 S. 2 Nr. 1 AufenthG.

593 Im Rahmen der Befragung zum Grünbuch der Europäischen Kommission betreffend die Familienzusammenführung von 2011 bezeichneten zahlreiche Mitgliedstaaten dieses zweite Kriterium als missverständlich und sprachen sich für dessen Einschränkung oder Abschaffung aus, während andere sich für die Beibehaltung einsetzten, Europäische Kommission, Summary of stakeholder responses to the green paper, S. 6.

594 KOM(1999) 638 endg. v. 01.12.1999, S. 14.

595 KOM(1999) 638 endg. v. 01.12.1999, S. 14.

596 KOM(2002) 225 endg. v. 02.05.2002, S. 5.

597 Europäische Kommission, Leitlinien zur Familienzusammenführungs-RL, S. 4; Hailbronner/Arévalo, Directive 2003/86/EC, in: Hailbronner/Thym, EU Immigration and Asylum Law, Art. 3, Rn. 7.

Von dem Erfordernis der dauerhaften Aufenthaltsperspektive und des ein Jahr gültigen Aufenthaltstitels machen alle Mitgliedstaaten Gebrauch.[598]

Das Erfordernis einer Aufenthaltsperspektive sorgt dafür, dass vom Familiennachzug nur längerfristig aufhältige Drittstaatsangehörige profitieren können. Zweck der Regelung ist nach ihrem Sinn und Zweck die Zuwanderungsbegrenzung. Die Mindestdauer von einem Jahr bezweckt nach ihrem Sinn und Zweck die Integration.

(2) Optionale Wartefrist, Art. 8 Familienzusammenführungs-RL

Gem. Art. 8 UA 1 a.E. Familienzusammenführungs-RL dürfen Mitgliedstaaten zusätzlich verlangen, dass der Zusammenführende bereits einen rechtmäßigen Aufenthalt von mindestens zwei Jahren in ihrem Hoheitsgebiet hat, „bevor seine Familienangehörigen ihm nachreisen". Es handelt sich nicht um eine Wartefrist im eigentlichen Sinne, sondern eher um einen Mindestvoraufenthalt, der nicht erst mit dem Zeitpunkt der Antragstellung zu laufen beginnt. Demgegenüber erlaubt Art. 8 UA 2 Familienzusammenführungs-RL eine Wartefrist von maximal drei Jahren zwischen Antragstellung und Ausstellung des Aufenthaltstitels. Diese zweite Regelung unterliegt einer Stillhalteklausel, der zufolge die Dreijahresfrist bei Annahme der Richtlinie im nationalen Recht enthalten gewesen sein musste. Außerdem muss dieses nationale Familienzusammenführungsrecht „die Aufnahmefähigkeit dieses Mitgliedstaats" bei der Familienzusammenführung berücksichtigen, Art. 8 UA 2 Familienzusammenführungs-RL.

Art. 8 Familienzusammenführungs-RL benennt den Regelungszweck ebenfalls nicht ausdrücklich. Der EuGH hat den Sinn und Zweck der Vorschrift darin gesehen sicherzustellen, dass „eine stabile Ansiedlung und *ein gewisses Integrationsniveau*" vorliegt, sodass „die Familienzusammenführung unter guten Umständen stattfindet".[599] Nach der oben gefundenen Definition ist damit Zweck der Vorschrift die Integration, indem Familienzusammenführung in wirtschaftlich und sozial stabile Verhältnisse stattfindet.

Art. 8 Familienzusammenführungs-RL wird von einem Teil der Mitgliedstaaten nicht umgesetzt, zahlreiche Mitgliedstaaten setzen sie aber in Form einer Wartezeit von einem Jahr (Irland, Spanien, Luxemburg, Niederlande), eineinhalb Jahren (Frankreich) oder zwei Jahren um (Zypern, Griechenland, Ungarn,

---

598 EMN, Family Reunification of Third-Country Nationals, Synthesis Report 2017, S. 20.

599 *EuGH*, Urt. v. 27.06.2006, C-540/03, *Parlament/Rat*, Slg. 2006, I-5769, Rn. 98, Hervorhebung d. Verf.

Litauen, Lettland, Malta, Polen).[600] Nur Österreich hat eine Wartefrist von drei Jahren, die bei Annahme der Richtlinie am 22. September 2003 bereits in Kraft war.[601]

bb) Familienangehörige

(1) Kernfamilie

Einen Anspruch auf Familienzusammenführung haben nur die Ehegatten und die minderjährigen Kinder, Art. 4 Abs. 1 UA 1 Familienzusammenführungs-RL. Der Kindernachzug kann zum allein sorgeberechtigten[602] Elternteil stattfinden, wenn dieser zudem für den Unterhalt aufkommt, Art. 4 Abs. 1 UA 1 lit. c S. 1 Familienzusammenführungs-RL. Die Mitgliedstaaten können den Zuzug auch bei geteiltem Sorgerecht zulassen, wenn die Zustimmung des anderen Ehegatten vorliegt, Art. 4 Abs. 1 UA 1 lit. c S. 2 Familienzusammenführungs-RL.

Die Familienangehörigen müssen Drittstaatsangehörige sein, ihre Rechtsstellung ist unerheblich, Art. 3 Abs. 1 Familienzusammenführungs-RL. Es kommt daher nicht darauf an, ob die Familienangehörigen bereits im Inland oder noch im Ausland leben oder ob sie einen Asylantrag gestellt haben,[603] geduldet oder unrechtmäßig in dem Mitgliedstaat sind.[604]

---

600 EMN, Family Reunification of Third-Country Nationals, Synthesis Report 2017, S. 27 f. Deutschland wird im Bericht in diesem Zusammenhang fälschlicherweise nicht aufgeführt.

601 Labayle/Pascouau, Odysseus Synthesis Report on Directive 2003/86/EC, S. 111 und *Europäische Kommission*, Summary of stakeholder responses to the green paper, S. 13.

602 Zum Begriff des Sorgerechts Dienelt, BVerwG: Kindernachzug bei fehlender Möglichkeit der alleinigen Sorgerechtsübertragung. Danach ist der Begriff unionsrechtlich auszulegen, Umkehrschluss aus Art. 4 Abs. 1 UA 2 Familienzusammenführungs-RL, der für den dort verwendeten Begriff der Minderjährigkeit ausdrücklich auf das Recht der Mitgliedstaaten verweist. Sorgerecht umfasst daher insbesondere das Aufenthaltsbestimmungsrecht für ein Kind, Art. 2 Nr. 9 der Verordnung (EG) Nr. 2201/2003 des Rates vom 27.11.2003 über die Zuständigkeit und die Anerkennung und Vollstreckung von Entscheidungen in Ehesachen und in Verfahren betreffend die elterliche Verantwortung und zur Aufhebung der Verordnung (EG) Nr. 1347/2000, ABl. EG L 338 v. 23.12.2003, S. 1 ff. Sorgeberechtigt ist damit der Elternteil, der das Aufenthaltsbestimmungsrecht innehat, Dienelt, BVerwG: Kindernachzug bei fehlender Möglichkeit der alleinigen Sorgerechtsübertragung.

603 KOM(1999) 638 endg. v. 01.12.1999, S. 14.

604 Hailbronner/Arévalo, Directive 2003/86/EC, in: Hailbronner/Thym, EU Immigration and Asylum Law, Art. 3, Rn. 9.

(2) Lebenspartner und sonstige Verwandte

Nicht ehelichen Lebenspartnern und eingetragenen Lebenspartnern und deren Kindern kann der Nachzug gestattet werden, Art. 4 Abs. 3 Familienzusammenführungs-RL.

Verwandten in gerader aufsteigender Linie ersten Grades und volljährigen, unverheirateten Kindern können die Mitgliedstaaten bei Vorliegen weiterer Umstände (Lebensunterhaltssicherung und keine weiteren familiären Bindungen im Heimatland bei Ersteren, bei Letzteren fehlende eigene Lebensunterhaltssicherung wegen Gesundheitsbeeinträchtigung) den Nachzug gestatten, Art. 4 Abs. 2 Familienzusammenführungs-RL. Verwandte in gerader aufsteigender Linie sind die Eltern des Zusammenführenden, Großeltern, Onkel und Tanten sind hingegen nicht erfasst.[605]

Über die Hälfte der Mitgliedstaaten gestattet den Eltern von Zusammenführenden und ggf. auch seines Ehepartners die Familienzusammenführung.[606] Der Nachzug zu erwachsenen Kindern ist dabei in der Regel daran gebunden, dass die Eltern aufgrund von Alter oder Gesundheit nicht für sich selbst sorgen können, vom Zusammenführenden Unterhalt beziehen und im Aufenthaltsstaat keine familiäre Unterstützung haben oder dass der Nachzug zur Wahrung des Art. 8 EMRK erforderlich ist.[607]

Ob die Mitgliedstaaten den Kreis der nachzugsberechtigten Familienangehörigen nach nationalem Recht darüber hinaus noch erweitern können, ist fraglich. Dafür spricht, dass die Familienzusammenführungs-RL gem. Art. 3 Abs. 5 Familienzusammenführungs-RL ausdrücklich nicht das Recht der Mitgliedstaaten berührt, günstigere Regelungen zu treffen oder beizubehalten. Allerdings beschreibt Art. 4 Abs. 2 Familienzusammenführungs-RL gerade die weiter entfernten Verwandten, denen neben der Kernfamilie Nachzug gewährt werden kann. Außerdem regelt Art. 10 Abs. 2 Familienzusammenführungs-RL nur für Flüchtlinge explizit, dass die Mitgliedstaaten den Nachzug ihrer nicht in Art. 4 Familienzusammenführungs-RL genannten Familienangehörigen gestatten können. Würde auch bei anderen Zusammenführenden der Nachzug weiterer Familienmitglieder, beispielsweise Verwandter zweiten Grades, gestattet, wären beide Regelungen sinnentleert. Außerdem würde es dem Harmonisierungsziel

605 KOM(2002) 225 endg. v. 02.05.2002, S. 7.

606 Bulgarien, Tschechien, Ungarn, Italien, Litauen, Luxemburg, Niederlande, Portugal, Rumänien, Schweden, Slowakei, Slowenien, Spanien, KOM(2008) 610 endg. v. 08.10.2008, S. 7.

607 EMN, Family Reunification to Third-Country Nationals, Synthesis Report 2017, S. 21.

der Familienzusammenführungs-RL widersprechen, wenn Mitgliedstaaten nach nationalem Recht den Kreis der Nachzugsberechtigten unbegrenzt ausdehnen können. Art. 8 EMRK schützt allerdings auch sehr weit entfernte Familienmitglieder, wenn weitere tatsächliche Elemente einer familiären Bindung hinzukommen.[608] Derart geschützten sonstigen Familienmitgliedern, die nicht in Art. 4 Familienzusammenführungs-RL genannt sind, müssen die Vertragsstaaten den Nachzug aufgrund von Art. 8 EMRK gewähren können, wenn es der angemessenste Weg zur Führung eines Familienlebens ist.

(3) Regelungszweck

Der Zweck der Gewährung der Familienzusammenführung ist, wie sich Erwägungsgrund (4) der Familienzusammenführungs-RL entnehmen lässt, die Förderung der Integration der drittstaatsangehörigen Zusammenführenden. Der eingeschränkte Zugang weiterer Familienangehöriger ist nach Sinn und Zweck der Regelung die Zuwanderungsbegrenzung.

c) Bewertung

Die Richtlinienbestimmungen betreffend den Anwendungsbereich können als klassische Nachzugsvoraussetzungen bezeichnet werden, die ähnlich beispielsweise bereits in der Entschließung des Rats von 1993 vorgeschlagen wurden.[609]

Sie unterscheiden sich gravierend von den Regelungen, die für den Nachzug zu Unionsbürgern gelten. Weder kennt das Nachzugsrecht zu Unionsbürgern das Erfordernis einer Aufenthaltsperspektive noch das Erfordernis einer Wartefrist. Während bei Unionsbürgern unerheblich ist, ob sie längerfristig im Mitgliedstaat bleiben oder bereits länger aufhältig waren, wird die Familienzusammenführung zu Drittstaatsangehörigen nur gewährt, wenn diese eine dauerhafte Aufenthaltsperspektive haben. Auch für Personen mit kurzfristigem Aufenthalt könnte es indes sinnvoller sein, Familienangehörige zum Zwecke der frühzeitigen Integration nachziehen lassen zu können, zumal z.B. auch bei befristeten Arbeitsverträgen mit einer Laufzeit von unter einem Jahr ein langfristiger Aufenthalt beabsichtigt sein oder sich im Verlauf der Zeit ergeben kann. Anders als bei Unionsbürgern überwiegt das Interesse an der Zuwanderungsbegrenzung damit das Interesse an Integration, obwohl die Risiken für den Staat durch alternative Nachzugsvoraussetzungen wie das Erfordernis der Lebensunterhaltssicherung minimiert werden könnten.

608 S.o. Teil 2:A.I.1.b), S. 91.

609 Zur Entschließung s.o. Teil 1:B.II, S. 56 f.

Der auf die Kernfamilie beschränkte Kreis der anspruchsberechtigten Familienangehörigen ist ebenfalls enger als bei Unionsbürgern, bei denen der Nachzug von Angehörigen in gerader absteigender Linie nicht auf die Kinder beschränkt ist (vgl. dagegen Art. 4 Abs. 1 UA 1 lit. b Familienzusammenführungs-RL, der nur von Kindern spricht), sondern alle Verwandten in gerader absteigender Linie umfasst, d.h. auch Enkel, Urenkel usw., Art. 2 Nr. 2 lit. c Unionsbürger-RL. Im Gegensatz zu den früheren Regelungsvorschlägen der 1990er Jahre sind Lebenspartner unter bestimmten Voraussetzungen ebenfalls anspruchsberechtigt. Aufgrund der zahlreichen Umsetzungsoptionen liefert der Familienbegriff die Grundlage für eine europaweit sehr uneinheitliche Handhabung.

Verdienst der Regelungen ist damit zum einen, dass die entsprechenden Personen Rechtssicherheit über ihre Familiennachzugsberechtigung haben, zum anderen, dass die Anforderungen, die Mitgliedstaaten an die Zusammenführenden stellen können, beschränkt wurden. Im Vergleich zu Art. 8 EMRK beinhalten die Regelungen eine erhebliche Besserstellung für die Kernfamilie: Zum einen sind die Anforderungen an die Verwurzelung des Zusammenführenden wesentlich geringer, zum anderen kommt es auf die Situation der Mitglieder der Kernfamilie im Herkunftsland in keiner Weise an.

2. *Wirtschaftliche Nachzugsvoraussetzungen, Art. 7 Abs. 1 Familienzusammenführungs-RL*

Art. 7 Abs. 1 Familienzusammenführungs-RL ermöglicht es den Mitgliedstaaten, die Familienzusammenführung zu Drittstaatsangehörigen optional an den Nachweis bestimmter wirtschaftlicher Anforderungen zu knüpfen. Dies sind Wohnraum, Krankenversicherungsschutz sowie feste und regelmäßige Einkünfte jeweils für den Zusammenführenden und seine Familienangehörigen. Von Flüchtlingen können diese Voraussetzungen nur gefordert werden, wenn der Antrag auf Familienzusammenführung nicht innerhalb von drei Monaten nach Zuerkennung des Flüchtlingsstatus gestellt wurde, Art. 12 Abs. 1 UA 3 Familienzusammenführungs-RL.

a) *Regelungszweck*

Art. 7 Abs. 1 Familienzusammenführungs-RL stellt nicht ausdrücklich klar, welchem Zweck die wirtschaftlichen Voraussetzungen Wohnraum, Krankenversicherungsschutz und Einkünfte dienen. Aus Sinn und Zweck der Vorschrift und aus der Entstehungsgeschichte ergibt sich, dass die Regelungen in erster Linie die Vermeidung der Belastung der öffentlichen Haushalte zum Ziel haben.[610] Der

610 Die drei Entwürfe der Familienzusammenführungs-RL enthielten eine ausdrückliche Klarstellung, wonach diese wirtschaftlichen Erfordernisse nur genutzt werden dürfen,

Schutz der öffentlichen Haushalte ist ein legitimes öffentliches Interesse.[611] Die wirtschaftlichen Voraussetzungen stellen individuell auch sicher, dass die Familie in dem Aufnahmestaat einen gewissen Lebensstandard vorfindet.[612] In Schweden, das erst 2010 ein Einkommens- und Wohnraumerfordernis eingeführt hat, wurde neben der Förderung einer EU-weiten Einheitlichkeit die Erleichterung der Integration explizit als Regelungsgrund im Gesetzgebungsverfahren angegeben.[613] Die schwedische Regierung argumentierte, dass die nachziehenden Familienangehörige sich schneller integrieren, wenn sie zu Personen nachziehen, die bereits ein Einkommen und eine Wohnung haben.[614] Die wirtschaftlichen Nachzugsvoraussetzungen haben damit auch den Zweck der Integrationsförderung.

b) Wohnraum, Art. 7 Abs. 1 lit. a Familienzusammenführungs-RL

Art. 7 Abs. 1 lit. a Familienzusammenführungs-RL legt fest, dass die Mitgliedstaaten nach nationalem Recht einen Nachweis für Wohnraum verlangen können, der erstens für eine vergleichbar große Familie in derselben Region üblich ist und zweitens die in dem Mitgliedstaat geltenden allgemeinen Sicherheits- und Gesundheitsnormen erfüllt. Die Anforderung „für eine vergleichbar große Familie" verlangt Vergleichbarkeit in Bezug auf die soziale Situation der Familie und die Anzahl ihrer Mitglieder.[615] Außerdem muss die Wohnung im Hinblick auf die Größe[616] sowie Sicherheits- und Gesundheitsnormen mit dem regional üblichen Standard vergleichbar sein.[617]

Die meisten Mitgliedstaaten machen von der Vorschrift Gebrauch, lediglich Irland (außer für ältere Eltern), Kroatien, die Niederlande und Slowenien verzichten darauf, Großbritannien zumindest bei niedergelassenen

---

um sicherzustellen, dass die Familienmitglieder die Sozialsysteme der Aufnahmestaaten nicht finanziell belasten, s. Art. 9 Abs. 2 S. 1 KOM(1999) 638 endg. v. 01.12.1999, Art. 9 Abs. 2 S. 1 KOM(2000) 624 endg. sowie ähnlich Art. 7 Abs. 2 S. 1 KOM(2002) 225 endg. v. 02.05.2002. Die Regelung wurde in den letzten Richtlinienverhandlungsrunden gestrichen, die Gründe hierfür sind den Verhandlungsdokumenten nicht zu entnehmen.

611 Vgl. Art. 126 AEUV zum Schutz der öffentlichen Haushalte.

612 Boeles/den Heijer u.a., European Migration Law, S. 142.

613 Regeringens proposition (Gesetzesentwurf) prop. 2009/10:77 v. 17.12.2009, S. 18–21.

614 Regeringens proposition (Gesetzesentwurf) prop. 2009/10:77 v. 17.12.2009, S. 18–21.

615 KOM(1999) 638 endg. v. 01.12.1999, S. 20.

616 KOM(1999) 638 endg. v. 01.12.1999, S. 20.

617 Hailbronner/Arévalo, Directive 2003/86/EC, in: Hailbronner/Thym, EU Immigration and Asylum Law, Art. 7, Rn. 6.

Zusammenführenden.[618] Schweden hat erst 2010 ein Wohnraumerfordernis eingeführt.[619]

c) *Krankenversicherungsschutz, Art. 7 Abs. 1 lit. b Familienzusammenführungs-RL*

Bei der Familienzusammenführung zu Drittstaatsangehörigen können die Mitgliedstaaten ferner verlangen, dass der Zusammenführende Krankenversicherungsschutz für sich und seine Familienangehörigen nachweist. Die Krankenversicherung muss im betreffenden Mitgliedstaat sämtliche Risiken abdecken, die in der Regel auch für die eigenen Staatsangehörigen abgedeckt sind, Art. 7 Abs. 1 lit. b Familienzusammenführungs-RL. Die Hälfte der Mitgliedstaaten hat die Regelung in nationales Recht umgesetzt.[620]

d) *Einkünfte, Art. 7 Abs. 1 lit. c Familienzusammenführungs-RL*

Gemäß der dritten wirtschaftlichen Nachzugsvoraussetzung können die Mitgliedstaaten vom Zusammenführenden den Nachweis verlangen, dass er über „feste und regelmäßige Einkünfte“ verfügt, die für den eigenen Lebensunterhalt und den seiner Familienangehörigen ausreichen, ohne dass er Sozialhilfeleistungen in Anspruch nehmen muss, Art. 7 Abs. 1 lit. c Familienzusammenführungs-RL. Die Einkünfte werden von den Mitgliedstaaten „anhand ihrer Art und Regelmäßigkeit“ beurteilt, diese können dabei „die Höhe der Mindestlöhne und -renten sowie die Anzahl der Familienangehörigen berücksichtigen“, Art. 7 Abs. 1 lit. c Familienzusammenführungs-RL.

Das Kriterium „feste und regelmäßige Einkünfte“ erlaubt, wie der EuGH im Fall *Khachab*[621] erklärt hat, eine Prognose über das Vorhandensein der Einkünfte über einen Zeitraum von einem Jahr ab Antragstellung und auf der Basis der Entwicklung der Einkünfte in den sechs Monaten davor.[622]

In der Regel ist für den Einkommensnachweis ein unbefristetes Arbeitsverhältnis erforderlich.[623] Ein befristeter Vertrag dürfte ausreichen, wenn eine

---

618 EMN, Family Reunification of Third-Country Nationals, Synthesis Report, S. 24.

619 *Migrationsverket*, Family Reunification of Third Country Nationals in the EU, Country report Sweden 2016, S. 45.

620 KOM(2008) 610 endg. v. 06.10.2008, S. 8.

621 *EuGH*, Urt. v. 21.04.2015, C-558/14, *Mimoun Khachab*, ECLI:EU:C:2016:285.

622 *EuGH*, Urt. v. 21.04.2015, C-558/14, *Mimoun Khachab*, ECLI:EU:C:2016:285, Rn. 48.

623 Hailbronner/Klarmann, Directive 2003/86/EC, in: Hailbronner/Thym, EU Immigration and Asylum Law, Art. 7, Rn. 14.

Verlängerung nach der Rechtslage regelmäßig zu erwarten ist.[624] Ausgeschlossen ist die Familienzusammenführung aufgrund des Kriteriums „feste und regelmäßige Einkünfte“ bei unregelmäßiger, saisonaler Beschäftigung oder bei Gelegenheitsbeschäftigung, selbst wenn sie geeignet wäre, den Unterhalt sicherzustellen.[625]

Den Begriff der Einkünfte hat der EuGH ferner in seinem Urteil *Chakroun*[626] ausgelegt. Dem Urteil lag die Frage zugrunde, ob das niederländische Recht, welches zum damaligen Zeitpunkt 120 % des Mindestlohns als Einkünfte verlangte, der Richtlinie entsprach.[627] Der Begriff der „Sozialleistungen [...] eines Mitgliedstaats“ ist danach ein autonomer Begriff des Unionsrechts und beinhaltet Sozialhilfe von öffentlichen Behörden aller Ebenen (national, regional oder örtlich).[628] Die Einordnung als autonomer Begriff ermöglicht es, Leistungen, die nach nationalem Recht Sozialleistungen sind, europarechtlich nicht als solche einzuordnen und damit die Familienzusammenführung zuzulassen.[629] Art. 7 Abs. 1 lit. c Familienzusammenführungs-RL erlaubt es laut dem EuGH den Mitgliedstaaten, den Nachweis zu verlangen, dass der Zusammenführende „über ausreichende feste und regelmäßige Einkünfte verfügt, um die *allgemein notwendigen Kosten* des Lebensunterhalts für sich und seine Familienangehörigen zu bestreiten“.[630] Es ist also nur der Maßstab der „gewöhnlichen Bedürfnisse“ anzulegen.[631] Die „Sozialleistungen“, die nicht in Anspruch genommen werden dürfen, sind laut dem EuGH so zu verstehen, dass sie nur „einen Mangel an festen und regelmäßigen Einkünften“ ausgleichen dürfen, nicht jedoch „außergewöhnliche oder unvorhergesehene Bedürfnisse“.[632]

624 Hailbronner/Klarmann, Directive 2003/86/EC, in: Hailbronner/Thym, EU Immigration and Asylum Law, Art. 7, Rn. 14.

625 *Cholewinski,* EJML 2002, S. 271, 285 f.

626 *EuGH,* Urt. v. 04.03.2010, C-578/08, *Chakroun*, InfAuslR 2010, S. 221 ff.

627 *EuGH,* Urt. v. 04.03.2010, C-578/08, *Chakroun*, InfAuslR 2010, S. 221, Rn. 24. Laut der niederländischen Regierung ist dies die Grenze, ab der eine Person keine allgemeine oder besondere Sozialhilfe mehr erhält, *ibid.*, Rn. 27.

628 *EuGH,* Urt. v. 04.03.2010, C-578/08, *Chakroun*, InfAuslR 2010, S. 221, 222, Rn. 45.

629 *Zeran,* InfAuslR 2010, S. 223, 224, der zutreffenderweise Leistungen nach SGB II für unschädlich hält, da diese in erster Linie arbeitsmarktpolitischen Zwecken und nicht allein der reinen Sicherung des Lebensunterhaltes dienten.

630 *EuGH,* Urt. v. 04.03.2010, C-578/08, *Chakroun*, InfAuslR 2010, S. 221, 222, Rn. 52, Hervorhebung d. Verf.

631 Vgl. *EuGH,* Urt. v. 04.03.2010, C-578/08, *Chakroun*, InfAuslR 2010, S. 221, 222, Rn. 51.

632 *EuGH,* Urt. v. 04.03.2010, C-578/08, *Chakroun*, InfAuslR 2010, S. 221, 222, Rn. 49.

Der EuGH sieht es wegen der Individualität der Bedürfnisse außerdem als zulässig an, dass der nationale Gesetzgeber einen bestimmten Richtbetrag vorgibt.[633] Nicht zulässig ist hingegen die Vorgabe eines Mindesteinkommens, „unterhalb dessen jede Familienzusammenführung abgelehnt würde, und dies ohne eine konkrete Prüfung der Situation des einzelnen Antragstellers."[634] Dass die Vorgabe eines strikten Mindesteinkommens nicht zulässig ist, folgt somit bereits direkt aus Art. 7 Abs. 1 lit. c Familienzusammenführungs-RL. Es wird aber nach der Rechtsprechung „auch durch Art. 17 der Richtlinie gestützt, der eine individualisierte Prüfung der Anträge auf Zusammenführung verlangt."[635]

Auch wenn Einkünfte unverschuldet nicht nachgewiesen werden können, z.B. wegen Arbeitsunfähigkeit oder aus medizinischen Gründen, wird das Einkommenserfordernis verlangt und das fehlende Verschulden ist nur einer der Aspekte, der i.R.d. Einzelfallabwägung zu bewerten ist. Eine entsprechende Ausnahmeklausel, die nach einer bestimmten Wartefrist ein Absehen ermöglicht hätte, wurde in die Richtlinie nicht aufgenommen.[636] Das Fehlen dieser Ausnahmeklausel führt zu dem Risiko, dass Geringqualifizierten und arbeitsunfähigen Personen die Familienzusammenführung dauerhaft unmöglich gemacht wird.[637]

Alle Mitgliedstaaten machen von dem Einkommenserfordernis mittlerweile Gebrauch.[638] Selbst Schweden, das lange Zeit als einziger EU-Mitgliedstaat kein Einkommenserfordernis vorsah, hat 2010 ein solches Erfordernis eingeführt.[639]

e) Bewertung

Die wirtschaftlichen Nachzugsvoraussetzungen entsprechen weitgehend den Anforderungen, die schon in den ersten europäischen Dokumenten zur

---

633 *EuGH*, Urt. v. 04.03.2010, C-578/08, *Chakroun*, InfAuslR 2010, S. 221, 222, Rn. 48, s. zur Pflicht zur Einzelfallprüfung auch oben Teil 2:D.III.4, S. 139 f.

634 *EuGH*, Urt. v. 04.03.2010, C-578/08, *Chakroun*, InfAuslR 2010, S. 221, 222, Rn. 48.

635 *EuGH*, Urt. v. 04.03.2010, C-578/08, *Chakroun*, InfAuslR 2010, S. 221, 222, Rn. 48.

636 *Boeles*, EJML 2001, S. 61, 69, hatte für diese Fälle ein Absehen von der Voraussetzung nach drei Jahren rechtmäßigen Aufenthalts vorgeschlagen. Teilweise wurde auch verlangt, Gering qualifizierte und arbeitsunfähige Personen ebenso wie Flüchtlinge zu privilegieren, zumindest, sofern es um die Kernfamilie geht, *Cholewinski*, EJML 2002, S. 271, 283.

637 *Cholewinski*, EJML 2002, S. 271, 283.

638 EMN, Family Reunification of Third-Country Nationals, Synthesis Report 2017, S. 25; vgl. KOM(2008) 610 endg. v. 06.10.2008, S. 8, Schweden hatte zur Zeit der Erstellung des Berichts noch kein Einkommenserfordernis.

639 Migrationsverket, Family Reunification of Third Country Nationals in the EU, Country report Sweden 2016, S. 45.

Familienzusammenführung von Drittstaatsangehörigen von 1993[640] und 1997[641] enthalten waren.[642] Es entspricht somit europäischem Verständnis, dass der Schutz der öffentlichen Haushalte wichtiger ist als die frühzeitige Familienzusammenführung. In besonderem Maße gilt dies für das Erfordernis fester und regelmäßiger Einkünfte, das von fast allen Mitgliedstaaten genutzt wird. Krankenversicherungsschutz wird nicht nur bei der Familienzusammenführung zu Drittstaatsangehörigen, sondern auch in den meisten Fällen im Bereich des freien Personenverkehrs verlangt.[643] Krankenversicherungsschutz ist demzufolge nicht nur eine typische Familienzusammenführungs-, sondern auch eine typische Voraussetzung für die legale Einwanderung.

Wesentliches Verdienst der Familienzusammenführungs-RL ist, dass für die Familienzusammenführung zu Drittstaatsangehörigen die teilweise weitergehenden nationalen Wohnraumerfordernisse vereinheitlicht und auf das regional übliche Niveau begrenzt wurden. Darüber hinaus ist der Harmonisierungsgrad jedoch gering, insbesondere da gerade keine Begrenzung auf Sozialhilfeniveau vorgenommen wurde.

Wie bereits erwähnt, wird ein Wohnraumnachweis bei der Familienzusammenführung zu Unionsbürgern nicht mehr verlangt, obwohl die Familienzusammenführungs-RL und die Unionsbürger-RL nahezu zeitgleich verhandelt und

640 *Europäischer Rat*, Entschließung über die Harmonisierung der nationalen Familienzusammenführungspolitiken, Ad Hoc Gruppe Einwanderung, SN 2828/1/93 (WGI 1497 REV 1), S. 7, nicht im ABl. veröffentlicht, abgedruckt in Handoll, Free Movement of Persons in the EU, S. 646 ff., dazu s.o. Teil 1:B.II.1, S. 56 f.

641 *Europäische Kommission*, Vorschlag für einen Rechtsakt des Rates über die Ausarbeitung des Übereinkommens zur Regelung der Zulassung von Staatsangehörigen dritter Länder in das Hoheitsgebiet der Mitgliedstaaten, KOM(97) 387 endg. v. 30.07.1997, 97/0227 (CNS), ABl. EG C 337 v. 07.11.1997, S. 9, dazu s.o. Teil 1:B.II.1, S. 58 f.

642 In dem Vorschlag von 1997 wurde im Unterschied zur Richtlinie lediglich kein Krankenversicherungsnachweis verlangt. S. zur Entschließung von 1993 und zum Vorschlag von 1997 genauer oben Teil 1:B.II.1, S. 56 f.

643 KOM(1999) 638 eng. v. 01.12.1999, S. 20. S. z.B. Art. 1 Abs. 1 UA 1 RL 90/364/EG v. 28.06.1990 über das Aufenthaltsrecht, ABl. L 180 v. 13.07.1990: „eine Krankenversicherung, die im Aufnahmemitgliedstaat alle Risiken abdeckt", s. auch Art. 5 Abs. 1 lit. b Daueraufenthalts-RL: „eine Krankenversicherung, die im betreffenden Mitgliedstaat sämtliche Risiken abdeckt, die in der Regel auch für die eigenen Staatsangehörigen abgedeckt sind." sowie Art. 6 Abs. 1 lit. c Studenten-RL: „[...] eine Krankenversicherung [...], die sich auf alle Risiken erstreckt, die normalerweise in dem betreffenden Mitgliedstaat für die eigenen Staatsangehörigen abgedeckt sind", s. aber Art. 7 Abs. 1 lit. b Unionsbürger-RL, wonach bei der Familienzusammenführung zu Unionsbürgern nur umfassender Krankenversicherungsschutz im Aufnahmemitgliedstaat verlangt werden kann.

verabschiedet wurden.[644] Daher ist zu klären, ob auf das Wohnraumerfordernis bei Drittstaatsangehörigen nicht ebenfalls verzichtet werden kann. Die Abschaffung war trotz der Streichung bei Unionsbürgern i.R.d. Befragung zum Grünbuch der Europäischen Kommission von 2011 nicht einmal ein Diskussionspunkt.[645] Allerdings war das Ziel der Streichung des Wohnraumerfordernisses bei Unionsbürgern die Förderung der Freizügigkeit. Dieses Ziel ist für den Nachzug von Drittstaatsangehörigen nicht relevant. Aus dem Wegfall des Wohnraumerfordernisses bei Unionsbürgern folgt daher nicht zwingend, dass das Wohnraumerfordernis beim Nachzug zu Drittstaatsangehörigen verzichtbar ist.

Im Hinblick auf die Integration sieht die Richtlinie vom Einkommenserfordernis keine Ausnahme für Kinder vor, obwohl eine Verzögerung des Nachzugs nicht nur für das Kindeswohl, sondern auch für die Integration des Kindes besonders gravierend ist. Beim Nachzug zu Drittstaatsangehörigen genießt der Schutz der öffentlichen Haushalte somit Vorrang vor sämtlichen sonstigen Erwägungen. Aufgrund der Pflicht zur Einzelfallprüfung können Aspekte wie das Kindeswohl Mitgliedstaaten im Einzelfall dennoch zu einer Nachzugsgewährung ohne Erfüllung der wirtschaftlichen Nachzugsvoraussetzungen verpflichten.

3. *Integrationskriterien für Kinder, Art. 4 Abs. 1 UA 3 Familienzusammenführungs-RL*

Art. 4 Abs. 1 UA 3 Familienzusammenführungs-RL gestattet es, die Einreise und den Aufenthalt von minderjährigen Kindern über 12 Jahre, die unabhängig vom Rest ihrer Familie einreisen, davon abhängig zu machen, dass sie ein Integrationskriterium erfüllen. Das Integrationskriterium für Kinder wurde mit Rücksicht auf Wünsche Deutschlands eingefügt,[646] das zum damaligen Zeitpunkt bereits eine Integrationsanforderung für allein einreisende Kinder über 16 Jahre vorsah[647] und diese Anforderung durch das erste Zuwanderungsgesetz von 2002[648] auf 12 Jahre herabsetzen wollte.[649]

---

644 S.o. Teil 1:B.I.4, S. 49. Die Familienzusammenführungs-RL wurde am 22.09.2003, die RL 2004/38/EG (Unionsbürger) am 29.04.2004 verabschiedet.

645 S. Grünbuch zum Recht auf Familienzusammenführung von in der Europäischen Union lebenden Drittstaatsangehörigen (Richtlinie 2003/86/EG), KOM(2011) 735 endg. v. 15.11.2011, S. 2 ff.

646 *Hauschild*, ZAR 2003, S. 266, 268 f.

647 § 20 Abs. 2 S. 2 AuslG 1990, s. Hauschild, ZAR 2003, S. 266, 268 f.; s. auch Walter, Familienzusammenführung in Europa, S. 242.

648 Das erste Zuwanderungsgesetz wurde 2002 vom BVerfG aus formalen Gründen für nichtig erklärt, *BVerfG*, Urt. v. 18.12.2002, Az. 2 BvF 1/02, NJW 2003, S. 339 ff.

649 § 32 Abs. 2 AufenthG (2002).

a) *Stillhalteklausel*

Die Regelung unterliegt einer Stillhalteklausel. Die Stillhalteklausel, sollte sich ursprünglich auf den Zeitpunkt der *Annahme* der Richtlinie beziehen, wurde aber im Hinblick auf das damals in Deutschland noch laufende Gesetzgebungsverfahren auf den Zeitpunkt der *Umsetzung* der Richtlinie verlegt.[650] Deutschland hat als einziger EU-Mitgliedstaat von Art. 4 Abs. 1 UA 3 Familienzusammenführungs-RL Gebrauch gemacht.[651] Das Nachzugsalter im deutschen Recht liegt – entgegen den ursprünglichen Plänen zur Herabsetzung auf 12 Jahre – weiterhin bei 16 Jahren, § 32 Abs. 2 S. 1 AufenthG (2004).

b) *Regelungszweck*

Ziel des Art. 4 Abs. 1 UA 3 Familienzusammenführungs-RL ist schon nach seinem Wortlaut die Förderung der Integration von Kindern („*Integrations*kriterium"). Die Vorschrift soll bei Kindern über 12 Jahre sicherstellen, dass Mitgliedstaaten bei der Gewährung der Familienzusammenführung „ein Mindestmaß an Integrationsfähigkeit berücksichtigen" können.[652] Hintergrund der Regelung ist die Annahme, dass nur sehr junge Kinder noch vom Schulsystem profitieren, dadurch die erforderliche Allgemeinbildung erwerben sowie die Sprache des Aufnahmestaates erlernen und ihre Integrationschancen besser wahrnehmen können, Erwägungsgrund (12) Familienzusammenführungs-RL. Die Regelung soll demzufolge Eltern dazu bewegen, ihre Kinder möglichst frühzeitig nachziehen zu lassen und nicht erst kurz vor Erreichen der Volljährigkeit.

c) *Regelungsinhalt*

Der Begriff „Integrationskriterium" ist in der Familienzusammenführungs-RL nicht definiert. Aus der Gegenüberstellung mit dem Begriff „Integrationsmaßnahme" i.S.v. Art. 7 Abs. 2 S. 1 Familienzusammenführungs-RL[653] folgt, dass der

---

650 Walter, Familienzusammenführung in Europa, S. 184, Fn. 788.

651 *Europäische Kommission*, Summary of stakeholder responses to the green paper, S. 9. Zuvor hatte auch Zypern von der Norm Gebrauch gemacht, wobei die nationale Vorschrift in Zypern erst nach dem Umsetzungszeitpunkt eingeführt wurde und die Umsetzung in Zypern damit rechtswidrig war, s. KOM(2008) 610 endg. v. 08.10.2008, S. 6.

652 *EuGH*, Urt. v. 27.06.2006, C-540/03, *Parlament/Rat*, Slg. 2006, I-5769, Rn. 68.

653 S. hierzu genauer unten Teil 2:D.IV.4, S. 155 ff.

Begriff „Integrationskriterium" seinem Wortlaut nach höhere Anforderungen zulässt als eine „Integrationsmaßnahme". Der Begriff „Kriterium" lässt darauf schließen, dass ein bestimmter Erfolg verlangt werden kann, beispielsweise ein bestimmtes Sprachniveau, und bei dessen Fehlen die Einreise nach Abwägung aller Kriterien auf Dauer versagt werden kann. Der in der englischen Sprachfassung der Familienzusammenführungs-RL verwendete Begriff der Integrationsbedingungen („integration conditions") macht dies noch deutlicher. Obwohl der Begriff der Integration nicht definiert ist, dürfen die Mitgliedstaaten laut dem EuGH keinen unbestimmten Integrationsbegriff heranziehen, sondern nur auf das zum Zeitpunkt der Umsetzung geltende Integrationskriterium abstellen.[654]

Das Integrationskriterium ist nur anwendbar, wenn das Kind allein einreist („unabhängig vom Rest seiner Familie ankommt"), Art. 4 Abs. 1 UA 3 Familienzusammenführungs-RL. Diese von Frankreich vorgeschlagene Regelung[655] stellt den Nachzug von Kindern sicher, deren Eltern erst nach Erreichen des 16. Lebensjahrs des Kindes in einen Mitgliedstaat einreisen. In diesen Fällen wäre der Verbleib der Kinder im Heimatland keine freiwillige Entscheidung der Eltern.

d) Bewertung

Die Möglichkeit zur Einschränkung des Rechts auf Familiennachzug für Kinder unter 18 Jahren aus Gründen der Integration war in den Vorgängerkonzepten von 1993 und 1997 nicht enthalten. Die Tatsache, dass nur Deutschland von der Norm Gebrauch gemacht hat, zeigt, dass die meisten Mitgliedstaaten im Zuzug älterer Kinder entweder kein Problem oder im Nachzugsausschluss keine Problemlösung sehen. Die Norm hat somit keine Harmonisierung „nach unten" im Sinne einer Absenkung der nationalen Standards bewirkt.

4. Integrationsmaßnahmen, Art. 7 Abs. 2 UA 1 Familienzusammenführungs-RL

Art. 7 Abs. 2 UA 1 Familienzusammenführungs-RL erlaubt es den Mitgliedstaaten, in ihrem nationalen Recht vorzusehen, dass „die *Drittstaatsangehörigen* [...] Integrations*maßnahmen nachkommen* müssen".[656]

---

654 *EuGH*, Urt. v. 27.06.2006, C-540/03, *Parlament/Rat*, Slg. 2006, I-5769, Rn. 70.

655 *Rat der Europäischen Union*, Ratsdok. 6585/03 v. 25.02.2003, S. 7.

656 Hervorhebung d. Verf.

a) Anwendungsbereich

aa) Anwendbarkeit auf Zusammenführende und Familienangehörige

Dem Wortlaut nach ist die Integrationsvoraussetzung nicht auf die nachziehenden Familienangehörigen beschränkt, sondern auf alle Drittstaatsangehörigen anwendbar, d.h. auch auf den Zusammenführenden selbst. Aus der Klarstellung in Art. 7 Abs. 2 UA 2 Familienzusammenführungs-RL, wonach Integrationsmaßnahmen bei den in Art. 12 der Richtlinie erwähnten Flüchtlingen „*und/ oder* [deren] Familienangehörigen“ erst nach Gewährung der Familienzusammenführung Anwendung finden, folgt, dass die Integrationsmaßnahmen vom Zusammenführenden oder vom nachziehenden Familienangehörigen oder von beiden verlangt werden können.[657]

bb) Anwendbarkeit auf Kinder?

In jedem Fall ausgeschlossen ist die Anwendung auf Kinder unter 12 Jahren, da diese „die erforderliche Allgemeinbildung und Sprachkenntnisse in der Schule erwerben“, Erwägungsgrund (12) der Familienzusammenführungs-RL.[658]

Ob die Regelung auf Kinder über 12 Jahre Anwendung findet, ist umstritten.[659] Für die Anwendung auf Kinder über 12 Jahre spricht die systematische Stellung des Art. 7 Abs. 2 UA 1 Familienzusammenführungs-RL. Die Verortung in Kapitel VI der Richtlinie („Voraussetzungen für die Ausübung des Rechts auf Familienzusammenführung“) deutet darauf hin, dass die Vorschrift grundsätzlich für den gesamten Anwendungsbereich der Richtlinie gilt. Zudem gelten alle übrigen Voraussetzungen des Art. 7 Familienzusammenführungs-RL unbeschränkt für alle Familienangehörigen, d.h. auch für Kinder. Außerdem wurde die Regelung des Art. 7 Abs. 2 UA 1 Familienzusammenführungs-RL erst in den letzten Verhandlungsrunden und damit zu einem späteren Zeitpunkt als Art. 4

---

657 Hervorhebung d. Verf. Im Ergebnis ebenso mit der Begründung, dass Art. 7 Abs. 2 UA 1 Familienzusammenführungs-RL von „Drittstaatsangehörigen“ spricht und dass Art. 6, 7 Abs. 1 und 8 Familienzusammenführungs-RL klar zwischen dem Zusammenführenden und dem Familienangehörigen unterscheiden, Hailbronner/Klarmann, Directive 2003/86/EC, in: Hailbronner/Thym, EU Immigration and Asylum Law, Art. 7, Rn. 23,

658 De Vries, Integration at the border, S. 120; Hailbronner/Klarmann, Directive 2003/86/ EC, in: Hailbronner/Thym, EU Immigration and Asylum Law, Art. 7, Rn. 25.

659 Dafür: de Vries, Integration at the border, S. 120; dagegen: Hailbronner/Klarmann, Directive 2003/86/EC, in: Hailbronner/Thym, EU Immigration and Asylum Law, Art. 7, Rn. 25.

Abs. 1 UA 3 Familienzusammenführungs-RL in die Richtlinie eingefügt. Hätte der Richtliniengeber die Anwendung auf Kinder über 12 Jahre ausschließen wollen, hätte er dies explizit regeln können.[660] Allerdings mag diese systematische Ungenauigkeit dem Zeitmangel während der Richtlinienverhandlungen geschuldet gewesen sein.[661] Zudem sprechen Sinn und Zweck des Art. 4 Abs. 1 UA 3 Familienzusammenführungs-RL dafür, dass damit für Kinder über 12 Jahre eine abschließende Regelung gefunden werden sollte und Art. 7 Abs. 2 UA 1 Familienzusammenführungs-RL auf sie daher keine Anwendung findet.[662] Auch die Stillhalteklausel in Art. 4 Abs. 1 UA 3 Familienzusammenführungs-RL deutet darauf hin, dass die Möglichkeit, von Kindern Integrationsleistungen zu fordern, begrenzt werden sollte. Dafür, dass die Richtliniengeber bei der Einfügung auch die Anwendbarkeit auf Kinder im Sinn gehabt hätten, gibt es jedenfalls keine Anhaltspunkte. Somit findet die Vorschrift auf Kinder keine Anwendung.

cc) Ausnahmen für Flüchtlinge

Für Flüchtlinge und deren Familienangehörige sieht die Familienzusammenführungs-RL Ausnahmen von der Anwendung der Vorschrift vor. Gemäß Art. 7 Abs. 2 UA 2 Familienzusammenführungs-RL können Integrationsmaßnahmen „auf Flüchtlinge und/oder die Familienangehörigen von Flüchtlingen […] erst Anwendung finden, wenn den betroffenen Personen eine Familienzusammenführung gewährt wurde".[663] Dies bedeutet, dass die Integrationsmaßnahmen erst nach der Einreise verlangt werden dürfen und die Einreise- und Aufenthaltsgewährung nicht davon abhängig gemacht werden darf.[664] Abweichend davon können die Integrationsmaßnahmen bereits vor der Einreise gefordert werden,

---

660 Hailbronner/Klarmann, Directive 2003/86/EC, in: Hailbronner/Thym, EU Immigration and Asylum Law, Art. 7, Rn. 25.

661 Vgl. *Hauschild*, der im Rat für Deutschland die Verhandlungen bei der Erarbeitung der Richtlinie führte, ZAR 2003, S. 266, 270. Er betont, dass die Regelungen der Richtlinie zum Teil wenig strukturiert sind. Dies sei nicht nur dem Zeitdruck während der Richtlinienverhandlungen geschuldet gewesen, sondern manche Unklarheit sei auch hingenommen worden, um den für die einstimmige Annahme erforderlichen Konsens zu erreichen.

662 De Vries, Integration at the border, S. 120.

663 Zur Entstehungsgeschichte s. Walter, Familienzusammenführung in Europa, S. 229, Fn. 982, die darauf hinweist, dass die einschränkend klingende Regelung für Flüchtlinge tatsächlich eine Erweiterung des Anwendungsbereichs der Integrationsmaßnahmen auf Flüchtlinge bedeutete.

664 Vgl. Art. 2 lit. d Familienzusammenführungs-RL, der Familienzusammenführung als Einreise und Aufenthalt zur Aufrechterhaltung der Familiengemeinschaft bezeichnet.

wenn die Familienzusammenführung in einem Drittstaat möglich ist, zu dem eine besondere Bindung des Zusammenführenden oder Familienangehörigen besteht oder der Antrag auf Familienzusammenführung nicht innerhalb von drei Monaten nach Anerkennung der Flüchtlingseigenschaft gestellt wurde, Art. 12 Abs. 1 UA 2 und 3 Familienzusammenführungs-RL. Besondere Bindungen zu einem Drittstaat bestehen dann, wenn der Zusammenführende oder Familienangehörige zu diesem Staat familiäre, kulturelle oder soziale Bindungen hat.[665] Die Ausgestaltung der Regelung entspricht den Vorgaben des Art. 8 EMRK, der keinen Anspruch auf Einreise gewährt, wenn in einem anderen Staat die Familienzusammenführung zumutbar ist.[666] Sie entspricht auch den Vorgaben der Genfer Flüchtlingskonvention, die die Zurückweisung von Flüchtlingen in Gebiete gestattet, in denen ihr Leben oder ihre Freiheit nicht bedroht sind, Art. 33 Abs. 1 Genfer Flüchtlingskonvention.[667]

b) Regelungszweck

Dass Zweck der Maßnahmen nach Art. 7 Abs. 2 UA 1 Familienzusammenführungs-RL die Integration ist, ergibt sich bereits aus dem Begriff „*Integrations*maßnahme“[668]. Der EuGH hat im Fall *K. und A.* dementsprechend betont, dass nur die Erleichterung der Integration Ziel einer solchen Maßnahme sein darf.[669] Die Maßnahme darf nicht den Zweck verfolgen, bestimmte Personen von der Familienzusammenführung auszuschließen.[670] Die Maßnahme darf damit nicht den Ausschluss von Personen aufgrund ihrer sozioökonomischen Voraussetzungen oder ihrer Motivation zur Integration bezwecken.

---

665 Hailbronner/Klarmann, Directive 2003/86/EC, in: Hailbronner/Thym, EU Immigration and Asylum Law, Art. 12, Rn. 14.

666 S. zur entsprechenden Rechtsprechung des EGMR zur Familienzusammenführung oben Teil 2:A.I.2, S. 92 ff.

667 Abkommen über die Rechtsstellung der Flüchtlinge vom 28. Juli 1951, verkündet mit Gesetz v. 01.09.1953, BGBl. II S. 559, in Kraft getreten am 22.04.1954 gemäß Bekanntmachung des Bundesministers des Auswärtigen vom 25.04.1954, BGB1. II S. 619.

668 Hervorhebung d. Verf.

669 *EuGH*, Urt. v. 09.07.2015, Rs. C-153/14, *K. und A./Niederlande*, ECLI:EU:C:2015:453, Rn. 57.

670 *EuGH*, Urt. v. 09.07.2015, Rs. C-153/14, *K. und A./Niederlande*, ECLI:EU:C:2015:453, Rn. 57.

c) *Der Begriff der Maßnahme*

Die Richtlinie präzisiert nicht, welche staatlichen Maßnahmen Integrations*maßnahmen* i.S.d. Art. 7 Abs. 2 UA 1 Familienzusammenführungs-RL sein können. Dementsprechend hatte sich die Frage, welche Integrationserfordernisse unter die Regelung zu fassen sind, zu einer der umstrittensten Fragen der Familienzusammenführungs-RL entwickelt.

aa) Zulässigkeit von Tests

Der EuGH hat 2015 im Verfahren *K. und A.* die niederländische Umsetzungsvariante als Integrationsmaßnahme i.S.d. Art. 7 Abs. 2 UA 1 Familienzusammenführungs-RL akzeptiert.[671] Die Niederlande verlangen das Bestehen eines Integrationstests, der Grundkenntnisse der Sprache und der niederländischen Gesellschaft umfasst.[672] Ohne sich dabei mit dem Wortlaut[673] und einem Vergleich mit der Daueraufenthalts-RL[674] auseinanderzusetzen, die teilweise gegen

---

671 *EuGH*, Urt. v. 09.07.2015, Rs. C-153/14, *K. und A./Niederlande*, ECLI:EU:C:2015:453, Rn. 44 ff., s. insbesondere Rnrn. 53 f.

672 S. zur niederländischen Umsetzung genauer unten S. 162 f.

673 Der allgemeine Sprachgebrauch deutete eher darauf hin, dass Tests unzulässig sind, s. den Wortlaut des Art. 7 Abs. 2 UA 1 Familienzusammenführungs-RL „[…]maßnahmen nachkommen".

674 Aus der Entstehungsgeschichte der zeitgleich mit der Familienzusammenführungs-RL erarbeiteten Daueraufenthalts-RL folgt, dass dort der identische Begriff „Integrationsmaßnahme" in Art. 15 Abs. 3 UA 1 Daueraufenthalts-RL Tests eindeutig nicht erlaubt. Aus dem Ratsdok. 12624/02 v. 09.10.09.2002 (nur in englischer Sprachversion vorhanden), S. 2 f., ergibt sich, dass durch die Verwendung des Begriffs „Integrationsmaßnahme" sichergestellt werden sollte, dass im Falle der Weiterwanderung keine Verpflichtung zu einem „Integrationstest" möglich ist. Von einem einheitlichen Begriffsgebrauch gehen aus *Groenendijk*, EJML 2006, S. 215, 224 und Walter, Familienzusammenführung in Europa, S. 179 f. Von anderer Seite wurde die einheitliche Begriffsauslegung in den beiden Richtlinien bezweifelt, da beispielsweise auch in Art. 33 Qualifikations-RL der Begriff Integrationsmaßnahme anders ausgelegt werde und eine entsprechende einheitlich Auslegungsabsicht sich aus den Verhandlungsprotokollen nicht ergebe, *BVerwG*, Urt. v. 30.03.2010, BVerwG 1 C 8.09, ZAR 2011, S. 27, 30, Rn. 26. Zudem sei es nachvollziehbar, dass ein Mitgliedstaat beim Weiterzug eines aufenthaltsberechtigten Drittstaatsangehörigen nicht mehr so strenge Maßnahmen fordern können soll wie bei der Familienzusammenführung, bei der es um den erstmaligen Zuzug in das Gebiet der Europäischen Union geht. Es wurde außerdem bezweifelt, dass sich die Niederlande angesichts konkreter Umsetzungspläne zur Einführung von Sprachtests und des im Rat geltenden Einstimmigkeitsprinzips

die Zulässigkeit von Tests sprechen, hat der EuGH damit den Streit beendet, ob der Begriff Integrationsmaßnahme nur die Teilnahme an angebotenen Sprachkursen oder auch Tests umfasst.[675]

Da das Ziel der Richtlinie nicht beeinträchtigt werden darf, können jedoch nur Grundkenntnisse gefordert werden.[676] Aus dem Urteil im Fall *K. und A.* lässt sich ableiten, dass zusätzlich zu Sprachkenntnissen auf dem Niveau A 1 GER und Grundkenntnissen der Gesellschaft auch weitere Kenntnisse gefordert werden können, solange sie die Integration erleichtern.[677] Denkbar sind hierbei sogar beruflich relevante Fähigkeiten, wie z.B. Computerkenntnisse.

bb) Zulässigkeit von Integrationsmaßnahmen vor der Einreise

Art. 7 Abs. 2 UA 1 Familienzusammenführungs-RL erwähnt – im Gegensatz zu Art. 4 Abs. 1 UA 3 Familienzusammenführungs-RL – nicht ausdrücklich, dass die Voraussetzung zu erfüllen ist, bevor die Einreise und der Aufenthalt gestattet werden. Allerdings folgt diese Möglichkeit, wie der EuGH im Verfahren *K. und A.* bestätigt hat, im Umkehrschluss daraus, dass gemäß Art. 7 Abs. 2 UA 2 Familienzusammenführungs-RL die Integrationsmaßnahmen von Familienangehörigen von Flüchtlingen erst gefordert werden dürfen, nachdem den betroffenen Personen die Familienzusammenführung gewährt wurde.[678]

cc) Anforderungen an die Verhältnismäßigkeit

Bezogen auf die Umsetzung von Art. 7 Abs. 2 UA 1 Familienzusammenführungs-RL hat der EuGH im Fall *K. und A.* ausgeführt, dass nur Maßnahmen

---

auf eine weniger effektive Integrationsmaßnahme, wie eine bloße Teilnahmebescheinigung, eingelassen hätten, mit diesen Argumenten s. *Hailbronner*, FamRZ 2008, S. 1583, 1588.

675 Dafür Hailbronner/Klarmann, Directive 2003/86/EC, in: Hailbronner/Thym, EU Immigration and Asylum Law, Art. 7, Rn. 38, a.A. *Groenendijk*, EJML 2006, S. 215, 224; *Fischer-Lescano*, KJ 2006, S. 236, 241; Walter, Familienzusammenführung in Europa, S. 179, in diesem Sinne auch *Fischer-Lescano*, KJ 2006, S. 236, 241; *Göbel-Zimmermann*, ZAR 2008, S. 169, 173, *Markard/Truchseß*, NVwZ 2007, S. 1025, 1027.

676 *EuGH*, Urt. v. 09.07.2015, Rs. C-153/14, *K. und A./Niederlande*, ECLI:EU:C:2015:453, Rn. 55.

677 Vgl. *EuGH*, Urt. v. 09.07.2015, Rs. C-153/14, *K. und A./Niederlande*, ECLI:EU:C:2015:453, Rn. 52.

678 *EuGH*, Urt. v. 09.07.2015, Rs. C-153/14, *K. und A./Niederlande*, ECLI:EU:C:2015:453, Rn. 48 f.

zur Erleichterung der Integration zulässig sind,[679] nicht hingegen Maßnahmen zur Ermittlung der Personen, denen die Familienzusammenführung gestattet wird.[680] Auch bei Nichtbestehen einer Integrationsmaßnahme darf der Nachzug nicht automatisch ausgeschlossen werden, sofern die erforderlichen Anstrengungen zur Erfüllung der Maßnahme unternommen wurden.[681] Im Rahmen der Verhältnismäßigkeitsprüfung sind folgende Umstände zu berücksichtigen: die „besonderen individuellen Umstände wie Alter, Bildungsniveau, finanzielle Lage oder Gesundheitszustand der Familienangehörigen des Zusammenführenden".[682] Sofern Sprachkenntnisse gefordert werden, müssen Sprachkurse und Tests insbesondere auch finanzierbar und tatsächlich erreichbar sein.[683]

Zur Kostentragung trifft die Richtlinie jedoch keine Regelung. Der EuGH hat im Fall *K. und A.* dementsprechend entschieden, dass es den Mitgliedstaaten freisteht, für die Maßnahmen die Kosten von den Drittstaatsangehörigen zu verlangen, solange die Höhe des Kostenbeitrags verhältnismäßig ist.[684] In besagtem Verfahren hielt der EuGH Kosten in Höhe von insgesamt 460 EUR, die sich aus einem Prüfungsgeld von 350 EUR sowie dem Vorbereitungspaket von 110 EUR zusammensetzten, für zu hoch.[685] Diese Kosten könnten die Familienzusammenführung „*unter Umständen wie denen der Ausgangsverfahren* unmöglich machen oder übermäßig erschweren."[686] Auf welche „Umstände des Ausgangsverfahrens" der Gerichtshof konkret abstellt, ist dem Urteil nicht zu entnehmen. Insbesondere ist nicht dargestellt, dass die betroffenen Drittstaatsangehörigen sich in

679 *EuGH*, Urt. v. 09.07.2015, Rs. C-153/14, *K. und A./Niederlande*, ECLI:EU:C:2015:453, Rn. 52.

680 *EuGH*, Urt. v. 09.07.2015, Rs. C-153/14, *K. und A./Niederlande*, ECLI:EU:C:2015:453, Rn. 57.

681 *EuGH*, Urt. v. 09.07.2015, Rs. C-153/14, *K. und A./Niederlande*, ECLI:EU:C:2015:453, Rn. 57, s. hierzu bereits oben die Ausführungen zum Verhältnismäßigkeitsgrundsatz, Teil 2:D.III.5, S. 140 f.

682 *EuGH*, Urt. v. 09.07.2015, Rs. C-153/14, *K. und A./Niederlande*, ECLI:EU:C:2015:453, Rn. 58.

683 KOM(2008) 610 endg. v. 08.10.2008, S. 9; Hailbronner/Klarmann, Directive 2003/86/EC, in: Hailbronner/Thym, EU Immigration and Asylum Law, Art. 7, Rn. 48.

684 *EuGH*, Urt. v. 09.07.2015, Rs. C-153/14, *K. und A./Niederlande*, ECLI:EU:C:2015:453, Rn. 64.

685 *EuGH*, Urt. v. 09.07.2015, Rs. C-153/14, *K. und A./Niederlande*, ECLI:EU:C:2015:453, Rn. 67 und 71.

686 *EuGH*, Urt. v. 09.07.2015, Rs. C-153/14, *K. und A./Niederlande*, ECLI:EU:C:2015:453, Rn. 69, Hervorhebung d. Verf.

einer besonders prekären finanziellen Lage befanden. Daher ist eine finanzielle Belastung i.H.v. 460 EUR für Antragsteller im Normalfall unverhältnismäßig.

dd) Umsetzung in den Mitgliedstaaten

Um zu konkretisieren, welche nationalen Maßnahmen erlaubt sind, wird nachfolgend die Umsetzung des Art. 7 Abs. 2 UA 1 Familienzusammenführungs-RL untersucht. Die Umsetzung der Vorschrift in den Mitgliedstaaten war bereits Gegenstand mehrerer Untersuchungen.[687] Um die aktuellsten Entwicklungen mit bewerten zu können, soll die Umsetzung nachfolgend dennoch dargestellt werden.

Während die meisten Mitgliedstaaten von der Vorschrift keinen Gebrauch machen, haben sie zahlreiche Mitgliedstaaten in sehr unterschiedlicher Form als nach der Einreise zu erbringenden Maßnahmen umgesetzt: Einige Mitgliedstaaten verlangen, aufbauend auf vor der Einreise zu erbringende Sprachkenntnisse, höhere Sprachkenntnisse (Österreich, Niederlande), das Bestehen von Gesellschaftskundetests (Österreich, Deutschland, Litauen, Niederlande, Großbritannien), die Teilnahme an Kursen zu Geschichte, Gesellschaftswerten oder Berufsberatung (Belgien, Deutschland, Estland, Niederlande, Schweden) oder die Unterzeichnung einer Integrationserklärung (Belgien, Niederlande, ähnlich Frankreich).[688]

Vier Mitgliedstaaten (Deutschland, Niederlande, Österreich, zudem Großbritannien, das an die Richtlinie nicht gebunden ist) haben die Regelung zudem in Form von vor der Einreise zu erbringenden Sprachprüfungen u.Ä. umgesetzt.[689] Die vor der Einreise zu erbringenden Maßnahmen sind wegen ihrer möglichen Steuerungswirkung besonders umstritten und werden daher nachfolgend ausführlicher dargestellt.

Vorreiter für die Einführung von vor der Einreise zu erbringenden Integrationsmaßnahmen waren die Niederlande. Die Niederlande verlangen seit März 2006 von neu zugewanderten Drittstaatsangehörigen vor der Einreise das

---

687 KOM(2008) 610 endg. v. 08.10.2008, S. 8 f.; Leuschner, Das Spracherfordernis bei der Familienzusammenführung, S. 81 ff.; *Groenendijk,* EJML 2011, S. 1, 9 ff.; Strik/de Hart u.a., Family Reunification: a barrier or facilitator of integration? A comparative study sowie Strik/Böcker u.a., Integration and Naturalisation tests, INTEC-Projekt Synthesis Report, zuletzt EMN, Family Reunification of Third-Country Nationals, Synthesis Report 2017.

688 EMN, Family Reunification of Third-Country Nationals, Synthesis Report 2017, S. 27.

689 EMN, Family Reunification of Third-Country Nationals, Synthesis Report 2017, S. 26, Großbritannien wird fälschlicherweise nicht genannt.

Bestehen einer sog. Basis-Integrationsprüfung.[690] Dem niederländischen Vorbild folgend führten weitere Länder vor der Einreise zu erbringende Integrationsmaßnahmen ein: Deutschland 2007, Großbritannien, dass nicht an die Richtlinie gebunden ist, 2010, und zuletzt Österreich 2011. Frankreich hat seinen 2009 eingeführten Test 2016 wieder abgeschafft.

Die Niederlande, Deutschland, Großbritannien und Österreich verlangen Sprachkenntnisse auf dem Niveau A 1 GER.[691] Im Einzelnen unterscheiden sich jedoch sowohl die verlangten Kenntnisse, Möglichkeiten zum Erwerb und Nachweis sowie Ausnahmevorschriften erheblich. Die Niederlande, die zunächst nur mündliche Sprachkenntnisse gefordert hatten, verlangen seit 1. April 2011 Sprachkenntnisse auf dem Niveau A 1 GER.[692] Es werden neben mündlichen Kenntnissen aber nur Lesekenntnisse abgeprüft, nicht hingegen Schreibfähigkeit.[693]

Großbritannien verlangt von nachziehenden Ehepartnern und Partnern seit 2010 und von nachziehenden Eltern seit 2014 Sprachkenntnisse in den Bereichen Sprechen und Hörverstehen.[694] Deutschland und Österreich hingegen verlangen sowohl den Nachweis mündlicher als auch schriftlicher Deutschkenntnisse. Die

---

690 „Wet van 22 december 2005 tot wijziging van de Vreemdelingenwet 2000 in verband met het stellen van een inburgeringsvereiste bij het toelaten van bepaalde categorieën vreemdelingen (Wet Inburgering in het Buitenland)" v. 22.12.2005, in Kraft seit 15.03.2006. Durch das Gesetz wurde das niederländische Ausländergesetz 2000 (Vreemdelingenwet 2000 – Vw 2000) abgeändert, Staatsblad (niederländisches Gesetzblatt) 2006, Nr. 28, Kamerstuk 29.700 v. 31.01.2006. Die relevanten Art. 14 und 16 sind abgedruckt und übersetzt unter *EuGH*, Urt. v. 09.07.2015, Rs. C-153/14, *K. und A./Niederlande*, ECLI:EU:C:2015:453, Rn. 20. Die Prüfung ist geregelt in Art. 3.98a der niederländischen Ausländerverordnung (Vreemdelingenbesluit 2000 – Vb 2000). Der relevante Auszug des Verordnungstexts ist übersetzt und abgedruckt unter *EuGH*, Urt. v. 09.07.2015, Rs. C-153/14, *K. und A./Niederlande*, ECLI:EU:C:2015:453, Rn. 20.

691 S. für Deutschland § 30 Abs. 1 S. 1 Nr. 1 i.V.m. § 2 Abs. 9 AufenthG. Für den Nachzug nach Österreich müssen Nachziehende über Kenntnisse der deutschen Sprache, zumindest zur elementaren Sprachverwendung auf einfachstem Niveau, verfügen, § 21a Abs. 1 NAG, s. genauer EMN, Annual Policy Report 2010, Austria, S. 10.

692 *EMN*, Annual Policy Report 2011, Netherlands, S. 29 f.

693 Cleton/Seiffert u.a., Family Reunification of Third-Country Nationals, EMN Dutch National Report 2017, S. 34.

694 S. *Home Office*, Immigration Directorate Instruction Family Migration, Chapter 8, S. 4 und S. 12 zum Sprachniveau. S. dazu sowie zur Integrationspolitik Großbritanniens insgesamt *Williams*, ZAR 2013, S. 95, 99.

Niederlande verlangen als einzige neben den Sprachkenntnissen auch Kenntnisse der niederländischen Gesellschaft.[695]

Deutschland, Österreich und Großbritannien lassen den Kandidaten grundsätzlich offen, wie sie die Kenntnisse nachweisen. In der Regel haben die Kandidaten jedoch die Beweislast[696] und sie müssen daher den Sprachstand durch ein geeignetes, zuverlässiges Sprachstandszeugnis erbringen, das auf einer standardisierten Sprachprüfung beruht, wie beispielsweise das Sprachzeugnis „Start Deutsch-1“ des Goethe-Instituts.[697] In Großbritannien können die Sprachkenntnisse nur mittels eines Zertifikats nachgewiesen werden, das bei einer dafür zugelassenen Stelle erworben wurde.[698] Demgegenüber verlangen die Niederlande als Nachweis das Bestehen eines von staatlicher Seite angebotenen Tests. Dieser wird in einer niederländischen Auslandsvertretung mittels Telefon von einem damit verbundenen sprachfähigen Computer abgenommen.[699]

In allen Staaten müssen sich Drittstaatsangehörige auf den Test selbst vorbereiten bzw. die Kenntnisse selbstständig erwerben. Im Gegensatz zur niederländischen Sprache bietet das Goethe-Institut für den Erwerb der deutschen Sprache ein weltweites Netz an Sprachinstituten in den meisten Hauptherkunftsländern. Zum Bestehen der Prüfung für das Zertifikat „Start Deutsch-1“ benötigen alphabetisierte Kandidaten i.d.R. 8–32 Wochen Sprachtraining.[700] Die Niederlande haben zur Vorbereitung ein Studienpaket entwickelt, das DVDs, CDs, einen Bildband und ein Arbeitsbuch enthält.[701] Das Studienpaket ist mittlerweile in 39 Sprachen verfügbar.[702]

---

695 Cleton/Seiffert u.a., Family Reunification of Third-Country Nationals, EMN Dutch National Report 2017, S. 34.

696 S. für das deutsche Recht § 82 Abs. 1 AufenthG.

697 S. z.B. diese Anforderung in Nr. 30.1.2.3.1 AVwV.

698 *UK Home Office*, Immigration Directorate Instruction Family Migration, Chapter 8, S. 7.

699 *EuGH*, Urt. v. 09.07.2015, Rs. C-153/14, *K. und A./Niederlande*, ECLI:EU:C:2015:453, Rn. 25.

700 BT-Drs. 17/3090 v. 24.09.2010, S. 11.

701 HRW, The Netherlands: Discrimination in the Name of Integration, S. 14.

702 S. die Informationen des *Niederländischen Sozial- und Arbeitsministeriums* auf dem Informationsportal für vom Integrationstest Betroffene http://www.naarnederland.nl/en/ (letzter Abruf: 31.08.2017). Die Ausweitung des Sprachangebots war eine Folge des Urteils *EuGH*, Urt. v. 09.07.2015, Rs. C-153/14, *K. und A./Niederlande*, ECLI:EU:C:2015:453. Zuvor war das Paket nur in 18 Sprachen verfügbar, HRW, The Netherlands: Discrimination in the Name of Integration, S. 14.

In allen Staaten müssen die Kandidaten die Kosten für Spracherwerb und Tests selbst tragen. Die Kosten für einen Sprachkurs beim Goethe-Institut liegen, abhängig von Land, Ort und Einrichtung, zwischen 100 und 800 EUR.[703] Der Median beträgt 295 EUR.[704] Die Kosten des Tests in Großbritannien belaufen sich auf 150 GBP.[705] Als Konsequenz aus dem Urteil *K. und A.* haben die Niederlande die Kosten für das Studienpaket und den Test Ende 2015 gesenkt, das Paket kostet nun 25 EUR statt zuvor 110 EUR und der Test 150 EUR statt zuvor 350 EUR.[706] Damit fallen Gesamtkosten von insgesamt 175 EUR statt zuvor 460 EUR an. In digitaler Form ist das Studienpaket kostenlos.[707]

Alle Staaten sehen zahlreiche Ausnahmen vom Integrationserfordernis vor. Beispielsweise ausgenommen von der Nachweispflicht sind Hochqualifizierte in den Niederlanden und Großbritannien[708], in Deutschland die Ehegatten dieser Personen[709] sowie Personen mit geringem Integrationsbedarf.[710] Die Niederlande verlangen zudem den Test nicht von Ausländern mit bestimmter, vorwiegend westlicher Staatsangehörigkeit[711] und Deutschland nicht von den Ehegatten

---

703 BT-Drs. 17/3090 v. 24.09.2010, S. 13.

704 Eigene Berechnung auf Basis von BT-Drs. 17/3090 v. 24.09.2010, Tabelle 2, S. 12 ff. Bei der Berechnung des Medians wurden Kurse zur Prüfungsvorbereitung und Tutorien bzw. Nachhilfe nicht berücksichtigt.

705 *Home Office,* Family Reunification of Third-Country Nationals, EMN National Report United Kingdom 2017, S. 21.

706 S. die Informationen des *Niederländischen Sozial- und Arbeitsministeriums* auf dem Informationsportal für vom Integrationstest Betroffene http://www.naarnederland.nl/en/ (letzter Abruf: 31.08.2017), vgl. noch die höheren Preisangaben in *EuGH,* Urt. v. 09.07.2015, Rs. C-153/14, *K. und A./Niederlande,* ECLI:EU:C:2015:453, Rn. 21 f.

707 S. die Informationen *Niederländischen Sozial- und Arbeitsministeriums* auf dem Informationsportal für vom Integrationstest Betroffene http://www.naarnederland.nl/en/ (letzter Abruf: 31.08.2017).

708 In Großbritannien gilt die Ausnahme für Personen mit einem in englischer Sprache erworbenen akademischen Abschluss, der mindestens einem englischen Bachelorabschluss entspricht, *Home Office,* Family Reunification of Third-Country Nationals, EMN National Report United Kingdom 2017, S. 20 f.

709 Ausgenommen sind z.B. Ehegatten von Blaue Karte-Inhabern, Forschern, Hochqualifizierten und Selbstständigen, § 30 Abs. 1 S. 3 Nrn. 5 und 7 AufenthG.

710 § 30 Abs. 1 S. 2 Nr. 3 AufenthG.

711 Angehörige der EWR-Staaten, Australien, Kanada, Japan, Neuseeland, Südkorea und USA, s. HRW, The Netherlands: Discrimination in the Name of Integration, S. 13, ebenfalls ausgenommen sind surinamische Staatsangehörige, die ihre Grundschulausbildung in niederländischer Sprache abgeschlossen haben, Art. 16 Abs. 3 Vw 2000 i.d.F. des „Integration Abroad Act".

dieser Personen.[712] Großbritannien sieht eine Ausnahme für Angehörige vorwiegend englischsprachiger Staaten vor.[713] In den Niederlanden muss die Integrationsmaßnahme von Personen unter 18 Jahren nicht erbracht werden,[714] in Österreich von Personen, die bei Antragstellung unter 14 Jahren sind.[715] Die Niederlande und Großbritannien wenden das Erfordernis generell nicht an auf Personen im gesetzlichen Rentenalter bzw. über 65 Jahre.[716] Härtefallklauseln bestehen im deutschen[717], österreichischen,[718] niederländischen[719] und britischen Recht.[720]

Frankreich ging seit 2009 einen Sonderweg. Nachziehende Familienangehörige mussten sich dort vor der Einreise einem Test über die Sprache und die Werte der französischen Republik unterziehen.[721] Das geforderte Sprachniveau

---

712 § 30 Abs. 1 S. 3 Nr. 4 AufenthG, s. im Detail unten Teil 3:B.III.2.b)cc)(1), S. 253 ff.

713 *Home Office,* Family Reunification of Third-Country Nationals, EMN National Report United Kingdom 2017, S. 20 f.

714 Cleton/Seiffert u.a., Family Reunification of Third-Country Nationals, EMN Dutch National Report 2017, S. 33.

715 Lukits, Die Familienzusammenführung von Drittstaatsangehörigen in Österreich, EMN Nationaler Bericht Österreich 2016, S. 30.

716 Cleton/Seiffert u.a., Family Reunification of Third-Country Nationals, EMN Dutch National Report 2017, S. 33 bzw. *Home Office,* Family Reunification of Third-Country Nationals, EMN National Report United Kingdom 2017, S. 20 f.

717 Ausnahmen bestehen für Personen mit einer Krankheit oder Behinderung, § 30 Abs. 1 S. 3 Nr. 2 AufenthG sowie seit 2015 bei einer allgemeinen Härte, § 30 Abs. 1 S. 3 Nr. 6 AufenthG. Zu diesen Härtefallklauseln s. genauer unten Teil 3:B.III.2.b)cc)(4), S. 257.

718 Nach der österreichischen Klausel kann vom Sprachnachweis abgesehen werden aus Gründen des Kindeswohls und zur „Aufrechterhaltung des Privat- und Familienlebens im Sinne des Art 8 EMRK“, § 21a Abs. 5 Nr. 2 i.V.m. § 11 Abs. 3 NAG. Die zahlreichen in der Norm genannten Abwägungskriterien entsprechen weitgehend den durch den EGMR zu Art. 8 EMRK entwickelten. Explizit genannt sind in § 11 Abs. 3 NAG z.B. die Art und Dauer des bisherigen Aufenthalts, tatsächliches Bestehen eines Familienlebens, die Schutzwürdigkeit des Privatlebens, Grad der Integration, Bindungen zum Heimatstaat. Die Kriterien verlangen eine Einzelfallprüfung, Lukits, Die Familienzusammenführung von Drittstaatsangehörigen in Österreich, EMN Nationaler Bericht Österreich 2016, S. 30.

719 Cleton/Seiffert u.a., Family Reunification of Third-Country Nationals, EMN Dutch National Report 2017, S. 34.

720 Härtefallklauseln bestehen für Personen mit Behinderung oder bei außergewöhnlichen Umständen, *Home Office,* Family Reunification of Third-Country Nationals, EMN National Report United Kingdom 2017, S. 20 f.

721 Ex-Art. L211-2-1 Abs. 2 S. 1 des französischen Ausländergesetzes (Code de l’entrée et du séjour des étrangers et du droit d’asile – CESEDA).

lag unter dem im deutschen Recht vorgesehenen Niveau A 1 GER.[722] Wurden hierbei mangelnde Kenntnisse festgestellt, mussten die Familienangehörigen an einem für sie kostenlosen Kurs von maximal zwei Monaten teilnehmen und sich im Anschluss daran noch einmal dieser Prüfung unterziehen.[723] Das Bestehen des Tests war nicht erforderlich. Das Visum wurde allerdings nur bei Vorzeigen einer Bestätigung über die Kursteilnahme erteilt.[724]

Mit der Abschaffung dieser Spezialregelung für nachziehende Familienangehörige im März 2016 bezweckte der französische Gesetzgeber, künftig alle neu einreisenden Drittstaatsangehörigen gleichzubehandeln. Seitdem müssen sich alle neu Einreisenden erst nach der Einreise einem Test betreffend Sprachkenntnisse und die Werte der französischen Republik unterziehen. Ergibt sich dabei Förderbedarf, müssen sie einen „Vertrag über die Integration in die Republik" („contrat d'intégration républicaine") unterzeichnen, der sie bei festgestelltem Förderbedarf zur Teilnahme an kostenlosen Sprach- und anderen Bildungsmaßnahmen verpflichtet.[725]

d) Bewertung

Mit Art. 7 Abs. 2 UA 1 Familienzusammenführungs-RL wurden auf europäischer Ebene vor der Einreise nachzuweisende Kenntnisse als Voraussetzung für die Gewährung der Familienzusammenführung anerkannt. Sämtlichen vorangegangenen europäischen Entwürfen und Konzepten zur Familienzusammenführung, wie beispielsweise der Entschließung des Rates von 1993,[726] sowie dem Familiennachzugsrecht zu Unionsbürgern ist eine solche Voraussetzung nicht zu entnehmen. Die Umsetzung zeigt, dass die Klausel den Mitgliedstaaten die Beibehaltung und Einführung völlig unterschiedlicher Integrationskonzepte gestattet. Vom EuGH ist diesbezüglich kaum eine Einschränkung zu erwarten. Grenzen für die Integrationsmaßnahmen der Mitgliedstaaten ergeben sich nur aus dem Sinn und Zweck der Integration, die die Zuwanderungsbegrenzung

---

722 Leuschner, Das Spracherfordernis bei der Familienzusammenführung, S. 82.

723 Ex-Art. L211-2-1 Abs. 2 S. 2 CESEDA, online: https://www.legifrance.gouv.fr (letzter Abruf : 22.12.2017). In der Türkei betrug die Kursdauer beispielsweise 40 Stunden, *Französische Botschaft Ankara*, Tests linguistiques pour les conjoints de Français v. 21.10.2011, online: http://www.ambafrance-tr.org/spip.php?article1245 (letzter Abruf: 28.08.2017).

724 Ex-Art. L211-2-1 Abs. 2 S. 3 CESEDA.

725 S. zu allem EMN-French Contact Point, Family Reunification to Third-Country Nationals, EMN National Report France 2017, S. 17.

726 Zur Entschließung des von 1993 s.o. Teil 1:B.II.1, S. 56.

nicht gestattet. Bezeichnend ist, dass von der Möglichkeit zur Schaffung von Integrationsmaßnahmen vor der Einreise nur ehemalige Anwerbestaaten Gebrauch gemacht haben. Es geht also um die Schaffung nachträglicher Lösungen zur „Heilung" einer zuvor unterlassenen Integrationspolitik. Frankreich nimmt hier eine Sonderrolle ein, indem es die Zuwanderer im Vergleich zu den anderen untersuchten Staaten geringer belastet. Die Integrationspolitik ist dementsprechend, wie von Art. 79 Abs. 4 AEUV garantiert, noch in keiner Weise harmonisiert. Die Einschätzung des Mehrwerts dieser Klausel für die Familienzusammenführung und Integration fällt dementsprechend ambivalent aus. Die europäische Verankerung in der Familienzusammenführungs-RL und das Fehlen einer Stillhalteklausel haben zur Aufwertung und schnellen Verbreitung von Integrationsmaßnahmen in den Mitgliedstaaten beigetragen und die Harmonisierung in Form der Absenkung der Standards bewirkt. Dass die niederländische Umsetzungsvorschrift in so vielen weiteren Staaten kopiert wurde, zeigt, dass selbst einzelne Mitgliedstaaten erheblichen Einfluss auf die Harmonisierung des Familienzusammenführungsrechts haben können. Verdienst der Vorschrift, nach der nur Grundkenntnisse verlangt werden können, ist, dass sie einer weitergehenden Steuerung der Familienzusammenführung nach sozioökonomischen Kriterien entgegensteht.

5. *Altersgrenzen*

Die Familienzusammenführungs-RL enthält verschiedene Nachzugsvoraussetzungen betreffend das Alter der nachziehenden Familienangehörigen und des Zusammenführenden. Dabei handelt es sich zum einen um fest vorgeschriebene Altersgrenzen, durch die bestimmten Personengruppen ein Nachzugsrecht garantiert werden soll, z.B. unbegleiteten Minderjährigen bis zum Alter von 18 Jahren.[727] Zum anderen handelt es sich um verschiedene Öffnungsklauseln, die den Mitgliedstaaten die Einführung weiterer Altersgrenzen gestatten.

a) Altersgrenzen für Kinder

aa) Volljährigkeitsalter, Art. 4 Abs. 1 UA 2 Familienzusammenführungs-RL

Art. 4 Abs. 1 UA 2 Familienzusammenführungs-RL legt fest, dass minderjährige Kinder im Sinne dieses Artikels solche sind, die das „nach den Rechtsvorschriften

727 Art. 2 lit. f Familienzusammenführungs-RL.

des betreffenden Mitgliedstaats geltende Volljährigkeitsalter noch nicht erreicht haben" und nicht verheiratet sind.[728]

Für die Gruppe der unbegleiteten Minderjährigen gilt hingegen eine strikte Altersgrenze von 18 Jahren, Art. 2 lit. f Familienzusammenführungs-RL. Unbegleitete Personen gelten somit im Gegensatz zu sonstigen Kindern auch dann als Minderjährige, wenn das nationale Recht ihre Volljährigkeit früher annimmt.

Art. 4 Abs. 2 S. 2 Familienzusammenführungs-RL bezieht sich auf das gesetzliche Volljährigkeitsalter, so wie es im Zivilrecht der Mitgliedstaaten festgelegt ist, das in allen Mitgliedstaaten 18 Jahre beträgt.[729] Die Vorschrift untersagt es daher grundsätzlich den Mitgliedstaaten, durch Einführung einer nur für den Familiennachzug geltenden Volljährigkeitsgrenze unterhalb der allgemeinen zivilrechtlichen Volljährigkeitsgrenze den Familiennachzug einzuschränken.[730] Allerdings geben die beiden folgenden Öffnungsklauseln den Mitgliedstaaten die Möglichkeit, Altersgrenzen unterhalb des Volljährigkeitsalters festzulegen.

bb) 12 Jahre bei Nichterfüllung eines Integrationskriteriums, Art. 4 Abs. 1 UA 3 Familienzusammenführungs-RL

Die erste Möglichkeit zur Festlegung einer Altersgrenze unterhalb des Volljährigkeitsalters eröffnet Art. 4 Abs. 1 UA 3 Familienzusammenführungs-RL, demzufolge die Mitgliedstaaten den Nachzug minderjähriger Kindern über 12 Jahre von der Erfüllung eines Integrationskriteriums abhängig machen können. Dieses Integrationskriterium wurde bereits dargestellt.[731] Wie dort erwähnt, soll die Altersgrenze Eltern dazu bewegen, ihre Kinder in möglichst jungen Jahren nachziehen zu lassen, weil angenommen wird, dass Kinder nur dann ihre Integrationschancen ausreichend wahrnehmen können, Erwägungsgrund (12) Familienzusammenführungs-RL.[732] Die Regelung unterliegt einer Stillhalteklausel, die auf das Datum der Umsetzung der Richtlinie,[733] abstellt.

---

728 Volljährige, unverheiratete Kinder können die Mitgliedstaaten nur optional nach Art. 4 Abs. 2 lit. b Familienzusammenführungs-RL zulassen. Danach können Mitgliedstaaten den Nachzug von volljährigen, unverheirateten Kindern des Zusammenführenden oder seines Ehegatten gestatten, wenn sie aufgrund ihres Gesundheitszustands nicht selbst für ihren Lebensunterhalt aufkommen können.

729 Ratsdok. 11881/01, S. 4.

730 Hailbronner/Arévalo, Directive 2003/86/EC, in: Hailbronner/Thym, EU Immigration and Asylum Law, Art. 4, Rn. 7.

731 S.o. Teil 2:D.IV.3, S. 153 ff.

732 S.o. Teil 2:D.IV.3, S. 153 ff.

733 3. Oktober 2005, Art. 20 UA 1 Familienzusammenführungs-RL.

cc) 15 Jahre für die Antragstellung, Art. 4 Abs. 6 S. 1 Familienzusammenführungs-RL

(1) Regelungsinhalt

Die zweite mögliche Altersgrenze für minderjährige Kinder eröffnet Art. 4 Abs. 6 S. 1 Familienzusammenführungs-RL, demgemäß die Mitgliedstaaten den Nachzug davon abhängig machen können, dass der Nachzugsantrag vor Vollendung des 15. Lebensjahres gestellt wurde. Art. 4 Abs. 6 S. 2 Familienzusammenführungs-RL ergänzt, dass die Mitgliedstaaten, die die Klausel anwenden, die Einreise und den Aufenthalt aus anderen Gründen als dem der Familienzusammenführung genehmigen, wenn der Antrag nach Vollendung des fünfzehnten Lebensjahres gestellt wurde. Die Vorschrift verpflichtet die Mitgliedstaaten dazu, zu prüfen, ob eine Aufenthaltserlaubnis aus einem anderen Grund als dem der Familienzusammenführung i.S.d. Richtlinie erteilt werden kann.[734]

Österreich, für das die Vorschrift in die Richtlinie aufgenommen wurde,[735] hat seine entsprechende nationale Altersgrenze von 15 Jahren mittlerweile im nationalen Recht abgeschafft, sodass im Ergebnis kein Mitgliedstaat mehr die Norm umsetzt.[736] Aufgrund der in Art. 4 Abs. 6 Familienzusammenführungs-RL enthaltenen Stillhalteklausel beschränkt sich die Bedeutung des Art. 4 Abs. 6 Familienzusammenführungs-RL darauf, dass er seit Ablauf der Richtlinien-Umsetzungsfrist die Mitgliedstaaten daran hindert, Normen zu erlassen, die eine Altersgrenze i.S.v. Art. 4 Abs. 6 Familienzusammenführungs-RL umsetzen.[737]

---

734 Hailbronner/Arévalo, Directive 2003/86/EC, in: Hailbronner/Thym, EU Immigration and Asylum Law, Art. 4, Rn. 54.

735 Rat der Europäischen Union, Ratsdok. 6585/03, v. 25.02.2003, S. 9, Fn. 3.

736 KOM(2008) 610 endg. v. 08.10.2008, S. 6 f.; Labayle/Pascouau, Odysseus Synthesis Report on Directive 2003/86/EC, S. 57. Die österreichische Altersgrenze von 15 Jahren galt nur in Bezug auf Zusammenführende, die ihren Aufenthalt vor 1998 begonnen hatten nach dem österreichischen Fremdengesetz, das bis zum 31.12.2005 in Kraft war. Lediglich Dänemark, das an die Richtlinie nicht gebunden ist, hat 2004 eine Regelung eingeführt, wonach die Familiennachzugsanträge von Kindern über 15 Jahren abgelehnt werden, Labayle/Pascouau, Odysseus Synthesis Report on Directive 2003/86/EC, S. 58.

737 Labayle/Pascouau, Odysseus Synthesis Report on Directive 2003/86/EC, S. 58. Nach diesem Bericht, S. 57 f., wird Art. 4 Abs. 6 Familienzusammenführungs-RL teilweise in Zypern umgesetzt, das verlangt, dass ein Kind über 15 Jahre bei seinen Eltern lebt. Nachzugsanträge von älteren Kindern werden angenommen, solange der Minderjährige nicht unabhängig von seinen Eltern wohnt. Ansonsten wird der Antrag auf Familiennachzug aus anderen Gründen als dem Familiennachzug gewährt.

(2) Regelungszweck

Art. 4 Abs. 6 Familienzusammenführungs-RL erwähnt im Gegensatz zu Art. 4 Abs. 1 UA 3 Familienzusammenführungs-RL das Ziel der Integration nicht ausdrücklich als Regelungszweck. Erwägungsgrund (12) Familienzusammenführungs-RL bezieht sich explizit nur auf die Altersgrenze von 12 Jahren. Sinn und Zweck der Regelung sprechen, wie der Rat im Verfahren *Parlament/Rat* vorgetragen hat, dafür, dass es ebenfalls Ziel der Regelung ist, „einen Anreiz für eingewanderte Familien zu schaffen, ihre minderjährigen Kinder bereits im jüngsten Alter nachkommen zu lassen, um deren Integration zu erleichtern."[738] Integration ist somit das Ziel der Regelung des Art. 4 Abs. 6 Familienzusammenführungs-RL.

b) Mindestalter für Ehegatten, Art. 4 Abs. 5 Familienzusammenführungs-RL

aa) Regelungsinhalt

Beim Ehegattennachzug können die Mitgliedstaaten festlegen, dass der Zusammenführende und sein Ehegatte mindestens 21 Jahre alt sein müssen, bevor der Ehegatte nachreist, Art. 4 Abs. 5 Familienzusammenführungs-RL. Im Gegensatz zu den o.g. Altersgrenzen für Kinder ist die Vorschrift nicht durch eine Stillhalteklausel eingeschränkt. Die meisten Mitgliedstaaten haben die Öffnungsklausel umgesetzt.[739] Sechs Mitgliedstaaten (Belgien, Litauen, Malta, die Niederlande[740], Österreich[741] und Zypern) sehen die maximal mögliche Altersgrenze von 21 Jahren vor.[742] Im deutschen Recht liegt die Altersgrenze bei 18 Jahren.[743]

738 *EuGH*, Urt. v. 27.06.2006, C-540/03, *Parlament/Rat*, Slg. 2006, I-5769, Rn. 79.

739 KOM(2008) 610 endg. v. 08.10.2008, S. 6 sowie Labayle/Pascouau, Odysseus Synthesis Report on Directive 2003/86/EC, S. 44. Nach dieser Untersuchung hat der Großteil der Mitgliedstaaten von der Altersregelung Gebrauch gemacht, die meisten Staaten haben ein Mindestalter von 18 Jahren festgelegt.

740 Art. 3.14 und 3.15 lit. a Vb 2000, Staatsblad 2004, S. 496. Die Altersgrenze von 21 Jahren wurde erst ein Jahr nach Inkrafttreten der Richtlinie in den Niederlanden eingeführt, s. Walter, Familienzusammenführung in Europa, S. 267, Fn. 1124 sowie S. 274, Fn. 1188.

741 § 2 Abs. 1 Ziff. 9 NAG (Niederlassungs- und Aufenthaltsgesetz), österreichisches BGBl. I 100/2005, am 01.01.2006 in Kraft getreten.

742 KOM(2008) 610 endg. v. 08.10.2008, S. 6 sowie *EuGH*, Urt. v. 17.07.2014, Rs. C-338/13, *Marjan Noorzia*, ECLI:EU:C:2014:2092, zur österreichischen Altersgrenze.

743 § 30 Abs. 1 S. Nr. 1 AufenthG.

Zur Umsetzung und damit zum Regelungsinhalt der Vorschrift hat der EuGH im Vorabentscheidungsverfahren *Marjan Noorzia* Stellung genommen.[744] Die dem Verfahren zugrunde liegende, im österreichischem Recht vorgesehene Altersgrenze von 21 Jahren für beide Ehegatten bei *Antragstellung* hielt der EuGH für vereinbar mit Art. 4 Abs. 5 Familienzusammenführungs-RL, da die Richtlinie nicht vorschreibe, auf welchen Zeitpunkt hinsichtlich des Erreichens der Altersgrenze abgestellt werden muss.[745] Zwar führt das Abstellen auf den Antragszeitpunkt, wie der EuGH weiter begründet, auf den ersten Blick tatsächlich zu gerechteren Ergebnissen, weil es von Umständen abhängt, die in der Verantwortung des Antragstellers liegen.[746] Der Grundsatz, dass Ausnahmen vom Regelfall der Familienzusammenführung eng auszulegen sind, und der Wortlaut der Vorschrift sprechen allerdings sogar dafür, dass auf den Zeitpunkt der Einreise abzustellen ist. Im Gegensatz zu Art. 4 Abs. 1 UA 3 Familienzusammenführungs-RL stellt Art. 4 Abs. 6 Familienzusammenführungs-RL nämlich nicht auf den Zeitpunkt der Gestattung der Einreise („bevor er ihm die Einreise gestattet"), sondern auf den Zeitpunkt der Einreise ab („bevor der Ehegatte dem Zusammenführenden nachreisen darf"). Das Gerechtigkeitsproblem könnte dadurch behoben werden, dass die Einreise erst nach Vollendung des 21. Lebensjahres erfolgen darf, beispielsweise, indem die Gültigkeit eines beantragten Visums erst nach diesem Zeitpunkt beginnt.

bb) Regelungszweck

Die Altersgrenze darf zur Integrationsförderung und zur Vermeidung von Zwangsehen vorgesehen werden, Art. 4 Abs. 5 Familienzusammenführungs-RL.

c) Bewertung

Die Eignung von Altersgrenzen bei der Familienzusammenführung für die Integration von Drittstaatsangehörigen bewerten die Mitgliedstaaten sehr unterschiedlich. Hinsichtlich des Nachzugs von Kindern hat sich europaweit weitgehend ein Konsens darüber entwickelt, dass der Nachzug minderjähriger Kinder nicht aus Gründen der Integration begrenzt werden sollte. Dies zeigte

---

744 *EuGH*, Urt. v. 17.07.2014, Rs. C-338/13, *Marjan Noorzia*, ECLI:EU:C:2014:2092. S. hierzu *Milios*, EJML 2015, S. 127 ff.

745 *EuGH*, Urt. v. 17.07.2014, Rs. C-338/13, *Marjan Noorzia*, ECLI:EU:C:2014:2092, Rnrn. 14 und 19.

746 *EuGH*, Urt. v. 17.07.2014, Rs. C-338/13, *Marjan Noorzia*, ECLI:EU:C:2014:2092, Rn. 18.

sich bereits daran, dass die Altersgrenze von 12 bzw. 15 Jahren für Kinder in die Richtlinie nur mit Stillhalteklauseln aufgenommen wurden und bis auf Deutschland kein weiterer EU-Mitgliedstaat von einer Altersgrenze für minderjährige Kinder Gebrauch macht.[747]

Die Altersgrenzen für Kinder sind beim Nachzug zu Drittstaatsangehörigen deutlich weniger großzügig als beim Nachzug zu Unionsbürgern: Die Altersobergrenze für Kinder von Unionsbürgern ist nach der Unionsbürger-RL mit 21 Jahren höher als für Kinder von Drittstaatsangehörigen nach der Familienzusammenführungs-RL, bei denen das nationale Volljährigkeitsalter, d.h. 18 Jahre, als Altersgrenze gilt. Dies hat, wie erwähnt, historische Gründe.[748] Es bedeutet nur, dass bei Unionsbürgern der einmal erreichte Stand nicht aufgrund von Integrationsbedenken wieder aufgeweicht wird. Es spricht nicht dafür, dass eine höhere Altersgrenze als 18 Jahren auch heute noch als erforderlich für die Förderung der Freizügigkeit von Unionsbürgern angesehen werden würde.

Die Altersgrenze von maximal 21 Jahren für Ehegatten wurde i.R.d. Erarbeitung der Unionsbürger-RL nicht einmal diskutiert und war auch in keinem der Vorgängerkonzepte zur Familienzusammenführung zu Drittstaatsangehörigen aus den 1990er Jahren enthalten. Mangels Stillhalteklausel hat die Altersgrenze in den Mitgliedstaaten eine erstaunliche Karriere gemacht: Immerhin sechs der durch die Richtlinie gebundenen Mitgliedstaaten sehen für Ehegatten ein Mindestalter von 21 Jahren vor, darunter Staaten wie Österreich, die während der Richtlinienerarbeitung noch keine derartige Klausel im nationalen Recht planten. Der Mehrwert der Richtlinienbestimmung ist zumindest darin zu sehen, dass die Mitgliedstaaten kein höheres Mindestalter verlangen können.

Die zahlreichen optionalen Altersgrenzen gestatten es den Mitgliedstaaten, sehr unterschiedliche Familienzusammenführungsregimes im nationalen Recht zu regeln oder aufrechtzuerhalten. Diese fehlende Harmonisierung birgt das Risiko, dass Drittstaatsangehörige sich den Zielstaat danach aussuchen, ob dort besonders günstige Familienzusammenführungsregelungen gelten.[749]

---

747 Zypern hat von der Norm zwar Gebrauch gemacht, die Umsetzung in nationales Recht erfolgte jedoch erst nach Ablauf der Umsetzungsfrist und war daher unzulässig, s. KOM(2008) 610 endg. v. 08.10.2008, S. 6.

748 S.o. Teil 1:B.I.1, S. 46.

749 Vgl. KOM(1999) 638 endg., Punkt 9.2., S. 11 f., wonach Ziel der Richtlinie gerade ein europaweit einheitliches Familienzusammenführungsregime sein sollte, damit sich Drittstaatsangehörige ihren Zielstaat nicht ausschließlich nach dem dort geltenden Familienzusammenführungsrecht aussuchen.

6. *Verfahren*

a) *Regelungsinhalt*

Das Verfahren ist in Art. 5 Familienzusammenführungs-RL geregelt. Das nationale Recht kann festlegen, ob der Antrag auf Familienzusammenführung vom Zusammenführenden oder dem nachzugswilligen Familienangehörigen zu stellen ist, Art. 5 Abs. 1 Familienzusammenführungs-RL. Analog zur Pflicht, Ausnahmen eng auszulegen, ist auch über den Antrag unverzüglich zu entscheiden.[750] Die Antragsbearbeitungsfrist beträgt maximal neun Monate und kann in Ausnahmefällen aufgrund der Schwierigkeit der Antragsbearbeitung auf unbestimmte Zeit verlängert werden, Art. 5 Abs. 4 UA 1 und 2 Familienzusammenführungs-RL.

Art. 5 Abs. 2 UA 1 und 2 Familienzusammenführungs-RL gestattet es den Mitgliedstaaten zudem, von den Antragstellern Unterlagen zum Nachweis familiärer Bindungen zu verlangen sowie Befragungen und sonstige zweckmäßige Nachforschungen vorzunehmen.

b) *Bewertung*

Die Richtlinie gibt den Mitgliedstaaten einen äußerst weiten Gestaltungsspielraum zur Verfahrensregelung. Besonders problematisch ist die Möglichkeit, die Bearbeitungszeit unbefristet zu verlängern. Dies führt zu einer erheblichen Schlechterstellung der Familienangehörigen Drittstaatsangehöriger gegenüber Familienangehörigen von Unionsbürgern und Blaue-Karte-Inhabern, über deren Antrag innerhalb von sechs Monaten zu entscheiden ist, Art. 10 Abs. 1 Unionsbürger-RL und Art. 15 Abs. 4 Blaue-Karte-RL.

V. Vereinbarkeit der Nachzugsvoraussetzungen mit menschenrechtlichen Familienschutzvorgaben

Die Vereinbarkeit der dargestellten Nachzugsvoraussetzungen der Richtlinie mit höherrangigem Recht zum Familienschutz ist bislang nur im Verfahren *Parlament/Rat* Gegenstand einer Entscheidung des EuGH gewesen, in dem der Gerichtshof über die Rechtmäßigkeit der Wartefristen und Altersgrenzen für Kinder zu entscheiden hatte.[751] Die Ausführungen des EuGH lassen sich auf die rechtliche Bewertung der übrigen Richtlinienvorschriften übertragen.

---

750 *Europäische Kommission*, Leitlinien zur Familienzusammenführungs-RL, S. 11.

751 *EuGH*, Urt. v. 27.06.2006, Rs. C-540/03, *Parlament/Rat*, Slg. 2006, I-5769.

Ausgangspunkt für die rechtliche Bewertung ist, dass den höherrangigen Vorschriften zum Familienschutz kein Anspruch auf Familienzusammenführung zu entnehmen ist. Die Richtlinienvorschriften, die den Mitgliedstaaten die Einführung von Familienzusammenführungsvoraussetzungen gestatten, verstoßen aus Sicht des EuGH daher grundsätzlich nicht gegen Art. 8 EMRK, sondern sie entsprechen dem den Mitgliedstaaten durch Art. 8 EMRK belassenen Ermessensspielraum.[752] Ausdrücklich für zulässig befunden hat der EuGH daher die Wartefrist von zwei und von drei Jahren in Art. 8 Familienzusammenführungs-RL.[753]

Richtlinienbestimmungen sind jedoch unzulässig, wenn sie „dahin ausgelegt werden [können], dass [sie] die Mitgliedstaaten ausdrücklich oder implizit ermächtig[en], Umsetzungsbestimmungen zu erlassen, die im Widerspruch zum Recht auf Achtung des Familienlebens stehen."[754] Unzulässig wären Richtlinienbestimmungen, die die Familienzusammenführung ausschließen.[755] Erforderlich ist, dass die Richtlinienbestimmungen eine Einzelfallabwägung zulassen. Dies wird aus Sicht des EuGH durch Art. 17 und Art. 5 Abs. 5 Familienzusammenführungs-RL sichergestellt.[756]

Für die einzelnen Nachzugsvoraussetzungen ergibt sich aus dem Vorstehenden Folgendes: Die Einschränkung des persönlichen Anwendungsbereichs auf Zusammenführende, die rechtmäßig und perspektivisch langfristig in den Mitgliedstaaten aufhältig sind, ist grundsätzlich zulässig. Auch der EGMR gewährt die Familienzusammenführung nur bei Verwurzelung des Zusammenführenden.[757] Fraglich ist die Vereinbarkeit der in Art. 8 Familienzusammenführungs-RL enthaltenen Wartefristen mit höherrangigem Recht, weil die Fristen von zwei bzw. drei Jahren sehr genau bezeichnet sind. Die Generalanwältin beim EuGH Kokott hatte im Verfahren *Parlament/Rat* die Rechtswidrigkeit des Art. 8 Familienzusammenführungs-RL aufgrund von Verstößen gegen die Gebote der Rechtsklarheit und des Menschenrechtsschutzes angenommen. Die Vorschrift sei missverständlich, da sie Härtefälle nicht einbeziehe.[758] Der EuGH hat hierzu keine Stellung genommen. Allerdings unterscheidet sich die Wartefrist nicht von den sonstigen Öffnungsklauseln der Richtlinie, wie beispielsweise Art. 4 Abs. 1

752 *EuGH*, Urt. v. 27.06.2006, C-540/03, *Parlament/Rat*, Slg. 2006, I-5769, Rn. 98.
753 *EuGH*, Urt. v. 27.06.2006, C-540/03, *Parlament/Rat*, Slg. 2006, I-5769, Rn. 98.
754 *EuGH*, Urt. v. 27.06.2006, C-540/03, *Parlament/Rat*, Slg. 2006, I-5769, Rn. 71.
755 *EuGH*, Urt. v. 27.06.2006, C-540/03, *Parlament/Rat*, Slg. 2006, I-5769, Rn. 98.
756 *EuGH*, Urt. v. 27.06.2006, C-540/03, *Parlament/Rat*, Slg. 2006, I-5769, Rn. 87 f.
757 S.o. Teil 2:A.I.2.b), S. 94 ff.
758 Schlussanträge der Generalanwältin v. 08.09.2005 zu Rs. C-540/03, Rn. 105.

S. 3 Familienzusammenführungs-RL, die ebenfalls Altersgrenzen sehr genau bezeichnen („Kind über 12 Jahre“).[759] Die klare Bezeichnung der Fristen verhindert außerdem nicht, dass die Pflicht zur Einzelfallprüfung Anwendung findet.

Der Gerichtshof hat bisher nicht zur Vereinbarkeit von Art. 7 Abs. 2 UA 1 Familienzusammenführungs-RL mit höherrangigem Recht Stellung genommen.[760] Den Ausführungen des EuGH im Urteil im Fall *Parlament/Rat* zum Integrationskriterium bei minderjährigen Kindern, Art. 4 Abs. 1 UA 3 Familienzusammenführungs-RL, lässt sich entnehmen, dass die Regelung nicht grundsätzlich gegen Art. 8 EMRK, die UN-KRK und Art. 7 i.V.m. 24 EU-GRC verstößt.[761] Integration ist danach ein legitimes Ziel.[762] Art. 4 Abs. 1 UA 3 Familienzusammenführungs-RL und damit erst recht Art. 7 Abs. 2 UA 1 Familienzusammenführungs-RL belassen aus Sicht des EuGH den Mitgliedstaaten den Ermessensspielraum, der ihnen nach Art. 8 EMRK verbleibt.[763] Die Vorschrift verstößt damit ebenfalls nicht gegen höherrangiges Recht.

Rechtmäßigkeitsüberlegungen konzentrieren sich daher auf die Umsetzung. Umsetzungsvorschriften dürfen nicht gegen die allgemeinen Grundsätze des Unionsrechts und insbesondere gegen die Grundrechte verstoßen.[764] Sie dürfen daher nicht im Widerspruch zum Recht auf Achtung des Familienlebens stehen[765] oder gegen den Verhältnismäßigkeitsgrundsatz verstoßen. Es ist somit Aufgabe des nationalen Gesetzgebers, sicherzustellen, dass eine Nachzugsgewährung auch ohne Erfüllung der durch die Richtlinie eröffneten Nachzugsvoraussetzungen erfolgen kann, wenn die privaten Interessen das öffentliche Interesse im Einzelfall überwiegen.

---

759 Zu Art. 4 Abs. 1 UA 3 Familienzusammenführungs-RL s.o. Teil 2:D.IV.3.b), S. 153 f.

760 Die Vorschrift war insbesondere nicht Gegenstand der Verfahrens *Parlament/Rat* aus dem Jahr 2003, *EuGH*, Urt. v. 27.06.2006, C-540/03, *Parlament/Rat*, Slg. 2006, I-5769. Auch im Verfahren *K. und A.* aus dem Jahr 2015 spielte die Frage keine Rolle, inwieweit Richtlinienvorschriften mit höherrangigem Recht vereinbar sind, *EuGH*, Urt. v. 09.07.2015, Rs. C-153/14, *K. und A./Niederlande*, ECLI:EU:C:2015:453, Rn. 69.

761 S. *EuGH*, Urt. v. 27.06.2006, C-540/03, *Parlament/Rat*, Slg. 2006, I-5769, Rn. 62.

762 *EuGH*, Urt. v. 27.06.2006, C-540/03, *Parlament/Rat*, Slg. 2006, I-5769, Rn. 66.

763 Vgl. *EuGH*, Urt. v. 27.06.2006, C-540/03, *Parlament/Rat*, Slg. 2006, I-5769, Rn. 66 zu Art. 4 Abs. 1 UA 3 Familienzusammenführungs-RL.

764 *EuGH*, Urt. v. 27.06.2006, C-540/03, *Parlament/Rat*, Slg. 2006, I-5769, Rn. 70.

765 *EuGH*, Urt. v. 27.06.2006, C-540/03, *Parlament/Rat*, Slg. 2006, I-5769, Rn. 71; s. auch Urt. v. 04.03.2010, Rs. 578/08, *Chakroun*, Slg. 2010, I-01839, Rn. 44: “Daher sind die Bestimmungen der Richtlinie, u. a. Art. 7 Abs. 1 Buchst. c, im Licht der Grundrechte und insbesondere des Rechts auf Achtung des Familienlebens auszulegen, das sowohl in der EMRK als auch in der Charta verankert ist.“

VI. Vereinbarkeit der Integrationsregelungen mit Diskriminierungsverboten

Verschiedene Nachzugsvoraussetzungen der Familienzusammenführungs-RL stehen in der Kritik, unmittelbar aufgrund der Merkmale Staatsangehörigkeit, Aufenthaltszweck und Alter zu diskriminieren.

1. Unmittelbare Diskriminierung aufgrund der Staatsangehörigkeit und des Aufenthaltszwecks

Eine Ungleichbehandlung aufgrund der Staatsangehörigkeit liegt darin, dass die für Drittstaatsangehörige und ihre Familienangehörigen geltenden Integrationsanforderungen der Familienzusammenführungs-RL von Unionsbürgern und ihren Familienangehörigen nicht gefordert werden, da die Richtlinie auf sie keine Anwendung findet. Eine weitere Ungleichbehandlung knüpft an den Aufenthaltszweck an, da die Möglichkeit, vor der Einreise die Erfüllung einer Integrationsmaßnahme i.S.v. Art. 7 Abs. 2 UA 1 Familienzusammenführungs-RL zu verlangen, nur für den Aufenthalt zum Zweck der Familienzusammenführung gilt. Andere Aufenthaltszwecke, wie beispielsweise die Blaue Karte EU, sind davon nicht erfasst.

Der EGMR hat Ungleichbehandlungen von Drittstaatsangehörigen gegenüber eigenen Staatsangehörigen und Unionsbürgern an Art. 14 EMRK geprüft, ohne diese einem konkreten Diskriminierungsmerkmal des Art. 14 EMRK zuzuordnen.[766] Staatsangehörigkeit ist keines der ausdrücklich in Art. 14 EMRK genannten Diskriminierungsmerkmale. Sie erfasst aber die rechtliche Beziehung einer Person zu einem Staat und ist damit ein rechtlicher Status, durch den Personen voneinander unterscheidbar werden. Sie ist damit ein individuelles Anknüpfungsmerkmal und wird vom weit auszulegenden[767] Unterscheidungsmerkmal „sonstiger Status" i.S.d. Art. 14 EMRK erfasst.[768] Den Aufenthaltsstatus

766 *EGMR*, Urt. v. 18.02.1991, 31/1989/191/291, *Moustaquim/Belgien*, EuGRZ 1993, S. 552, 555, Rn. 48 f.; Urt. v. 16.09.1996, 17371/90, *Gaygusuz/Österreich*, Reports 1996-IV, Rn. 50; Urt. v. 30.09.2003, 40892/98, *Koua Poirrez/Frankreich*, ECHR 2003-X, S. 45, Rn. 41.

767 Dass dieser Begriff weit auszulegen ist, ergibt sich schon aus der Tatsache, dass die Liste der Diskriminierungsgründe in Art. 14 EMRK nicht abschließend ist, wie aus den Worten „insbesondere wegen" hervorgeht, *EGMR*, Urt. v. 08.06.1976, 5100/71 u.a., *Engel u.a./Niederlande*, Serie A, Nr. 22, Rn. 72.

768 „Sonstiger Status" bezieht sich auf individuelle Anknüpfungsmerkmale, die nicht durch die übrigen Merkmale abgedeckt sind, beispielsweise Alter und Vermögenslage, Peukert, in: Frowein/Peukert, EMRK-Kommentar, Art. 14, Rn. 33.

von Ausländern hat der EGMR angesichts der damit verbundenen rechtlichen Folgen ebenfalls als einen sonstigen Status i.S.d. Art. 14 EMRK anerkannt.[769]

Entsprechend den Ausführungen des EGMR im Fall *Moustaquim/Belgien*[770] ergibt sich die objektive und sachliche Rechtfertigung für die Besserstellung nicht-eigener Unionsbürger[771] gegenüber Drittstaatsangehörigen durch einen EU-Mitgliedstaat daraus, dass der EU-Mitgliedstaat zu einer speziellen Rechtsordnung gehört.[772] Die Besserstellung der Unionsbürger ist somit keine verbotene Diskriminierung. Diese Bewertung der Besserstellung der Rechtsstellung der Unionsbürger ist mit Blick auf die Weiterentwicklung der Europäischen Union erforderlich. Die Ungleichbehandlung wegen des Aufenthaltszwecks aufgrund unionsrechtlicher Privilegierung ist ebenfalls aus dem legitimen Grund der Teilnahme an der Rechtsgemeinschaft der Europäischen Union gerechtfertigt.

2. *Unmittelbare Diskriminierung wegen des Alters*

Gemäß der Familienzusammenführungs-RL können bestimmte Integrationsregelungen nur von Personen, die ein bestimmtes Alter über- oder unterschreiten, gefordert werden, s. z.B. Art. 4 Abs. 1 UA 3 Familienzusammenführungs-RL. Dementsprechend stellt sich die Frage der unmittelbaren Diskriminierung aufgrund des Alters zwischen Kindern unterschiedlichen Alters und zwischen Kindern und Ehegatten.[773] Alter ist kein ausdrücklich in Art. 14 EMRK genanntes

---

769 *EGMR*, 27.09.2011, *Bah/Vereinigtes Königreich*, Nr. 56328/07, Reports 2011-VI, Rn. 45 f.; Grabenwarter/Pabel, EMRK, § 26, Rn. 12. Ebenso de Vries, Integration at the border, S. 255, wonach der Aufenthaltszweck in keinem der von ihr untersuchten, gängigsten Diskriminierungsverbote ausdrücklich als Diskriminierungsmerkmal aufgeführt ist.

770 Der Entscheidung lag die Ausweisung eines marokkanischen Staatsangehörigen zugrunde, der wegen mehrerer in seiner Jugend begangener Straftaten verurteilt und daraufhin aus Belgien ausgewiesen worden war. Der EGMR wertete die Ausweisung als Verstoß gegen Art. 8 EMRK, *EGMR*, Urt. v. 18.02.1991, 31/1989/191/291, *Moustaquim/Belgien*, EuGRZ 1993, S. 552, 555, Rn. 46.

771 Eine Ungleichbehandlung im Vergleich zu belgischen Staatsangehörigen lag nach Ansicht des EGMR schon deshalb nicht vor, weil eigene Staatsangehörige im Gegensatz zu Ausländern immer ein Recht auf Aufenthalt in ihrem eigenen Land haben und nicht ausgewiesen werden können, *EGMR*, Urt. v. 18.02.1991, 31/1989/191/291, *Moustaquim/Belgien*, EuGRZ 1993, S. 552, 555, Rn. 49.

772 *EGMR*, Urt. v. 18.02.1991, 31/1989/191/291, *Moustaquim/Belgien*, EuGRZ 1993, S. 552, 555, Rn. 49.

773 S. *EuGH*, Urt. v. 27.06.2006, C-540/03, *Parlament/Rat*, Slg. 2006, I-5769, Rn. 74 f.

Diskriminierungsmerkmal. Es ist aber eine sonstige persönliche Eigenschaft, d.h. ein individuelles Anknüpfungsmerkmal, das unter „sonstiger Status" i.S.v. Art. 14 EMRK fällt.[774]

Die unterschiedliche Behandlung von Kindern über 12 Jahre gegenüber jüngeren Kindern und Ehegatten hält der Gerichtshof für gerechtfertigt, weil die Integration eines älteren Kindes zu größeren Schwierigkeiten führe, da es in dieser Phase seines Lebens „bereits über einen verhältnismäßig langen Zeitraum ohne seine Familienmitglieder in einem Drittstaat gelebt hat".[775] Der Gerichtshof hat damit bei Ungleichbehandlungen wegen des Alters die Förderung der Integration als ein legitimes Ziel anerkannt. Die Erklärung des Gerichtshofs, das Integrationskriterium sei bei einem Kind über 12 Jahre gerechtfertigt, da dieses „bereits über einen verhältnismäßig langen Zeitraum ohne seine Familienmitglieder in einem Drittstaat gelebt hat", sodass eine Integration in ein anderes Umfeld zu mehr Schwierigkeiten führen könne,[776] überzeugt nur teilweise. Das Integrationskriterium ist auf alle allein einreisenden Kinder über 12 Jahre anwendbar, unabhängig davon, wie lange sie zuvor bereits im Heimatland allein gelebt haben. Von der Dauer hängt die Fähigkeit zur Integration in ein neues Umfeld auch nicht ab. Allerdings ist es nachvollziehbar, dass Kindern die Integration umso leichter fällt, je jünger sie sind. Die Ungleichbehandlung von Kindern über und unter 12 Jahren ist daher gerechtfertigt.

Auch die Ungleichbehandlung von Kindern gegenüber Ehegatten hat der Gerichtshof für gerechtfertigt erklärt, da Ehegatten durch ihre Heirat die Bildung einer dauerhaften Lebensgemeinschaft zum Ziel hätten, während bei Kindern über 12 Jahre nicht von einem langfristigen Zusammenleben mit ihren Eltern ausgegangen werden könne.[777] Vertretbar daran ist, dass Kinder aufgrund der absehbar kürzeren Verweildauer bei ihren Familien mit einer geringeren familiären Unterstützung rechnen können. Es ist somit zulässig, dass für Kinder ein möglichst junges Nachzugsalter angesetzt wird. Die Altersgrenze ist daher im Hinblick auf das Ziel der Integration gerechtfertigt.

Die Ungleichbehandlung von Ehegatten über und unter 21 Jahren soll aus Gründen der Verhinderung von Zwangsehen und der Förderung der Integration gerechtfertigt sein, Art. 4 Abs. 5 Familienzusammenführungs-RL. Ob bei

---

774 Peukert, in Frowein/Peukert, EMRK-Kommentar, Art. 14, Rn. 33; vgl. Grabenwarter/Pabel, EMRK, § 26, Rn. 8.

775 *EuGH*, Urt. v. 27.06.2006, Rs. C-540/03, *Parlament/Rat*, Slg. 2006, I-5769, Rn. 74–75.

776 *EuGH*, Urt. v. 27.06.2006, Rs. C-540/03, *Parlament/Rat*, Slg. 2006, I-5769, Rn. 74–75.

777 *EuGH*, Urt. v. 27.06.2006, Rs. C-540/03, *Parlament/Rat*, Slg. 2006, I-5769, Rn. 74–75.

jüngeren Ehegatten der Bedarf an einer Altersgrenze zur Verhinderung von Zwangsehen und zur Förderung der Integration tatsächlich größer ist als bei älteren, wird im Rahmen der Untersuchung der deutschen Umsetzungsvorschrift geprüft.[778]

3. Bewertung

Der Bereich der Einreise- und Aufenthaltsgewährung ist nach wie vor von zahlreichen Ungleichbehandlungen geprägt. Die Familienzusammenführungs-RL selbst ermöglicht, teilweise in Verbindung mit weiteren Richtlinien, Ungleichbehandlungen aufgrund der Staatsangehörigkeit, des Aufenthaltsstatus und des Alters. Insbesondere den Ungleichbehandlungen aufgrund der Staatsangehörigkeit steht das europäische Primärrecht nicht wirkungsvoll entgegen. Nicht das durch den Europäischen Rat von Tampere 1999 erkannte und in Erwägungsgrund (3) der Familienzusammenführungs-RL wiederholte Gleichbehandlungsziel, sondern die starke Zerklüftung des Familienzusammenführungsrechts sind die Folge. Unabhängig davon, ob die Ungleichbehandlungen rechtlich als Diskriminierung einzuordnen sind, bergen sie das Risiko, den Betroffenen das Gefühl der Diskriminierung zu vermitteln und damit der Integration entgegenzuwirken.

---

778 S.u. Teil 3:B.IV.2.e)bb)(1), S. 288 ff.

Teil 3: Familiennachzug im deutschen Recht

Im deutschen Recht ergeben sich Vorgaben für den Familiennachzug aus dem verfassungsrechtlichen Familienschutz und aus den einfachgesetzlichen Regelungen des AufenthG. Die verfassungsrechtlichen Vorgaben werden nachfolgend dargestellt, um die Grenzen aufzuzeigen, denen der nationale Gesetzgeber unterliegt, wenn er Familienzusammenführung insbesondere zum Zwecke der Integration regelt. Anschließend werden die geltenden aufenthaltsrechtlichen Familienzusammenführungsregelungen daraufhin untersucht, wie sie die Integration fördern und wie das Integrationsziel unter Beachtung der höherrangigen rechtlichen Vorgaben gegebenenfalls besser erreicht werden kann.

A. Verfassungsrechtliche Vorgaben

I. Schutz von Ehe und Familie, Art. 6 GG

Verfassungsrechtlich schützt Art. 6 Abs. 1 GG Ehe und Familie. Art. 6 Abs. 2 S. 1 GG schützt das elterliche Pflege-und Erziehungsrecht.

1. Persönlicher Schutzbereich

Der Schutz der Vorschrift ist nicht auf Deutsche begrenzt. Damit können sich grundsätzlich auch Nicht-Deutsche, insbesondere auch Drittstaatsangehörige und Staatenlose, auf das Grundrecht berufen.[779] In den persönlichen Schutzbereich wird jedes einzelne Mitglied der durch Art. 6 Abs. 1 GG geschützten Gemeinschaften Ehe und Familie einbezogen.[780] Wird der Familiennachzug verweigert, können sich somit sowohl der im Inland als auch der im Ausland lebende Familienangehörige auf Art. 6 GG berufen, da die Versagung das Zusammenleben als Ehepartner oder Familie im Bundesgebiet verhindert.[781] Befindet der zuzugswillige Familienangehörige sich noch im Ausland, erfolgt die notwendige Verknüpfung mit dem Hoheitsgebiet der Bundesrepublik dadurch, dass der Familienangehörige über eine verfassungsrechtlich geschützte Ehe oder Familie mit einer Person verbunden ist, die Gebietskontakt hat.[782] Aus Sicht des

779 Badura, in: Maunz-Dürig, GG-Kommentar, Stand 72. EL 2014, Art. 6, Rn. 13.
780 *BVerfG*, Beschl. v. 12.05.1987, 2 BvR 1226/83 u.a., NJW 1988, S. 626, 627.
781 *BVerfG*, Beschl. v. 12.05.1987, 2 BvR 1226/83 u.a., NJW 1988, S. 626, 628.
782 *BVerfG*, Beschl. v. 12.05.1987, 2 BvR 1226/83 u.a., NJW 1988, S. 626, 628.

BVerfG wäre es unvereinbar mit der grundgesetzlich vorgesehenen Gleichberechtigung der Familienangehörigen, wenn sich nur ein Familienmitglied auf Art. 6 GG berufen könnte.[783]

2. *Sachlicher Schutzbereich*

Art. 6 Abs. 1 GG schützt Ehe und Familie. Art. 6 Abs. 2 S. 1 GG gewährleistet das elterliche Pflege- und Erziehungsrecht. Die verfassungsrechtlich nicht definierten Begriffe Ehe und Familie sollen „auf überkommene und vorpositive, der sozialen Wirklichkeit angehörende Lebensverhältnisse" verweisen.[784] Zur Bestimmung des Inhalts der Grundrechte und deren Reichweite ist die Rechtsprechung des EGMR als Auslegungshilfe heranzuziehen.[785]

a) *Ehe*

Verfassungsrechtlich geschützt durch Art. 6 Abs. 1 GG ist eine Ehe, wenn sie in der gesetzlich vorgeschriebenen Form eingegangen und auf Dauer angelegt ist.[786] Aufgrund der Ausgestaltung als Menschenrecht ist eine nach ausländischem Recht geschlossene Ehe auch dann geschützt, wenn sie in Deutschland nicht wirksam wäre – es sei denn, es liegt ein Verstoß gegen den ordre public[787] vor.[788] Der Begriff der Ehe i.S.v. Art. 6 Abs. 1 GG umfasst lediglich die Einehe.[789] Die Mehrehe ist verfassungsrechtlich nicht geschützt, auch wenn sie wirksam im Ausland geschlossen wurde.[790] Ein weiterer Ehegatte kann davon

---

783 *BVerfG*, Beschl. v. 12.05.1987, 2 BvR 1226/83 u.a., NJW 1988, S. 626, 628.

784 Badura, in: Maunz/Dürig, GG-Kommentar, Stand 78. EL Juni 2017, Art. 6, Rn. 4.

785 *BVerfG*, Beschl. v. 01.03.2004, BvR 1570/03, InfAuslR 2004, S. 280, 281; Beschl. v. 26.02.2008, 1 BvR 1602/07, *Caroline von Hannover*, NJW 2008, 1793, 1795; S. auch Beschl. v. 14.10.2004, 3 BvR 1481/04, *Görgülü*, DÖV 2005, S. 72, 74 f.; Beschl. v. 10.05.2007, 2 BvR 304/07, InfAuslR 2007, S. 275, 278. Konventionsverletzungen können über die Verletzung des Rechtsstaatsprinzips in Verbindung mit dem Grundrecht vor dem BVerfG gerügt werden, *Benassi*, InfAuslR 2010, S. 283.

786 *BVerfGE*, Entsch. v. 07.10.1970, 1 BvR 409/67, BVerfGE 29, 166, 176, Rn. 32; Badura, in: Maunz/Dürig, GG-Kommentar, Stand 65. EL 2012, Art. 6, Rn. 42.

787 Vgl. Art. 6 EGBGB.

788 Badura, in: Maunz/Dürig, GG-Kommentar, Stand 65. EL 2012, Art. 6, Rn. 63.

789 *BVerfG*, Entsch. v. 07.10.1970, 1 BvR 409/67, BVerfGE 29, 166, 176, Rn. 32; Beschl. v. 30.11.1982, 1 BvR 818/81, BVerfGE 62, S. 323, 330; von Coelln, in: Sachs, GG Kommentar, Art. 6, Rn. 7.

790 *BVerfG*, Beschl. v. 30.11.1982, 1 BvR 818/81, BVerfGE 62, S. 323, 330; Jarass/Pieroth, GG, Art. 6, Rn. 4; wohl auch Ipsen, in: Isensee/Kirchhof, HStR, Bd. VII, § 154,

unabhängig unter den Begriff der Familie fallen, wenn Kinder vorhanden sind.[791]

Nicht unter den verfassungsrechtlichen Schutz fallen Zwangsehen, d.h. Ehen, die unter unwiderstehlichem Zwang geschlossen werden.[792] Eine Scheinehe, d.h. eine Vereinbarung, die nach dem Willen beider Ehepartner nicht auf ein eheliches Zusammenleben gerichtet ist, unterliegt ebenfalls nicht dem Schutz des Art. 6 GG.[793] Eine nur von einem Ehegatten zum Schein eingegangene Ehe ist hingegen verfassungsrechtlich geschützt, weil die Versagung des Schutzes im Hinblick auf das Vertrauen des anderen, ernsthaft zur Ehe gewillten Ehegatten nicht angemessen wäre.[794]

b) Gleichgeschlechtliche Partnerschaften

Als verfassungsrechtlich geschützt galt bislang nur die Ehe zwischen Mann und Frau.[795] Für gleichgeschlechtliche Paare hat das BVerfG mehrfach ausgeschlossen, dass sie eine von Art. 6 Abs. 1 GG geschützte Ehe eingehen können.[796]

Rn. 25; Windthorst, in: Gröpl/Windthorst/von Coelln, Studienkommentar zum GG, Art. 6, Rn. 12, a.A. für nach ausländischem Recht gültige geschlossene Mehrehen mit dem Argument der zunehmenden „Annäherung der Lebensverhältnisse und zunehmenden Mobilität der Weltbevölkerung" Robbers, in: v. Mangoldt/Klein/Starck, GG Kommentar, Bd. I, Art. 6, Rn. 42 m.w.N.

791 von Coelln, in: Sachs, GG Kommentar, Art. 6, Rn. 7. Ebenso können die Kinder aus einer Mehrehe unter den Schutz der Familie fallen, Windthorst, in: Gröpl/Windthorst/von Coelln, Studienkommentar zum GG, Art. 6, Rn. 36.

792 von Coelln, in: Sachs, GG Kommentar, Art. 6, Rn. 8.

793 von Coelln, in: Sachs, GG Kommentar, Art. 6, Rn. 11.

794 S. hierzu auch die einfachgesetzliche Ausgestaltung in § 1314 Abs. 2 Nr. 5 BGB, wonach es einen Aufhebungsgrund darstellt, wenn „*beide* Ehegatten sich bei der Eheschließung darüber einig waren, dass sie keine Verpflichtung gemäß § 1353 Abs. 1 begründen wollen", d.h. eine eheliche Lebensgemeinschaft nicht begründen wollen, Hervorhebung d. Verf.

795 Badura, in: Maunz/Dürig, GG-Kommentar, Stand 65. EL 2012, Art. 6, Rn. 43.

796 *BVerfG*, Beschl. v. 04.10.1993, 1 BvR 640/93, NJW 1993, S. 3058; S. ebenso *BVerwG*, Urt. v. 27.02.1996, 1 C 41/93, NVwZ 1997, S. 189, 190 f., sowie *BVerfG*, Urt. v. 17.07.2002, 1 BvF 1/01, 1 BvF 2/01, NJW 2002, S. 2543, 2547. Zahlreiche einfachgesetzliche Ungleichbehandlungen dieser „in vergleichbarer Wese rechtlich verbindlich verfasste] n] Lebensform" gegenüber der Ehe hat das BVerfG hingegen für unzulässig gehalten, S. *BVerfG*, Beschl. v. 07.05.2013 – 2 BvR 909/06, 2 BvR 1981/06, 2 BvR 288/07, BVerfGE 133, S. 377, 411, Rn. 84 zum Ehegattensplitting, Beschl. v. 07.07.2009, 1 BvR 1164/07, BVerfGE 124, S. 199, 226 f. zur Hinterbliebenenversorgung, Beschl. v. 21.07.2010, 1 BvR 611/07, 1 BvR 2464/07, BVerfGE 126, S. 400, 420 und 422 f. zur

Die Geschlechtsverschiedenheit gehört für das BVerfG „zu den prägenden Merkmalen der Ehe“[797] bzw. „[z]um Gehalt der Ehe, wie er sich ungeachtet des gesellschaftlichen Wandels und der damit einhergehenden Änderungen ihrer rechtlichen Gestaltung bewahrt“ hat.[798] Eine Änderung des Verständnisses der Ehe als Institut zwischen Mann und Frau ohne Grundgesetzänderung wird auch in der Literatur abgelehnt, weil die Geschlechtsverschiedenheit als historisches Wesensmerkmal der Ehe i.S.d. Grundgesetzes einzuordnen sei.[799] Anerkannt hat das BVerfG lediglich, dass Lebenspartner, die „mit dem leiblichen oder angenommenen Kind eines Lebenspartners in sozial-familiärer Gemeinschaft [leben,] mit diesem [Kind] eine durch Art. 6 GG geschützt Familie“ bilden.[800] Das BVerfG hat jedoch die Möglichkeit eines Bedeutungswandels bei „hinreichende[n] Anhaltspunkte[n] für einen grundlegenden Wandel des Eheverständnisses“ bereits in einem Beschluss von 1993 eröffnet.[801] Derartige Anhaltspunkte ergeben sich aus der im Juni 2017 vom Deutschen Bundestag beschlossenen zivilrechtlichen Eheschließungsmöglichkeit für gleichgeschlechtliche Partner.[802] Allein die einfachgesetzliche Regelung kann den verfassungsrechtlichen

---

Erbschafts- und Schenkungssteuer, Beschl. v. 19.06.2012, 2 BvR 1397/09, BVerfGE 131, S. 239, 260 f. zum beamtenrechtlichen Familienzuschlag, Beschl. v. 18.07.2012, 1 BvL 16/11, BVerfGE 132, S. 179, 191 f. zur Grunderwerbsteuer sowie Urt. v. 19.02.2013, 1 BvL 1/11, 1 BvR 3247/09, BVerfGE 133, S. 59, 97, Rn. 100 zur Sukzessivadoption.

797 *BVerfG,* Beschl. v. 04.10.1993, 1 BvR 640/93, NJW 1993, S. 3058.

798 *BVerfG,* Urt. v. 17.07.2002, 1 BvF 1/01, 1 BvF 2/01, NJW 2002, S. 2543, 2547.

799 Ipsen, in: Isensee/Kirchhof, HStR, Bd. VII, § 154, Rn. 9. Keinen Einfluss hat hingegen, dass nur aus der Ehe zwischen Mann und Frau potenziell eine Familie entstehen kann, da der Schutz des Art. 6 Abs. 1 GG nicht von der individuellen Fortpflanzungsfähigkeit abhängt, *BVerfG,* Beschl. v. 11.10.1978, 1 BvR 16/72, BVerfGE 49, S. 286, 300; Windthorst, in: Gröpl/Windthorst/von Coelln, Studienkommentar zum GG, Art. 6, Rn. 15.

800 *BVerfG,* Urt. v. 19.02.2013, 1 BvL 1/11, 1 BvL 3247/09, 3. Leitsatz, *-juris.*

801 In seinem Beschluss von 1993 ging das BVerfG aber davon aus, dass „hinreichende Anhaltspunkte für einen grundlegenden Wandel des Eheverständnisses in dem Sinne, dass der Geschlechtsverschiedenheit keine prägende Bedeutung mehr zukäme“ damals nicht vorlagen, *BVerfG,* Urt. v. 17.02.1982, 1 BvL 8/87, BVerfGE 87, S. 234, 264, S. ebenso *BVerwG,* Urt. v. 27.02.1996, 1 C 41/93, NVwZ 1997, S. 189, 190.

802 BT-Plenarprotokoll 18/244 v. 30.06.2017, S. 25115 zu BT-Drs. 18/6665 v. 11.11.2015 und 18/12989 v. 28.06.2017. Hierdurch wurde insbesondere § 1353 Abs. 1 BGB wie folgt gefasst: „Die Ehe wird von zwei Personen verschiedenen oder gleichen Geschlechts auf Lebenszeit geschlossen.“, Gesetz zur Einführung des Rechts auf Eheschließung für Personen gleichen Geschlechts v. 20.07.2017, BGBl. I 2017, S. 2787, in Kraft seit 01.10.2017.

Ehebegriff zwar nicht ändern. Sie ist aber Ausdruck der entsprechenden gesellschaftlichen Entwicklung, die Grundlage für die Änderung des Verfassungsbegriffs sein kann. Außerdem ist die Änderung der Rechtsprechung des EGMR zu berücksichtigen, die auch gleichgeschlechtliche Paare mittlerweile unter den Familienschutz des Art. 8 EMRK stellt.[803] Demzufolge ist eine Auslegung absehbar, der zufolge Art. 6 GG auch gleichgeschlechtliche Partnerschaften schützt, sofern sie eine zivilrechtliche Ehe eingegangen sind.

c) Familie

Unter Familie ist „die tatsächliche Lebens- und Erziehungsgemeinschaft von Eltern und Kindern" zu verstehen.[804] Auch das Verhältnis zu volljährigen Kindern fällt in den Schutzbereich des Art. 6 Abs. 1 GG.[805] Hinsichtlich der Anwendung auf Kinder ist es unerheblich, ob es sich um eheliche oder uneheliche Kinder handelt.[806] Aufgrund der Bedeutung der Schutzbedürftigkeit der Kinder stehen auch die Beziehungen von Eltern zu Adoptiv-, Stief- und Pflegekindern unter dem verfassungsrechtlichen Schutz.[807] Ebenfalls geschützt sind Kinder aus einer im Ausland geschlossenen Mehrehe.[808]

Unter ausdrücklicher Aufgabe seiner Rechtsprechung, dass der Begriff der Familie auf die Kleinfamilie beschränkt sei und die „Generationen-Großfamilie" nicht umfasse,[809] erkennt das BVerfG mittlerweile an, dass der Familienbegriff auch die Beziehung zwischen nahen Verwandten umfasst, wenn zwischen ihnen „tatsächlich von familiärer Verbundenheit geprägte engere Bindungen [bestehen]".[810] Möglich ist daher die Anwendung des Art. 6 Abs. 1 GG

803 S. zum Schutzbereich der Familie i.R.d. Art. 8 EMRK oben Teil 2:A.I.1.b), S. 91 f.

804 *BVerfG*, Beschl. v. 12.10.2010, 1 BvL 14/09, BVerfGE 127, S. 263, 287; Badura, in: Maunz/Dürig, GG-Kommentar, Stand 69. EL 2013, Art. 6, Rn. 60; Windthorst, in: Gröpl/Windthorst/von Coelln, Studienkommentar zum GG, Art. 6, Rn. 29.

805 *BVerfG*, Beschl. v. 05.02.1981, 2 BvR 646/80, BVerfGE 57, 170–220, Rn. 22, *-juris*; *BVerwG*, Urt. v. 26.03.1982, 1 C 29/81, BVerwGE 65, 188–197, Rn. 22, *-juris*.

806 Badura, in: Maunz/Dürig, GG-Kommentar, Stand 69. EL Mai 2013, Art. 6, Rn. 60.

807 *BVerfG*, Entsch. v. 30.06.1964, 1 BvL 16/62 u.a., BVerfGE 18, 97/105 f., Rn. 38, *-juris*.

808 Windthorst, in: Gröpl/Windthorst/von Coelln, Studienkommentar zum GG, Art. 6, Rn. 36.

809 So noch ausdrücklich *BVerfG*, Beschl. v. 31.05.1978, 1 BvR 683/77, BVerfGE 48, S. 327, 339.

810 *BVerfG*, Beschl. v. 24.06.2014, 1 BvR 2926/13, NJW 2014, S. 2853, 2855, Rn. 23, zum Ganzen S. *Uhle*, NVwZ 2015, S. 272 ff.

insbesondere auf Großeltern und ihre Enkelkinder, aber auch auf Geschwister, Onkel, Tanten, Neffen und Nichten.[811]

d) Nichteheliche Partnerschaften

Nichtehelichen Gemeinschaften lassen weder das BVerfG noch die einschlägige Rechtsliteratur den Schutz des Art. 6 GG zugutekommen.[812] Diese Beziehungen werden auf den Schutz der allgemeinen Handlungsfreiheit des Art. 2 Abs. 1 GG verwiesen.[813]

3. Gewährleistungsumfang und Verhältnismäßigkeit

a) Gewährleistungen

Art. 6 Abs. 1 GG kommen nach der Rechtsprechung des BVerfG drei Gewährleistungen zu, erstens die eines Abwehrrechts im klassischen Sinne,[814] zweitens die einer Institutsgarantie[815] und drittens die einer wertentscheidenden Grundsatznorm.[816] Hiervon hält das BVerfG im Fall der Familienzusammenführung i.d.R. die dritte Gewährleistung der wertentscheidenden Grundsatznorm für relevant.[817] Weder Art. 6 Abs. 1 noch Abs. 2 S. 1 GG gewährleisten danach ausländischen Familienangehörigen einen unmittelbaren Anspruch auf Einreise und Aufenthalt zwecks Führung eines Ehe- oder Familienlebens bzw. zur Wahrnehmung der Elternverantwortung mit ihren im Bundesgebiet lebenden

---

811 *Uhle*, NVwZ 2015, S. 272, 275.

812 S. z.B. Badura, in: Maunz/Dürig, GG-Kommentar, Stand 69. EL Mai 2013, Art. 6, Rn. 32a.

813 Badura, in: Maunz/Dürig, GG-Kommentar, Stand 81. EL September 2017, Art. 6, Rn. 55; Windthorst, in: Gröpl/Windthorst/von Coelln, Studienkommentar zum GG, Art. 6, Rn. 13.

814 Als Abwehrrecht schützt Art. 6 Abs. 1 GG die Freiheit der Ehe- und Familiengründung sowie das Recht auf eheliches und familiäres Zusammenleben, *BVerfG*, Beschl. v. 12.05.1987, 2 BvR 1226/83 u.a., NJW 1988, S. 626, 627.

815 Als Institutsgarantie ist Art. 6 GG betroffen, wenn die Vorschriften, die den Kern des Ehe- und Familienrechts bilden, d.h. insbesondere die Vorschriften des bürgerlichen Rechts, wesentlich geändert werden oder prägende Merkmale der der Verfassung zugrunde liegenden Begriffe Ehe und Familie eine mittelbare Beeinträchtigung erfahren, *BVerfG*, Beschl. v. 12.05.1987, 2 BvR 1226/83 u.a., NJW 1988, S. 626, 629.

816 *BVerfG*, Beschl. v. 12.05.1987, 2 BvR 1226/83 u.a., NJW 1988, S. 626, 627; Beschl. v. 17.01.1957, 1 BvL 4/54, BVerfGE 6, S. 55, 71 ff.; Beschl. v. 29.07.1968, BVerfGE 24, S. 119, 135.

817 *BVerfG*, Beschl. v. 12.05.1987, 2 BvR 1226/83 u.a., NJW 1988, S. 626, 629.

ausländischen Angehörigen.[818] Als wertentscheidende Grundsatznorm begründet Art. 6 Abs. 1 GG für den Staat die Pflicht zum Schutz und zur Förderung von Ehe und Familie.[819] Daraus folgt die Pflicht des Gesetzgebers, beim Erlass allgemeiner Regeln über die Erteilung von Aufenthaltstiteln „die bestehenden ehelichen und familiären Bindungen [von Ausländern] an im Bundesgebiet lebende Personen“ ausreichend zu beachten.[820] Art. 6 Abs. 2 S. 1 GG gewährleistet, dass Eltern ihre Verantwortung „im Interesse des Kindeswohls“ wahrnehmen können und ist durch die Trennung infolge der Versagung der Familienzusammenführung ebenfalls in der Gewährleistung der wertentscheidenden Grundsatznorm betroffen.[821] Die Gewährleistung der wertentscheidenden Grundsatznorm ähnelt bezüglich der Familienzusammenführung somit der des Art. 8 EMRK.

Mit der Funktion des Art. 6 GG als wertentscheidender Grundsatznorm korrespondiert ein grundrechtlicher Anspruch jedes persönlich geschützten Familienmitglieds auf angemessene Berücksichtigung seiner „familiären Bindungen an im Bundesgebiet lebende Personen“, wenn Behörden und Gerichte über Aufenthaltsbegehren entscheiden.[822] Im Rahmen der Entscheidung über ein Nachzugsbegehren sind die ehelichen und familiären Belange und gegenläufige öffentliche Interessen „mit dem Ziel eines schonenden Ausgleichs gegeneinander abzuwägen“.[823] Die verfassungsrechtliche Prüfung läuft auf eine Verhältnismäßigkeitsprüfung dazu hinaus, ob der Ausschluss des Nachzugs ins Bundesgebiet die berechtigten Belange des Grundrechtsträgers unverhältnismäßig vernachlässigt.[824] Verhältnismäßig ist ein Grundrechtseingriff, wenn er einen legitimen Zweck in geeigneter, erforderlicher und angemessener Weise verfolgt.[825]

---

818 *BVerfG*, Beschl. v. 12.05.1987, 2 BvR 1226/83 u.a., NJW 1988, S. 626, 628; Beschl. v. 18.07.1979, 1 BvR 650/77, BVerfGE 51, S. 386, 396; Beschl. v. 18.04.1989, 2 BvR 1169/84, NJW 1989, S. 2195, 2196; Beschl. v. 05.06.2013, 2 BvR 586/13, Rn. 12, *-juris*.

819 *BVerfG*, Beschl. v. 12.05.1987, 2 BvR 1226/83 u.a., NJW 1988, S. 626, 629; Beschl. v. 18.04.1989, 2 BvR 1169/84, NJW 1989, S. 2195, 2196.

820 *BVerfG*, Beschl. v. 12.05.1987, 2 BvR 1226/83 u.a., NJW 1988, S. 626, 629.

821 *BVerfG*, Beschl. v. 12.05.1987, 2 BvR 1226/83 u.a., NJW 1988, S. 626, 628.

822 *BVerfG*, Beschl. v. 12.05.1987, 2 BvR 1226/83 u.a., NJW 1988, S. 626, 629; Beschl. v. 18.04.1989, 2 BvR 1169/84, BVerfGE 80, S. 81, 93.

823 *BVerfG*, Beschl. v. 12.05.1987, 2 BvR 1226/83 u.a., NJW 1988, S. 626, 629; Beschl. v. 30.01.2002, 2 BvR 231/00, InfAuslR 2002, S. 171, 173.

824 *BVerfG*, Beschl. v. 12.05.1987, 2 BvR 1226/83 u.a., NJW 1988, S. 626, 629.

825 *BVerfG*, Urt. v. 27.02.2008, 1 BvR 370,595/07, BVerfGE 120, S. 274, 318 f. m.w.N.

b) Legitime Regelungsziele

Als legitime Regelungsziele anerkannt hat das BVerfG die Förderung der Integration und die Verhinderung von Zwangsehen.[826] Das Gericht hat es dabei offengelassen und für unerheblich gehalten, ob das Ziel der Integration selbst Verfassungsrang genießt.[827] Das BVerwG hat die beiden Ziele zumindest für „verfassungsrechtlich fundiert" erklärt, das Ziel der Integration auf Basis des Art. 2 Abs. 1 GG (freie Entfaltung der Persönlichkeit) und des Sozialstaatsprinzips, Art. 20 Abs. 1 GG (sozialer Bundesstaat).[828] Zusätzlich folgt das Ziel der Integration auch aus Art. 28 Abs. 1 S. 2 GG (sozialer Rechtsstaat).

Das Ziel der Verhinderung vor Zwangsverheiratungen ergibt sich aus dem Auftrag des Staates zum Schutz der Rechte aus Art. 2 Abs. 1 i.V.m. Art. 1 Abs. 1 GG (freie Entfaltung der Persönlichkeit), Art. 2 Abs. 2 GG (körperliche Unversehrtheit) und Art. 6 GG (Eheschließungsfreiheit).[829]

Die Zuzugsbegrenzung ist ein weiteres legitimes Ziel, dem laut dem BVerfG „von Verfassungs wegen erhebliches Gewicht beigemessen werden" darf.[830]

c) Geeignetheit, Erforderlichkeit und Angemessenheit

Aus der verfassungs- und höchstrichterlichen Rechtsprechung lassen sich verschiedene Grundsätze zur Geeignetheit, Erforderlichkeit und Angemessenheit von Familiennachzugsregelungen ableiten.

aa) Ehebestandszeit und Mindestvoraufenthalt

Das BVerfG hat 1987 das Erfordernis einer Ehebestandszeit von drei Jahren für unverhältnismäßig gehalten, weil ausnahmslos junge Ehen von der Regelung betroffen waren, für die die Trennung eine schwere Belastung und Gefährdung bedeutete.[831] Diese war eingeführt worden, um Scheinehen zu verhüten und um Partner rechtmäßiger Ehen dazu zu bewegen, ihre Ehe im Herkunftsland zu führen und dadurch die Zuwanderung zu begrenzen.[832] Ein weiteres Kriterium für die Entscheidung des BVerfG war, dass die Regelung vorrangig

826 *BVerwG*, Urt. v. 30.03.2010, 1 C 8.09, ZAR 2011, S. 27, 32, Rn. 38. Ebenso ohne Erläuterung *BVerfG*, Beschl. v. 25.03.2011, 2 BvR 1413/10, NVwZ 2011, S. 870, 871, Rn. 5.
827 *BVerfG*, Beschl. v. 12.05.1987, 2 BvR 1226/83 u.a., NJW 1988, S. 626, 630.
828 *BVerwG*, Urt. v. 30.03.2010, 1 C 8.09, ZAR 2011, S. 27, 32, Rn. 41.
829 *BVerwG*, Urt. v. 30.03.2010, 1 C 8.09, ZAR 2011, S. 27, 32, Rn. 41.
830 *BVerfG*, Beschl. v. 12.05.1987, 2 BvR 1226/83 u.a., NJW 1988, S. 626, 633.
831 *BVerfG*, Beschl. v. 12.05.1987, 2 BvR 1226/83 u.a., NJW 1988, S. 626, 633.
832 *BVerfG*, Beschl. v. 12.05.1987, 2 BvR 1226/83 u.a., NJW 1988, S. 626, 632.

Zusammenführende traf, die „nicht nur ein Recht zum Daueraufenthalt im Bundesgebiet erworben und hier eine gesicherte wirtschaftliche und soziale Existenz gefunden, sondern auch eine erhebliche Zeit [ihres] Lebens in der Bundesrepublik Deutschland verbracht" haben.[833] Selbst das Argument der Legitimität erkannte das BVerfG an: Gegenüber den Angehörigen der sog. ersten Generation habe die Bundesrepublik aufgrund der Anwerbung zur Arbeitsaufnahme „ein besonderes Maß an Verantwortung übernommen" und die Anwerbung verstärke das „Gewicht des von Art. 6 I und II 1 GG geschützten Wunsches nach einem Nachzug ins Bundesgebiet".[834]

Einen Mindestvoraufenthalt von acht Jahren für Angehörige der zweiten Generation, der die Integration der Nachziehenden sicherstellen sollte, hielt das Gericht hingegen für verhältnismäßig, vorrangig, weil die Zusammenführenden regelmäßig noch Bindungen zum Herkunftsland hätten.[835]

Besondere Bedeutung misst das BVerfG demzufolge der Frage bei, wie sehr die ehelichen oder familiären Bindungen durch die Versagung der Familienzusammenführung belastet werden, welche Ziele mit der Versagung verfolgt werden und wie intensiv die Bindungen des Zusammenführenden zum Herkunftsland und zur Bundesrepublik sind. Der Aufenthaltsdauer im Bundesgebiet kommt dabei i.R.d. Angemessenheitsprüfung wesentliches Gewicht zu.

bb) Sprachnachweis für Ehegatten

Beim Ehegattennachzug zu Ausländern hat es das BVerwG 2010 angesichts der Wartefristen des Art. 8 Familienzusammenführungs-RL für in der Regel zumutbar gehalten, wenn der seit 2007 verlangte Sprachnachweis zu einer Verzögerung um zwei bis drei Jahre führt, wenn die Herstellung der Ehe im Ausland nicht möglich ist.[836] Selbst die Tatsache, dass ein in der Bundesrepublik wirtschaftlich integrierter Ausländer bei Rückkehr in das Herkunftsland gem. § 51 sein Aufenthaltsrecht in Deutschland verlieren würde, führt danach nicht zur Unangemessenheit.[837] In Einzelfällen einer Unzumutbarkeit der Herstellung der ehelichen Lebensgemeinschaft im Ausland sollte der verfassungsrechtliche Interessenausgleich über eine Einreise zum Spracherwerb gemäß § 16 Abs. 5 AufenthG erfolgen.[838] Nachdem 2015 eine allgemeine Härtefallklausel zum Sprachnachweis

---

833 *BVerfG*, Beschl. v. 12.05.1987, 2 BvR 1226/83 u.a., NJW 1988, S. 626, 633.

834 *BVerfG*, Beschl. v. 12.05.1987, 2 BvR 1226/83 u.a., NJW 1988, S. 626, 633.

835 *BVerfG*, Beschl. v. 12.05.1987, 2 BvR 1226/83 u.a., NJW 1988, S. 626, 629 f.

836 *BVerwG*, Urt. v. 30.03.2010, 1 C 8.09, ZAR 2011, S. 27, 33, Rn. 46.

837 *BVerwG*, Urt. v. 30.03.2010, 1 C 8.09, ZAR 2011, S. 27, 32, Rn. 42.

838 *BVerwG*, Urt. v. 30.03.2010, 1 C 8.09, ZAR 2011, S. 27, 33, Rn. 46.

eingeführt wurde, ist mittlerweile der Streit obsolet, ob schon der Verweis auf § 16 Abs. 5 AufenthG Verhältnismäßigkeitsüberlegungen ausreichend aufgriff oder hierfür eine explizite Regelung erforderlich war.[839] Das BVerwG hatte das Spracherfordernis 2010 zudem unter Hinweis auf einen *acte clair* für vereinbar mit der Familienzusammenführungs-RL gehalten.[840]

Trotz der Härtefallklausel nach wie vor klärungsbedürftig ist die Frage, welche Verzögerungsdauer im Einzelfall verfassungsrechtlich zumutbar ist. Zutreffend wird vertreten, dass eine Nachzugsverzögerung von drei Jahren schon nicht mit den Vorgaben des BVerfG vereinbar ist, das eine dreijährige Ehebestandszeit für unzumutbar gehalten hat.[841] Wegen der Gefährdung junger Ehen durch eine örtliche Trennung dürfte auch bei Drittstaatsangehörigen nur eine Verzögerung von maximal einem Jahr angemessen sein.

Beim Nachzug zu deutschen Staatsangehörigen führt hingegen das jedem Bundesbürger in Art. 11 GG zustehende Recht auf Aufenthalt im Bundesgebiet dazu, dass der Nachzug nicht dauerhaft, sondern nur für einen eng begrenzten Zeitraum und nur bei „gewichtigen öffentlichen Belangen“ verzögert werden darf.[842] Nach einer Entscheidung des BVerwG von 2012 soll die Grenze zur Unzumutbarkeit bei einer Verzögerung von einem Jahr liegen.[843]

Bei der Zumutbarkeitsprüfung berücksichtigt das BVerwG „die Verfügbarkeit von Lernangeboten, deren Kosten, ihre Erreichbarkeit sowie persönliche Umstände […], die der Wahrnehmung von Lernangeboten entgegenstehen können, etwa Krankheit oder Unabkömmlichkeit.“[844] Von vornherein, d.h. nicht erst nach einem Jahr, unzumutbar ist das Spracherfordernis bei fehlendem

---

839 § 30 Abs. 1 S. 3 Nr. 6 AufenthG, s.u. zu der geänderten deutschen Gesetzeslage Teil 3:B.III.2.b)cc)(4), S. 257 f. S. zur Unverhältnismäßigkeit *EuGH*, Urt. v. 09.07.2015, Rs. C-153/14, *K. und A./Niederlande*, ECLI:EU:C:2015:453, oben Teil 2:D.III.5, S. 140. S. aber *Thym*, ZAR 2014, S. 301, 306, wonach die durch das BVerwG begründete Möglichkeit zur Visumerteilung nach § 16 Abs. 5 AufenthG dem EuGH unbekannt gewesen sein dürfte, die deutsche Rechtslage daher zu restriktiv wiedergegeben wurde und diese Möglichkeit den Vorgaben des EuGH entsprechen könnte, zur Tragfähigkeit des Verweises auf § 16 Abs. 5 AufenthG s.u. Teil 3:B.III.2.b)cc)(4), S. 257 f.

840 Das BVerwG war von einem nicht vorlagebedürftigen *acte clair* ausgegangen, da zu der Zeit bereits verschiedene weitere Mitgliedstaaten auf Basis von Art. 7 Abs. 2 UA 1 Familienzusammenführungs-RL ergebnisorientiert Sprachergebnisse forderten, *BVerwG*, Urt. v. 30.03.2010, 1 C 8.09, ZAR 2011, S. 27, 30 f., Rn. 28.

841 *Marx*, ZAR 2011, S. 15, 20.

842 *BVerwG*, Urt. v. 04.09.2012, 10 C 12/12, BVerwGE 144, S. 141–156, Rn. 26 f., *-juris*.

843 *BVerwG*, Urt. v. 04.09.2012, 10 C 12/12, BVerwGE 144, S. 141–156, Rn. 28, *-juris*.

844 *BVerwG*, Urt. v. 04.09.2012, 10 C 12/12, BVerwGE 144, S. 141–156, Rn. 28, *-juris*.

Sprachkursangebot im Heimatland oder hohem Sicherheitsrisiko bei einem Sprachkursbesuch und bei fehlenden Erfolg versprechenden Alternativen zum Spracherwerb.[845] Auf den Sprachnachweis wird somit verzichtet, sofern „Bemühungen um den Spracherwerb im Einzelfall nicht möglich, nicht zumutbar oder innerhalb eines Jahres nicht erfolgreich sind".[846]

Es folgt aus dieser Rechtsprechung, dass eine Nachzugsvoraussetzung mit dem Verhältnismäßigkeitsgrundsatz unvereinbar ist, wenn sie als absolutes Nachzugshindernis ausgestaltet ist, d.h. im Normalfall unerfüllbar ist. Eine solche Voraussetzung wäre der Bedeutung von Ehe und Familie nicht angemessen. Eine Verzögerung ist hingegen zulässig und beim Nachzug zu Drittstaatangehörigen im Einzelfall auch der Nachzugsausschluss, wenn die Ehe im Ausland hergestellt werden kann.

d) Gestaltungsspielraum

Das BVerfG gesteht dem Gesetzgeber auf dem Gebiet des Ausländerrechts einen weiten Gestaltungsspielraum zu (sog. Einschätzungsprärogative), der auch hinsichtlich künftiger Verhältnisse und Entwicklungen zu beachten ist.[847] Der Gestaltungsspielraum schließt die verfassungsrechtliche Überprüfung nicht aus und beschränkt sie auch nicht auf Fälle offensichtlicher Grundrechtsverletzungen, bewirkt aber, dass das BVerfG politische Einschätzungen nur am Maßstab der Vertretbarkeit prüft.[848] Vertretbarkeit wird angenommen, wenn „zuverlässige, auf nachvollziehbaren Wegen zu gewinnende Erkenntnisse" zu der voraussichtlichen Wirkung einer Maßnahme weder vorliegen noch „innerhalb eines angemessenen Zeitraums und unter vertretbarem Aufwand […] erlangt werden können".[849] Die gerichtliche Kontrolle beschränkt sich daher auf die Überprüfung, ob das gewählte Instrumentarium zur Zielerreichung hinreichend Erfolg versprechend und nicht evident ungeeignet ist.[850] Für unvertretbar hat das BVerfG eine Einschätzung gehalten, wenn ihr „ein anderer Standpunkt eindeutig vorgezogen werden müsste."[851] Die Angemessenheit von Regelungen ist dabei vorrangig „am Normalfall der dem Verständnis des Art. 6 Abs. 1 und 2 GG

---

845 *BVerwG*, Urt. v. 04.09.2012, 10 C 12/12, BVerwGE 144, S. 141–156, Rn. 28, *-juris.*

846 *BVerwG*, Urt. v. 04.09.2012, 10 C 12/12, BVerwGE 144, S. 141–156, Leitsatz 1, *-juris.*

847 *BVerfG*, Beschl. v. 12.05.1987, 2 BvR 1226/83 u.a., NJW 1988, S. 626, 629, ebenso *BVerwG*, Urt. v. 30.03.2010, 1 C 8.09, ZAR 2011, S. 27, 32, Rn. 38.

848 *BVerfG*, Beschl. v. 12.05.1987, 2 BvR 1226/83 u.a., NJW 1988, S. 626, 629.

849 *BVerfG*, Beschl. v. 12.05.1987, 2 BvR 1226/83 u.a., NJW 1988, S. 626, 631.

850 *BVerwG*, Urt. v. 30.03.2010, 1 C 8.09, ZAR 2011, S. 27, 32, Rn. 38.

851 *BVerfG*, Beschl. v. 12.05.1987, 2 BvR 1226/83 u.a., NJW 1988, S. 626, 631.

entsprechenden Ehe“ zu beurteilen.[852] Das BVerfG hat eine Verpflichtung der zuständigen Organe zur Überprüfung der von ihnen angenommenen Wirkungen einer Maßnahme nicht ausgeschlossen, diese jedoch auf Fälle beschränkt, in denen sich aus der Behördenpraxis oder anderweitig Erkenntnisse dafür ergeben, dass das Ziel der Maßnahme „typischerweise“ nicht erreicht wird.[853]

II. Gleichbehandlungsgebote und Diskriminierungsverbote in Art. 3 GG

Neben den Familien schützenden Normen beschränken auch die Gleichbehandlungsrechte und Diskriminierungsverbote den Gestaltungsspielraum des Gesetzgebers, wenn er Familienzusammenführung zum Zwecke der Integration regelt. Relevant sind diese Rechte und Verbote, wenn der Gesetzgeber Ausnahmen von den Familienzusammenführungsvoraussetzungen vorsieht.

Art. 3 GG enthält in Bezug auf Ungleichbehandlungen verschiedene Rechtsgarantien: Art. 3 Abs. 1 GG stellt den Grundsatz auf, dass alle Menschen vor dem Gesetz gleich sind. Art. 3 Abs. 2 GG sieht die Gleichberechtigung von Mann und Frau vor und verlangt vom Staat ein aktives Fördern zu deren Durchsetzung. Art. 3 Abs. 3 GG enthält spezielle Diskriminierungsverbote hinsichtlich des Geschlechts, der Abstammung, der Rasse, der Sprache, der Heimat und Herkunft, des Glaubens, der religiösen oder politischen Anschauungen und der Behinderung. Die speziellen Gleichheitssätze in Art. 3 Abs. 2 GG und Art. 3 Abs. 3 GG gehen dem allgemeinen Gleichheitssatz des Art. 3 Abs. 1 GG als Spezialregelungen vor.[854] Aus Art. 3 Abs. 3 GG ergibt sich kein Verbot der Diskriminierung aufgrund der Staatsangehörigkeit. Damit ist die Staatsangehörigkeit ein zulässiges Differenzierungsmerkmal.[855] Etwas anderes gilt lediglich für Unionsbürger, für die Art. 3 Abs. 3 GG i.V.m. Art. 18 AEUV eine Diskriminierung aus Gründen der Staatsangehörigkeit verbietet.[856] Ungleichbehandlungen von Drittstaatsangehörigen aufgrund der Staatsangehörigkeit sind somit am

852 *BVerfG*, Beschl. v. 12.05.1987, 2 BvR 1226/83 u.a., NJW 1988, S. 626, 633.

853 *BVerfG*, Beschl. v. 12.05.1987, 2 BvR 1226/83 u.a., NJW 1988, S. 626, 630.

854 Richter, in: Merten/Papier, Handbuch der Grundrechte, Bd. V, § 126, Rn. 34.

855 Umkehrschluss aus Langenfeld, in: Maunz/Dürig, GG-Kommentar, 74. EL Mai 2015, Art. 3 Abs. 3, Rn. 58.

856 Art. 18 EUV lautet: „Unbeschadet besonderer Bestimmungen der Verträge ist in ihrem Anwendungsbereich jede Diskriminierung aus Gründen der Staatsangehörigkeit verboten.“ Das als „partielles Gleichheitsgebot“ bezeichnete Diskriminierungsverbot des Art. 18 AEUV wird systematisch in die Diskriminierungsverbote des Art. 3 Abs. 3 GG eingeordnet, Langenfeld, in: Maunz/Dürig, GG-Kommentar, Art. 3 Abs. 3, Rn. 59.

Maßstab des Art. 3 Abs. 1 GG zu prüfen. Dieses Grundrecht steht allen natürlichen Personen („alle Menschen“) zu.[857] Im Rahmen der verfassungsrechtlichen Rechtfertigungsprüfung ist nach der Rechtsprechung zu berücksichtigen, dass der Bundesrepublik „hinsichtlich der Pflege ihrer Beziehungen ein weites außenpolitisches Ermessen“ zusteht, welches auch „die aufenthaltsrechtliche Privilegierung von Angehörigen bestimmter Drittstaaten“ einschließt.[858] Damit können aufenthaltsrechtliche Schlechterstellungen von bestimmten Drittstaatsangehörigen aus außenpolitischen Gründen gerechtfertigt sein.

III. Bewertung

Betreffend den Familienschutz bestehen zwischen den grundgesetzlichen Gewährleistungen und denen der EMRK in der Auslegung, die sie durch das BVerfG bzw. den EGMR gefunden habe, große Ähnlichkeiten. Das BVerfG fasst ebenso wie der EGMR mittlerweile Angehörige der Großfamilie unter den Familienbegriff. Eine Angleichung der verfassungsgerichtlichen Rechtsprechung ist auch für die gleichgeschlechtlichen Lebenspartner zu erwarten.

Entsprechend dem EGMR folgert auch das BVerfG aus Art. 6 GG keinen Anspruch auf Familienzusammenführung. Es spricht gleichwohl nicht nur von positiven Pflichten, sondern von einem individuellen grundgesetzlichen Anspruch auf angemessene Beachtung der familiären Interessen. Im Ergebnis führt auch dieser Anspruch - ebenso wie Art. 8 EMRK - im Rahmen einer Verhältnismäßigkeitsprüfung zu einer Güterabwägung darüber, ob Familiennachzugsregelungen geschützte familiäre Bindungen unangemessen beeinträchtigen.

Die Rechtsprechung des EGMR ist in Bezug auf die Interessenabwägung und Verhältnismäßigkeitsprüfung zwar wesentlich ausdifferenzierter und fallgruppenorientierter als die des BVerfG bzw. BVerwG. Dies liegt auch daran, dass der EGMR viel häufiger als das BVerfG über Fragen des Familiennachzugs zu entscheiden hatte. Es lassen sich jedoch identische Abwägungskriterien erkennen: Sowohl der EGMR als auch das BVerfG bzw. BVerwG berücksichtigen das Ausmaß der befürchteten Beeinträchtigung der familiären Beziehung, die Verbindungen zum Herkunftsstaat, d.h., ob die Herstellung der Ehe dort möglich ist, und die Verbindungen zum Aufenthaltsstaat. Die Ausdifferenzierung des EGMR führt indes nicht dazu, dass die Rechtsprechung des EGMR generell

---

857 Kirchhof, in: Maunz/Dürig, GG-Kommentar, 81. EL Sept. 2017, Art. 3 Abs. 1, Rn. 274 f.

858 *BVerwG*, Urt. v. 10.03.2010, 1 C 8.09, ZAR 2011, S. 27, 34, Rn. 59; Urt. v. 04.12.2012, 10 C 12/12, BVerwGE 144, S. 141–156, Rn. 34, *– juris*.

besser vorhersehbar oder der Schutz nach Art. 6 GG geringer ist. Aus der Leitentscheidung des BVerfG von 1987 folgt, dass die lange Aufenthaltsdauer des Zusammenführenden in der Bundesrepublik dazu führt, dass seinem Interesse an einem Zusammenleben im Bundesgebiet zunehmendes Gewicht beizumessen ist. Eine dauerhafte Familiennachzugsverweigerung zu diesen Zusammenführenden ist daher nur bei sehr gewichtigen öffentlichen Interessen denkbar. Im Gegensatz dazu hat der EGMR nur Nachzugsbegehren akzeptiert, in denen neben der Verwurzelung des Zusammenführenden auch die Verwurzelung von Kindern im Vertragsstaat gegeben war. Demzufolge hat das BVerfG das Ehebestandserfordernis, das zu einer Nachzugsverzögerung von drei Jahren führte, für unzumutbar gehalten. Zur selben Fragestellung gibt es bisher keine Rechtsprechung des EGMR. Allerdings hat der EuGH, der sich an der Rechtsprechung des EGMR orientiert, eine nationale Mindestalterregelung für Ehegatten, die zu einer dreijährigen Wartephase führen kann, in seinem Urteil *Marjan Noorzia* nicht beanstandet.[859] Diese Regelung, die vor dem BVerfG keinen Bestand gehabt hätte, hielt somit der Überprüfung durch den EuGH stand.

Zwar ist auch die verfassungsrechtliche Rechtsprechung durch die zahlreichen unpräzisen Abwägungskriterien naturgemäß ebenfalls von Unsicherheiten geprägt. Durch die stärkere Berücksichtigung der Aufenthaltsdauer wird die verfassungsgerichtliche Rechtsprechung jedoch den berechtigten Interessen integrierter Drittstaatsangehöriger weitaus besser gerecht als die Rechtsprechung des EGMR zu Art. 8 EMRK. Regelungen der Familienzusammenführung zum Zwecke der Integration steht Art. 6 GG damit zwar nicht grundsätzlich entgegen. Der Verhältnismäßigkeitsgrundsatz führt jedoch dazu, dass der Nachzug zu dauerhaft aufhältigen und wirtschaftlich integrierten Personen aus Gründen der Integration nur für einen gewissen Zeitraum verweigert werden kann.

B. Der Familiennachzug im Aufenthaltsrecht und seine Wirkung auf die Integration Drittstaatsangehöriger

Im Rahmen dieser Arbeit wurden in einem ersten Schritt die historischen und begrifflichen Grundlagen der Familienzusammenführung und der Integration aufgearbeitet und in einem zweiten Schritt die rechtlichen Grenzen für die gesetzliche Gestaltung der Familienzusammenführung zum Zweck der Integrationsförderung aufgezeigt. Als dritter Schritt wird in diesem Kapitel nun der

859 S.o. Teil 2:D.IV.5.b), S. 171 f.

Frage nachgegangen, ob die im deutschen Recht in §§ 27 ff. AufenthG geregelten Familiennachzugsvoraussetzungen tatsächlich die Integration Drittstaatsangehöriger fördern und wie die Integrationswirkung gegebenenfalls verbessert werden kann. Zu diesem Zweck werden zunächst jeweils der Inhalt der Einreiseregelungen zum Familiennachzug und die damit verfolgten Ziele dargestellt. Anschließend wird dargestellt, welche Wirkungen die Regelungen haben und anhand des oben ausgearbeiteten Prüfkonzepts wird geprüft, ob die Regelungen die Integration fördern. Auf dieser Grundlage wird abschließend jeweils die Rechtmäßigkeit der Regelungen überprüft und es werden Vorschläge zu einer besseren Erreichung des Integrationsziels erarbeitet.

I. Persönlicher Anwendungsbereich

1. Zusammenführender

a) Anforderungen an den Aufenthaltstitel

Grundvoraussetzung für den Familiennachzug im Aufenthaltsrecht ist, dass der Zusammenführende über eine Aufenthaltserlaubnis, eine Blaue Karte EU, einen langfristigen Aufenthaltstitel (Niederlassungserlaubnis, Erlaubnis zum Daueraufenthalt-EU) oder eine ICT- bzw. Mobile-ICT-Karte verfügt oder nach § 20a AufenthG kurzfristig als mobiler Forscher rechtmäßig aufhältig ist, § 29 Abs. 1 AufenthG. Die Aufenthaltstitel sind ausreichend beim Nachzug von Kindern.[860]

Für den Nachzug von Ehegatten sind Besitzer einer Aufenthaltserlaubnis hingegen nur dann unbeschränkt zusammenführungsberechtigt, wenn sie eine Aufenthaltserlaubnis als Forscher oder mobiler Forscher, § 20 und 20b AufenthG, als Asylberechtigter oder anerkannter Flüchtling, § 25 Abs. 1 und 2 AufenthG, besitzen, § 30 Abs. 1 S. 1 Nr. 3 lit. c AufenthG oder nach § 38a AufenthG innehaben, wobei bei Letzteren die eheliche Lebensgemeinschaft bereits in dem Mitgliedstaat der Europäischen Union bestanden haben muss, in dem der Ausländer die Rechtsstellung eines langfristig Aufenthaltsberechtigten innehatte, § 30 Abs. 1 S. 1 Nr. 3 lit. f AufenthG. Alle anderen Inhaber einer Aufenthaltserlaubnis können ihre Ehegatten nur dann nachziehen lassen, wenn sie seit zwei Jahren eine Aufenthaltserlaubnis besitzen, deren Verlängerung gemäß § 8 Abs. 2 AufenthG und die spätere Erteilung einer Niederlassungserlaubnis nicht ausgeschlossen sind, § 30 Abs. 1 S. 1 Nr. 3 lit. d AufenthG. Hierauf wird bei Bestandsehen verzichtet, d.h., wenn die Ehe bei Erteilung der Aufenthaltserlaubnis an

860 S. § 32 AufenthG, der keine weiteren Anforderungen an den Aufenthaltstitel stellt sowie § 32 Abs. 5 AufenthG für Kinder von Forschern i.S.d. § 20a AufenthG.

den Stammberechtigten bereits bestand, wenn außerdem die voraussichtliche Aufenthaltsdauer mindestens ein Jahr beträgt, § 30 Abs. 1 S. 1 Nr. 3 lit. e AufenthG. In Härtefällen kann von den Voraussetzungen des Bestands der Ehe, der Mindestgültigkeitsdauer und der Aufenthaltsperspektive wiederum abgesehen werden, § 30 Abs. 2 AufenthG.[861] Bestandsehen werden durch diese Regelungen gegenüber Nicht-Bestandsehen privilegiert.

Den Nachzug zu Flüchtlingen mit subsidiärem Schutzstatus, die nach § 30 Abs. 1 S. 1 Nr. 3 lit. c AufenthG grundsätzlich ebenfalls zusammenführungsberechtigt sind, hat der Gesetzgeber im März 2016 für zwei Jahre gesetzlich ausgesetzt.[862] Dies führt faktisch zu einer Wartefrist von bis zu zwei Jahren.

b) Regelungszweck

Das Mindestvoraufenthaltserfordernis hat eine lange Tradition im deutschen Recht, sodass der Regelungszweck auch anhand der Vorgängerregelungen zu erforschen ist. Ein Mindestvoraufenthaltserfordernis wurde, wie zu Beginn dieser Arbeit bereits erwähnt wurde,[863] schon 1981 aufgrund von Verwaltungsvorschriften beim Ehegattennachzug zu Ausländern der zweiten Generation verlangt und in § 18 Abs. 1 Nr. 4 AuslG 1990 übernommen. Ziel der Regelung war somit die Beschränkung des Nachzugs. Die auf dem Beschluss von 1981 beruhenden Regelungen der Bundesländer wurden hingegen teilweise anders begründet: Danach bezweckte die Regelung, dass Familiennachzug erst stattfindet, wenn der Zusammenführende eine sichere Grundlage für den Lebensunterhalt der Familie gefunden hat und anzunehmen ist, dass er in sozialer Hinsicht eingegliedert ist.[864] Dies sollte den Nachziehenden zur raschen Integration verhelfen.[865] Ziel der Regelung ist somit auch die Verbesserung der Integration der nachziehenden Familienangehörigen.

Im Übrigen bestand gem. § 18 Abs. 1 Nr. 1 AuslG ein Anspruch auf Ehegattennachzug nur zu Personen mit einer sog. Aufenthaltsberechtigung, die erst

---

861 Nr. 30.2.2. AVwV.

862 Gesetz zur Einführung beschleunigter Asylverfahren v. 11.03.2016, BGBl. I, S. 390, in Kraft getreten am 17.03.2016. Durch das Gesetz wurde der Familiennachzug zu Personen, die nach dem 17.03.2016 eine Aufenthaltserlaubnis als subsidiär Schutzberechtigte erhalten haben, bis zum 16.03.2018 ausgesetzt.

863 S.o. Teil 1:A.II, S. 39 ff.

864 So bereits *BVerfG*, Besch. v. 12.05.1987, 2 BvR 1226/83 u.a., NJW 1988, S. 626, 629 zu den entsprechenden Regelungen der verschiedenen Bundesländer in den 1980er Jahren.

865 *BVerfG*, Beschl. v. 12.05.1987, 2 BvR 1226/83 u.a., NJW 1988, S. 626, 629.

nach acht Jahren Aufenthalt erteilt wurde, und bei Bestandsehen. Durch das Zuwanderungsgesetz wurde bei Nicht-Bestandsehen die Zusammenführungsberechtigung bei Aufenthaltserlaubnissen nur noch an einen Mindestaufenthalt von fünf Jahren geknüpft, § 30 Abs. 1 Nr. 3 AufenthG 2004, um der Tatsache Rechnung zu tragen, dass Ausländer nunmehr bereits nach fünf Jahren als ausreichend integriert galten, um eine Niederlassungserlaubnis zu erhalten.[866] Nur Personen, die aufgrund der Dauer ihres Aufenthalts in die Lebensverhältnisse der Bundesrepublik eingegliedert waren, sollten demzufolge einen Anspruch auf Ehegattennachzug erhalten.[867] Durch das RLUmsG wurde die Frist schließlich auf zwei Jahre heruntergesetzt. Der Zweck der Zuwanderungsbegrenzung dürfte sich mit dieser kurzen Frist nicht mehr erfüllen lassen, sodass der Zweck der Regelung ausschließlich in der Integrationsförderung gesehen werden kann.

Die Mindestgültigkeit der Aufenthaltserlaubnis von einem Jahr mit Aufenthaltsperspektive dient nach ihrem Sinn und Zweck der Zuwanderungsbegrenzung.

c) Wirkungsanalyse

Nachfolgend wird untersucht, welche Erkenntnisse es zu den Wirkungen des Mindestvoraufenthalts und der Mindestgültigkeitsdauer gibt und am Maßstab des oben erarbeiteten Prüfkonzepts wird untersucht, inwieweit diese Maßnahmen die Integration fördern. Es wird daher geprüft, ob die Maßnahmen die sozioökonomische Teilhabe fördern, den Integrationswillen Drittstaatsangehöriger nicht beeinträchtigen und die Aufnahmefähigkeit der Aufnahmegesellschaft nicht überfordern.

aa) Mindestvoraufenthalt

Quantitative Erkenntnisse dazu, wie sich die Mindestvoraufenthaltsfrist auf den Familiennachzug auswirkt, gibt es nicht. Die Regelung bestand mit einer wesentlich längeren Dauer von acht Jahren bereits seit 1981 und wurde durch das ZuwG auf fünf Jahre herabgesetzt. Die Herabsetzung auf zwei Jahre erfolgte durch das RLUmsG 2007, zeitgleich mit der Einführung des Spracherfordernisses und der Altersgrenze beim Ehegattennachzug, sodass sich der Effekt der Herabsetzung des Mindestvoraufenthalts auf die Nachzugszahlen nicht statistisch nachvollziehen lässt.

866 BT-Drs. 15/420 v. 07.02.2003, S. 82.
867 BT-Drs. 15/420 v. 07.02.2003, S. 72.

Dass sich die sozioökonomische Position von Personen mit zunehmender Aufenthaltsdauer verbessert, bestätigt die IAB-SOEP-Migrationsstichprobe. Laut dieser Studie verbessern sich mit zunehmender Aufenthaltsdauer nicht nur die Sprachkenntnisse, sondern auch die Teilhabe am Arbeitsmarkt: Während nur 12 % der Befragten ihre Sprachkenntnisse zum Zuzugszeitpunkt als gut oder sehr gut einschätzten, waren dies nach zwei Jahren Aufenthalt bereits 41 %, nach einer Aufenthaltsdauer von zwei bis vier Jahren 45 % und nach einer Aufenthaltsdauer von durchschnittlich 15 Jahren 58 %.[868] 36 % aller befragten Zuwanderer nahmen im Zuzugsjahr eine Vollzeitbeschäftigung auf, nach zwei bis drei Jahren waren es bereits 44%, nach vier bis fünf Jahren 50 % und nach zehn bis elf Jahren 61 %.[869] Zu der Frage, ob und in welchem Ausmaß die Verbesserung der Integration des Zusammenführenden auch mit einer Verbesserung der Integration der Nachziehenden einhergeht, liegen hingegen keine Studien vor. Indes führt die Verzögerung des Nachzugs durch den Mindestvoraufenthalt auch dazu, dass der Nachziehende sich erst später integrieren kann. Im Ergebnis bleibt damit die Auswirkung des Mindestvoraufenthalts auf die sozioökonomische und gesellschaftliche Teilhabe des Nachziehenden offen.

Fraglich ist die Wirkung des Mindestvoraufenthalts auf den Integrationswillen. Indem der Gesetzgeber den Mindestvoraufenthalt verlangt, bleibt er zwar dem gestuften Integrationskonzept treu, dass die Motivation zur Integration durch Zunahme der Rechte infolge zunehmender Aufenthaltsverfestigung erfolgt. Hinweise zur fehlenden Beeinträchtigung des Integrationswillens ergeben sich aus dem „Immigrant Citizen Survey" (ICS) von 2012. Bei den im Rahmen dieser Studie befragten 1.220 Drittstaatsangehörigen aus Stuttgart und Berlin, die Ehepartner nachziehen ließen, vergingen von der eigenen Zuwanderung bis zur Antragstellung des Ehepartners durchschnittlich 4,5 Jahre.[870] Beim Nachzug zu Frauen betrug die Zeit bis zur Antragstellung durchschnittlich 2,4 Jahre, beim Nachzug zu Männern sogar 7,4 Jahre. 58,8 % der im Ausland lebenden Männer, aber nur 19,4 % der im Ausland lebenden Frauen stellten bereits im Zuzugsjahr des Ehepartners einen Einreiseantrag.[871] Die Gründe für die Verzögerung bleiben in der Untersuchung offen. Die geschlechtsspezifischen Unterschiede deuten jedenfalls darauf hin, dass Frauen i.d.R. ohnehin nur zu ausreichend etablierten Zusammenführenden nachziehen. Ein relativ hoher

868 Liebau/Romiti, IAB-Kurzbericht 21.2/2014, S. 14, Abbildung 1.
869 Brücker/Liebau u.a., IAB-Kurzbericht 21.3/2014, S. 23, Tabelle 2.
870 Will, Integrationsmaßnahmen aus Sicht von Nicht-EU-Bürgern, SVR, S. 28.
871 Will, Integrationsmaßnahmen aus Sicht von Nicht-EU-Bürgern, SVR, S. 28.

Anteil (20,9 %) der Personen mit einem Ehepartner im Ausland gab zudem an, dauerhaft keinen Familiennachzug anzustreben, machte hierfür aber weder die Intransparenz noch die Restriktivität von Familienzusammenführungsregelungen verantwortlich.[872] Dies spricht eher dafür, dass weder der Nachzugs- noch der Integrationswille durch die Wartezeit beeinträchtigt werden.

Hinweise auf die Beeinträchtigung des Integrationswillens durch Störung des Familienzusammenführungsprozesses infolge der Regelung lassen sich indes den Stellungnahmen entnehmen, die im Rahmen der Anhörung zum Grünbuch betreffend die Familienzusammenführung abgegeben wurden. Fast alle Nichtregierungsorganisationen, die sich zu diesem Punkt äußerten, plädierten für die Abschaffung oder Einschränkung der Regelung.[873] Sie betonten insbesondere, dass sich in Kombination mit der nach der Richtlinie möglichen Antragsbearbeitungszeit mehrjährige Wartezeiten ergeben, die das Familienleben beeinträchtigen.[874] Diese Beeinträchtigung wird bestätigt durch eine Befragung türkischer Staatsangehöriger zum Spracherfordernis beim Ehegattennachzug durch *Aybek/Staßburger u.a.*, wonach die durch das Spracherfordernis verursachte stressige Wartezeit die Stabilität der Beziehung belastet.[875] Die Befragten gaben an, dass vor allem die Unsicherheit über den Verfahrensausgang die Stabilität der Beziehung belastete.[876] Es wird dadurch jedoch nicht ausgeschlossen, dass eine Belastung allein aus der durch das Mindestvoraufenthaltserfordernis verursachten Verzögerung gegeben ist, die den Integrationswillen beeinträchtigt. Die Belastung durch die zweijährige Mindestvoraufenthaltsfrist scheint jedoch insgesamt gering zu sein, belastend wird sie durch das Hinzukommen zusätzlicher Elemente, wie das einer weiteren Verlängerung durch Verfahrensfristen oder der Unsicherheit über den weiteren Verfahrensverlauf. Eine Beeinträchtigung des Integrationswillens ist indes entsprechend dem oben erarbeiteten Konzept auch durch die zahlreichen Ausnahmevorschriften für humanitär Geschützte und aus wirtschaftlichen Gründen Privilegierte gegeben, für die das Mindestvoraufenthaltserfordernis nicht gilt.

Die Aufnahmefähigkeit der Aufnahmegesellschaft beeinflusst der Mindestvoraufenthalt nicht, da er den Nachzug nur verzögert, nicht aber verhindert.

---

872 Will, Integrationsmaßnahmen aus Sicht von Nicht-EU-Bürgern, SVR, S. 28 ff.

873 *Europäische Kommission*, Summary of stakeholder responses to the green paper, S. 7.

874 *Europäische Kommission*, Summary of stakeholder responses to the green paper, S. 7.

875 Aybek/Straßburger u.a., Marriage Migration from Turkey to Germany, in: Aybek/Huinink u.a., Spatial Mobility, Migration, and Living Arrangements, S. 23, 37.

876 Aybek/Straßburger u.a., Marriage Migration from Turkey to Germany, in: Aybek/Huinink u.a., Spatial Mobility, Migration, and Living Arrangements, S. 23, 37.

Insgesamt kann damit eine positive Wirkung des Mindestvoraufenthalts auf die Integration nach dem oben gefundenen Konzept aufgrund der Verzögerung der Integration und aufgrund der negativen Auswirkung auf den Integrationswillen nicht festgestellt werden.

bb) Mindestgültigkeitsdauer von einem Jahr

Die Auswirkungen des Erfordernisses eines Aufenthaltstitels von einem Jahr mit Aufenthaltsperspektive führen zum Ausschluss der Familienzusammenführung für temporär Aufhältige. Ihre Eingliederung in Wirtschaft und Gesellschaft wird durch Familienzusammenführung somit nicht gefördert. Mangels Studien ist nicht erwiesen, ob die Familienzusammenführung für Personen, deren eigener langfristiger Aufenthalt noch unsicher ist, in gleichem Maße förderlich für die Eingliederung in Wirtschaft und Gesellschaft sowie für den Integrationswillen ist. Die Regelung schützt jedoch die Aufnahmefähigkeit der Bundesrepublik durch die Beschränkung der Einwanderung.

d) Rechtmäßigkeit

aa) Richtlinienkonformität des Mindestvoraufenthalts und der Mindestgültigkeit

Die Nachzugsvoraussetzung beim Ehegattennachzug, dass nicht privilegierte Inhaber einer Aufenthaltserlaubnis nur dann zusammenführungsberechtigt sind, wenn sie seit zwei Jahren eine Aufenthaltserlaubnis haben, setzt Art. 8 UA 1 Familienzusammenführungs-RL um, der es den Mitgliedstaaten freistellt, vom Zusammenführenden einen Mindestaufenthalt von maximal zwei Jahren zu verlangen, bevor die Familienangehörigen nachziehen dürfen.

Das Erfordernis, dass bei Bestandsehen abweichend von der oben genannten Voraussetzung auch Inhaber einer ein Jahr gültigen Aufenthaltserlaubnis mit Aufenthaltsperspektive zusammenführungsberechtigt sind, entspricht grundsätzlich Art. 3 Abs. 1 Familienzusammenführungs-RL, wonach die Richtlinie nur Anwendung findet, soweit der Zusammenführende einen mindestens ein Jahr gültigen Aufenthaltstitel besitzt und begründete Aussicht auf Erhalt eines dauerhaften Aufenthaltsrechts hat. Die Regelung führt dazu, dass die entsprechenden Zusammenführenden, die eine Bestandsehe führen, nicht zwei Jahre warten müssen, bevor ihren ausländischen Ehegatten der Nachzug gestattet wird.

Die Mindestvoraufenthaltsdauer und das Mindestgültigserfordernis mit Aufenthaltsperspektive müssen außerdem gem. Art. 17 i.V.m. Art. 5 Abs. 5 Familienzusammenführungs-RL eine Einzelfallabwägung zulassen, bei der die Dauer des

Aufenthalts nur eines der in die Abwägung einfließenden Elemente ist.[877] Gem. Art. 17 Familienzusammenführungs-RL sind insbesondere das Ausmaß familiärer Bindungen, die Aufenthaltsdauer und die Bindungen zum Herkunftsland zu berücksichtigen. Dem Wohl der Kinder wird dadurch ausreichend Rechnung getragen, dass der Kindernachzug ohne Mindestvoraufenthalt des Zusammenführenden möglich ist. Auch das Ausmaß der familiären Bindungen wird insofern berücksichtigt, als der Mindestvoraufenthalt bei Bestandsehen nicht gefordert wird, § 30 Abs. 1 Nr. 3 lit. e AufenthG. Andere Fälle besonderer Schutzbedürftigkeit, beispielsweise Fälle der Pflegebedürftigkeit eines der Ehepartner, des vorgerückten Alters der Ehepartner oder der anderweitigen Sicherstellung der Integration, können über die Härtefallklausel des § 30 Abs. 2 S. 2 AufenthG gelöst werden. Diese lässt bei Personen mit einer Aufenthaltserlaubnis das Absehen vom Erfordernis einer Bestandsehe und vom Erfordernis der Mindestgültigkeit mit Aufenthaltsperspektive zu.[878] Die AVwV lassen für die Berücksichtigung der Einzelfallumstände auch insofern ausreichenden Ermessensspielraum, als sie nicht das Vorliegen einer besonderen Härte verlangen und die Aufenthaltsdauer nur als Beispielskriterium für die Abwägung nennen, Nr. 30.2.2 AVwV. Die Mindestgültigkeit und das Mindestvoraufenthaltserfordernis im deutschen Recht entsprechen damit dem Erfordernis einer Einzelfallabwägung.

bb) Vereinbarkeit des Mindestvoraufenthalts mit menschenrechtlichen Familienschutzvorgaben

Die Prüfung der Vereinbarkeit des Mindestvoraufenthalts mit Art. 8 EMRK, Art. 7 EU-GRC, Art. 6 GG und dem allgemeinen Verhältnismäßigkeitsgrundsatz verlangt eine Verhältnismäßigkeitsprüfung.[879] Art. 8 EMRK, Art. 7 EU-GRC und Art. 6 GG enthalten gerade keinen Anspruch auf Familienzusammenführung. Der EGMR und das BVerfG stellen in Familienzusammenführungsfällen explizit auf die Verwurzelung der Zusammenführenden ab bei der Frage, ob die Familienzusammenführung zu gewähren ist.[880] Den Mitgliedstaaten steht es daher grundsätzlich frei, nur Personen als Zusammenführungsberechtigte

877 *EuGH*, Urt. v. 27.06.2006, C-540/03, *Parlament/Rat*, Slg. 2006, I-5769, Rn. 99, S. hierzu oben Teil 2:D.V, S. 174.

878 Nr. 30.2.2 Satz 1 AVwV.

879 S. z.B. *BVerfG*, Beschl. v. 12.05.1987, 2 BvR 1226/83 u.a., NJW 1988, S. 626, 629, wonach es ein Betroffener nicht hinnehmen muss, „unter unverhältnismäßiger Vernachlässigung dieser Gesichtspunkte daran gehindert zu werden, bei seinen im Bundesgebiet lebenden nahen Angehörigen ständigen Aufenthalt zu nehmen".

880 S.o. Teil 2:A.I.2.b), S. 94 ff.

zuzulassen, die rechtmäßig und perspektivisch langfristig in den Mitgliedstaaten aufhältig sind.

(1) Verhältnismäßigkeit

(a) Legitimes Ziel

Sowohl das Ziel der Integration als auch das Ziel der Zuwanderungsbegrenzung sind legitime Ziele.[881] Wie bereits zu Beginn dieser Arbeit erwähnt, bedeutet Integration i.S.d. AufenthG nach der Rechtsprechung des BVerfG und des EuGH Eingliederung in Wirtschaft und Gesellschaft.[882] Dieser Begriff soll damit der rechtlichen Prüfung zugrunde gelegt werden.

(b) Geeignetheit und Erforderlichkeit

Fraglich ist, ob der Mindestvoraufenthalt zur Erreichung des Integrationsziels geeignet und erforderlich ist. Wie erwähnt, fehlen Studien, die den Zusammenhang zwischen dem Mindestvoraufenthaltserfordernis und der Verbesserung der Integration des Nachziehenden belegen. Eine geeignete Vergleichsgruppe wären zwar die Ehegatten von Inhabern einer Aufenthaltserlaubnis, die aufgrund einer Bestandsehe ohne Mindestvoraufenthalt einreisen können. Da Integration ein langjähriger, multidimensionaler Prozess ist, ist eine Untersuchung des Mindestvoraufenthaltserfordernisses jedoch nicht ohne erheblichen Aufwand zu erstellen. Es kommt daher darauf an, dass die Einschätzung des Gesetzgebers über die Geeignetheit und Erforderlichkeit vertretbar in dem Sinne ist, dass die beabsichtigten Folgen typischerweise eintreten und eine andere Ansicht nicht eindeutig vorgezogen werden muss.[883] Das BVerfG hat in seiner Leitentscheidung von 1987 selbst ein Voraufenthaltserfordernis von acht Jahren angesichts der dafür vorgebrachten Gründe – Schaffung einer sicheren Grundlage für den Lebensunterhalt und soziale Integration des Zusammenführenden auch im Hinblick auf eine daraus folgende schnellere und sicherere Integration des Nachziehenden – für geeignet und erforderlich gehalten.[884] Die Annahme der Bundesländer, „daß ein achtjähriger Aufenthalt eines Ausländers im Bundesgebiet regelmäßig dessen weitgehende Einfügung in das wirtschaftliche und soziale Leben der Bundesrepublik Deutschland zur Folge haben wird", hielt das Gericht für eine vertretbare Einschätzung künftigen Geschehens.[885] Nachgewiesen ist durch die

---

881 *BVerfG*, Beschl. v. 12.05.1987, 2 BvR 1226/83 u.a., NJW 1988, S. 626, 630 f. und 633.

882 S.o. Teil 1:D, S. 67 ff.

883 *BVerfG*, Beschl. v. 12.05.1987, 2 BvR 1226/83 u.a., NJW 1988, S. 626, 629 und 631.

884 *BVerfG*, Beschl. v. 12.05.1987, 2 BvR 1226/83 u.a., NJW 1988, S. 626, 629 f. mit einer Darstellung zu den Gründen für das Mindestaufenthaltserfordernis von acht Jahren.

885 *BVerfG*, Beschl. v. 12.05.1987, 2 BvR 1226/83 u.a., NJW 1988, S. 626, 630.

IAB-SOEP-Studie, dass mit zunehmender Aufenthaltsdauer das Ausmaß der Integration des Zusammenführenden steigt.[886] Nachvollziehbar ist, dass ein Zusammenführender, der selbst gut integriert ist, auch seine Familienangehörigen besser dabei unterstützen kann, von staatlichen Transferleistungen unabhängig zu leben und die Rechtsordnung zu respektieren. Allerdings verzögert sich durch den Mindestvoraufenthalt die Einreise und damit die Integration des nachziehenden Familienangehörigen. Diese Zweifel an der Geeignetheit führen indes nicht dazu, dass der Einschätzung des Gesetzgebers eine andere Ansicht in jedem Fall vorzuziehen und sie damit unvertretbar ist. Indem der Gesetzgeber den Mindestvoraufenthalt bei Kindern nicht anwendet, folgt der Gesetzgeber zudem der vertretbaren Auffassung, dass der Mindestvoraufenthalt bei Kindern aufgrund der dadurch verursachten Verzögerung ungeeignet für die Integrationsförderung ist. Zur Zuwanderungsbegrenzung, die zumindest ursprünglich 1981 ein Ziel des Mindestvoraufenthalts war, ist die Maßnahme angesichts der mittlerweile begrenzten Dauer von zwei Jahren nicht geeignet.

Zweifel an der Erforderlichkeit ergeben sich daraus, dass zur Sicherstellung der Integration auch das Einkommenserfordernis herangezogen oder auf die Ableistung eines Integrationskurses abgestellt werden könnte, zumal hinsichtlich des Einkommenskriteriums eine Prognose möglich ist, die auch die Erkenntnisse aus einem zurückliegenden Zeitraum einbeziehen kann.[887] Das BVerfG hat es indes für vertretbar gehalten, dass der Einkommensnachweis nicht ausreicht, um den vorgesehenen Integrationszweck zu erreichen.[888] Die Einschätzung, dieses Überprüfungskriterium sei besser zur Förderung der Integration des Nachziehenden geeignet, ist jedenfalls nicht eindeutig vorzuziehen. Die vorliegenden Untersuchungen der IAB-SOEP-Studie, beispielsweise betreffend die besseren Sprachkenntnisse und Arbeitsmarktintegration von Zusammenführenden nach zwei als nach einem Jahr,[889] belegen auch nicht, dass sich das Integrationsziel typischerweise bereits mit einer kürzeren Mindestvoraufenthaltsdauer, beispielsweise von einem Jahr erreichen ließe. Der Mindestvoraufenthalt ist demzufolge zur Integrationsförderung vertretbar geeignet und erforderlich.

---

886 Brücker/Liebau u.a., IAB-Kurzbericht 21.3/2014, S. 23, Tabelle 2.

887 S.o.Teil 2:D.IV.2.d), S. 149 f.

888 *BVerfG*, Beschl. v. 12.05.1987, 2 BvR 1226/83 u.a., NJW 1988, S. 626, 630.

889 Liebau/Romiti, IAB-Kurzbericht 21.2/2014, S. 14, Abbildung 1 und Brücker/Liebau u.a., IAB-Kurzbericht 21.3/2014, S. 23, Tabelle 2.

(c) Angemessenheit

Fraglich ist, ob die Regelung auch angemessen ist, d.h., ob das Maß der dadurch für den Einzelnen durch die Verzögerung der Familienzusammenführung verursachten Belastung und die Vorteile, die daraus für die Allgemeinheit erwachsen, „in einem vernünftigen Verhältnis [zueinander] stehen".[890] Das BVerfG hat jedoch im Hinblick auf das Ziel der Integration der Nachziehenden selbst einen Mindestvoraufenthalt von acht Jahren für angemessen gehalten.[891] In Mindestvoraufenthalt von zwei Jahren, der ebenfalls der Integration dient, ist daher in jedem Fall angemessen.

(2) Vereinbarkeit mit sonstigem Familienschutzrecht

Mit Art. 24 EU-GRC und der UN-KRK ist die deutsche Regelung ebenfalls vereinbar, da für Kinder die Einschränkungen bei den Aufenthaltserlaubnissen generell nicht gelten.

Der ECSR hat die deutsche Regelung bereits mehrfach für unvereinbar mit Art. 19 Abs. 6 ESC erklärt.[892] Der zweijährige Mindestvoraufenthalt überschreitet die vom ECSR aus Art. 19 Nr. 6 ESC abgeleitete maximale Wartefrist von einem Jahr.[893] An die laut dem ECSR möglichen Rechtfertigungsgründe, wie z.B. Anhaltspunkte für das Vorliegen einer Zwangsehe oder einer Scheinehe,[894] ist die aufenthaltsrechtliche Zweijahresfrist nicht geknüpft. Die Mindestvoraufenthaltsdauer verstößt damit gegen die Förderungspflicht des Art. 19 Nr. 6 ESC.

cc) Vereinbarkeit der Mindestgültigkeitsdauer und Aufenthaltsperspektive mit menschenrechtlichen Familienschutzvorgaben

Fraglich ist, ob auch die Regelungen zur Mindestgültigkeit von einem Jahr und zur Aufenthaltsperspektive des Zusammenführenden verhältnismäßig sind. Legitimes Ziel der Regelung ist die Begrenzung der Zuwanderung. Das Erfordernis ist hierzu geeignet, da es den Nachzug zu Saisonarbeitnehmern usw. ausschließt. Ein besser geeignetes Mittel ist nicht ersichtlich. Gegen die Angemessenheit kann eingewandt werden, dass mittlerweile viele Personen nur

---

890 *BVerfG*, Beschl. v. 12.05.1987, 2 BvR 1226/83 u.a., NJW 1988, S. 626, 629.

891 *BVerfG*, Beschl. v. 12.05.1987, 2 BvR 1226/83 u.a., NJW 1988, S. 626, 629 f.

892 *ECSR*, Conclusions XIX-4 (2011) – Deutschland sowie Conclusions XX-4 (2015) – Deutschland, Art. 19-6, -*HUDOC*, s.o. Teil 2:A.III.3.a), S. 105 f.

893 *ECSR*, Conclusions XX-4 (2015) – Deutschland, Art. 19-6, -*HUDOC*, s.o. Teil 2:A.III.3.a), S. 105 f.

894 *ECSR*, Conclusions XX-4 (2015) – Deutschland, Art. 19-6, -*HUDOC*, s.o. Teil 2:A.III.3.a), S. 105 f.

befristete Verträge – teilweise auch von weniger als einem Jahr – erhalten und mit ihrem entsprechenden Aufenthaltstitel von weniger als einem Jahr ggf. auf Dauer vom Familiennachzug ausgeschlossen werden. Die Angemessenheit von Regelungen ist allerdings am Normalfall von Ehen zu orientieren.[895] Im Normalfall sind Härten bei einer Mindestgültigkeit von einem Jahr nicht anzunehmen. Hat der Aufenthalt bereits zwei Jahre gedauert, ist ein Zuzug über § 30 Abs. 1 S. 1 Nr. 3 lit. d AufenthG möglich, sodass es nicht zu einem dauerhaften Ausschluss der Zuwanderung kommt. Die Härtefallklausel in § 30 Abs. 2 S. 2 AufenthG stellt sicher, dass ein Nachzug ohne Mindestgültigkeit in Härtefällen gewährt wird, beispielsweise bei Schwangerschaft.[896]

dd) Vereinbarkeit der Mindestvoraufenthaltsdauer mit Diskriminierungsverboten

Zu untersuchen bleibt die Vereinbarkeit des Mindestaufenthalts und der diesbezüglichen Ausnahmen mit Diskriminierungsverboten, insbesondere Art. 3 Abs. 1 GG und Art. 14 EMRK. Die Ungleichbehandlungen knüpfen an den Aufenthaltsstatus an sowie an das Merkmal Bestandsehe. Die Besserstellung von Personen aufgrund Unionsrechts, wie beispielsweise von Flüchtlingen und Blaue-Karte-Inhabern, für die der Mindestaufenthalt nicht gilt, ist gerechtfertigt aus Gründen der Teilnahme an der Rechtsgemeinschaft der Europäischen Union.[897] Auch die Besserstellung aufgrund nationaler Erwägungen für Personen, an deren Einreise der Gesetzgeber ein migrationspolitisches, bzw. im konkreten Fall wirtschaftliches Interesse hat (z.B. Personen mit einer Niederlassungserlaubnis und Forscher, § 20 AufenthG, s. § 29 Abs. 1 bzw. § 30 Abs. 1 S. 1 Nr. 3 lit. b AufenthG), ist nicht unzulässig. Es liegt diesbezüglich teilweise schon keine verbotene Ungleichbehandlung vor, weil zum Erwerb einer Niederlassungserlaubnis zumindest im Fall des § 9 AufenthG ein Aufenthalt von mehr als zwei Jahren vorliegen muss. Im Übrigen ist die Ungleichbehandlung jedoch gerechtfertigt. Dass wirtschaftliche Interessen ein legitimes Ziel sein können, kann schon aus Art. 8 Abs. 2 EMRK abgeleitet werden, der das „wirtschaftliche Wohl des Landes" zu einem Eingriffe legitimierenden Ziel erklärt.[898] Der EGMR gewährt den Mitgliedstaaten in sozio-ökonomischen Fragen zudem einen relativ

895 *BVerfG*, Beschl. v. 12.05.1987, 2 BvR 1226/83 u.a., NJW 1988, S. 626, 633.
896 Nr. 30.2.3.3 AVwV.
897 S. zu diesem Rechtfertigungsgrund oben Teil 2:D.VI.1, S. 177 f.
898 De Vries, Integration at the border, S. 250.

weiten Ermessensspielraum.[899] Die Annahme, dass Angehörige bestimmter wirtschaftlich gut integrierbarer Ausländer sich auch ohne Mindestvoraufenthalt gut integrieren werden, ist dabei nicht typischerweise unzutreffend.

Auch die Schlechterstellung nachträglich geschlossener Ehen gegenüber Bestandsehen ist gerechtfertigt. Zwar kann in der Wahl eines ausländischen Partners kein gegen die Integration gerichtetes Verhalten gesehen werden, welches es rechtfertigen würde, von den entsprechenden Personen einen besonderen Integrationsnachweis in Form eines Mindestvoraufenthalts zu verlangen. Diesbezüglich wurde nachgewiesen, dass die Partnerwahl von den Gelegenheitsstrukturen und der Aufnahmebereitschaft der Aufnahmegesellschaft abhängt und nicht von der Integrationsbereitschaft des Zusammenführenden.[900] Es ist aber zumindest vertretbar, dass nachträglich geschlossene Ehen gegenüber Bestandsehen weniger schutzwürdig sind, weil den Ehepartnern bei Eingehen der Ehe i.d.R. bewusst war, dass sie nicht sofort nach der Eheschließung zusammenleben können. Dieser Ansatz fehlender Schutzwürdigkeit entspricht dem Grunde nach der Rechtsprechung des EGMR zur fehlenden Schutzwürdigkeit bei Kenntnis eines fehlenden Aufenthaltsrechts.[901] Die Ungleichbehandlung ist aus Gründen der Integration gerechtfertigt.

e) Bewertung

Die Möglichkeiten von Ausländern, ihre Familienangehörigen nachziehen zu lassen, hängen vorrangig von ihrem aufenthaltsrechtlichen Status ab. Die Anforderungen an den Voraufenthalt des Zusammenführenden sind im Laufe der Zeit immer geringer geworden. Vor allem aufgrund europarechtlicher Vorgaben werden immer mehr Zusammenführende aus wirtschaftlichen Gründen privilegiert und von jeglichem Voraufenthaltserfordernis ausgenommen. Die Familienzusammenführungs-RL hat außerdem dazu geführt, dass von der Gruppe der Zusammenführenden, die keine Bestandsehe führen, nicht mehr ein acht-, sondern nur noch ein zweijähriger Voraufenthalt gefordert werden kann. Mit der Familienzusammenführungs-RL unvereinbar ist es dabei, dass das zweijährige Mindestvoraufenthaltserfordernis bei nicht anderweitig privilegierten Inhabern

---

899 *EGMR*, 27.09.2011, *Bah/Vereinigtes Königreich*, Nr. 56328/07, Reports 2011-VI, Rn. 47.

900 BT-Drs. 14/4357 v. 20. 10. 2000, Unterrichtung der *Bundesregierung*, 6. Familienbericht, S. 79 f; Nauck, Familienbeziehungen und Sozialintegration, in: IMIS 23/2004, S. 83, 87.

901 *EGMR*, Urt. v. 31.07.2008, Beschwerde Nr. 265/07, *Omoregie*, nicht veröffentlicht, Rn. 57, -*HUDOC*.

einer Aufenthaltserlaubnis nur auf Ehen Anwendung findet, die keine Bestandsehen sind. Der Mindestvoraufenthalt von zwei Jahren verstößt zudem gegen Art. 19 Abs. 6 ESC. Die Förderung der sozioökonomischen Teilhabe des Nachziehenden durch die zweijährige Mindestvoraufenthaltsdauer ist nicht belegt. Die dadurch verursachte Verzögerung stört nicht nur das familiäre Zusammenleben, sondern verhindert in dieser Zeit auch das Zusammenleben und damit die Integration. Die Rechtmäßigkeit der Norm im Hinblick auf das Integrationsziel folgt daher nur aus dem Gestaltungsspielraum des Gesetzgebers.

Aufgrund der oben dargestellten rechtlichen Unvereinbarkeit mit der Familienzusammenführungs-RL und der ESC, der nicht nachgewiesenen positiven Auswirkungen auf die sozioökonomische Teilhabe, der negativen Auswirkungen auf den Integrationswillen und der fehlenden Beeinträchtigung der Aufnahmegesellschaft sollte auf das Nachzugskriterium des Mindestvoraufenthalts generell verzichtet werden.

Einer zum Zwecke der Integration temporär Aufhältiger wünschenswerten Abschaffung der Mindestgültigkeitsdauer steht die begrenzte Aufnahmefähigkeit der Bundesrepublik entgegen.

2. *Nachzugsberechtigte*

Wie nachfolgend dargestellt, sieht Abschnitt 6 des Aufenthaltsgesetzes den Familiennachzug nicht nur für Ehegatten und minderjährige Kinder vor, sondern auch für Lebenspartner und für sonstige Familienangehörige.

a) *Kernfamilie*

Ehegatten wird gemäß § 30 AufenthG der Nachzug gewährt. Gemäß § 30 Abs. 4 AufenthG wird im Falle einer Mehrehe nur einem Ehegatten der Nachzug gewährt. Einem weiteren Ehegatten wird im Hinblick auf den ausdrücklichen Ausschluss des § 30 Abs. 4 AufenthG in keinem Fall der Nachzug zum zusammenführenden Ehegatten gewährt, auch nicht zur Vermeidung einer außergewöhnlichen Härte gemäß § 36 Abs. 2 AufenthG.

Die Vorschriften für den Ehegattennachzug finden entsprechende Anwendung auf Lebenspartner, § 27 Abs. 2 AufenthG. Mit Lebenspartnern sind nur gleichgeschlechtliche Beziehungen gemeint, die eine förmliche Lebenspartnerschaft i.S.d. Lebenspartnerschaftsgesetzes führen.[902] Es kommt dabei auf den tatsächlichen Bestand der Lebensgemeinschaft und nicht allein auf den staatlichen

---

902 Gesetz über die Eingetragene Lebenspartnerschaft (Lebenspartnerschaftsgesetz – LPartG) v. 16.02.2001, BGBl. I, S. 266, in Kraft seit 01.08.2001, zuletzt geändert

Akt zur Schaffung der Lebenspartnerschaft, d.h. den formalen Bestand, an.[903] Nichteheliche oder nicht lebenspartnerschaftliche Partner haben hingegen kein Nachzugsrecht.

Minderjährige ledige Kinder haben gemäß § 32 Abs. 1 AufenthG einen Anspruch auf Familienzusammenführung. Minderjährig sind nach deutschem Recht Kinder unter 18 Jahren, vgl. § 2 BGB. Von der durch Art. 4 Abs. 1 UA 1 lit. c S. 2 Familienzusammenführungs-RL vorgesehenen Möglichkeit, die Familienzusammenführung auch bei geteiltem Sorgerecht zuzulassen, wenn die Zustimmung des anderen Ehegatten vorliegt, hat der deutsche Gesetzgeber mittlerweile Gebrauch gemacht.[904] Einem Kind aus einer Mehrehe kann zur Vermeidung einer besonderen Härte ein Nachzug zu gewähren sein gemäß § 32 Abs. 4 AufenthG, wenn der im Ausland lebende Ehegatte nicht mehr zur Betreuung in der Lage ist.[905]

Für allein einreisende minderjährige Kinder ab 16 Jahren ist der Nachzug aus Gründen der Integration eingeschränkt, hierauf wird im Einzelnen weiter unten eingegangen.[906]

b) Sonstige Familienangehörige

Eltern minderjähriger Flüchtlinge, Asylberechtigter und Resettlement-Flüchtlinge haben einen Anspruch auf Nachzug, ohne dass es einer außergewöhnlichen Härte bedarf, sofern sich kein anderer personensorgeberechtigter Elternteil im Bundesgebiet aufhält, § 36 Abs. 1 AufenthG.

---

durch Gesetz zur Einführung des Rechts auf Eheschließung für Personen gleichen Geschlechts v. 20.07.2017, BGBl. I 2017, S. 2787, in Kraft seit 01.10.2017.

903 BT-Drs. 15/420 v. 07.02.2003, S. 81.

904 § 32 Abs. 3 AufenthG, eingeführt durch Gesetz zur Verbesserung der Rechte von international Schutzberechtigten und ausländischen Arbeitnehmern v. 29.08.2013, BGBl. I, S. 3484, in Kraft seit 06.09.2013. Zuvor war umstritten, ob der Nachzug eines Kindes zu einem Elternteil bei geteiltem Sorgerecht möglich ist, wenn das nationale Recht keine alleinige Sorgerechtsübertragung vorsieht. Das BVerwG hatte dies zuvor im Hinblick darauf abgelehnt, dass bezüglich der Familienzusammenführungs-RL keine Regelungslücke bestehe und daher eine analoge Anwendung des damaligen § 32 Abs. 3 AufenthG (2004) ausscheide, der den Nachzug von Kindern nur zu beiden Elternteilen oder dem allein sorgeberechtigten Elternteil vorsah, *BVerwG*, Beschl. v. 28.08.2008, BVerwG 1 C 31.07, NVwZ 2009, S. 59; Urt. v. 07.04.2009, Az. 1 C 17.08, ZAR 2010, S. 67, 69 f.

905 Nr. 32.4.3.4 AVwV.

906 S.u. Teil 3:B.III.1, S. 232 ff. zur Sprachanforderung sowie Teil 3:B.IV.1, S. 283 ff. zur Altersgrenze.

Sonstige Familienangehörige können nur zur Vermeidung einer außergewöhnlichen Härte nach Ermessen nachziehen, § 36 Abs. 2 AufenthG. Eltern von Zusammenführenden, die keine Flüchtlinge sind, können ebenso wie volljährige Kinder, Tanten, Onkel oder Enkel nur über diese Ausnahmeklausel nachziehen. Eine außergewöhnliche Härte liegt nach der AVwV vor, wenn dem Bestand der familiären Lebensgemeinschaft derart erhebliche Schwierigkeiten drohen, dass die Ablehnung der Familienzusammenführung ausnahmsweise unvertretbar ist.[907] Geprüft wird dabei, ob der Grad der Abhängigkeit ähnlich dem zwischen Mitgliedern der Kernfamilie bestehenden ist, Eltern wird dementsprechend bei „besonderer Betreuungsbedürftigkeit" der Nachzug gestattet.[908] Bei Möglichkeiten einer familiären Betreuung durch andere Personen im Herkunftsland soll kein Nachzugsrecht bestehen.[909]

c) *Regelungszweck*

Die Gewährung der Familienzusammenführung für die Mitglieder der Kernfamilie und in entsprechender Anwendung auch der Lebenspartner dient dem „Schutz von Ehe und Familie gemäß Artikel 6 des Grundgesetzes", § 27 Abs. 1 AufenthG. Aus der historischen Entwicklung folgt, dass damit die Integration der Zusammenführenden gefördert werden soll.

Die Beschränkung des Nachzugs sonstiger Familienangehöriger dient der Zuwanderungsbegrenzung.[910] Die Unabhängige Kommission schlug das Festhalten am engen Kreis der Familiennachzugsberechtigten zum Zwecke der Zuwanderungsbegrenzung vor, um die „Integrationsmöglichkeiten der Aufnahmegesellschaft" und das „Spannungsverhältnis zum Arbeitsmarkt" ausreichend zu berücksichtigen.[911]

d) *Wirkungsanalyse*

Der Familiennachzug war jahrelang der häufigste Zuwanderungsgrund, wird seit 2014 jedoch von der Zuwanderung aus humanitären Gründen auf Platz zwei verdrängt: Von den 2015 insgesamt laut AZR zugewanderten 1.125.419 Drittstaatsangehörigen erhielten nur 82.440 (7,3 %) eine Aufenthaltserlaubnis aus

907 Nr. 36.2.2.1 AVwV.
908 Nr. 36.2.2.1 f. AVwV.
909 Nr. 36.2.2.4 AVwV.
910 BT-Drs. 15/420 v. 07.02.2003, S. 84.
911 *Unabhängige Kommission Zuwanderung*, Bericht: Zuwanderung gestalten – Integration fördern, S. 195 f.

familiären Gründen.[912] Der Ehegatten- und Kindernachzug lag nach der Visastatistik des Auswärtigen Amts seit 2007 konstant bei rund 40.000 Zuzügen jährlich und steigt erst seit 2014 infolge der erheblichen Zuwanderung aus humanitären Gründen.[913] 2014 lag die Zahl der erteilten Visa zum Ehegatten- und Familiennachzug bei rund 50.000, 2015 stieg diese Zahl weiter auf rund 70.000 erteilte Visa.[914] In diese Zahlen werden die Nachzüge zu deutschen Staatsangehörigen mit einberechnet. 2015 zogen 27.602 Ehegatten zu Drittstaatsangehörigen nach und 17.783 zu deutschen Staatsangehörigen.[915] Beim Ehegattennachzug zu Drittstaatsangehörigen liegen die Nachzugswerte von drittstaatsangehörigen Frauen, die zu drittstaatsangehörigen Ehemännern nachziehen, jeweils weit über den Nachzugswerten drittstaatsangehöriger Männer, die zu drittstaatsangehörigen Frauen nachziehen. Zwischen 2007 und 2014 betrug der Anteil ausländischer Ehegattinnen, die zu drittstaatsangehörigen Ehemännern nachzogen, jeweils zwischen 26,2 % und 30,1 % am gesamten Nachzug, der Anteil von nachziehenden Männern lag bei 6,8 % bis 7,4 %. Seit 2014 ist der Anteil des Nachzugs von Frauen noch mehr gestiegen und der Anteil der Männer gesunken (2015 auf 31,3 % bei Frauen und auf 6,6 % bei Männern, 2015 auf 32,5 % bei Frauen und auf 5,4 % bei Männern).[916]

Statistiken zeigen, dass der Nachzug von sonstigen Familienangehörigen, die nur zur Vermeidung einer außergewöhnlichen Härte nach § 36 Abs. 2 AufenthG zuziehen dürfen, durch die gesetzlichen Regelungen fast vollständig ausgeschlossen wird: 2015 wurden an diesen Personenkreis, zu dem erwachsene Kinder und Großeltern gehören, nur 762 Aufenthaltserlaubnisse erteilt (d.h. 0,9 % der insgesamt erteilten 82.440 Aufenthaltserlaubnisse).[917]

Die positive Wirkung der Nachzugsberechtigung von Ehegatten auf die Integration in Wirtschaft und Gesellschaft bestätigten die Befragten des ICS. Insgesamt 42,7 % der zusammenführenden Ehegatten gaben an, der Ehegattennachzug habe ihnen sehr bei der Arbeitssuche geholfen.[918] Dabei ist der Anteil im strukturschwächeren Berlin mit 62,5 % signifikant höher als in dem

912 *BAMF*, Migrationsbericht 2015, S. 41, Tabelle 1–4.
913 *BAMF*, Migrationsbericht 2015, S. 109, Abbildung 3–15:
914 *BAMF*, Migrationsbericht 2015, S. 109, Abbildung 3–15:
915 *BAMF*, Migrationsbericht 2015, S. 108.
916 *BAMF*, Migrationsbericht 2015, S. 109, Abbildung 3–16.
917 *BAMF*, Migrationsbericht 2015, S. 113 f., Quelle: Ausländerzentralregister.
918 Will, Integrationsmaßnahmen aus Sicht von Nicht-EU-Bürgern, SVR, S. 30, Abb. 19, Quelle: ICS.

von Arbeitslosigkeit weniger betroffenen Stuttgart mit 25,5 %.[919] Daraus kann der Schluss gezogen werden, dass die Familienzusammenführung dann die größte Wirkung für die Integrationsförderung des Zusammenführenden entfaltet, wenn die strukturellen Voraussetzungen besonders schwierig sind. 9,1 % der befragten Zusammenführenden hat der Familiennachzug zudem sehr bei der Verbesserung ihrer Bildung geholfen, 92,1 % gaben an, der Familiennachzug habe sehr dazu beigetragen, ihr Engagement vor Ort zu verbessern und 85,4 % fühlen sich dadurch sehr viel mehr zu Hause.[920] Dass die Unterstützungswirkung im Hinblick auf die Verbesserung der Bildung relativ gering ist, wird im Zusammenhang mit dem Alter der befragten Gruppe bei der Familienzusammenführung von durchschnittlich über 30 Jahren gesehen, in dem nicht die Bildung, sondern die Erwerbstätigkeit im Vordergrund steht.[921]

Neben diesen positiven Auswirkungen auf die Integration gibt es Hinweise dafür, dass insbesondere intraethnische Ehen die Integration verlangsamen, weil Ehegatten ihre Eingliederungsbemühungen in diesen Fällen mit den Standards der eigenen Ethnie in Einklang bringen müssen: Binationale und interethnische Eheschließungen gelten demzufolge als besonders aussagekräftige Indikatoren dafür, wie sehr Einwanderer in die Aufnahmegesellschaft eingegliedert sind.[922] Dies würde dafür sprechen, den Nachzug ausländischer Ehegatten möglichst restriktiv zu gestalten. Die Wahrscheinlichkeit, einen inländischen Partner aus der Hauptethnie des Aufenthaltsstaats zu wählen, hängt jedoch nicht nur von der freien Entscheidung der betreffenden Personen, sondern vor allem auch von den Gelegenheitsstrukturen und der Bereitschaft der Mehrheitsbevölkerung zur Eheschließung ab.[923] Intraethnische Eheschließungen können daher nicht pauschal als gegen die Eingliederung gerichtete bewusste Entscheidungen bewertet werden, die es zu beschränken gilt.

Vertiefte Studien dazu, inwieweit die Beschränkung des Nachzugs für sonstige Familienangehörige die Integration der Zusammenführenden beeinflusst, existieren nicht. Hinweise für die negative Wirkung auf dessen sozioökonomische

---

919 Will, Integrationsmaßnahmen aus Sicht von Nicht-EU-Bürgern, SVR, S. 30, Abb. 19, Quelle: ICS.

920 Will, Integrationsmaßnahmen aus Sicht von Nicht-EU-Bürgern, SVR, S. 30, Abb. 19, Quelle: ICS.

921 Will, Integrationsmaßnahmen aus Sicht von Nicht-EU-Bürgern, SVR, S. 31.

922 Nauck, Familienbeziehungen und Sozialintegration, in: IMIS 23/2004, S. 83, 85.

923 BT-Drs. 14/4357 v. 20. 10. 2000, Unterrichtung der *Bundesregierung*, 6. Familienbericht, S. 79 f; Nauck, Familienbeziehungen und Sozialintegration, in: IMIS 23/2004, S. 83, 87.

Teilhabe und auf den Integrationswillen liefern indes die Stellungnahmen, die Nichtregierungsorganisationen i.R.d. Anhörung zum Grünbuch der Europäischen Kommission 2012 abgegeben haben. Die Arbeitsgemeinschaft Deutscher Familienorganisationen e.V. (AFG) gibt in Bezug auf den Nachzugsausschluss für alternde Elternteile zu bedenken, dass „die Sorge um die [Familienangehörigen] in den Herkunftsländern viel Energie [absorbiert], die sehr viel besser und zielführend dem Leben in der neuen Heimat und damit dem Integrationsprozess zugeführt werden könnte."[924] Der Deutsche Juristinnenbund e.V. (djb) berichtet zudem von Fällen, in denen Eltern familiäre Unterstützung benötigen, „ohne hierbei zwingend die hohen Anforderungen einer außergewöhnlichen Härte zu erfüllen."[925] Sowohl der djb als auch eine Expertenrunde i.R.d. IMPACIM-Studie weisen zudem darauf hin, dass die hohen rechtlichen Anforderungen den Nachzug von Personen verhindern, die „den bereits eingereisten Familienmitgliedern familiäre Unterstützung gewähren könnten".[926]

Insgesamt ergibt sich damit, dass die Gewährung der Familienzusammenführung für die Ehegatten die Integration der Zusammenführenden in die Bereiche Wirtschaft und Gesellschaft fördert. Dafür, wie sehr die Begrenzung des Nachzugs für sonstige Verwandte die Eingliederung in Wirtschaft und Gesellschaft verhindert, gibt es keine belastbaren Nachweise. Die Erfahrungsberichte von djb und der IMPACIM-Studie sprechen zumindest für eine negative Auswirkung auf den Integrationswillen.

Die Einschränkung des Kreises der Nachzugsberechtigten stellt indes sicher, dass die Aufnahmekapazität der Bundesrepublik nicht beeinträchtigt wird. Die Wirkung auf die Integration ist damit insgesamt offen.

e) Rechtmäßigkeit

aa) Richtlinienkonformität

Die Beschränkung des Kreises der Nachzugsberechtigten, die einen Nachzugsanspruch haben, auf die Kernfamilie sowie auf Lebenspartner steht im Einklang

---

924 AFG, Stellungnahme zum Grünbuch zur Familienzusammenführung, S. 4.

925 Djb, Stellungnahme zum Grünbuch zur Familienzusammenführung, S. 4 f.

926 Djb, Stellungnahme zum Grünbuch zur Familienzusammenführung, S. 4 f sowie Lüken-Klaßen/Heckmann, IMPACIM, National Report Germany, S. 97 f: „[…] it is really a very rare case in practice in which grandparents would be allowed to get a residence status and be able to support the young parents to raise their children and help the young family in the integration process – a fact criticized by the workshop participants."

mit der Familienzusammenführungs-RL, die nur Ehegatten und minderjährigen Kindern einen Anspruch auf Familiennachzug einräumt, s. Art. 4 Abs. 1 UA 1 Familienzusammenführungs-RL, und den Nachzug nichtehelicher Lebenspartner und bestimmter weiterer Familienangehöriger in das Ermessen der Mitgliedstaaten stellt, s. Art. 4 Abs. 3 Familienzusammenführungs-RL. Auch die Beschränkung des Nachzugsanspruchs auf minderjährige ledige Kinder steht im Einklang mit der Familienzusammenführungs-RL. Diese räumt einen Anspruch auf Familienzusammenführung nur den nicht volljährigen, unverheirateten Kindern ein, Art. 4 Abs. 1 lit. b-d i.V.m. Art. 4 Abs. 1 UA 2 Familienzusammenführungs-RL.

Demgegenüber ist die Vereinbarkeit von § 36 Abs. 2 AufenthG mit Art. 4 Abs. 2 Familienzusammenführungs-RL zweifelhaft, insbesondere im Hinblick auf den Nachzug von Angehörigen in aufsteigender Linie ersten Grades. Die Richtlinie sieht vor, dass diesen Personen der Nachzug gewährt werden kann, wenn der Zusammenführende oder sein Ehegatte „für ihren Unterhalt aufkommen und erstere in ihrem Herkunftsland keinerlei sonstige familiäre Bindungen mehr haben.", Art. 4 Abs. 2 lit. a Familienzusammenführungs-RL. Die Anforderung des Unterhalts bezieht sich auf "rechtliche, finanzielle, affektive oder materielle Unterstützung".[927] Eine außergewöhnliche Härte in Form des nach der AVwV erforderlichen Angewiesenseins auf familiäre, nur im Bundesgebiet zu erbringende Unterstützung, „z.B. infolge einer *besonderen* Betreuungsbedürftigkeit",[928] kann weder hierunter noch unter das Kriterium fehlende „sonstige familiäre Bindungen" subsumiert werden. Da die Richtlinie die Familienzusammenführungsvoraussetzungen harmonisieren soll, steht die Anwendung der Kriterien des Art. 4 Abs. 2 Familienzusammenführungs-RL nicht im Ermessen der Mitgliedstaaten, wenn sie sich dafür entschieden haben, diesen Personen den Nachzug zu gewähren.[929] § 36 Abs. 2 AufenthG will aber nicht erkennbar Art. 4 Abs. 2 Familienzusammenführungs-RL umsetzen. Andernfalls gäbe es z.B. keinen Grund, das Spracherfordernis i.S.v. § 30 Abs. 1 S. 1 Nr. 2 AufenthG von diesen sonstigen Familienangehörigen nicht zu verlangen. Eine § 36 Abs. 2 AufenthG entsprechende Vorschrift bestand zudem schon vor Erlass der Richtlinie, s. § 22 AuslG 1990. Die Regelung ist in ihrer engen Ausgestaltung daher nur als richtlinienkonforme Umsetzung der Verpflichtungen aus Art. 8 EMRK

927 Europäische Kommission, Leitlinien zur Familienzusammenführungs-RL, S. 7.
928 Nr. 36.2.2.2 AVwV, Hervorhebung d. Verf.
929 Europäische Kommission, Leitlinien zur Familienzusammenführungs-RL, S. 6.

zu bewerten, dessen Anwendung durch die Richtlinie nicht ausgeschlossen wird, vgl. Erwägungsgrund (2) Familienzusammenführungs-RL.

bb) Vereinbarkeit der Nachzugsbegrenzung mit menschenrechtlichen Familienschutzvorgaben

Nachfolgend wird geprüft, inwiefern die Nachzugsbegrenzung für sonstige Verwandte außerhalb der Kernfamilie mit höherrangigem Recht zum Familienschutz vereinbar ist. Im Gegensatz zu § 32 AufenthG erfasst der Familienbegriff nach Art. 8 EMRK, Art. 7 und 24 EU-GRC sowie nach Art. 19 Abs. 6 ESC[930] und Art. 6 GG auch volljährige Kinder. Außerdem gehören zur Familie nach diesen Vorschriften – abgesehen von der ESC – auch Verwandte außerhalb der Kernfamilie, wie beispielsweise Großeltern, wenn „von familiärer Verbundenheit geprägte engere Bindungen [bestehen]".[931] Dabei ist aus keiner der Normen ein grundsätzlicher Anspruch auf Familienzusammenführung abzuleiten.[932] Auch wenn die entfernten Familienangehörigen in den Schutzbereich des Art. 8 EMRK, Art. 7 EU-GRC oder Art. 6 GG fallen, wird ihnen nur als Folge der Abwägung der privaten und der öffentlichen Interessen die Familienzusammenführung gewährt[933] bzw. dann, wenn aufgrund einer Interessenabwägung sich die Gewährung der Familienzusammenführung als das angemessenste Mittel erweist.[934] Fraglich ist daher, ob diese Abwägung verhältnismäßig ist.

(1) Verhältnismäßigkeit

(a) Legitimes Ziel, Geeignetheit und Erforderlichkeit

Wie zuvor bereits festgestellt, stellt die Zuwanderungsbegrenzung ein legitimes Ziel dar.[935] Die Einschränkung des Kreises der Nachzugsberechtigten ist eine geeignete Maßnahme zur Erreichung des Ziels der Zuwanderungsbegrenzung.

Gleichwohl sind bezüglich der Erforderlichkeit der Einschränkung des Kreises der Nachzugsberechtigten Zweifel angebracht. Wie oben festgestellt wurde, zielt das öffentliche Interesse an der Zuwanderungsbegrenzung darauf ab, den öffentlichen Haushalt und den Arbeitsmarkt nicht zu belasten sowie die

---

930 Für Deutschland gilt nach der ESC eine Altersgrenze von 21 Jahren, s.o. Teil 2:A. III.2, S. 104.

931 *BVerfG*, Beschl. v. 24.06.2014, 1 BvR 2926/13, NJW 2014, S. 2853, 2855, Rn. 23, s. dazu oben S. 185 f.

932 S.o. Teil 2:A, S. 87 ff. zum fehlenden Recht auf Familienzusammenführung.

933 Vgl. *BVerfG*, Beschl. v. 12.05.1987, 2 BvR 1226/83 u.a., NJW 1988, S. 626, 629.

934 S.o. Teil 2:A.I.2.b), S. 94 ff. zur Interessenabwägung i.R.d. Art. 8 EMRK.

935 *BVerfG*, Beschl. v. 12.05.1987, 2 BvR 1226/83 u.a., NJW 1988, S. 626, 633.

Integrationsinfrastruktur nicht zu überlasten.[936] Die Belastung des Arbeitsmarkts könnte dadurch verhindert werden, dass nur sonstigen Familienangehörigen über 65 Jahre der Nachzug gestattet wird. Die Vermittelbarkeit von Personen dieser Altersgruppe in den Arbeitsmarkt ist aufgrund ihres Alters fast ausgeschlossen. Die Einschätzung, dass bei Gewährung eines Nachzugsanspruchs an diesen Personenkreis die Integrationsinfrastruktur überdehnt würde, z.B. in Form der staatlich geförderten Integrationskurse, ist hingegen unvertretbar, da aufgrund des Erfordernisses der Lebensunterhaltssicherung ohnehin nicht mit einer großen Zahl an Nachziehenden gerechnet werden kann.

Der öffentliche Haushalt wird durch eine Zuwanderung zunächst nicht gefährdet, da bei allen Familiennachzugsfällen grundsätzlich der Lebensunterhalt gesichert und genügend Wohnraum vorhanden sein muss. Auch bei älteren Personen kann nicht ohne Weiteres davon ausgegangen werden, dass die Unterhaltssicherung keinen dauernden Schutz vor Inanspruchnahme von Sozialhilfe darstellt, etwa weil das Risiko besteht, dass sie erkranken, die Kinder zu ihrer Pflege ihre Arbeit aufgeben müssen und dann Sozialhilfe beziehen müssen. Sofern keine konkreten Anhaltspunkte für die Inanspruchnahme von Sozialhilfe vorliegen, hat das BVerwG einer solchen Annahme eine klare Absage erteilt mit dem Argument, dass anderenfalls kein Arbeitnehmer eine Aufenthaltserlaubnis erhalten dürfte, „weil er ja bald nach der Einreise erkranken und Sozialhilfe beanspruchen könnte".[937] Allerdings bestätigten im Rahmen des IMPACIM-Projekts verschiedene Experten, dass ausländische Familienangehörige in der ausländer- und sozialbehördlichen Praxis drei Monate nach Einreise hinsichtlich des Bezugs von Sozialhilfe mit anderen Personen gleichgestellt werden und bei Bedarf die benötigte Unterstützung erhalten.[938] Die fehlende Lebensunterhaltssicherung könnte zwar zur Ablehnung der Verlängerung einer Aufenthaltserlaubnis führen, § 8 Abs. 1 AufenthG. Die befragten Experten bestätigten indes, dass befürchtete aufenthaltsrechtliche Nachteile Personen nur selten dazu veranlassen, Unterstützungsleistungen nicht zu beantragen.[939] Bei der Verlängerung müsste zudem gem. Art. 8 EMRK die Aufenthaltsdauer im Bundesgebiet mit berücksichtigt werden, sodass eine Aufenthaltsbeendigung trotz fehlender Lebensunterhaltssicherung mit zunehmender Aufenthaltsdauer rechtlich immer schwieriger wird. Die Belastung der öffentlichen Haushalte ist demzufolge trotz

936 S.o. Teil 1:D.II.3, S. 73.

937 *BVerwG*, Urt. v. 03.05.1973, I C 35.72, BVerwGE 42, S. 148–160, Rn. 38, *-juris*.

938 Lüken-Klaßen/Heckmann, IMPACIM, National Report Germany, S. 95.

939 Lüken-Klaßen/Heckmann, IMPACIM, National Report Germany, S. 95.

§ 8 Abs. 1 AufenthG nicht ausgeschlossen. Eine Regelung, durch die der Bezug von Unterstützungsleistungen für einen langen Zeitraum, beispielsweise fünf Jahre, ausgeschlossen wäre, garantiert wegen der verfassungsrechtlichen Pflicht zur Gewährung eines Existenzminimums nicht in jedem Fall, dass Sozialhilfe nicht in Anspruch genommen wird und ist daher kein gleich geeignetes Mittel. Insgesamt ist der Nachzugsausschluss zum Zweck der Nichtbelastung der öffentlichen Haushalte damit vertretbar.

(b) Angemessenheit

Fraglich ist, ob das Ziel der Zuwanderungsbegrenzung mit dem Ziel auf Führung eines Familienlebens in einem vernünftigen Verhältnis steht. Für die Angemessenheit spricht, dass entfernten Familienangehörigen i.d.R. zumindest Besuchsrechte zustehen. Besuchsrechte können ein dauerhaftes Zusammenleben, „das einen der wesentlichsten Aspekte des Rechts auf Achtung des Familienlebens darstellt", nach der Entscheidung des EGMR im Fall *Udeh/Schweiz* zwar nicht ersetzen.[940] Jedoch ging es in dieser Entscheidung um das Zusammenleben zwischen Eltern und Kindern. Das BVerfG hat es für zulässig gehalten, der „abnehmenden verwandtschaftlichen Nähe der Familienmitglieder zueinander […] bei der Bestimmung der Schutzintensität und der Konkretisierung der Schutzinhalte des Art. 6 I GG Rechnung zu tragen".[941] Daher ist es grundsätzlich zulässig, weiter entfernte Verwandte auf Besuchsrechte zu verweisen.

Die Angemessenheit ist auch wegen der hohen Anforderung einer außergewöhnlichen Härte nach § 36 Abs. 2 AufenthG fraglich. Wie bereits erwähnt, muss der Zuzug gewährt werden, wenn die Verzögerung unzumutbar ist, Art. 6 GG, bzw. wenn die Nachzugsgewährung das angemessenste Mittel ist, Art. 8 EMRK. Allein die wirtschaftliche Integration des Zusammenführenden im Vertragsstaat reicht dabei nach der bisherigen Rechtsprechung von EGMR und BVerfG nicht aus, um ein Nachzugsrecht zu begründen. Hinzukommen müssen Gründe, die ein Leben im Herkunftsland unzumutbar machen. Im Hinblick auf § 36 Abs. 2 AufenthG ist fraglich, ob die Anforderungen der AVwV zu eng sind. Die AVwV verlangt, dass der Nachzugswillige auf die familiäre Unterstützung angewiesen ist und diese nur im Bundesgebiet erbracht werden kann, „z.B. infolge einer *besonderen* Betreuungsbedürftigkeit".[942] Aus dem Fall *Tuquabo-Tekle* folgt, dass der EGMR auch bei einem 15 Jahre alten Kind, das bereits ohne die Eltern im

940 *EGMR*, Urt. v. 16.04.2013, Nr. 12020/09, *Udeh/Schweiz*, nicht veröffentlicht, Rn. 53.

941 *BVerfG*, Beschl. v. 24.06.2014, 1 BvR 2926/13, NJW 2014, S. 2853, 2855, Rn. 23, dazu oben Teil 3:A.I.2.b), S. 185 f.

942 Nr. 36.2.2.2 AVwV, Hervorhebung d. Verf.

Herkunftsland gelebt hat, nicht verlangt, dass das Führen eines Familienlebens im Herkunftsstaat unmöglich ist, sondern nur, dass die Familienzusammenführung das adäquate Mittel zum Führen eines Familienlebens ist.[943] Wie bereits erwähnt wurde, hat der EGMR eine solche Situation jedoch nur angenommen, wenn weitere Kinder im Vertragsstaat verwurzelt waren, denen ein Leben im Herkunftsland nicht zugemutet werden konnte. Der Begriff der „außergewöhnlichen Härte", der in der Auslegung der AVwV darauf abstellt, ob die Betreuungsleistung nur im Bundesgebiet erbracht werden kann, ist daher mit Art. 8 EMRK vereinbar.

(2) ESC

Im Hinblick auf die Vereinbarkeit mit der ESC ist festzustellen, dass die Ursprungsfassung der ESC von 1961, an die die Bundesrepublik Deutschland gebunden ist, ein Nachzugsalter von 21 Jahren festlegt.[944] Dennoch hat das ECSR die Vereinbarkeit der deutschen Regelung, wonach der Nachzugsanspruch nur unter 18-Jährigen zukommt, mit der ESC festgestellt, da über 18-jährige Kinder zumindest nach Ermessen gemäß § 36 Abs. 2 AufenthG nachziehen können.[945]

cc) Assoziationsrecht

Die Beschränkung der Nachzugsberechtigung auf minderjährige Kinder ist keine neue Beschränkung i.S.d. Stillhalteklauseln. Die Stillhalteklauseln erfassen aufgrund des weiten Familienbegriffs im Assoziationsrecht auch Kinder bis zu 21 Jahre.[946] Das deutsche Einreiserecht gewährte Kindern über 18 Jahre aber noch nie einen Nachzugsanspruch zu Drittstaatsangehörigen. Nur Kinder unter 16 Jahren konnten nach dem AuslG 1965 visumfrei einreisen, § 2 Abs. 2 Nr. 1 AuslG 1965.[947] Es besteht daher keine Verschlechterung.

dd) Vereinbarkeit mit Diskriminierungsverboten

Die Beschränkung des Nachzugs für sonstige Verwandte auf Fälle einer außergewöhnlichen Härte muss auch mit Art. 3 GG und Art. 14 i.V.m. Art. 8 EMRK vereinbar sein. Die Beschränkung stellt eine Schlechterstellung gegenüber Unionsbürgern dar, bei denen weitere Verwandte, wie beispielsweise die

---

943 *EGMR*, Urt. v. 01.12.2005, Nr. 60665/00, *Tuquabo-Thekle/Niederlande*, InfAuslR 2006, S. 105, 106.

944 S.o. Teil 2:A.III.2, S. 104.

945 Nr. 36.2.1.3 AVwV, S. dazu oben Teil 2:A.III.3.a), S. 105 f.

946 Zum Familienbegriff im Assoziationsrecht s.o. Teil 2:B.II.1, S. 113.

947 S.o. Teil 1:A.I, S. 33 ff.

Großeltern, bei Unterhaltsgewährung einen Anspruch auf Nachzug haben. Die Besserstellung von Unionsbürgern ist jedoch gerechtfertigt aus Gründen der Teilnahme an der Rechtsgemeinschaft der Europäischen Union.[948] Die Schlechterstellung der entfernteren Verwandten, denen nur zur Vermeidung einer außergewöhnlichen Härte der Nachzug gewährt wird, gegenüber Ehegatten und Kindern, denen ein Nachzugsanspruch zusteht, müsste ebenfalls gerechtfertigt sein. Diskriminierungsmerkmal ist der Verwandtschaftsgrad, der ein persönliches Merkmal ist. Die Zuwanderungsbegrenzung ist jedoch auch bezüglich der Ungleichbehandlung ein legitimer Rechtfertigungsgrund. Wegen der typischerweise geringeren Intensität der familiären Beziehung gelten hinsichtlich der Verhältnismäßigkeit obige Überlegungen zur Interessenabwägung bei Art. 6 Abs. 1 GG entsprechend.[949]

f) Bewertung

Mit seinem Familienbegriff geht das Aufenthaltsrecht bereits über Art. 6 GG in der ursprünglichen Auslegung des BVerfG hinaus, indem auch den Lebenspartnern ein Nachzugsrecht eingeräumt wird.

Die gesetzliche Beschränkung des Kreises der Anspruchsberechtigten auf die Kernfamilie und Lebenspartner entspricht zwar den verfassungs- und menschenrechtlichen Vorgaben. Sie zeigt jedoch einen Gesetzgeber, dem das Konzept der Generationen-Großfamilie nach wie vor fremd ist. Die Nachzugsmöglichkeit für sonstige Verwandte in § 36 Abs. 2 AufenthG geht nicht über das hinaus, wozu der Gesetzgeber aufgrund der aus Art. 8 EMRK folgenden positiven Pflichten zur Gewährung der Familienzusammenführung ohnehin verpflichtet ist. Die zahlreichen, in der Familienzusammenführungs-RL enthaltenen Optionen zur Gewährung des Familiennachzugs an Verwandte außerhalb der Kernfamilie hat der deutsche Gesetzgeber mit § 36 Abs. 2 AufenthG nicht umgesetzt.

Die ausschließliche Ausrichtung der gesetzlichen Regelungen am Ziel der Zuwanderungsbegrenzung wirkt sich auch negativ auf die Integration von Drittstaatsangehörigen aus. Wie in Erwägungsgrund (4) der Familienzusammenführungs-RL festgehalten, fördert die Familienzusammenführung die Integration der Zusammenführenden. Zur engen Familie gehören in vielen Kulturkreisen jedoch nicht nur die Mitglieder der Kernfamilie, sondern auch weiter entfernte Verwandte, wie beispielsweise Großeltern. Den Zusammenführenden fehlt damit unter Umständen ein Teil der Familie, der in ihren Herkunftskulturkreisen

---

948 S.o. zu diesem Rechtfertigungsgrund Teil 2:D.VI.1, S. 177 f.

949 S.o. Teil 3:B.I.2.e)bb)(1), S. 214 ff.

als wesentlich angesehen wird. Der Ausschluss des Nachzugs für Großeltern bedeutet, dass deren Kinder die Enkelkinder ohne Unterstützung der Großeltern erziehen müssen. Die oben beschriebenen Stellungnahmen von Nichtregierungsorganisationen geben Hinweise darauf, dass der faktische Ausschluss des Nachzugs von Großeltern zumindest den Integrationswillen der Zusammenführenden beeinträchtigt. Wie beschrieben, sind die Risiken einer Arbeitsmarktüberlastung, einer Überlastung der Integrationsinfrastruktur und der Belastung der öffentlichen Haushalte zudem minimal, wenn der Nachzug auf ältere Personen begrenzt wird, deren Lebensunterhalt gesichert ist. Das hohe Lebensalter ist naturgemäß bei Angehörigen ersten Grades in aufsteigender Linie der Fall. Die Lebensunterhaltssicherung könnte in Bezug auf diese Familienangehörigen, die nicht von Art. 4 Abs. 1 Familienzusammenführungs-RL erfasst sind, auch von Flüchtlingen verlangt werden, Art. 12 Abs. 1 Familienzusammenführungs-RL. Daher ist in Abwägung aller öffentlichen Interessen einschließlich des Interesses des Schutzes des öffentlichen Haushalts die Nachzugsgewährung zumindest für Angehörige ersten Grades in aufsteigender Linie unter der Voraussetzung der Lebensunterhaltssicherung vorzugswürdig, ohne dass das Erfordernis einer außergewöhnlichen Härte vorliegen muss.

II. Wirtschaftliche Nachzugsvoraussetzungen

1. Sicherung des Lebensunterhalts einschließlich Krankenversicherung, § 5 Abs. 1 Nr. 1 AufenthG

Grundsätzlich muss im Fall des Familiennachzugs zu Drittstaatsangehörigen – ebenso wie bei der Zuwanderung zu anderen Zwecken – die allgemeine Erteilungsvoraussetzung der Lebensunterhaltssicherung gemäß § 5 Abs. 1 Nr. 1 AufenthG erfüllt sein. Verschiedene Ausnahmemöglichkeiten vom Lebensunterhaltssicherungserfordernis ergeben sich lediglich beim Familiennachzug zu humanitär Geschützten, § 29 Abs. 2 AufenthG.[950]

950 Gemeint sind Zusammenführende, die unanfechtbar als Asylberechtigte anerkannt wurden, denen unanfechtbar die Flüchtlingseigenschaft oder subsidiärer Schutz zuerkannt wurde oder denen eine Aufenthaltserlaubnis nach § 23 Abs. 4 AufenthG erteilt wurde, § 29 Abs. 2 S. 2 Nr. 1 AufenthG. Beim Familiennachzug zu diesen Personen ist von der Lebensunterhaltssicherung abzusehen, wenn der Antrag auf Familiennachzug innerhalb von drei Monaten nach der Statusanerkennung bzw. im Fall des § 23 Abs. 4 AufenthG nach der Erteilung der Aufenthaltserlaubnis erfolgte und die Herstellung der familiären Lebensgemeinschaft in einem Drittstaat, zu dem besondere Bindungen bestehen, nicht möglich ist. Auch wenn diese Voraussetzungen

Gemäß der Legaldefinition in § 2 Abs. 3 AufenthG ist der Lebensunterhalt gesichert, wenn er einschließlich ausreichenden Krankenversicherungsschutzes ohne Inanspruchnahme öffentlicher Mittel bestritten werden kann. Bei Bestehen eines Anspruchs auf Leistungen zur Sicherung des Lebensunterhalts nach dem SGB II ist der Lebensunterhalt unabhängig von der tatsächlichen Inanspruchnahme nicht gesichert, da mit dem Bestehen des Anspruchs schon die Inanspruchnahme der Mittel zu erwarten ist.[951]

U.a. aufgrund des Grundsatzes der engen Auslegung von Ausnahmen darf der verlangte Lebensunterhalt gem. Art. 7 Abs. 1 lit. c Familienzusammenführungs-RL nur so hoch sein wie die Sozialhilfe für „die *allgemein notwendigen Kosten* des Lebensunterhalts".[952] Nicht umfasst sind Leistungen für „außergewöhnliche oder unvorhergesehene Bedürfnisse".[953] Beträge, die „in erster Linie aus arbeitsmarkt- oder beschäftigungspolitischen Gründen gewährt" werden, beispielsweise um einen Anreiz für die „Aufnahme oder Beibehaltung einer Beschäftigung" zu schaffen, dürfen nicht angerechnet werden.[954] Nicht zulasten des nachziehenden Familienangehörigen berücksichtigt wird daher der Freibetrag für Erwerbstätigkeit gem. § 11b Abs. 1 S. 1 Nr. 6, Abs. 3 SGB II.[955]

Die Pflicht zur Einzelfallabwägung verlangt es, bei nicht vollständiger Lebensunterhaltssicherung nach diesen Grundsätzen, das Vorliegen einer Ausnahme vom Erfordernis der Lebensunterhaltssicherung nach den Umständen des Einzelfalls zu prüfen.[956] Ausnahmen vom Regelfall des § 5 Abs. 1 Nr. 1 AufenthG können sich laut dem BVerwG aus den Gewährleistungen des Verfassungs-, Unions- oder Völkerrechts ergeben sowie aus „atypische[n] Umstände[n] des Einzelfalles, die so bedeutsam sind, dass sie das sonst ausschlaggebende Gewicht

---

nicht vorliegen, kann nach Ermessen von der Lebensunterhaltssicherung abgesehen werden, § 29 Abs. 2 S. 1 AufenthG.

951 *BVerwG*, Urt. v. 26.08.2008, 1 C 32/07, BVerwGE 131, S. 370–383, Rn. 21, *-juris*; *Fricke*, ZAR 2010, S. 253, 256.

952 *EuGH*, Urt. v. 04.03.2010, C-578/08, *Chakroun*, InfAuslR 2010, S. 221, 222, Rn. 52, Hervorhebung d. Verf. zu den Ausführungen des EuGH im Fall *Chakroun* oben Teil 2:D.IV.2.d), S. 149 ff.

953 *EuGH*, Urt. v. 04.03.2010, C-578/08, *Chakroun*, InfAuslR 2010, S. 221, 222, Rn. 49.

954 *BVerwG*, Urt. v. 29.11.2012, 10 C 4.12, BVerwGE 145, S. 153–172, Rn 32, *-juris*.

955 *BVerwG*, Urt. v. 16.11.2010, BVerwG 1 C 20.09, BVerwGE 138, S. 135, Rn. 33, *-juris*. Ebenso wurde entschieden, dass hinsichtlich „des in § 11b Abs. 2 Satz 1 SGB II pauschaliert erfassten Werbungskostenabzugs [...] der Nachweis geringerer Aufwendungen als die gesetzlich veranschlagten 100 EUR zuzulassen ist", Urt. v. 16.11.2010, BVerwG 1 C 20.09, BVerwGE 138, S. 135, Rn. 34, *-juris*.

956 *BVerwG*, Urt. v. 29.11.2012, 10 C 4.12, BVerwGE 145, S. 153–172, Rn 36, *-juris*.

der gesetzlichen Regelung beseitigen".[957] Mit diesen Gewährleistungen dürften in erster Linie die durch Art. 8 EMRK und Art. 6 Abs. 1 GG und Art. 17 und Art. 5 Abs. 5 Familienzusammenführung-RL gewährten positiven Pflichten auf Gewährung der Familienzusammenführung gemeint sein, wenn eine Interessenabwägung dies ergibt. Ein Kriterium, das in diese Interessenabwägung einzubeziehen ist, ist insbesondere das Wohl minderjähriger Kinder. Hierbei spielt das Alter eines den Nachzug begehrenden Kindes eine wesentliche Rolle und die Frage, ob Eltern und Geschwister dieses Kindes im Mitgliedstaat verwurzelt sind.[958] Bei der Einzelfallabwägung dürfte auch eine Rolle spielen, wie weit das vorhandene Einkommen die vorgegebene Einkommensgrenze unterschreitet und ob das Nichterbringen verschuldet ist.

2. *Exkurs: Lebensunterhaltssicherung beim Nachzug zu deutschen Staatsangehörigen*

Seit dem RLUmsG 2007 wird der Nachweis der Lebensunterhaltssicherung gemäß § 5 Abs. 1 Nr. 1 AufenthG in Ausnahmefällen auch beim Ehegattennachzug zu deutschen Staatsangehörigen verlangt.[959] Regelungszwecke waren die Unterbindung einer vermuteten erheblichen Zuwanderung in die Sozialsysteme und die Integrationsförderung in Form der Schaffung eines Anreizes zur Integration durch die Pflicht zur Lebensunterhaltssicherung v.a. für Personen, die die deutsche Staatsangehörigkeit erst vor Kurzem erworben haben.[960] Außerdem sollte durch diese zusätzliche Hürde der missbräuchliche Familiennachzug eingeschränkt werden.[961]

---

957 *BVerwG*, Urt. v. 29.11.2012, 10 C 4/12, BVerwGE 145, S. 153–172, Rn. 36, *-juris*; *BVerwG*, Urt. v. 13.06.2013, 10 C 16/12, Rn. 16, *-juris*.

958 Vgl. zu diesen Voraussetzungen in der Rechtsprechung des EGMR oben Teil 2:A.I.2.b), S. 94 ff.

959 Vgl. den Wortlaut vom § 28 Abs. 1 S. 3 AufenthG: „soll in der Regel abweichend von § 5 Abs. 1 Nr. 1 AufenthG erteilt werden".

960 BT-Drs. 16/5065 v. 23.04.2007, S. 171.

961 BT-Drs. 16/5065 v. 23.04.2007, S. 171. Als Beleg für die Einwanderung in die Sozialsysteme sah der Gesetzgeber den hohen Anteil (28,4 %) von Neuzuwanderern an, die eine Kostenbefreiung vom Teilnahmebetrag für den Integrationskurs erhalten haben, was damals nur bei Leistungsbezug nach SGB II oder SGB XXII möglich war, S. § 9 Abs. 2 IntV, der mittlerweile auch bei Bezug von Asylbewerberleistungen eine Kostenbefreiungsmöglichkeit vorsieht. Allerdings sind alle Leistungsbezieher, d.h. auch Leistungen beziehende Personen, die einen humanitären Aufenthaltstitel nach § 25 Abs. 1 und 2 oder § 23 Abs. 2 AufenthG haben, zur Kostenbefreiung berechtigt.

Dass Lebensunterhaltssicherung im Regelfall nicht gefordert werden kann, ist Folge des unbeschränkten Aufenthaltsrechts deutscher Staatsangehöriger im Bundesgebiet.[962] Nur bei Vorliegen besonderer Umstände, beispielsweise, wenn die Herstellung der ehelichen Gemeinschaft im Ausland zumutbar ist, sollte die Lebensunterhaltssicherung nach dem Willen des Gesetzgebers gefordert werden können, beispielsweise bei Doppelstaatlern oder bei deutschen Staatsangehörigen, die länger im Ausland gelebt und gearbeitet haben und die Sprache des ausländischen Staates sprechen.[963] Das BVerwG hat 2012 in einem obiter dictum im Urteil zum Sprachnachweis dieser Argumentation des Gesetzgebers die Grundlage entzogen, indem es ausführte, dass „die weitere Staatsangehörigkeit nicht zu einer Beschränkung der Rechtswirkungen der deutschen, insbesondere des Rechts auf Aufenthalt in Deutschland nach Art. 1 GG" führt.[964] Die weitere Staatsangehörigkeit begründe „auch keine besonderen Umstände", die es erlauben würden, „entgegen der gesetzlichen Regel den Ehegattennachzug von einer Sicherung des Lebensunterhalts abhängig zu machen."[965] Das Verständnis des Gesetzgebers war schon in integrationspolitischer Hinsicht fragwürdig, weil es neu eingebürgerte Deutsche unter Generalverdacht stellte, nicht integriert zu sein, und sie als deutsche Staatsangehörige zweiter Klasse behandelte. Die Gleichbehandlung deutscher Staatsangehöriger mit und ohne doppelte Staatsangehörigkeit entspricht dem Interesse der Förderung der Integration besser. Der Klausel ist damit weitgehend der praktische Anwendungsbereich entzogen.

3. Ausreichender Wohnraum, § 29 Abs. 1 Nr. 2 i.V.m. § 2 Abs. 4 AufenthG

Beim Familiennachzug zu Ausländern wird zusätzlich zur Lebensunterhaltssicherung ausreichender Wohnraum gefordert, § 29 Abs. 1 Nr. 2 AufenthG. Das Wohnraumerfordernis ist eine zwingend zu erfüllende Voraussetzung.[966] Ebenso wie beim Erfordernis der Lebensunterhaltssicherung ergeben sich verschiedene

---

Wie hoch der Anteil der Familienangehörigen deutscher Staatsangehöriger an den Kostenbefreiten ist, lässt sich damit nicht sagen.

962 Nr. 28.1.1.0 AVwV.

963 BT-Drs. 16/5065 v. 23.04.2007, S. 171.

964 *BVerwG*, Urt. v. 04.09.2012, 10 C 12/12, BVerwGE 144, S. 141–156, Rn. 30, -*juris*.

965 *BVerwG*, Urt. v. 04.09.2012, 10 C 12/12, BVerwGE 144, S. 141–156, Rn. 30, -*juris*.

966 Insbesondere ist auch beim Kindernachzug kein Absehen von der Voraussetzung aufgrund der Härtefallklausel des § 32 Abs. 4 AufenthG möglich, der den Nachzug minderjähriger Kinder zur Vermeidung einer besonderen Härte ermöglicht. Aufgrund ihrer Verankerung in § 32 AufenthG bezieht sich die Vorschrift systematisch lediglich auf die vorhergehenden Absätze 1 bis 3 des § 32 AufenthG, nicht hingegen

Ausnahmen beim Nachzug zu humanitär Geschützten.[967] Beim Familiennachzug zu Deutschen wird das Kriterium nicht gefordert.

Ausreichender Wohnraum wird in § 2 Abs. 4 S. 1 AufenthG legaldefiniert als maximal der Wohnraum, der „für die Unterbringung eines Wohnungssuchenden in einer öffentlich geförderten Sozialmietwohnung genügt." Beschaffenheit und Belegung des Wohnraums müssen den deutschen Rechtsvorschriften genügen, § 2 Abs. 4 S. 2 AufenthG. Kinder bis zu zwei Jahren werden dabei nicht mitgerechnet, § 2 Abs. 4 S. 3 AufenthG.

4. *Regelungszwecke*

Das Erfordernis der Lebensunterhaltssicherung soll die Inanspruchnahme öffentlicher Mittel verhindern.[968] Sinn und Zweck dieser Erteilungsvoraussetzung ist somit die Vermeidung neuer Belastungen für die öffentlichen Haushalte.[969]

Nicht eindeutig ist, welches Ziel der Gesetzgeber mit dem Wohnraumerfordernis verfolgt. Die Gesetzgebungsmaterialien zum AufenthG 2004 enthalten hierzu keine Informationen. Gemäß der AVwV soll das Wohnraumerfordernis eine menschenwürdige Unterbringung ermöglichen.[970] Ein Wohnraumerfordernis bestand aufgrund eines Beschlusses der Innenministerkonferenz bereits seit 1965 und war schon in § 17 Abs. 2 Nr. 2 AuslG 1990 gesetzlich geregelt.[971] Gemäß den Gesetzesmaterialien zum AufenthG sollte das Wohnraumerfordernis des AuslG 1990 ohne inhaltliche Änderung in das AufenthG übernommen werden.[972] Die Gesetzesbegründung zum AuslG 1990 dürfte daher auch für das

---

auf andere Paragrafen, wie § 29 Abs. 1 Nr. 2 AufenthG. S. dazu auch Nr. 32.4.1 AVwV, wonach die Voraussetzungen des § 29 Abs. 1 AufenthG vorliegen müssen.

967 Gemeint sind Zusammenführende, die unanfechtbar als Asylberechtigte anerkannt wurden, denen unanfechtbar die Flüchtlingseigenschaft oder subsidiärer Schutz zuerkannt wurde oder denen eine Aufenthaltserlaubnis nach § 23 Abs. 4 AufenthG erteilt wurde, § 29 Abs. 2 S. 2 Nr. 1 AufenthG. Sofern der Antrag auf Familienzusammenführung innerhalb von drei Monaten nach Gewährung des Schutzstatus gestellt wurde und das Führen der familiären Lebensgemeinschaft in einem anderen Staat, zu dem besondere Beziehungen bestehen, nicht möglich ist, muss vom Wohnraumerfordernis abgesehen werden, § 29 Abs. 2 S. 2 AufenthG. Andernfalls kann vom Wohnraumerfordernis abgesehen werden, § 29 Abs. 2 S. 1 AufenthG.

968 BT-Drs. 15/420 v. 07.02.2003, S. 70.

969 *BVerwG*, Urt. v. 16.11.2010, 1 C 21.09, BVerwGE 138, S. 148–159, Rn. 17, *-juris*.

970 Nr. 2.4.0 AVwV.

971 Vgl. den entsprechenden Hinweis in BT-Drs. 11/6321 v. 27.01.1990, S. 60.

972 BT-Drs. 15/420 v. 07.02.2003, S. 81.

AufenthG gelten. Ziel der Regelung im AuslG 1990 war es, sicherzustellen, dass die nachziehenden „Ausländer hier in gleichen sozialen Verhältnissen leben können wie Deutsche".[973] In diesem Sinne bezweckt die Vorschrift die Eingliederung in das gesellschaftliche Leben, d.h. die Förderung der Integration.

5. *Wirkungsanalyse*

Fraglich sind die Erkenntnisse zu den quantitativen Auswirkungen des Erfordernisses der Lebensunterhaltssicherung und des Wohnraums. Die Nachzugskriterien bestehen im deutschen Recht bereits länger als die 2005 begonnene statistische Erfassung des Familiennachzugs im Ausländerzentralregister und die 1996 begonnene Erfassung in der Visastatistik des Auswärtigen Amts, sodass sich die Auswirkungen der Einführung auf die Nachzugszahlen nicht bemessen lassen. Erkenntnisse aus den Niederlanden sprechen jedoch dafür, dass das Einkommenskriterium von jungen Personen und Frauen aufgrund ihres niedrigeren Einkommens besonders schwierig zu erbringen ist: die Familienzusammenführung zu Frauen in der Altersgruppe 21–27 Jahre brach dort massiv ein, nachdem das Einkommenskriterium 2004 von 100 % auf 120 % des Mindestlohns angehoben worden war.[974] Inwiefern diese Ergebnisse auf die Bundesrepublik übertragbar sind, ist unklar, da das Einkommenserfordernis im deutschen Recht sich nur am Sozialhilfeniveau orientiert[975] und damit nicht derart hoch ist. Nach den Berechnungen des Statistischen Bundesamtes für das Jahr 2016 verdienen Frauen 21 % weniger als Männer, der um Unterschiede in den Branchen und Berufen bereinigte Unterschied beträgt allerdings nur 6 %.[976] Auffällig ist in diesem Zusammenhang, dass der Nachzug zu Ehefrauen wesentlich geringer ist als der Nachzug zu Ehemännern. Ob Ursache hierfür ist, dass Frauen angesichts der Lohnunterschiede die Lebensunterhaltssicherung schwerer fällt als Männern, ist bislang nicht erforscht.

---

973 BT-Drs. 11/6321 v. 27.01.1990, S. 60.

974 Der Nachzug männlicher Ehegatten in der Altersgruppe 21–27 Jahre sank um 52 %, bei älteren Personen um 26 %, *Wetenschappelijk Onderzoek- en Documentatiecentrum (WODC) & IND Informatieen Analysecentrum (INDIAC)*, Internationale gezinshereniging begrensd? Een evaluatie van de verhoging van de inkomens- en leeftijdseis bij migratie van buitenlandse partners naar Nederland, Den Haag 2009, zitiert in Strik/de Hart u.a., Family Reunification: a barrier or facilitator of integration? A comparative study, S. 93.

975 S. 2.3.1.2 AVwV.

976 *Statistisches Bundesamt*, Pressemitteilung v. 14.03.2017 – 094/17, S. 1.

Dazu, wie sich das Erfordernis der Lebensunterhaltssicherung auf die Integration auswirkt, gibt es keine empirischen Studien. Eine empirische Untersuchung dieses Erfordernisses unterliegt der Schwierigkeit, dass es hierfür keine geeignete Vergleichsgruppe gibt, da das Erfordernis in fast allen Nachzugskonstellationen gilt. Selbst bei Unionsbürgern wird es im Falle von Arbeitnehmern oder Selbstständigen durch die wirtschaftliche Tätigkeit sinngemäß vorausgesetzt. Für Österreich ergeben sich Hinweise für negative Auswirkungen des Einkommenserfordernisses auf die wirtschaftliche Eingliederung des Zusammenführenden aus Befragungen i.R.d. Studie „Family reunification: a barrier or facilitator for integration“: Das Erfordernis führt dort beispielsweise dazu, dass Studenten ihr Studium abbrechen, um den Familienunterhalt zu sichern oder Personen Arbeit unterhalb ihres Qualifikationsniveaus annehmen, um den Unterhalt zu sichern.[977] Hinweise darauf, dass das Einkommenserfordernis auch ein Risiko für die Integration nachziehender Ehegattinnen in den Arbeitsmarkt darstellen kann, ergeben sich aus der Befragung türkischer Ehegatten durch *Aybek/Straßburger u.a.* Die weiblichen Befragten waren mehrheitlich bei der Befragung vor der Einreise nicht berufstätig und daher damit einverstanden, nach der Einreise als Hausfrau zu leben.[978] Sie verlassen sich somit auf die wirtschaftliche Integration über den Ehemann und haben keinen Anlass für eigene Anstrengungen zur Integration in den Arbeitsmarkt. Bestätigt wird dieser Befund durch die BAMF-Heiratsmigrationsstudie. Insgesamt 77,2 % der befragten Ehegattinnen und Ehegatten aus sieben Ländern gaben an, als Hausfrau tätig zu sein, darunter über 85 % der Ehegattinnen aus der Türkei, Thailand, Philippinen, Indien und Pakistan.[979] Als Hauptgrund für die Haushaltstätigkeit gaben 63,5 % der im Haushalt Tätigen an, sich um die Kinder kümmern zu wollen.[980] Die Präferenz der Haushaltstätigkeit gegenüber einer eigenen beruflichen Tätigkeit ist somit vorwiegend eine freiwillige Entscheidung. Im Gegensatz dazu stellt die vorgenannte Studie für Österreich fest, dass gerade Unionsbürger, die wie beschrieben i.d.R. keinen Lebensunterhalt nachweisen müssen, Migration häufig als gemeinsamen Karriereschritt mit dem Ehepartner ansehen.[981] Ob das

977 Kraler/Hollomey u.a., Family Reunification: a barrier or facilitator of integration?, Country Report Austria, S. 96.

978 Aybek/Straßburger u.a., Marriage Migration from Turkey to Germany, in: Aybek/Huinink u.a., Spatial Mobility, Migration, and Living Arrangements, S. 23, 33.

979 Büttner/Stichs, BAMF-Heiratsmigrationsstudie, S. 199, Abb. 5–29.

980 Büttner/Stichs, BAMF-Heiratsmigrationsstudie, S. 201, Abb. 5–30.

981 Kraler/Hollomey u.a., Family Reunification: a barrier or facilitator of integration?, Country Report Austria, S. 95.

Erfordernis der Lebensunterhaltssicherung nun die Zuwanderung von nicht erwerbstätigen Ehegatten fördert, sei dahingestellt. Jedenfalls motiviert es Ehegatten nicht dazu, aus wirtschaftlichen Gründen selbst erwerbstätig zu sein.

I.R.d. ICS-Befragung gaben die befragten Ehegatten aus Stuttgart mit 27,3 % außerdem deutlich seltener als die Befragten aus Berlin mit 38,5 % an, dass sie bei der Familienzusammenführung Probleme mit dem Nachweis der Nachzugsvoraussetzungen hatten.[982] Daraus folgt, dass die finanzielle Leistungsfähigkeit in einer wirtschaftlich stabileren Gegend leichter nachzuweisen ist als in einer Gegend, die stärker von Arbeitslosigkeit betroffen ist.[983] Ob sich hieraus nachteilige Folgen insbesondere für den Integrationswillen ergeben, ist ungeklärt.

Aus Experteninterviews i.R.d. IMPACIM-Studie von 2013 folgt jedenfalls, dass das Vorhandensein finanzieller Sicherheit und von Wohnraum unmittelbar nach der Einreise den Familienangehörigen Sicherheit verschafft und dadurch deren Integration in der Anfangszeit gegenüber einzeln ankommenden Personen erheblich erleichtert.[984] Auch haben Interviews i.R.d. BAMF-Resettlementstudie von 2014 gezeigt, dass ungelöste Alltagsprobleme wie die Wohnungssuche gerade die Integration von Frauen verhindern, weil sie ihre eigenen beruflichen Wünsche zur Bewältigung dieser Probleme zurückstellen.[985] Das Wohnraumerfordernis ist eine zusätzliche Anforderung, die den Familiennachzugsverlauf stören kann. In der Praxis scheint jedoch das Wohnraumerfordernis nach Erkenntnissen der Studie „Family Reunification: a Barrier or Facilitator of Integration?“ keine Probleme zu bereiten.[986] Insgesamt ergeben sich aus dem Vorstehenden Hinweise dafür, dass das Vorhandensein von Einkommen und Wohnraum die wirtschaftliche und gesellschaftliche Integration in der Anfangszeit befördert.

Demgegenüber hat ein Vergleich unter OECD-Ländern i.R.d. OECD-Studie „Indicators of Immigrant Integration 2015: Settling in“ zur Integration von im

---

982 Will, Integrationsmaßnahmen aus Sicht von Nicht-EU-Bürgern, SVR, S. 30, Abbildung 18, Quelle: ICS.

983 Will, Integrationsmaßnahmen aus Sicht von Nicht-EU-Bürgern, SVR, S. 29.

984 Lüken-Klaßen/Heckmann, IMPACIM, National Report Germany, S. 91.

985 Baraulina/Bitterwolf, BAMF-Resettlementstudie, S. 39.

986 Triebl/Klindworth, Family Reunification: a Barrier or Facilitator of Integration?, German Country Report, S. 54. Der entsprechende Synthesebericht kommt für alle sechs im Rahmen dieser Studie untersuchten Mitgliedstaaten (neben Deutschland Irland, die Niederlande, Österreich, Portugal und Großbritannien) zum selben Ergebnis, Strik/de Hart u.a., Family Reunification: a barrier or facilitator of integration? A comparative study, S. 87.

Ausland geborenen Personen gezeigt,[987] dass die Wohnsituation dieser Personen hinsichtlich Wohnraumüberbelegung in den Niederlanden am besten ist,[988] obwohl die Niederlande bei der Familienzusammenführung keinen Wohnraumnachweis verlangen.[989] Andererseits ist in Norwegen, das ebenfalls keinen Wohnraumnachweis für die Familienzusammenführung verlangt, die Wohnsituation hinsichtlich Wohnraumüberbelegung der im Ausland Geborenen im Vergleich zu der von im Inland Geborenen prozentual schlechter als in Deutschland und sogar als im EU-Durchschnitt.[990] Deutschland liegt im Mittelfeld, im Ausland Geborene leben hier mehr als doppelt so häufig in überbelegtem Wohnraum wie nicht im Ausland Geborene.[991] In Deutschland beziehen im Ausland Geborene 29,2 % seltener Wohnungsunterstützung als in Norwegen, in Norwegen beziehen jedoch auch die im Inland Geborenen viel häufiger Unterstützung.[992] Insgesamt kommen die Autoren zu dem Ergebnis, dass Probleme von überbelegtem Wohnraum unter im Ausland Geborenen dort gering sind, wo sie auch für die übrige Bevölkerung gering sind.[993] Es kann für die Familienzusammenführungspolitik somit kein Einfluss des Wohnraumerfordernisses auf die langfristige Wohnsituation festgestellt werden. Bedeutsam ist für die langfristige Wohnsituation vielmehr, ob ausreichend sozialer Wohnungsbau betrieben wird oder staatliche Zuschüsse für den Wohnraum gewährt werden.

---

987 Im Rahmen der Studie wurde die im Ausland geborene Bevölkerung mit der im Inland geborenen verglichen, u.a. um die Integration der eingebürgerten Ausländer der ersten Generation differenzierter untersuchen zu können, *OECD*, Indicators of Immigrant Integration 2015, S. 15 f.

988 *OECD*, Indicators of Immigrant Integration 2015, S. 181, Abbildung 9.3.

989 EMN, Family Reunification of Third-Country Nationals, Synthesis Report 2017, S. 24.

990 *OECD*, Indicators of Immigrant Integration 2015, S. 181, Abbildung 9.3.

991 *OECD*, Indicators of Immigrant Integration 2015, S. 181, Abbildung 9.3, statistischer Link unter: http://dx.doi.org/10.1787/888933212870 (letzter Abruf: 31.08.2017). Die Überbelegungswerte in Punkten sind wie folgt: Niederlande 2,04, d.h. 0,28 über dem Wert für im Inland geborene Personen; Deutschland: 10,61, d.h. 6,5 über dem Wert für im Inland geborene Personen; EU-28: 16,5, d.h. 5,16 über dem Wert für im Inland geborene Personen; Norwegen: 17,83, d.h. 14,57 über dem Wert für im Inland geborene Personen.

992 *OECD*, Indicators of Immigrant Integration 2015, S. 179, Abbildung 9.2, statistischer Link unter: http://dx.doi.org/10.1787/888933212861 (letzter Abruf: 31.08.2017), eigene Berechnung auf dieser Basis.

993 *OECD*, Indicators of Immigrant Integration 2015, S. 180.

Im Ergebnis gibt es somit lediglich Hinweise dafür, dass dem Einkommenserfordernis und dem Wohnraumerfordernis in der Anfangszeit integrationsfördernde Wirkung zukommt.

6. *Rechtmäßigkeit*

a) *Richtlinienkonformität*

Weil das in § 5 Abs. 1 Nr. 1 AufenthG geregelte Einkommenserfordernis nicht als zwingend zu erbringende, sondern als Regelerteilungsvoraussetzung ausgestaltet ist, bleibt genügend Raum für die Einzelfallprüfung gem. § 17 Familienzusammenführungs-RL.

Das Erfordernis ausreichenden Wohnraums gemäß § 29 Abs. 1 Nr. 2 AufenthG ist vereinbar mit Art. 7 Abs. 1 lit. a Familienzusammenführungs-RL. Der Begriff „ausreichend“ lässt genügend Spielraum, um den Rechtsanwendern das Abstellen auf die regional übliche Wohnungsgröße zu ermöglichen, auf die Art. 7 Abs. 1 lit. a Familienzusammenführungs-RL verweist.

Die Ausgestaltung des Wohnraumerfordernisses als zwingend zu erfüllende Voraussetzung wirft jedoch Fragen der Vereinbarkeit mit der im Urteil *Chakroun*[994] formulierten Pflicht zur Einzelfallprüfung auf.[995] Das Urteil *Chakroun* bezog sich auf die Frage fester und regelmäßiger Einkünfte. Laut dem Urteil ist auch bei Nichterreichen einer Mindesteinkommensgrenze die konkrete Situation eines Antragstellers zu prüfen, da „der Umfang der Bedürfnisse sehr individuell sein kann“.[996] Die Vorgabe eines strikt zu erfüllenden Mindesteinkommens ohne individualisierte Prüfung der Familienzusammenführungsanträge ist unzulässig.[997] Der Wohnraumbedarf kann ebenfalls individuell sehr verschieden sein und er ist daher vergleichbar mit dem Einkommenskriterium. Die Rechtsprechung im Fall *Chakroun* zum Einkommenserfordernis ist damit auf das Wohnraumerfordernis übertragbar. Allerdings hat der EuGH nicht spezifiziert, wie seine Anforderung auf Einzelfallprüfung in das nationale Recht umzusetzen ist.[998] Es kann daher nicht aus der Rechtsprechung abgeleitet werden, dass generell keine zwingend zu erfüllenden Voraussetzungen im nationalen Recht formuliert werden können oder generell eine allgemeine Härteklausel geschaffen

---

994 *EuGH,* Urt. v. 04.03.2010, Rs. C-578/08, *Chakroun*, Slg. 2010, I-1839.

995 S. hierzu bereits oben Teil 2:D.III.4, S. 138 ff.

996 *EuGH,* Urt. v. 04.03.2010, Rs. C-578/08, *Chakroun*, Slg. 2010, I-1839, Rn. 48.

997 *EuGH,* Urt. v. 04.03.2010, Rs. C-578/08, *Chakroun*, Slg. 2010, I-1839, Rn. 48.

998 *Thym*, EJML 2016, S. 89, 98 f. in Bezug auf Integrationsmaßnahmen i.S.v. Art. 7 Abs. 2 UA 1 Familienzusammenführungs-RL.

werden muss.[999] Zwar würde es für die Erfüllung der Pflicht zur Einzelfallprüfung[1000] nicht ausreichen, wenn allein darauf abgestellt wird, dass der Gesetzgeber bereits bestimmte schutzbedürftige Personen gemäß § 29 Abs. 2 AufenthG vom Wohnraumerfordernis ausgenommen hat.[1001]

Wie sich aus § 2 Abs. 4 AufenthG ergibt, bezieht sich der Begriff des ausreichenden Wohnraums auf die Größe und die Beschaffenheit der Wohnung, vgl. § 2 Abs. 4 S. 1 AufenthG. Der Wortlaut „ausreichender Wohnraum" der deutschen Regelung lässt damit ausreichend Spielraum, um den individuellen Wohnraumbedarf eines Antragstellers zu würdigen. Dies zeigt auch die Ausgestaltung in § 2 Abs. 4 S. 3 AufenthG, die kleine Kinder unter zwei Jahren bei der Bedarfsberechnung unberücksichtigt lässt. All dies erlaubt es, die individuelle Situation des Zusammenführenden und seiner Familienangehörigen ausreichend zu berücksichtigen. In der Praxis scheint das Wohnraumerfordernis zudem keine Schwierigkeiten zu bereiten, zumal es durch Umzug in eine größere Wohnung i.d.R. leicht erfüllt werden kann.[1002] Der Pflicht zur Einzelfallprüfung wird die deutsche Umsetzung daher gerecht.

b) Vereinbarkeit mit menschenrechtlichen Familienschutzvorgaben: Verhältnismäßigkeit

Wie bereits erwähnt, verlangen die Familien schützenden Normen Art. 8 EMRK, Art. 7 und 24 EU-GRC, Art. 19 Abs. 6 ESC und Art. 6 GG sowie der allgemeine

---

999 Vgl. zu den verschiedenen Umsetzungsmöglichkeiten die Ausführungen von *Thym*, EJML 2016, S. 89, 98 f. in Bezug auf Integrationsmaßnahmen i.S.v. Art. 7 Abs. 2 UA 1 Familienzusammenführungs-RL.

1000 S. zur Pflicht zur Einzelfallprüfung *EuGH*, Urt. v. 04.03.2010, Rs. 578/08, *Chakroun*, Slg. 2010, I-01839, Rn. 48, im Einzelnen oben Teil 2:D.III.4, S. 138 ff.

1001 Kein Wohnraum muss nachgewiesen werden für Kinder unter zwei Jahren, § 2 Abs. 4 S. 3 AufenthG, und bei den § 29 Abs. 2 S. 2 Nr. 1 AufenthG genannten humanitär geschützten Zusammenführenden, wenn der Familiennachzug innerhalb von drei Monaten nach der Statusanerkennung bzw. im Fall des § 23 Abs. 4 AufenthG nach der Erteilung der Aufenthaltserlaubnis beantragt wurde und das Führen der familiären Lebensgemeinschaft nicht in einem Drittstaat, zu dem besondere Bindungen bestehen, möglich ist. Liegen die Voraussetzung für ein zwingendes Absehen vom Wohnraumerfordernis nicht vor, kann nach Ermessen davon abgesehen werden, § 29 Abs. 2 S. 1 AufenthG. Die Ausnahmeregelungen entsprechen denen, die für das Erfordernis der Lebensunterhaltssicherung gelten, s.o. Teil 3:B.II.3, S. 219, Fn. 950.

1002 Vgl. *Barwig*, ZAR 2014, S. 41, 50, wonach mehrere befragte Ausländerbehörden, Rechtsvertreter u.Ä. von keinen aktuellen Streitfällen das Wohnraumerfordernis betreffend berichten konnten.

Verhältnismäßigkeitsgrundsatz eine Verhältnismäßigkeitsprüfung. Die wirtschaftlichen Nachzugsvoraussetzungen müssen daher einem legitimen Ziel in geeigneter, erforderlicher und angemessener Weise dienen.

aa) Legitimes Ziel, Geeignetheit, Erforderlichkeit

Der mit der Lebensunterhaltssicherungspflicht bezweckte Schutz der öffentlichen Haushalte ist ein legitimes Ziel, vgl. Art. 109 Abs. 3 GG. Gleiches gilt für den mit dem Wohnraumerfordernis verfolgten Zweck, Familiennachzug nicht in menschenunwürdige Wohnverhältnisse stattfinden zu lassen, vgl. Art. 1 GG. Das Erfordernis der Lebensunterhaltssicherung ist zum Schutz öffentlicher Haushalte geeignet. Erforderlich wäre es nur dann nicht, wenn die Inanspruchnahme öffentlicher Haushaltsmittel anderweitig ausgeschlossen werden könnte. Aufgrund der unverfügbaren verfassungsrechtlichen Vorgaben zum menschenrechtlichen Existenzminimum gem. Art. 1 Abs. 1 GG i.V.m. Art. 20 Abs. 1 GG[1003] ist die Zahlung von Hilfe zum Lebensunterhalt gem. § 23 Abs. 1 S. 1 und 2 SGB XII bei Bedürftigkeit nicht ausgeschlossen.[1004] Die Erforderlichkeit der Lebensunterhaltssicherung zum Schutz der öffentlichen Haushalte ist damit vertretbar.

Fraglich ist die Geeignetheit des Wohnraumerfordernisses. Vertiefte Studien darüber, wie sich das Wohnraumerfordernis auf die Integration auswirkt, sind nicht ohne erheblichen Aufwand zu erlangen, zumal bereits das Finden einer geeigneten Vergleichsgruppe schwierig ist. Der obigen Wirkungsanalyse zufolge geben die BAMF-Resettlementstudie und die IMPACIM-Studie Hinweise darauf,[1005] dass sich die Sicherheit, die das Vorhandensein von Wohnraum mit sich bringt, positiv auf die wirtschaftliche und gesellschaftliche Integration und auf den Integrationswillen gerade von Frauen auswirkt. Unter Zugrundelegung des Maßstabs der Vertretbarkeit ist das Wohnraumerfordernis daher als geeignet anzusehen. Zweifel an der Erforderlichkeit des Wohnraumerfordernisses folgen daraus, dass beim Nachzug zu deutschen Staatsangehörigen und beim Nachzug zu Unionsbürgern kein entsprechendes Kriterium verlangt wird, ohne dass sich hieraus Probleme zu ergeben scheinen. Außerdem stammt das Wohnraumerfordernis aus einer Zeit, in der ausländische Arbeitnehmer häufig in Gemeinschaftsunterkünften lebten und das staatliche Interesse an der Sicherstellung eines Zuzugs in angemessene Wohnverhältnisse auf der Hand lag. Fraglich ist

1003 *BVerfG*, Urt. v. 09.02.2010, 1 BvL 1/09, Leitsätze 1 und 2, *-juris* und Beschl. v. 23.07.2014, 1 BvL 10/12 u.a., Leitsatz 1, *-juris*.

1004 Vgl. *BSG*, Urt. v. 03.12.2015, B 4 AS 43/15 R, *-juris*.

1005 S.o. Teil 3:B.II.5, S. 224 ff.

daher, ob nach wie vor ein Bedarf für eine entsprechende staatliche Regelung besteht. Dass die Überbelegung von Wohnraum nach der OECD-Studie „Indicators of Immigrant Integration 2015: Settling in" bei im Ausland Geborenen größer ist als bei im Inland Geborenen, lässt es vertretbar erscheinen, dass das Wohnraumerfordernis beim Nachzug zu Ausländern zur Förderung einer menschenwürdigen Wohnsituation und damit zur Förderung der Integration erforderlich ist. Die Erforderlichkeit des Wohnraumerfordernisses ist gegeben, auch wenn sich über die Vorschriften zur Aufrechterhaltung der öffentlichen Ordnung[1006] zumindest repressiv das staatliche Interesse an einem Zuzug in geordnete Verhältnisse wahren ließe. Dieses Mittel ist weder gleich geeignet noch lässt es die Einschätzung des Gesetzgebers als unvertretbar erscheinen, dass ein Wohnraumnachweis präventiv zur Sicherstellung der Integration erforderlich ist.

bb) Angemessenheit

Hingegen führt das Einkommenserfordernis in nicht wenigen Fällen zu einer Verzögerung des Nachzugs. Unangemessene Ergebnisse sind insbesondere beim Nachzug von Kindern denkbar. Im Hinblick auf die oben erwähnte Rechtsprechung des BVerwG ist im Einzelfall daher auf das Einkommenserfordernis zu verzichten.[1007] Die gesetzliche Ausgestaltung als Regelvoraussetzung bietet hierfür den erforderlichen Spielraum.

Wie erwähnt, führt das Wohnraumerfordernis nicht zu größeren Schwierigkeiten, sodass von der Angemessenheit der Regelung ausgegangen werden kann. Das offen formulierte Tatbestandsmerkmal des „ausreichenden" Wohnraums, die diesbezüglich bestehenden Ausnahmeklauseln und die Tatsache, dass das Wohnraumerfordernis durch Umzug in eine größere Wohnung i.d.R. erfüllt werden kann, führen dazu, dass das Kriterium nicht unzumutbar ist und die Interessen des Einzelnen hinreichend beachtet werden können.

1006 S. z.B. § 14 Abs. 1 des Gesetzes über Aufbau und Befugnisse der Ordnungsbehörden – Ordnungsbehördengesetz (OBG) des Landes Nordrhein-Westfalen, Bekanntmachung v. 13.05.1980, GV NW 1980, S. 528, i.d.F. v. 16.10.2014: „Die Ordnungsbehörden können die notwendigen Maßnahmen treffen, um eine im einzelnen Falle bestehende Gefahr für die öffentliche Sicherheit oder Ordnung (Gefahr) abzuwehren."

1007 S. *BVerwG*, Urt. v. 29.11.2012, 10 C 4.12, BVerwGE 145, S. 153–172, Rn 36, *-juris*, s.o. Teil 3:B.II.1, S. 219 f.

Die Regelung verstößt daher nicht gegen die Anforderungen des Art. 8 EMRK, Art. 7 und 24 EU-GRC, gegen den allgemeinen Verhältnismäßigkeitsgrundsatz, Art. 19 Abs. 6 ESC und Art. 6 GG.

7. Bewertung

Das Erfordernis der Lebensunterhaltssicherung ist im deutschen Recht das Nachzugskriterium, welches den wenigsten Ausnahmen unterliegt. Es wird somit zum Schutz der öffentlichen Haushalte vorgesehen entgegen aller sonstigen möglichen staatlichen Interessen, wie beispielsweise der Integration von Kindern in Form eines frühzeitigen Nachzugs oder der Förderung der Zuwanderung Hochqualifizierter. Die Familienzusammenführungs-RL hat dazu geführt, dass das Lebensunterhaltssicherungsniveau, welches verlangt werden kann, sich nur noch auf den Ausgleich für die allgemein notwendigen Kosten erstreckt.

Obwohl die Integrationsförderung weder Zweck des Einkommenserfordernisses noch des Wohnraumerfordernisses ist, beeinflussen beide die Integration. Hinsichtlich der Integrationsförderung ergibt sich in Bezug auf das Einkommenserfordernis ein sehr ambivalentes Bild. Es vermittelt, wie bereits dargestellt wurde, Sicherheit und stärkt dadurch die Integration in der Anfangszeit nach der Einreise. Langfristig kann die durch das Einkommenserfordernis vermittelte Sicherheit hingegen die Motivation zu eigener Berufstätigkeit beeinträchtigen. Die Folgen eines Verzichts auf das Einkommenserfordernis für den öffentlichen Haushalt sind kaum abzuschätzen, sodass sich dieser Schritt nicht empfiehlt.

Das Wohnraumerfordernis fördert, wie oben dargestellt, ebenfalls in der Anfangszeit die Integration gerade von Frauen, die andernfalls unter Umständen eigene Berufswünsche zur Lösung von Alltagsproblemen wie der Wohnungssuche vernachlässigen würden. In der Praxis scheinen sich aus dieser Anforderung keine Schwierigkeiten zu ergeben, sodass hierauf nicht verzichtet werden muss.

III. Spracherfordernisse

Die Familienzusammenführung von Ehegatten und Kindern knüpft der Gesetzgeber an den Nachweis bestimmter Sprachkenntnisse.

1. Kindernachzug: Beherrschen der deutschen Sprache oder anderweitige Sicherstellung der Integration, § 32 Abs. 2 S. 1 AufenthG

a) Regelungsinhalt

Ein minderjähriges Kind ab 16 Jahren, das allein einreist, hat nur dann einen Anspruch auf Familiennachzug, „wenn es die deutsche Sprache beherrscht oder gewährleistet erscheint, dass es sich aufgrund seiner bisherigen Ausbildung und Lebensverhältnisse in die Lebensverhältnisse in der Bundesrepublik Deutschland einfügen kann", § 32 Abs. 2 S. 1 AufenthG. Das Beherrschen der deutschen Sprache definiert § 2 Abs. 12 AufenthG als Niveau C 1 des GER. Wie erwähnt gilt dieses Integrationserfordernis nur für Kinder ab 16 Jahren. Zur Vermeidung von Wiederholungen werden in diesem Abschnitt Inhalt, Wirkung und Rechtmäßigkeit dieser Altersgrenze mit überprüft.

Die Altersgrenze für minderjährige Kinder ab 16 Jahren wurde durch das Zuwanderungsgesetz von 2004 in § 32 Abs. 2 AufenthG aufgenommen. Eine entsprechende Altersgrenze von 16 Jahren sah schon das AuslG 1990 vor.[1008] Bereits diese Regelung war an das Beherrschen der deutschen Sprache oder an die aufgrund der Lebensverhältnisse und Ausbildung begründete Gewährleistung geknüpft, dass das Kind sich in die Lebensverhältnisse in der Bundesrepublik einfügen wird. Das zwischenzeitlich geltende Zuwanderungsgesetz von 2002,[1009] welches eine Altersgrenze von 12 Jahren regelte, hatte das BVerfG wegen formeller Fehler für nichtig erklärt.[1010] Die niedrige Altersgrenze ließ sich politisch im Zuwanderungsgesetz 2004 nicht mehr durchsetzen.[1011] Zum Ausgleich dafür wurde im Vermittlungsausschuss das damit verknüpfte Integrationserfordernis in Form des Beherrschens der deutschen Sprache oder Gewährleistung der Integration aufgrund der Lebensverhältnisse und Ausbildung wieder eingeführt, welches durch das Zuwanderungsgesetz 2002 zwischenzeitlich auf „ausreichende Sprachkenntnisse" herabgesetzt worden war.[1012] Abweichend von der Vorgängerregelung des AuslG 1990 können die Kinder, die das 16., aber noch nicht das 18. Lebensjahr vollendet haben, aufgrund der Vorgaben des Art. 4 Abs. 1 UA 3 Familienzusammenführungs-RL jedoch dann ohne dieses Integrationserfordernis einreisen, wenn sie gemeinsam mit ihren Eltern ihren Lebensmittelpunkt in das Bundesgebiet verlegen. Aus der Gesetzesbegründung zum Zuwanderungsgesetz 2004 ergibt sich, dass damit nicht auf den Zeitpunkt der Einreise abgestellt wird, sondern ein Vorgang gemeint sein soll, „dessen Dauer

---

1008 S. § 20 Abs. 4 Nr. 1 AuslG 1990.

1009 Gesetz zur Steuerung und Begrenzung der Zuwanderung und zur Regelung des Aufenthalts und der Integration von Unionsbürgern und Ausländern (Zuwanderungsgesetz) v. 20.06.2002, BGBl. I, S. 1946 ff.

1010 *BVerfG*, Urt. v. 18.12.2002, 2 BvF 1/02, NJW 2003, S. 339 ff.

1011 Beschlussempfehlung des Vermittlungsausschusses, BT-Drs. 15/3479 v. 30.06.2004, S. 5.

1012 Beschlussempfehlung des Vermittlungsausschusses, BT-Drs. 15/3479 v. 30.06.2004, S. 5 f.

sich nach den Umständen des Einzelfalles bestimmt".[1013] Dadurch werden sachgerechte Ergebnisse ermöglicht, beispielsweise, dass ein Kind vor dem Umzug ein laufendes Schuljahr in seinem Herkunftsland beenden kann.[1014]

Ausgenommen von dem Integrationserfordernis sind Kinder von humanitär Geschützten, § 32 Abs. 2 S. 2 Nr. 1 AufenthG (zuvor § 32 Abs. 1 Nr. 1 AufenthG),[1015] von Hochqualifizierten, Forschern und mobilen Forschern sowie Inhabern einer ICT- oder einer Mobilen-ICT-Karte, § 32 Abs. 2 S. 2 Nr. 2 AufenthG,[1016] sowie von Personen mit Aufenthaltstitel nach § 20a AufenthG, wenn die familiäre Lebensgemeinschaft schon im vorherigen Mitgliedstaat bestand, § 32 Abs. 5 AufenthG (zuvor § 32 Abs. 2a AufenthG). Diese Ausnahmeregelungen sind europarechtlich vorgegeben bzw. an diese Vorgaben angelehnt.[1017]

Alternativ kann ein minderjähriges Kind bei Vorliegen einer besonderen Härte nach Ermessen nachziehen, § 32 Abs. 4 AufenthG. Eine solche Härte kann sich aus dem Aspekt des Kindeswohls und der familiären Situation ergeben.[1018]

b) Regelungszweck

§ 32 Abs. 2 S. 1 AufenthG entspricht zumindest teilweise dem Nachzugsausschluss für Kinder ab 16 Jahren durch die „Beschlüsse zur sozialverantwortlichen Steuerung des Familiennachzugs zu Ausländern aus Nicht-EG-Staaten" vom 2. Dezember 1981.[1019] Vorrangiges Ziel der Regelung von 1981 war nicht die Förderung der Eingliederung älterer Kinder im Inland, sondern die Zuwanderungsbegrenzung, insbesondere der Ausschluss

---

1013 BT-Drs. 15/420 v. 07.02.2003, S. 83.

1014 BT-Drs. 15/420 v. 07.02.2003, S. 83.

1015 Gemeint sind Personen mit einem Aufenthaltstitel nach § 25 Abs. 1 und 2, § 26 Abs. 3 und 4 AufenthG, d.h. Asylberechtigte, anerkannte Flüchtlinge und subsidiär Geschützte mit Aufenthalts- bzw. Niederlassungserlaubnis sowie Resettlement-Flüchtlinge nach § 23 Abs. 4 AufenthG.

1016 Zuvor § 32 Abs. 1 Nr. 2 AufenthG.

1017 Art. 15 Abs. 2 Blaue-Karte-RL, Art. 16 Abs. 4 Daueraufenthalts-RL sowie Art. 10 Abs. 1 Familienzusammenführungs-RL betreffend die Kinder von anerkannten Flüchtlingen. Die Ausnahme für Kinder von Asylberechtigten ist hieran angelehnt. Die Ausnahme für Kinder von Inhabern einer Niederlassungserlaubnis gem. § 19 AufenthG ist an die Ausnahme für Kindern von Inhabern einer Blauen Karte EU angelehnt.

1018 Nr. 32.4.1 AVwV.

1019 Beschlüsse des Bundeskabinetts zur sozialverantwortlichen Steuerung der Familienzusammenführung von Ausländern aus Nicht-EG-Staaten vom 02.12.1981, S. dazu oben Teil 1:A.II, S. 39 f.

der Familienzusammenführung älterer Kinder, die aus damaliger Sicht keine Integrationschance hatten.[1020] Nur mittelbar bezweckt die heutige Regelung die Integration, indem durch die mit der Integrationsvoraussetzung verknüpfte Altersgrenze von 16 Jahren Eltern dazu bewegt werden sollen, ihre Kinder zur Sicherstellung der Integration möglichst frühzeitig nachziehen zu lassen und allein einreisende Kinder ab 16 Jahren nur nachziehen dürfen, wenn sie eine positive Integrationsprognose haben.

c) Wirkungsanalyse

aa) Quantitative Auswirkungen

Die Auswirkungen des § 32 Abs. 2 S. 1 AufenthG auf den Kindernachzug lassen sich anhand der seit 1996 geführten Visastatistik nicht überprüfen, da die Regelung in ähnlicher Form schon seit 1981 in Verwaltungsanordnungen und seit 1990 im damaligen AuslG enthalten war. Der Kindernachzug betrug 1998 bis 2014 jeweils 20 und 25 % vom gesamten Familiennachzug und stieg 2015 infolge des Anstiegs der Flüchtlingszahlen auf 30,8 % an.[1021] Der Nachzug minderjähriger Kinder ab 16 Jahren macht hiervon nur einen Bruchteil aus: Während beispielsweise im Jahr 2010 insgesamt 12.000 Aufenthaltserlaubnisse an Kinder nichtdeutscher Eltern erteilt wurden, wurden im gesamten Zeitraum 2006 bis 2011 nur 1.692 Aufenthaltserlaubnisse nach § 32 Abs. 2 AufenthG erteilt.[1022] Im selben Zeitraum wurden nur 1.020 Aufenthaltserlaubnisse nach der Härtefallklausel des § 32 Abs. 4 AufenthG erteilt, d.h. ca. 1,6 % aller erteilten Aufenthaltserlaubnisse zum Kindernachzug.[1023] Die Erleichterung des Kindernachzugs im Jahr 2004, in dem gemeinsam mit den Eltern einreisende Kinder ab 16 Jahren einen Nachzugsanspruch erhielten, lässt sich anhand der Statistiken nicht nachvollziehen.

bb) Wirkung des Sprachniveaus C 1 GER

Ob die Regelung tatsächlich die Integration von Kindern sicherstellt und welche negativen Auswirkungen sie auf die Integration der Eltern hat, die ihre im

1020 S.o. Teil 1:A.II, S. 39 f.

1021 BAMF, Migrationsbericht 2015, S. 109 f., Abbildung 3–16:, Quelle: Auswärtiges Amt. 2004 betrug der Anteil 21,8 %, 2005 23,1 %, *ibid.*

1022 BT-Drs. 17/10442 v. 09.08.2012, Antwort der Bundesregierung: Kindernachzug nach Deutschland, S. 4.

1023 BT-Drs. 17/10442 v. 09.08.2012, Antwort der Bundesregierung: Kindernachzug nach Deutschland, S. 10.

Heimatland verbliebenen Kinder nicht nachträglich nachholen können, ist bisher nicht untersucht worden. Schätzungen auf Basis der IAB-SOEP-Migrationsstichprobe sprechen jedoch dafür, dass das Sprachniveau C 1 GER bei Erwachsenen gegenüber einem schlechten Sprachniveau die wirtschaftliche Integration erheblich verbessert. Danach wirken sich gute bis sehr gute Sprachkenntnisse in den Fertigkeiten Lesen, Schreiben und Sprechen gegenüber schlechten oder fehlenden Deutschkenntnissen signifikant positiv auf die Arbeitsmarktintegration in den Aspekten Erwerbsbeteiligung, Lohnniveau und qualifikationsadäquate Beschäftigung aus.[1024] Bei Personen, die ihre Deutschkenntnisse nur als „es geht" einschätzten, ist die Differenz zu den Personen mit schlechtem Sprachniveau hingegen gering.[1025] Dass Sprachkenntnisse auf dem niedrigeren Niveau B 1 GER die wirtschaftliche Integration nicht garantieren, ergibt sich aus den Ergebnissen des Integrationskurspanels, bei dem u.a. ehemalige Integrationskursteilnehmer befragt wurden. Bei der Befragung 2009, d.h. ein Jahr nach Kursende, befanden sich 17,4 % der ehemaligen Integrationskursteilnehmer in einer Vollzeit- und 18,9 % in einer Teilzeittätigkeit, bei der nächsten Befragung 2011 konnten die Integrationskursteilnehmer den Wert bei Vollzeitbeschäftigung auf 24,8 % und bei Teilzeitbeschäftigung auf 20,6 % steigern, der Wert der Arbeitslosigkeit war 2011 mit 19,7 % im Vergleich zu 2009 mit 26,7 % aber immer noch hoch.[1026]

Ob die für Erwachsene gewonnenen Ergebnisse, dass ein sehr gutes Sprachniveau für die wirtschaftliche Eingliederung erforderlich ist, angesichts des geringeren Alters vollständig auf Jugendliche übertragbar ist, ist offen. Zweifel hieran ergeben sich aus einer Studie des Wissenschaftszentrums Berlin (WZB), der zufolge Sprachkenntnisse allein nicht entscheidend sind für den Bildungserfolg von Kindern. Auf Basis der PISA-Daten kommt die Studie zu dem Ergebnis, dass Sprachkenntnisse den wichtigsten Einfluss darauf haben, wie gut sich nichtsprachliche, z.B. mathematische und naturwissenschaftliche Kenntnisse und die

---

1024 Brücker/Liebau u.a., IAB-Kurzbericht 21.3/2014, S. 25 f. Die Wahrscheinlichkeit der Erwerbsbeteiligung erhöht sich um 14,6 % bei sehr guten und um 9,4 % bei guten Sprachkenntnissen, das Lohnniveau erhöht sich um 21,6 % bei sehr guten und um 12 % bei guten Sprachkenntnissen und das Risiko, nicht unterhalb seiner Qualifikation beschäftigt zu sein, verringert sich um 20,4 % bei sehr guten und um 8,1 % bei guten Deutschkenntnissen, *ibid.*

1025 Brücker/Liebau u.a., IAB-Kurzbericht 21.3/2014, S. 26, Tabelle 4: Erhöhung der Erwerbstätigkeit um 6,2 %, des Lohnniveaus um 7,1 % und Verminderung des Risikos der Beschäftigung unterhalb Qualifikationsniveau um 4,5 % gegenüber Personen mit schlechten oder fehlenden Deutschkenntnissen.

1026 Lochner/Büttner u.a., Das Integrationspanel, S. 53, Tabelle 5–1.

Bildungskarriere insgesamt entwickeln.[1027] Weitere Faktoren sind aber ganz entscheidend für das Fortkommen der Kinder, v.a. die soziale Stellung der Eltern und ihre Bildungsnähe.[1028]

Insgesamt ergibt sich dennoch die Einschätzung, dass durch ein Sprachniveau C 1 GER die berufliche Integration mehr gefördert wird als durch ein niedrigeres Niveau.

cc) Wirkung der Altersgrenze von 16 Jahren

Fraglich ist, wie sich die mit dem Integrationserfordernis verknüpfte Altersgrenze von 16 Jahren auf die Integration auswirkt. Die PISA-Studie von 2012 kam zu dem Ergebnis, dass die Lesekompetenz im Ausland geborener 15-jähriger Kinder umso schlechter war, je älter sie bei der Einreise nach Deutschland waren.[1029] Während in fast allen anderen untersuchten OECD-Staaten das Einreisealter entweder keinen Einfluss hatte oder sich nur bei Einreise ab einem Alter von 12 Jahren negativ auf die Lesekompetenz auswirkte, verschlechterten sich die Werte der Schüler in Deutschland zunehmend je nachdem, ob die Schüler im Alter von 0–5, 6–11 oder mit 12 Jahren und älter eingereist waren.[1030] Ebenso auf Basis der PISA-Daten ergibt sich aus einer Studie des Wissenschaftszentrums Berlin, dass sich der Zweitspracherwerb mit einem höheren Einreisealter zunehmend verschlechtert und ab einem Einreisealter von 12 Jahren eine besonders starke Verschlechterung eintritt.[1031] Da nur Schüler im Alter von 15 Jahren getestet wurden, bieten beide Studien lediglich einen Hinweis, jedoch keinen belastbaren Nachweis über die negativen Auswirkungen einer Einreise im Alter ab 16 Jahren auf das Sprachniveau und für die Frage, ob es gerechtfertigt

---

1027 Esser, Migration, Sprache und Integration, WZB, S. 70 f.

1028 Esser, Migration, Sprache und Integration, WZB, S. 67.

1029 Liebig/Huddleston, Labour market integration, in: OECD, International Migration Outlook 2014, S. 35, 96, Abbildung 2.27, Quelle: OECD Programme for International Student Assessment (PISA) 2012.

1030 Die Werte verschlechterten sich für Deutschland bei Einreise im Alter zwischen 6–11 Jahren um -49 Punkte, bei Einreise mit 12 oder mehr Jahren um -90 Punkte. Im Vergleich dazu betrug der Wert beispielsweise für die Niederlande 13 Punkte bei Einreise zwischen 6 und 11 Jahren und -22 Punkte bei Einreise mit mindestens 12 Jahren, Liebig/Huddleston, Labour market integration, in: OECD, International Migration Outlook 2014, S. 35, 96, Abbildung 2.27, Quelle: OECD Programme for International Student Assessment (PISA) 2012 sowie Datenlink unter http://dx.doi.org/10.1787/888933157624 (letzter Abruf: 31.08.2017).

1031 Esser, Migration, Sprache und Integration, WZB, S. 67.

ist, Kinder ab 16 Jahren beispielsweise anders zu behandeln als Kinder im Alter von 15 Jahren, die unter erleichterten Bedingungen einreisen dürfen. Dafür, dass sich Kinder im Alter von 15 Jahren besser integrieren als im Alter von 16 Jahren, spricht, dass sich bei Zuwanderern in der Altersgruppe 16 bis 64 Jahre nach einer OECD-Studie mit jedem Jahr zusätzlichen Aufenthalts die Beschäftigungsquote von Männern um 0,2 % und von Frauen um 0,4 % steigert.[1032] Daher ist anzunehmen, dass sich Kinder unter 16 Jahren besser integrieren als ältere Kinder.

Andererseits kam dieselbe Studie der OECD zu dem Ergebnis, dass das durchschnittliche Einreisealter der untersuchten Schüler in Deutschland mit zu den geringsten des PISA-Vergleichs gehörte – das durchschnittliche Einreisealter lag bei 5 Jahren, nur 9 % der Schüler waren im Alter von 12 Jahren und darüber eingereist, geringer waren die Werte nur in Griechenland, Israel und den Niederlanden.[1033] Der Anteil der Kinder, die im Alter von unter 12 Jahren nachziehen, betrug nach dieser Studie damit ohnehin über 90%. Dass die weit darüber liegende Altersgrenze von 16 Jahren daher tatsächlich Eltern dazu bewegt, dass sie ihre Kinder in einem jungen Alter nachziehen lassen, muss bezweifelt werden. Die große Differenz zwischen der Altersgrenze von 16 Jahren und dem überwiegenden Einreisealter von unter 12 Jahren spricht eher dafür, dass zwischen der Altersgrenze und dem Einreiseverhalten kein Zusammenhang besteht und Eltern ihre Kinder ohnehin überwiegend in einem sehr jungen Alter einreisen lassen. Es kann sich damit bei einem Einreisewunsch von Kindern über 16 Jahre nur um ein Randphänomen handeln. Zwar ist das Nachzugsalter in fast allen anderen Mitgliedstaaten, die keine Altersgrenze haben, höher.[1034] Andererseits ist es in den Niederlanden, die ebenfalls keine Altersgrenze kennen, geringer. Die Wirkung der Altersgrenze auf das Nachzugsverhalten lässt sich damit nicht nachweisen.

1032 Liebig/Huddleston, Labour market integration, in: OECD, International Migration Outlook 2014, S. 35, 63.

1033 Liebig/Huddleston, Labour market integration, in: OECD, International Migration Outlook 2014, S. 35, 95, Abbildung 2.2, Quelle: OECD Programme for International Student Assessment (PISA) 2012.

1034 Liebig/Huddleston, Labour market integration, in: OECD, International Migration Outlook 2014, S. 35, 95, Abbildung 2.2, Quelle: OECD Programme for International Student Assessment (PISA) 2012.

d) Rechtmäßigkeit

aa) Richtlinienkonformität

Fraglich ist, ob das Integrationserfordernis für Kinder gemäß § 32 Abs. 2 AufenthG mit Art. 4 Abs. 1 UA 3 Familienzusammenführungs-RL vereinbar ist, wonach von minderjährigen Kindern über 12 Jahre das Erfüllen eines „Integrationskriteriums" verlangt werden kann.[1035] Die Altersgrenze von 16 Jahren bleibt weit hinter der Grenze von 12 Jahren zurück. Fraglich ist jedoch, ob das Niveau C 1 GER mit dem Begriff „Integrationskriterium" vereinbar ist. Aus der Entstehungsgeschichte ergeben sich für die Auslegung des Begriffs Integrationskriterium keine eindeutigen Vorgaben. Als der Begriff „Integrationskriterium" mit dem 3. Entwurf zur Familienzusammenführungs-RL vorgelegt wurde, war die deutsche Regelung Grundlage hierfür.[1036] Im deutschen Recht galt zum damaligen Zeitpunkt nur das Erfordernis „ausreichender Sprachkenntnisse", d.h. des Niveaus B 1 GER.[1037] Dafür, dass der Begriff „Integrationskriterium" ausschließlich als Niveau B 1 GER verstanden werden sollte, lassen sich jedoch aus den Verhandlungsdokumenten keine Hinweise entnehmen. Außerdem stellt die in der Richtlinie enthaltene Stillhalteklausel explizit auf den Umsetzungszeitpunkt ab, sodass der deutsche Gesetzgeber nicht an das zuvor geltende Integrationskriterium gebunden sein kann.

Aus dem Wortlaut („Integrationskriterium") folgt, dass Art. 4 Abs. 1 UA 3 Familienzusammenführungs-RL im Vergleich zu Art. 7 Abs. 2 UA 1 Familienzusammenführungs-RL („Integrationsmaßnahmen") weitergehende Maßnahmen erlaubt. Auch der Begriff Integrationskriterium verlangt, dass das Kriterium die Integration bezweckt. Aus Erwägungsgrund (12) Familienzusammenführungs-RL, wonach die Möglichkeit, den Nachzug von „Kindern über 12 Jahre [...] einzuschränken", Eltern dazu bewegen soll, ihre Kinder möglichst frühzeitig nachziehen zu lassen, folgt jedoch, dass das Integrationskriterium so hoch sein kann, dass es den Nachzug älterer Kinder einschränkt. Der Ausschluss von Kindern über 12 Jahre darf daher nicht Ziel der nationalen Regelung, aber deren Folge sein.

1035 S. zu dem Integrationskriterium in Art. 4 Abs. 1 UA 3 Familienzusammenführungs-RL oben Teil 2:D.IV.3.c), S. 154 f.

1036 S.o. zur Entstehungsgeschichte der Familienzusammenführungs-RL Teil 2:D.I.1, S. 128 ff.

1037 S.o. Teil 3:B.III.1.a), S. 232 ff.

Dass der Begriff „Integrationskriterium" nur ein Niveau B 1 GER erlaubt, wird gestützt durch den Grundsatz, dass Ausnahmen vom Grundsatz der Familienzusammenführungs-RL eng auszulegen sind. Auch das Niveau B 1 GER ist ein hohes Sprachniveau und könnte Eltern dazu bewegen, ihre Kinder möglichst frühzeitig nachziehen zu lassen. Aus dem Begriff „Kriterium" folgt indes auch, dass dieses Erfordernis so hoch angesetzt werden kann, dass es die Integration von Kindern sicherstellt. Wie oben geprüft wurde, ist die Integration bei einem Niveau C 1 GER besser sichergestellt als bei einem Niveau B 1 GER. Die Regelung ist daher mit Art. 4 Abs. 1 UA 3 Familienzusammenführungs-RL vereinbar.

Abgesehen davon berücksichtigt die Umsetzungsvorschrift i.S.d. Entscheidung im Fall *Chakroun* die individuelle Situation eines Antragstellers insofern, als einerseits gemäß § 32 Abs. 2 AufenthG neben Sprachkenntnissen auch das Vorhandensein sonstiger integrationsförderlicher Kenntnisse genügt, wenn sie in gleichem Maße die Integration des Kindes erwarten lassen und andererseits in Härtefällen über § 32 Abs. 4 AufenthG der Nachzug gewährt werden kann.

bb) Vereinbarkeit mit menschenrechtlichen Familienschutzvorgaben

(1) Verhältnismäßigkeit

(a) Legitimes Ziel und Geeignetheit

Betreffend die Vereinbarkeit mit den Familien schützenden Normen des Art. 8 EMRK, der EU-GRC und Art. 6 GG ist festzustellen, dass das mit dem Integrationserfordernis nach § 32 Abs. 2 AufenthG verfolgte Ziel der Integration legitim ist. Sprachkenntnisse auf dem Niveau C 1 GER sind auch zur Förderung der Integration durch Erhöhung der Wahrscheinlichkeit der Erwerbsbeteiligung, eines höheren Lohnniveaus und der Wahrscheinlichkeit, qualifikationsadäquat zu arbeiten, geeignet, wie sich durch die Ergebnisse der IAB-SOEP-Migrationsstichprobe nachweisen lässt.[1038]

Fraglich ist die Geeignetheit der Altersgrenze von 16 Jahren, weil, wie bereits dargestellt wurde, nach der PISA-Studie nur die Einreise unter 12 Jahren den Integrationserfolg signifikant verbessert. Die WZB-Studie ergibt zumindest, dass sich Kinder besser integrieren, je jünger sie sind.[1039] Die Altersgrenze von 16 Jahren ist daher besser geeignet zur Integrationsförderung als keine Altersgrenze. Sie ist daher nicht evident ungeeignet für die Integration.

1038 Brücker/Liebau u.a., IAB-Kurzbericht 21.3/2014, S. 25 f.

1039 Esser, Migration, Sprache und Integration, WZB, S. 67.

(b) Erforderlichkeit des Sprachniveaus C 1 GER

Die Erforderlichkeit des Sprachniveaus C 1 GER für die Integration steht infrage, da dieses Sprachniveau dem Niveau entspricht, welches i.d.R. für eine Hochschulzugangsberechtigung vorausgesetzt wird und weit über dem Niveau B 1 GER liegt, welches für die Erteilung einer Niederlassungserlaubnis und den Erwerb der deutschen Staatsangehörigkeit verlangt wird.[1040] Im Rahmen der Erteilung der Niederlassungserlaubnis und der deutschen Staatsangehörigkeit wird die Integration jedoch anderweitig, z.B. durch einen langjährigen Aufenthalt nachgewiesen, s. § 9 Abs. 2 S. 1 Nr. 1 AufenthG und § 10 Abs. 1 S. 1 StAG.[1041] Dass für die Erteilung einer Niederlassungserlaubnis und der deutschen Staatsangehörigkeit niedrigere Sprachkenntnisse ausreichen, führt daher nicht zur Unvertretbarkeit der Einschätzung, Sprachkenntnisse auf dem Niveau C 1 GER seien zur Integration erforderlich.

Hinweise für die Erforderlichkeit des Sprachniveaus C 1 GER für die wirtschaftliche Integration ergeben sich aus der IAB-SOEP-Migrationsstichprobe, der zufolge nur ein gutes bis sehr gutes Sprachniveau die Arbeitsmarktintegration merklich verbessert und aus der Tatsache, dass Kinder ab 16 Jahren nur noch für einen kurzen Zeitraum die Regeleinrichtungen des Aufnahmestaates besuchen würden. Ob eine gleichermaßen gute Arbeitsmarktintegration bei Jugendlichen wegen ihres geringeren Alters gegebenenfalls schon bei dem niedrigeren Sprachniveau B 1 GER zu erwarten ist, ist weder erwiesen noch ohne erheblichen Aufwand nachweisbar und führt damit ebenfalls nicht zur Unvertretbarkeit der Einschätzung des Gesetzgebers.

Im Hinblick auf die Staatenpraxis ist festzustellen, dass Deutschland als einziger EU-Mitgliedstaat von der Herabsetzung des Nachzugsalters bei Kindern Gebrauch macht.[1042] Daher ist fraglich, ob das, wie oben beschrieben, von der deutschen Regierung in den 1980er Jahren wahrgenommene Problem, dass Eltern ihre Kinder erst kurz vor Erwerb der Volljährigkeit in die Bundesrepublik nachziehen lassen, noch besteht. Hiergegen spricht, dass die Praxis, Kinder so lange wie möglich in den Heimatländern zurückzulassen und erst kurz vor Erreichen der Volljährigkeit in die Bundesrepublik nachziehen zu lassen, auch

---

1040 S. zur entsprechenden Kritik die Kleine Anfrage der Abgeordneten Memet Kilic u.a., BT-Drs. 17/10279 v. 09.07.2012, S. 4, Frage 5.

1041 Staatsangehörigkeitsgesetz in der im Bundesgesetzblatt Teil III, Gliederungsnummer 102–1, veröffentlichten bereinigten Fassung, zuletzt geändert durch Art. 3 des Gesetzes v. 11.10.2016, BGBl. I S. 2218.

1042 *Europäische Kommission*, Summary of stakeholder responses to the green paper, S. 9, S. hierzu oben S. 154.

eine Folge der damaligen Politik der temporären Integration und der damit verbundenen Unsicherheit der Eltern über den eigenen dauerhaften Verbleib in der Bundesrepublik gewesen sein kann. Diese Vermutung führt trotz der fehlenden Umsetzung der Klausel durch andere EU-Mitgliedstaaten indes nicht dazu, dass die Erforderlichkeit der Regelung als typischerweise unzutreffend und damit unvertretbar anzusehen ist. Die Maßnahme ist daher erforderlich. Ob sich das gewünschte Nachzugsverhalten auch mit einer niedrigeren Grenze, beispielsweise dem Sprachniveau B 1 GER, erreichen ließe, ist eine Frage des Beurteilungsspielraums des Gesetzgebers.

(c) Angemessenheit

Die Angemessenheit der Regelung ist fraglich, weil gerade für Kinder das Zusammensein mit den Eltern entscheidend für die Bildung ihrer Persönlichkeit ist.[1043] Dem hat der Gesetzgeber einerseits dadurch Rechnung getragen, dass er das Kriterium nur bei allein einreisenden Kindern über 16 Jahre anwendet. In einem solchen Fall war die Entscheidung, das Kind im Herkunftsland zu belassen, eine bewusste Entscheidung der Eltern, die nach der Rechtsprechung zu Art. 8 EMRK gegen den Nachzug des Kindes spricht.[1044] Die Angemessenheit der Regelung ergibt sich auch daraus, dass etwaige Härten über die Nachzugsmöglichkeit nach § 32 Abs. 4 AufenthG ausgeglichen werden können. Die Ausgestaltung dieser Vorschrift durch die AVwV ist nicht als zu eng anzusehen. Danach führen vorhersehbare Ereignisse, wie beispielsweise die Beendigung einer Ausbildung, nicht zur Gewährung eines Aufenthaltsrechts.[1045] Zwar kann es im besten Interesse des Kindes sein, dass es erst eine Ausbildung abschließt. Allerdings ist bei einem derart hohen Alter nicht mehr typischerweise davon auszugehen, dass ein Kind, das zudem bereits alleine im Herkunftsland gelebt hat, auf die elterliche Unterstützung derart angewiesen ist, dass die Verweigerung des Nachzugs unzumutbar wäre. Zudem wird dieser Situation zumindest teilweise durch die großzügige Auslegung des Begriffs „allein einreist" in § 32 Abs. 2 S. 1 AufenthG Rechnung getragen, vgl. Nr. 32.4.3.2 AVwV.

(2) Art. 19 Abs. 6 ESC

Der ECSR hat die Regelung des § 32 Abs. 2 AufenthG für unvereinbar mit der Pflicht zur Erleichterung des Familiennachzugs nach Art. 19 Abs. 6 ESC erklärt, da der dadurch ermöglichte dauerhafte Ausschluss von der

1043 Vgl. Erwägungsgrund (6) UN-KRK, s.o. S. 101.
1044 Teil 2:D.IV.3.c), S. 154 f.
1045 Nr. 32.4.3.2 AVwV.

Familienzusammenführung aus seiner Sicht ein Hindernis für die Familienzusammenführung darstellt.[1046] Diese Bewertung dürfte zu kurz greifen. Wie erwähnt, kann in Fällen, in denen das Integrationserfordernis zu unzumutbaren Ergebnissen führen würde, einem Kind der Familiennachzug über die Regelung des Art. 32 Abs. 4 AufenthG gewährt werden. Auch vermittelt die ESC gerade keinen Anspruch auf Familienzusammenführung, sondern Art. 19 Abs. 6 ESC verpflichtet die Staaten nur dazu, die Familienzusammenführung „soweit möglich" zu erleichtern. Dies gestattet die Berücksichtigung staatlicher Interessen, wie beispielsweise des Interesses der Integration. Ein Verstoß gegen die ESC liegt nicht vor.

(3) UN-KRK

Es stellt sich auch die Frage der Vereinbarkeit der Altersgrenze von 16 Jahren gemäß § 32 Abs. 2 S. 1 AufenthG mit der UN-KRK. Politische Vorstöße, die Altersgrenze aufgrund der 2010 erfolgten Rücknahme des deutschen Vorbehalts zur UN-KRK betreffend das Ausländerrecht aufzuheben, sind bislang gescheitert.[1047] Gegen die Zulässigkeit der Altersgrenze spricht, dass das Kindeswohl nach Art. 3 UN-KRK bei allen staatlichen Entscheidungen vorrangig zu berücksichtigen ist. Gemäß Erwägungsgrund (6) der Konvention soll außerdem das Zusammenleben eines Kindes mit seinen Eltern die Regel sein. Zudem sind der UN-KRK keine Altersgrenzen für minderjährige Kinder zu entnehmen.[1048] Es wird daher vertreten, die Altersgrenze verstoße gegen das Recht des Kindes, eine großzügige, humane und am Kindeswohl orientierte Entscheidung über den Aufenthalt zu erhalten.[1049] Für die Zulässigkeit der Altersgrenze spricht, dass die UN-KRK Kindern gerade keinen Anspruch auf Familienzusammenführung vermittelt, sondern nur einen Anspruch auf Gewährung der Familienzusammenführung im Regelfall.[1050] Es muss zulässig sein, staatliche Belange, wie den Belang der Integration, bereits im Rahmen der Gesetzgebung zu berücksichtigen

1046 *ECSR*, Conclusions XX-4 (2015) – Germany, Art. 19-6, XX-4/def/DEU/19/6/EN: „Consequently the Committee finds that the requirements to prove language proficiency for family reunion of spouses and children over 16 are not in conformity with the Charter because they present an obstacle to family reunion."

1047 S. z.B. Entwurf eines Gesetzes zur Verwirklichung des Schutzes von Ehe und Familie im Aufenthaltsrecht, eingebracht von der Fraktion Die Grünen, BT-Drs. 18/3268 v. 24.11.2014, S. 9, Änderungsvorschlag Nr. 6b. Abgelehnt im Innenausschuss, BT-Drs. 18/6901 v. 02.12.2015.

1048 Walter, Familienzusammenführung in Europa, S. 45.

1049 Walter, Familienzusammenführung in Europa, S. 383.

1050 S.o. Teil 2:A.II.3, S. 102.

bei der Frage, ob einem Kind der Nachzug gestattet wird. Es ist daher auch mit dem in der UN-KRK verankerten Grundsatz des Kindeswohls vereinbar, eine Altersgrenze von 16 Jahren für den Kindernachzug zu fordern.

cc) Vereinbarkeit mit dem Assoziationsrecht

Dagegen, dass das Integrationserfordernis eine neue Beschränkung i.S.d. Stillhalteklauseln darstellt, spricht, dass auch nach dem AuslG 1965 ein Nachzug von Kindern über 16 Jahre nur nach Ermessen möglich war.[1051] Selbst unter der Annahme, dass das durch die Beschlüsse der Bundesregierung von 1981 erstmals eingeführte und durch das AuslG 1990 gesetzlich geregelte Integrationserfordernis für Kinder über 16 Jahre eine neue Beschränkung der Arbeitnehmerfreizügigkeit und der Niederlassungs- und Dienstleistungsfreiheit darstellt,[1052] ist diese aus zwingenden Gründen des Allgemeininteresses gerechtfertigt.[1053] Die Integrationsförderung ist ein zwingender Grund des Allgemeininteresses.[1054] Die Einzelfallabwägung ermöglicht Art. 32 Abs. 4 AufenthG.

dd) Vereinbarkeit mit Diskriminierungsverboten

Hinsichtlich der Vereinbarkeit mit Diskriminierungsverboten aufgrund der zahlreichen Ausnahmevorschriften gelten die Ausführungen unten zum Sprachnachweis bei Ehegatten entsprechend.[1055]

e) Bewertung

Das Integrationserfordernis für Kinder über 16 Jahre galt, wie am Anfang dieser Arbeit gezeigt, in ähnlicher Form im deutschen Ausländerrecht bereits seit Anfang der 1980er Jahre.[1056] Es sollte den Familiennachzug von Kindern ausschließen, die aus Sicht der Politik keine Chance auf Integration hatten.[1057] Die

---

1051 § 2 Abs. 1 S. 1 AuslG 1965.

1052 Abzustellen ist für Kinder von türkischen Niederlassungsberechtigten auf die bis zum 01.01.1973 geltende Rechtlage, für Kinder von türkischen Arbeitnehmern auf die bis zum 01.12.1976 geltende Rechtslage, S. dazu oben Teil 2:B.II.2.b), S. 115 ff.

1053 *EuGH*, Urt. v. 10.07.2014, Rs. C 138/13, *Dogan*, NVwZ 2014, S. 1081, 1083, Rn. 37 und Urt. v. 12.04.2016, Rs. C-561/14, *Genc II*, NVwZ 2016, S. 833, 835, Rn. 55 f., s.o. Teil 2:B.II.2.c), S. 118 f.

1054 *EuGH*, Urt. v. 12.04.2016, Rs. C-561/14, *Genc II*, NVwZ 2016, S. 833, 835, Rn. 55 f., zu diesem Rechtfertigungsgrund s.o. Teil 2:B.II.2.c), S. 118 f.

1055 S.u. Teil 3:B.III.2.d)cc), S. 277 ff.

1056 S.o. Teil 1:A.II, S. 39 ff.

1057 S.o. Teil 1:A.II, S. 39 ff.

Begründung für das Erfordernis hat sich mittlerweile leicht gewandelt, indem sein Hauptzweck nunmehr darin bestehen soll, Eltern dazu zu bewegen, ihre Kinder in einem jüngeren Alter nachziehen zu lassen. Die Nachzugszahlen belegen, dass der Nachzug von allein einreisenden Kindern über 16 Jahre faktisch nicht vorkommt. Ob dies am fehlenden Nachzugsbedarf oder an der Wirksamkeit der Klausel liegt, lässt sich nicht feststellen.

Das geforderte Sprachniveau C 1 GER trägt zwar mehr zur Bildungs- und Arbeitsmarktintegration bei als ein niedrigeres Sprachniveau. Die Altersgrenze von 16 Jahren ist aber zu hoch, um die Integration noch erheblich zu fördern. Die wirksamere Altersgrenze von 12 Jahren ließ sich politisch nicht durchsetzen. Die vorliegenden Erkenntnisse sprechen ohnedies dafür, dass die Altersgrenze nur einen geringen Einfluss auf das Nachzugsverhalten der Eltern hat und diese ihre Kinder ohnehin möglichst frühzeitig nachziehen lassen. Die Praxis, Kinder möglichst lange im Herkunftsland zu belassen, dürfte eher mit der durch das Ausländerrecht der 1970er Jahre forcierten Unsicherheit ausländischer Arbeitnehmer über ihren Verbleib in der Bundesrepublik begründet sein als mit entsprechenden Wünschen der Eltern.

2. *Ehegattennachzug: Einfache Sprachkenntnisse, § 30 Abs. 1 S. 1 Nr. 2 AufenthG*

Für den Nachzug zu Ehegatten wurde erst mit dem Inkrafttreten des Richtlinien-Umsetzungsgesetzes[1058] am 28. August 2007 ein Spracherfordernis eingeführt. Die Erteilung einer Aufenthaltserlaubnis zum Ehegattennachzug ist danach an die Voraussetzung geknüpft, dass sich der nachziehende Ehegatte „zumindest auf einfache Art in deutscher Sprache verständigen" kann, § 30 Abs. 1 S. 1 Nr. 2 AufenthG. Entsprechend anwendbar ist das Spracherfordernis außerdem auf Lebenspartner, § 27 Abs. 2 AufenthG. Das Spracherfordernis gilt sowohl für den Ehegattennachzug zu Drittstaatsangehörigen als auch für den Ehegattennachzug zu deutschen Ehepartnern, § 28 Abs. 1 S. 5 AufenthG. Trotz zahlreicher gerichtlicher Klärungsversuche bleibt die Regelung die umstrittenste Familiennachzugsregelung im deutschen Recht, insbesondere im Hinblick auf die Auswirkungen in der Praxis und die Verhältnismäßigkeit,[1059] sodass Inhalt und Wirkungen der

1058 Gesetz zur Umsetzung aufenthalts- und asylrechtlicher Richtlinien der Europäischen Union v. 19.08.2007, BGBl. I, S. 1970, in Kraft getreten am 28.08.2007.

1059 S. zuletzt die Kleine Anfrage der Linken, BT-Drs. 18/13324 v. 09.08.2017 zur Verhältnismäßigkeit der Regelung.

Regelung nachfolgend ausführlicher als bei den übrigen Nachzugsvoraussetzungen dargestellt werden.

a) Regelungszweck

Nach der Gesetzesbegründung soll die Regelung zum einen die Integration der Betroffenen im Bundesgebiet erleichtern, indem sie sie dazu anregt, vor ihrer Einreise Deutsch zu lernen.[1060] Später konkretisierte die Bundesregierung die Begründung dahin gehend, dass das Spracherfordernis vor der Einreise vor allem in der Anfangsphase die Orientierung erleichtern, die Basis für die spätere längerfristige Integration schaffen und hierfür die Motivation verbessern soll.[1061]

Zum anderen sollen die Sprachkenntnisse nach der Gesetzesbegründung Opfer von Zwangsverheiratung schützen.[1062] Die Regelung soll diesbezüglich präventiv wirken, da Sprachkenntnisse Bildung bedeuteten, gebildete Personen schwerer durch die Schwiegerfamilie „kontrollierbar" seien und damit unattraktiver für Zwangsverheiratungen.[1063] Zugleich soll eine Wirkung des Spracherfordernisses darin bestehen, dass es den Schwiegerfamilien der Opfer erschwere, gerade in der Anfangszeit die Entwicklung eines eigenständigen Soziallebens des nachziehenden Ehegatten zu verhindern. [1064]

In der juristischen Debatte immer wieder eingeworfen wird, dass die Zuwanderungsbegrenzung Ziel der Maßnahme war.[1065] In der Tat vermitteln die vielen Ausnahmeregelungen für gut qualifizierte Ausländer und für Ehegatten von Angehörigen aus bestimmten Staaten den Eindruck, dass das Spracherfordernis die Verhinderung des Familiennachzugs bestimmter sozialer Gruppen bezwecken oder bewirken soll.[1066] Anlass für diese Annahme bieten auch entsprechende Äußerungen verschiedener Politiker i.R.d. Gesetzgebungsverfahrens.[1067] Zudem

---

1060 Gesetzentwurf der Bundesregierung, BT-Drs. 16/5065 v. 23.04.2007, S. 173.

1061 BT-Drs. 18/2414 v. 28.08.2014, S. 9.

1062 Gesetzentwurf der Bundesregierung, BT-Drs. 16/5065 v. 23.04.2007, S. 173.

1063 Gesetzentwurf der Bundesregierung, BT-Drs. 16/5065 v. 23.04.2007, S. 173.

1064 Gesetzentwurf der Bundesregierung, BT-Drs. 16/5065 v. 23.04.2007, S. 173.

1065 Michalowski, Integration Tests in Germany, in: van Oers/Ersbøll u.a., A Re-definition of Belonging?, S. 185, 204.

1066 Vgl. *Tewocht*, NVwZ 2014, S. 1067, 1068.

1067 Z.B. erklärte der damalige Bundesinnenminister Schäuble bei der Befragung zum Entwurf des RLUmsG im Bundestag, mit dem Gesetz dem Integrationshindernis der arrangierten Ehen entgegentreten zu wollen, welches er durch die Tatsache begründet sah, dass bis zu 50 % der in Deutschland sozialisierten Menschen türkischer Abstammung keinen in Deutschland aufgewachsenen Partner heirateten,

wird aus der Gesetzesbegründung, wonach der Sprachnachweis die Ehegatten zum Spracherwerb anregen soll, gefolgert, dass nur den Familienangehörigen der Zuzug gestattet werden soll, die ihren Willen zur Integration nachgewiesen haben.[1068] Die Gesetzesbegründung vermeidet indes einen ausdrücklichen Bezug auf das Ziel der Zuwanderungsbegrenzung. Die Begrenzung kann damit Folge der Maßnahme sein. Sie kann somit i.R.d. Wirkungsanalyse untersucht werden, nicht jedoch als gesetzgeberisches Ziel bei der Überprüfung der Rechtmäßigkeit unterstellt werden.

b) Regelungsinhalt

aa) Der Begriff „einfache deutsche Sprachkenntnisse"

Der Begriff „einfache deutsche Sprachkenntnisse" wurde zum Einführungszeitpunkt nicht legaldefiniert. Dieses Sprachniveau sollte laut dem Gesetzentwurf vom 23. April 2007 zum RLUmsG „lediglich die Fähigkeit, sich auf zumindest *rudimentäre* Weise im Gastland zu verständigen" umfassen.[1069] Teilweise behaupteten Politiker während des Gesetzgebungsverfahrens, 200–300 Worte reichten für den Sprachnachweis aus.[1070] Der 2011 neu in das AufenthG eingefügte § 2 Abs. 9 AufenthG definiert einfache Sprachkenntnisse als Kenntnisse auf dem Niveau A 1 GER.[1071] Die Definition sollte für eine bundeseinheitliche Anwendung des Begriffs sorgen, dessen Wortlaut („Sprache", „sich verständigen") zuvor offen ließ, ob neben mündlichen auch schriftliche Kenntnisse nachzuweisen

---

BT-Plenarprotokoll 16/90, 90. Sitzung v. 28.03.2007, S. 9065, Tagesordnungspunkt 1. S. ausführlich zum Ziel der Zuwanderungsbegrenzung Leuschner, Das Spracherfordernis bei der Familienzusammenführung, S. 39 ff.

1068 Michalowski, Integration Tests in Germany, in: van Oers/Ersbøll u.a., A Re-definition of Belonging?, S. 185, 204.

1069 Gesetzentwurf der Bundesregierung, BT-Drs. 16/5065 v. 23.04.2007, S. 174, Hervorhebung d. Verf.

1070 So äußerte sich während des Gesetzgebungsverfahrens die für Integration zuständige Staatsministerin Maria Böhmer, 200–300 Worte reichten für den Erwerb erster Sprachkenntnisse aus und seien eine Selbstverständlichkeit, S. *o. V.*, Nationaler Integrationsplan, online: https://www.bundesregierung.de/breg-de/suche/zweiter-integrationsgipfel-476830 (letzter Abruf: 09.03.2019).

1071 Eingefügt durch Art. 1 Nr. 2 lit. c des Gesetzes zur Umsetzung aufenthaltsrechtlicher Richtlinien der Europäischen Union und zur Anpassung nationaler Rechtsvorschriften an den EU-Visakodex (nachfolgend 2. RLUmsG) v. 22.11.2011, BGBl. I 2011, S. 2258 m.W.v. 26.11.2011, umnummeriert in Abs. 9 durch Art. 1 Nr. 2 Buchst. d des Gesetzes v. 29.08.2013, BGBl. I 2013, S. 3484 m.W.v. 06.09.2013.

sind.[1072] Der GER umfasst Kenntnisse in den vier Sprachfertigkeiten Hören, Sprechen, Lesen und Schreiben.[1073] Das Niveau A 1 ist das niedrigste der sechs GER-Niveaus und verlangt, dass eine Person „vertraute, alltägliche Ausdrücke und ganz einfache Sätze verstehen und verwenden" kann, um konkrete eigene Bedürfnisse zu befriedigen.[1074] Die Person muss sich „auf einfache Art verständigen [können], wenn die Gesprächspartnerinnen oder Gesprächspartner langsam und deutlich sprechen und bereit sind zu helfen."[1075] Einfache Sprachkenntnisse erfordern daher noch nicht einmal eine flüssige Beherrschung der Alltagssprache, sondern nur die Möglichkeit, sich unter optimalen Bedingungen auszudrücken, um die eigenen Grundbedürfnisse zu befriedigen.

bb) Spracherwerb und Nachweis

Eine bestimmte Form für den Nachweis der Sprachkenntnisse schreibt § 30 AufenthG nicht vor.[1076] Vielmehr legt § 30 Abs. 1 S. 1 Nr. 2 AufenthG nur fest, dass die Erteilung einer Aufenthaltserlaubnis davon abhängt, ob der nachziehende Ehegatte sich auf einfache Art auf Deutsch verständigen kann. Daher kann vom Antragsteller nicht das Bestehen eines bestimmten Tests oder der Besuch eines Sprachkurses verlangt werden. Vielmehr steht es rein rechtlich jedem Antragsteller frei zu entscheiden, wie er den geforderten Sprachstand erreicht.

1072 Gesetzentwurf der Fraktionen der CDU/CSU und FDP: Entwurf eines Gesetzes zur Umsetzung aufenthaltsrechtlicher Richtlinien der Europäischen Union und zur Anpassung nationaler Rechtsvorschriften an den EU-Visakodex, BT-Drs. 17/5470 v. 12.04.2011, S. 20. Zwar definierte bereits Nr. 30.1.2.1 der AVwV von 2009 einfache Sprachkenntnisse als Niveau A 1 des GER. Dennoch blieb umstritten, ob neben mündlichen auch schriftliche Sprachkenntnisse auf dem Niveau A 1 des GER vorliegen mussten, S. z.B. offen gelassen von *VGH Baden-Württemberg*, Beschl. v. 10.03.2009, Az. 11 S 2990/08, Rn. 16, *-juris*. Aus einem systematischen Vergleich mit anderen Vorschriften des Aufenthaltsgesetzes betreffend Sprachkenntnisse hatte das BVerwG später gefolgert, dass auch schriftliche Kenntnisse erforderlich seien, da der Gesetzgeber es ausdrücklich festgeschrieben hat, wenn mündliche Sprachkenntnisse ausreichen, S. z.B. § 28 Abs. 2 S. 1 AufenthG 2004 („auf einfache Art in deutscher Sprache mündlich verständigen"), *BVerwG*, Urt. v. 30.03.2010, 1 C 8. 09, ZAR 2011, S. 27, 28, Rn. 14.

1073 Nr. 30.1.2.1 AVwV.

1074 Nr. 30.1.2.1 AVwV. Die dort aufgeführte Beschreibung ist eine übersetzte Zusammenfassung der englischen Originalversion Europarat, Common European Framework of Reference for Languages: Learning, Teaching, Assessment, S. 73 ff.

1075 Nr. 30.1.2.1 AVwV.

1076 *OVG Berlin-Brandenburg*, Beschl. v. 16.01.2008, Az. OVG 2 M 1.08, S. 3, *-juris*.

Als Nachweis der Sprachkenntnisse verlangt die AVwV jedoch in der Regel die Vorlage eines zuverlässigen Sprachstandszeugnisses, das auf standardisierten Sprachprüfungen beruht.[1077] Derartige Sprachprüfungen werden von den deutschen Mitgliedern der Association of Language Testers in Europe (ALTE) angeboten.[1078] Das bekannteste Zeugnis ist das Zertifikat „Start Deutsch 1", das ausschließlich beim Goethe-Institut und bei vom Goethe-Institut lizenzierten Prüfungszentren erlangt werden kann.[1079]

Fraglich ist, ob die Beschränkung auf einen Nachweis durch ALTE-Zertifikate zulässig ist. § 82 Abs. 1 AufenthG verpflichtet Ausländer dazu, für alle Umstände, die für sie günstig sind, unverzüglich die erforderlichen Nachweise zu erbringen, sofern sie nicht offenkundig oder bekannt sind. Wegen der durch die Standardisierung erreichten Objektivität ist die Beschränkung auf ALTE-Zertifikate eine zulässige Auslegung des Gesetzeswortlauts „erforderlicher Nachweis" i.S.v. § 82 Abs. 1 AufenthG.

Bei Offenkundigkeit muss gem. § 82 Abs. 1 AufenthG bei der Antragstellung kein Sprachstandsnachweis erbracht werden.[1080] Da gem. § 2 Abs. 9 AufenthG über den Verweis auf das Niveau A 1 des GER auch schriftliche Kenntnisse erbracht werden müssen, reicht es für den Sprachnachweis nicht aus, wenn sich aus der Aktenlage nur das Vorhandensein mündlicher Kenntnisse ergibt.[1081]

Ebenfalls kein Sprachstandszeugnis muss erbracht werden, wenn es in einem bestimmten Herkunftsland nicht erlangt werden kann.[1082] Die Pflicht des Antragstellers zum Nachweis der Sprachkenntnisse entfällt nach der AVwV hingegen nicht.[1083] Vielmehr muss sich die Auslandsvertretung im Rahmen der persönlichen Vorsprache in geeigneter Weise vom Bestehen der Sprachkenntnisse überzeugen.[1084] Dies ist grundsätzlich eine zulässige Auslegung der in § 82

1077 Nr. 30.1.2.3.4.2 AVwV.

1078 Dazu zählen neben dem Goethe-Institut nur das TestDaF-Institut und die telc GmbH, Nr. 30.1.2.3.4.2 AVwV.

1079 Nr. 30.1.2.3.4.2 AVwV.

1080 Nr. 30.1.2.3.1 AVwV.

1081 So aber noch *OVG Berlin-Brandenburg*, Beschl. v. 16.01.2008, Az. OVG 2 M 1.08, S. 3, *-juris*, das es für ausreichend erachtet hatte, wenn sich aus der Aktenlage ergibt, dass ein Antragsteller zwei Jahre und vier Monate zuvor bei einem Voraufenthalt eine nervenärztliche Untersuchung ohne Hinzuziehung eines Dolmetschers durchführen konnte, zweifelnd hingegen schon *VGH Baden-Württemberg*, Beschl. v. 10.03.2009, Az. 11 S 2990/08, InfAuslR 2009, S. 236, 237.

1082 Nr. 30.1.2.3.1 AVwV.

1083 Nr. 30.1.2.3.1 AVwV.

1084 Nr. 30.1.2.3.1 AVwV.

Abs. 1 AufenthG festgelegten Mitwirkungspflicht, wonach der Ausländer die erforderlichen Nachweise erbringen muss. Erforderlich kann nur ein Nachweis sein, dessen Erbringung möglich ist. Können nicht nur ein Zeugnis, sondern die Sprachkenntnisse als solche im Ausland nicht erworben werden, ist dies i.R.d. Verhältnismäßigkeitsprüfung zu berücksichtigen.

(1) Sprachtest „Start Deutsch 1"

Wie erwähnt, können die Sprachkenntnisse mit dem Sprachtest „Start Deutsch 1" nachgewiesen werden, das beim Goethe-Institut und von diesem lizenzierten Anbietern erworben werden kann.[1085] Da sich hieraus möglicherweise Anhaltspunkte ergeben, die im Rahmen der Verhältnismäßigkeitsprüfung zu bewerten sind, soll nachfolgend die Möglichkeit zum Erwerb dieses Zertifikats nachvollzogen werden.

(a) Prüfungsinhalt

Ziel des Zertifikats „Start Deutsch 1" ist der Nachweis des Niveaus A 1 GER. Das Zertifikat besteht aus einer 15-minütigen mündlichen Gruppenprüfung[1086] und einem 65-minütigen schriftlichen Teil, der Hör-, Lese- und Schreibfähigkeit testet.[1087] Für das Bestehen der Prüfung müssen Prüflinge insgesamt mindestens 60 % der maximal möglichen Punktzahl erreichen.[1088]

Zum Bestehen der Prüfung müssen die Teilnehmer etwa 650 deutsche Wörter verstehen, davon wiederum müssen 300 aktiv beherrscht werden.[1089] Aktiv beherrschen bedeutet aber auch, dass die Kandidaten die Worte deklinieren bzw. konjugieren können müssen.[1090] Dies geht weit über eine bloße Kenntnis der im Gesetzgebungsverfahren behaupteten 300 Worte hinaus.

(b) Bestehensquoten

Die Bestehensquote für den Deutschtest „Start Deutsch 1" beim Ehegattennachzug betrug 2015 bei insgesamt 39.034 Prüfungsteilnehmern weltweit 69 %.[1091] Sie ist damit in den letzten Jahren geringfügig gestiegen, beispielsweise im Vergleich zu 2009, als sie bei 64 % lag.[1092] In die Bestehensquote fließen auch die

---

1085 S.o. Teil 3:B.III.2.b)bb), S. 249.

1086 Goethe-Institut, Zertifikat-A-1-Durchführungsbestimmungen, §§ 1.1 und 1.4.

1087 Goethe-Institut, Zertifikat-A-1-Durchführungsbestimmungen, § 2.

1088 Goethe-Institut, Zertifikat-A-1-Durchführungsbestimmungen, § 6.3 Abs. 1.

1089 BT-Drs. 16/9137 v. 07.05.2008, S. 5, Antwort auf Frage 9.

1090 Auf diesen Umstand wiesen Verantwortliche des Goethe-Instituts bereits kurz nach Einführung des Sprachnachweises hin, S. BT-Drs. 16/8175 v. 18.02.2008, S. 4.

1091 BT-Drs. 18/9651 v. 16.09.2016, Anlage 1.

1092 BT-Drs. 17/2816 v. 27.08.2010, Antwort auf Frage 3, S. 5.

Wiederholungsprüfungen ein, die statistisch nicht gesondert erfasst werden. Da der Test unbegrenzt wiederholt werden kann, ist nicht nachvollziehbar, wie viele Ehegatten endgültig am Bestehen scheitern. In vielen Herkunftsländern liegt die Bestehensquote zudem weit unter dem weltweiten Durchschnitt: Die niedrigsten Bestehensquoten gab es 2015 in der Dominikanischen Republik (43 %), Äthiopien (48 %) und Senegal (48 %).[1093] Die Bestehensquote von internen Teilnehmern, d.h. solchen, die zuvor einen Sprachkurs beim Goethe-Institut besucht haben, war dabei 2015 mit 76 % (2009: 64 %) wesentlich höher als bei externen Teilnehmern, d.h. Personen, die ohne Sprachkursteilnahme beim Goethe-Institut die Prüfung ablegen, mit 67 % (2009: 61 %).[1094] Der Anteil externer Prüfungsanmeldungen an allen Prüfungsanmeldungen betrug 79 %.[1095] Es besuchten also nur 21 % der Prüfungsteilnehmer Goethe-Instituts-Kurse – trotz höher zu erwartender Bestehenschance.

(c) Dauer und Kosten

Die Sprachkurse beim Goethe-Institut, die auf die Sprachprüfung „Start Deutsch 1" vorbereiten, dauern gemäß dem Evaluierungsbericht der Bundesregierung zum Spracherfordernis von 2010 in der Regel zwischen 8 und 32 Wochen.[1096] Die geringe Bestehensquote bei den Prüfungen „Start Deutsch 1", die selbst bei den internen Teilnehmern, die gezielt auf den Test vorbereitet wurden, und einschließlich Wiederholern nur 76 % beträgt,[1097] zeigt, dass der Sprachnachweis nicht innerhalb von 8 bis 32 Wochen für jeden zu erreichen ist.

Die Kosten für die Teilnahme an einem Standardsprachkurs beim Goethe-Institut liegen zwischen 100 und 800 EUR, je nach Anzahl der Unterrichtseinheiten, Herkunftsland und Einrichtung.[1098] Der Median beträgt 295 EUR.[1099] In den fünf Ländern, die 2015 das höchste Visaaufkommen beim Ehegattennachzug hatten, fielen durchschnittlich 419 EUR Kurskosten zuzüglich Prüfungsgebühren von

---

1093 BT-Drs. 18/9651 v. 16.09.2016, Anlage 1.

1094 BT-Drs. 18/9651 v. 16.09.2016, Anlage 1 sowie für 2009 BT-Drs. 17/2816 v. 27.08.2010, Antwort auf Frage 3, S. 5.

1095 BT-Drs. 18/9651 v. 16.09.2016, Anlage 1.

1096 BT-Drs. 17/3090 v. 24.09.2010, S. 11.

1097 BT-Drs. 18/9651 v. 16.09.2016, Anlage 1, s. dazu oben S. 250 f.

1098 BT-Drs. 17/3090 v. 24.09.2010, Tabelle 2, S. 12 f.

1099 Eigene Berechnung auf Basis von BT-Drs. 17/3090 v. 24.09.2010, Tabelle 2, S. 12 ff. Bei der Berechnung des Medians wurden Kurse zur Prüfungsvorbereitung und Tutorien bzw. Nachhilfe nicht berücksichtigt.

durchschnittlich 73 EUR an.[1100] Hinzu kommen ggf. erforderliche Anreise- und Unterbringungskosten.[1101]

(2) Spracherwerb durch Selbststudium

Eine alternative Möglichkeit für den Spracherwerb ist das Selbststudium, z.B. durch Onlinekurse.[1102] Beispielsweise bietet das Goethe-Institut Online- und Fernkurse an.[1103] Auch die Deutsche Welle bietet online Sprachlektionen in zahlreichen Sprachen an.[1104] Hindernisse bestehen bei dieser Spracherwerbsmöglichkeit darin, dass es vielerorts das für Onlinekurse benötigte Internet nicht gibt[1105] oder dieses mit hohen Kosten verbunden ist.[1106] Außerdem sind Selbstlernangebote nur für Personen mit Vorkenntnissen gut geeignet, für Analphabeten oder lernungeübte Personen ist der Spracherwerb ohne Präsenzunterricht hingegen ausweislich des Evaluierungsberichts der Bundesregierung sehr schwierig.[1107] Analphabeten können die lateinische Schriftsprache auch nach Erkenntnissen der Bundesregierung nicht im Selbststudium erlernen.[1108]

cc) Ausnahmeregelungen

Von dem Erfordernis, Sprachkenntnisse nachzuweisen, bestehen zahlreiche, gesetzlich festgelegte Ausnahmen. Die Ausnahmen lassen sich kategorisieren in (1) Ausnahmen aufgrund von Visumbefreiung, (2) Ausnahmen aufgrund des Aufenthaltsstatus des Zusammenführenden, (3) Ausnahmen wegen fehlenden Integrationsbedarfs und (4) Ausnahmen aufgrund von Härtefällen. Die Ausnahmen sind entscheidend für die Frage, ob das Spracherfordernis im Hinblick auf die geschützten Rechtsgüter Ehe und Familie verhältnismäßig ist. Zugleich werfen diese Ausnahmeregelungen selbst Fragen der Diskriminierung auf.

1100 BT-Drs. 18/10596 v. 09.12.2016, Antwort auf Frage 14, S. 17.

1101 *Göbel-Zimmermann,* ZAR 2008, S. 169, 172.

1102 BT-Drs. 17/3090 v. 24.09.2010, S. 9.

1103 Goethe Institut, Rubrik „Deutsch online", online: http://www.goethe.de/lrn/prj/fer/deindex.htm (letzter Abruf: 31.08.2017).

1104 S. Deutsche Welle, Rubrik „Deutsch lernen", online: http://www.dw.com/de/deutsch-lernen/s-2055 (letzter Abruf: 26.08.2017).

1105 BT-Drs. 17/3090 v. 24.09.2010, S. 9.

1106 *Göbel-Zimmermann*, ZAR 2008, S. 169, 173.

1107 BT-Drs. 17/3090 v. 24.09.2010, S. 9.

1108 BT-Drs. 16/11997 v. 16.02.2009, Antwort auf Frage 8e.

(1) Ehegatten von Visumbefreiten, § 30 Abs. 1 S. 3 Nr. 4 AufenthG

Keinen Sprachnachweis benötigen die Ehegatten von Ausländern, die aufgrund ihrer Staatsangehörigkeit auch für langfristige Aufenthalte (d.h. von mehr als drei Monaten Dauer, § 6 Abs. 3 i.V.m. Abs. 1 und 2 AufenthG), visumfrei ins Bundesgebiet einreisen dürfen, § 30 Abs. 1 S. 3 Nr. 4 AufenthG. Ausweislich der Gesetzesbegründung sind aufgrund der Ausnahmeregelung die Ehegatten der in § 41 AufenthV genannten visumbefreiten Staatsangehörigen von Australien, Israel, Japan, Kanada, Republik Korea, Neuseeland, den Vereinigten Staaten, Andorra, Brasilien und El Salvador,[1109] Honduras, Monaco und San Marino vom Spracherfordernis befreit.[1110] Völkerrechtliche Verpflichtungen zur Befreiung bestehen nicht.[1111] Der Gesetzgeber wollte mit der Ausnahmeregelung die Situation der Ehegatten an die Privilegierung anlehnen, die die vorgenannten Angehörigen von Staaten genießen, zu denen die Bundesrepublik „enge wirtschaftliche Beziehungen pflegt".[1112] Dass Erwägungen betreffend die Integration oder die Verhinderung von Zwangsheiraten bei der Ausnahmeregelung eine Rolle gespielt hätten, ergibt sich aus der Gesetzesbegründung nicht ausdrücklich. Allerdings spricht einiges dafür, dass der Gesetzgeber davon ausging, den Ehegatten der Staatsangehörigen dieser Herkunftsländer werde die Integration typischerweise auch ohne Spracherwerb vor der Einreise gelingen.[1113] Das Argument der Pflege „enge[r] wirtschaftliche[r] Beziehungen",[1114] trägt im Hinblick auf Länder wie Honduras zwar nicht.[1115] Dass auch die Staatsangehörigen dieser

1109 Brasilien und El Salvador wurden erst 2015 in § 41 AufenthV aufgenommen durch die Elfte Verordnung zur Änderung der Aufenthaltsverordnung v. 08.04.2015, BGBl. I 2015, S. 599, in Kraft getreten am 22.04.2015. Die Visumfreiheit der Staatsangehörigen dieser Länder für längerfristige Aufenthalte ergab sich zuvor aus § 16 AufenthV i.V.m. Anlage A zur AufenthV aufgrund älterer Sichtvermerksabkommen, sofern keine Erwerbstätigkeit geplant war. I.V.m. § 30 Abs. 1 S. 3 Nr. 4 AufenthG, der entgegen der Gesetzesbegründung sich nicht auf eine bestimmte Art der Visumbefreiung beschränkt, waren die Ehegatten von Staatsangehörigen dieser Länder bereits zuvor vom Spracherfordernis ausgenommen, ebenso ohne Begründung *Gutmann*, NJW 2010, S. 1124.

1110 BT-Drs. 16/5065 v. 23.04.2007, S. 175.

1111 Vgl. Freundschafts-, Handels- und Schifffahrtsvertrag mit den USA v. 29.10.1954, BGBl. II 1956, S. 488, der eine entsprechende Regelung nicht enthält; *Funke-Kaiser*, InfAuslR 2010, S. 9, 11.

1112 Vgl. BT-Drs. 16/5065 v. 23.04.2007, S. 175.

1113 So *Funke-Kaiser*, InfAuslR 2010, S. 9, 11.

1114 BT-Drs. 16/5065 v. 23.04.2007, S. 175.

1115 *Funke-Kaiser*, InfAuslR 2010, S. 9, 11.

wirtschaftlich unbedeutenderen, nur von § 41 Abs. 2 AufenthV erfassten Länder von der Ausnahmeregelung erfasst sind, ergibt sich allerdings aus dem insofern unbeschränkten Wortlaut des § 30 Abs. 1 S. 3 Nr. 4 AufenthG und aus der Gesetzbegründung, die komplett auf § 41 AufenthV verweist.[1116]

Für Ehegatten, die aufgrund ihrer eigenen Staatsangehörigkeit gem. § 41 AufenthG visumfrei einreisen können, schafft § 30 AufenthG hingegen keinen eigenen Ausnahmetatbestand. Sie können, da das Spracherfordernis Visumvoraussetzung ist, zwar ohne Sprachnachweis einreisen, müssen aber nach der Einreise bei Beantragung der Aufenthaltserlaubnis zum Zwecke des Familiennachzugs Sprachkenntnisse nachweisen.[1117] Insofern sind diese selbst visumbefreiten Ehegatten schlechter gestellt als Ehegatten, die selbst nicht visumbefreit, aber mit visumbefreiten Staatsangehörigen verheiratet sind und daher weder vor noch nach der Einreise ein Spracherfordernis nachweisen müssen. Ob es sich hierbei um ein gesetzgeberisches Versehen handelt, ist offen, jedenfalls hat der Gesetzgeber trotz zahlreicher späterer Gesetzesänderungen diese Regelung unberührt gelassen.

(2) Aufenthaltsstatus des Zusammenführenden, § 30 Abs. 1 S. 2 und 3 Nrn. 1, 5, 7, und 8 AufenthG

Weitere Ausnahmen vom Spracherfordernis bestehen für Ehegatten von Zusammenführenden, die einen bestimmten, vorrangig aus wirtschaftlichen Interessen privilegierten Aufenthaltsstatus innehaben. Hierzu gehören Ehegatten von Inhabern eines Aufenthaltstitels nach den §§ 19–21 AufenthG, § 30 Abs. 1 S. 3 Nr. 7 AufenthG im Falle von Bestandsehen.[1118] Ausnahmen gelten zudem für Ehegatten ehemaliger Forscher mit mittlerweile verfestigtem Aufenthaltsstatus, § 30 Abs. 1 S. 3 Nr. 8 AufenthG,[1119] von Inhabern einer Blauen Karte EU, einer

---

1116 Vgl. BT-Drs. 16/5065 v. 23.04.2007, S. 175.

1117 Nach der Einreise muss ein visumbefreiter Ausländer innerhalb von drei Monaten seine Aufenthaltserlaubnis beantragen, § 41 Abs. 3 AufenthG. Kann er zu diesem Zeitpunkt noch keine einfachen Sprachkenntnisse vorweisen, wird er in der Praxis zum Besuch eines Integrationskurses verpflichtet, bevor ihm eine Aufenthaltserlaubnis erteilt wird, BT-Drs. 17/3090 v. 24.09.2010, S. 37. Das Verfahren zur Erteilung einer Aufenthaltserlaubnis wird so lange ausgesetzt, bis der Antragsteller die erforderlichen Sprachkenntnisse erworben hat, BT-Drs. 17/3090 v. 24.09.2010, S. 37.

1118 D.h. Ehegatten von Hochqualifizierten (§ 19 AufenthG), von Inhabern einer Blauen Karte EU (§ 19a AufenthG), von Forschern (§ 20 AufenthG) und von Selbstständigen (§ 21 AufenthG).

1119 D.h. Personen, die vormals einen Aufenthaltstitel nach § 20 AufenthG hatten, mittlerweile aber eine Niederlassungserlaubnis nach § 9 AufenthG oder Daueraufenthaltserlaubnis-EU erhalten haben.

ICT-Karte, einer Mobilen ICT-Karte, einer Aufenthaltserlaubnis als Forscher oder als mobiler Forscher, § 30 Abs. 1 S. 3 Nr. 5 AufenthG, und Daueraufenthaltsberechtigter mit einem Titel nach § 38 a AufenthG, sofern die Ehe bereits in dem anderen EU-Mitgliedstaat bestand, § 30 Abs. 1 S. 2 AufenthG. Diese Ausnahmen sind nicht auf Bestandsehen beschränkt.

Die Ausnahmen für Ehegatten von Blaue-Karte-Inhabern, Forschern, ICT- und Mobile-ICT-Karte-Inhabern sowie Daueraufenthaltsberechtigten setzen europäisches Richtlinienrecht um.[1120] Die Ausnahmeregelung für ehemalige Forscher soll eine Schlechterstellung gegenüber Forschern verhindern,[1121] die übrigen Ausnahmen erfolgen aufgrund nationaler Erwägungen, weil der „Zuzug des Stammberechtigten im besonderen migrationspolitischen Interesse der Bundesrepublik Deutschland liegt."[1122] Dass es für die Ausnahmeregelung eine Rolle gespielt hätte, dass diese Migrationsarten unter Umständen nur temporär sind, sodass eine Integration nicht erforderlich ist, lässt sich der Gesetzesbegründung jedenfalls nicht entnehmen. Dies ist auch unwahrscheinlich, da genau für diese Fallkonstellation ein separater Ausnahmegrund geschaffen wurde.[1123]

Eine weitere Ausnahme gilt für Ehegatten von humanitär geschützten Personen, § 30 S. 3 Nr. 1 AufenthG.[1124] Die Ausnahme gilt nur bei Bestandsehen. Diese Ausnahmen ergeben sich teilweise aus europarechtlichen Vorgaben, teilweise sind sie hieran angelehnt.[1125] Die Beschränkung auf Bestandsehen entspricht

---

1120 Z.B. können gem. Art. 15 Abs. 3 Blaue-Karte-RL die in Art. 7 Abs. 2 Familienzusammenführungs-RL vorgesehenen Integrationsmaßnahmen „nur zur Anwendung kommen, *nachdem* den betroffenen Personen die Familienzusammenführung gewährt wurde". Im Umkehrschluss folgt aus Art. 15 Abs. 3 Blaue-Karte-RL, dass Integrationsmaßnahmen nach der Einreise von diesem Personenkreis gefordert werden könnten, Herzog-Schmidt, Zuwanderung Hochqualifizierter, S. 233.

1121 BT-Drs. 16/5065 v. 23.04.2007, S. 174.

1122 BT-Drs. 16/5065 v. 23.04.2007, S. 174.

1123 § 30 Abs. 1 S. 3 Nr. 3 AufenthG, S. hierzu unten Teil 3:B.III.2.b)cc)(3), S. 256.

1124 Dabei handelt es sich um Personen, die einen Aufenthaltstitel nach § 25 Abs. 1 (Personen, die unanfechtbar als Asylberechtigte anerkannt sind), nach § 25 Abs. 2 AufenthG (Personen, denen die Flüchtlingseigenschaft zuerkannt wurde sowie subsidiär Geschützte), nach § 23 Abs. 4 AufenthG (Resettlement-Flüchtlinge) oder nach § 26 Abs. 3 AufenthG (Personen, denen drei Jahre nach ihrer Anerkennung als Asylberechtigte oder Flüchtlinge eine Niederlassungserlaubnis erteilt wurde) besitzen.

1125 Die Ausnahme für anerkannte Flüchtlinge ist europarechtlich vorgegeben, Art. 12 Abs. 1 i.V.m. Art. 7 Abs. 2 UA 2, Art. 9 Abs. 2 und Erwägungsgrund (8) Familienzusammenführungs-RL. Die Ausnahme für Asylberechtigte und Resettlement-Flüchtlinge ist hieran angelehnt, BT-Drs. 16/5065 v. 23.04.2007, S. 175. Die Ausnahme für subsidiär Geschützte wurde erst 2013 eingeführt in Umsetzung von Art. 20

der in Art. 9 Abs. 2 Familienzusammenführungs-RL vorgesehenen Möglichkeit, bei der Familienzusammenführung nur die Flüchtlinge zu privilegieren, deren familiäre Bindungen vor der Einreise entstanden sind.

(3) Fehlender Integrationsbedarf, § 30 Abs. 1 S. 3 Nr. 3 AufenthG

§ 30 Abs. 1 S. 3 Nr. 3 1. Alt. AufenthG nimmt Ehegatten vom Spracherfordernis aus, bei denen „erkennbar geringer Integrationsbedarf" i.S.d. Integrationskursverordnung vorliegt. Die Vorschrift lehnt sich wortgleich an die Ausnahme vom Teilnahmeanspruch an Integrationskursen an, s. § 44 Abs. 3 S. 1 Nr. 2 AufenthG und dessen Ausgestaltung in § 4 Abs. 2 IntV. „Erkennbar geringer Integrationsbedarf" liegt nach der Gesetzesbegründung zu § 30 Abs. 1 S. 3 Nr. 3 AufenthG in der Regel vor bei Ehegatten mit einem Hoch- oder Fachhochschulabschluss, einer vergleichbaren Qualifikation oder bei Ausübung einer diese Qualifikation regelmäßig voraussetzenden Erwerbstätigkeit, wenn zugleich anzunehmen ist, dass sie sich „ohne staatliche Hilfe in das wirtschaftliche, gesellschaftliche und kulturelle Leben der Bundesrepublik Deutschland integrieren" werden.[1126] Durch den Bezug zu § 4 Abs. 2 S. 2 Nr. 2 IntV gilt auch das darin genannte Kriterium, dass geringer Integrationsbedarf trotz hoher Qualifikation nicht anzunehmen ist, wenn der Ehegatte mangels Sprachkenntnissen „innerhalb eines angemessenen Zeitraums keine *seiner Qualifikation* entsprechende Erwerbstätigkeit" beginnen kann.[1127] Hierbei sind nach der AVwV Kenntnisse der englischen Sprache zu berücksichtigen.[1128]

Eine weitere Ausnahme sieht § 30 Abs. 1 S. 3 Nr. 3 2. Alt. AufenthG vor, wenn die Ehegatten aus anderen Gründen keinen Anspruch auf Teilnahme am Integrationskurs haben. Die Ausnahme bezieht sich nach der Gesetzesbegründung

Abs. 2 Richtlinie 2011/95/EU, der subsidiär Geschützte anerkannten Flüchtlingen teilweise gleichstellt, Richtlinie 2011/95/EU des Europäischen Parlaments und des Rates v. 13.12.2011 über Normen für die Anerkennung von Drittstaatsangehörigen oder Staatenlosen als Personen mit Anspruch auf internationalen Schutz, für einen einheitlichen Status für Flüchtlinge oder für Personen mit Anrecht auf subsidiären Schutz und für den Inhalt des zu gewährenden Schutzes (Neufassung), ABl. EU v. 20.12.2011, L 337 S. 9, umgesetzt durch Gesetz zur Umsetzung der Richtlinie 2011/95/EU v. 28.08.2013 bzw. Gesetz zur Verbesserung der Rechte von international Schutzberechtigten und ausländischen Arbeitnehmern v. 29.08.2013 (beide BGBl. I 2013, S. 3473), in Kraft getreten zum 06.09., 01.12. bzw. 02.12.2013.

1126 BT-Drs. 16/5065 v. 23.04.2007, S. 175.

1127 Hervorhebung d. Verf., S. Nr. 30.1.4.2.3.1 AVwV unter Verweis auf § 4 Abs. 2 S. 2 Nr. 1 lit. a IntV.

1128 Nr. 30.1.4.2.3.1 AVwV.

u.a. auf Ehegatten, die sich nicht auf Dauer in Deutschland aufhalten, beispielsweise als Ehegatten von Geschäftsleuten.[1129]

(4) Härtefälle, § 30 Abs. 1 S. 3 Nrn. 2 und 6 AufenthG

Eine Ausnahme für bestimmte, abschließend aufgezählte Härtefälle, sieht § 30 Abs. 1 S. 3 Nr. 2 AufenthG vor. Danach sind Ehegatten vom Spracherfordernis ausgenommen, die aufgrund körperlicher, seelischer oder geistiger Krankheit oder Behinderung nicht in der Lage sind, das Spracherfordernis zu erfüllen. Es muss sich dabei um anerkannte Krankheitsbilder handeln. Schwangerschaft[1130] oder hohes Alter können hierunter nicht subsumiert werden.

2015 wurde schließlich mit § 30 Abs. 1 S. 3 Nr. 6 AufenthG eine allgemeine Härtefallklausel eingeführt.[1131] Die Vorschrift ermöglicht ein Absehen vom Spracherfordernis, wenn der Spracherwerb vor der Einreise „auf Grund besonderer Umstände des Einzelfalles nicht möglich oder nicht zumutbar ist". Damit greift der Gesetzgeber die vom BVerwG 2012 für den Ehegattennachzug zu deutschen Staatsangehörigen entwickelte Formulierung auf.[1132] Nach der Gesetzesbegründung können die Gründe für die Unzumutbarkeit „in der Person des Ehegatten oder in den äußeren Umständen" liegen und beispielsweise den „Gesundheitszustand des Betroffenen, seine kognitiven Fähigkeiten, die Erreichbarkeit von Sprachkursen oder die zumutbare tatsächliche Verfügbarkeit eines Sprachlernangebotes" betreffen.[1133] Die Vorschrift ermöglicht somit eine umfassende Verhältnismäßigkeitsprüfung.

Zwar wird vertreten, dass der vom EuGH im Fall *Dogan* dem deutschen Recht mangels allgemeiner Härteklausel vorgeworfene Automatismus einer Ablehnung des Familiennachzugs bei fehlenden Sprachkenntnissen[1134] aufgrund der schon zuvor vom BVerwG geschaffenen Ausnahmemöglichkeit nach § 16 Abs. 5 AufenthG[1135] gar nicht bestand und die Härteklausel daher nicht erforderlich war.[1136]

1129 BT-Drs. 16/5065 v. 23.04.2007, S. 175.

1130 Vgl. Nr. 30.1.4.2.2 AVwV, derzufolge Ausnahmen bei Schwangerschaftskomplikationen denkbar sind.

1131 Gesetz zur Neubestimmung des Bleiberechts und der Aufenthaltsbeendigung v. 27.07.2015, BGBl. I, S. 1386, in Kraft seit 01.08.2015, vorgeschlagen durch BT-Drs. 18/5420 v. 01.07.2015.

1132 S. *BVerwG*, Urt. v. 04.09.2012, 10 C 12/12, BVerwGE 144, S. 141–156, Rn. 28, *-juris*, S. hierzu oben Teil 3:A.I.3.c)bb), S. 189 ff.

1133 BT-Drs. 18/5420 v. 01.07.2015, S. 26.

1134 *EuGH*, Urt. v. 10.07.2014, Rs. C 138/13, *Dogan*, NVwZ 2014, S. 1081, 1083, Rn. 38.

1135 *BVerwG*, Urt. v. 30.03.2010, 1 C 8. 09, ZAR 2011, S. 27, 33, Rn. 46.

1136 *Thym*, ZAR 2014, S. 301, 306.

Dieser Rückgriff auf § 16 Abs. 5 AufenthG war allerdings nicht nur im AufenthG systemwidrig, da die Zweckbindung des Aufenthalts diese Möglichkeit eigentlich verschließt, vgl. § 5 Abs. 2 S. 1 Nr. 1 AufenthG, wonach der Ausländer mit dem erforderlichen Visum eingereist sein muss. Die Ausnahmemöglichkeit war auch nicht gleichrangig mit einer Nachzugsgewährung ohne Sprachnachweis, da sie die Betroffenen nicht mit den gleichen Rechten ausstattete wie bei einer Nachzugsgewährung: Ein zum Familiennachzug Berechtigter ist beispielsweise von Anfang an zur Erwerbstätigkeit berechtigt, § 27 Abs. 5 AufenthG, während dies mit einem Aufenthaltstitel nach § 16 Abs. 5 AufenthG nicht möglich ist. Der Verweis auf § 16 Abs. 5 AufenthG war somit kein ausreichender Ersatz für eine Härtefallklausel.

c) *Wirkungsanalyse*

Weder der EuGH noch das BVerwG haben sich in ihren Entscheidungen zu vor der Einreise zu erbringenden Sprachmaßnahmen detailliert mit deren Wirkungen auseinandergesetzt. Beide haben sich mit pauschalen Behauptungen begnügt, die Einschätzung, „dass sich ein Ehegatte, der sich bereits vor der Einreise zumindest auf einfache Art in Alltagssituationen in deutscher Sprache verständigen kann, schneller in die hiesigen Lebensverhältnisse integriert", sei nicht evident ungeeignet, ebenso wenig die Einschätzung, dass das Spracherfordernis mittelbar gegen Zwangsehen wirke[1137] bzw., dass die Drittstaatsangehörigen durch die Maßnahme „Kenntnisse erwerben, die für die Schaffung von Bindungen zum Aufnahmemitgliedstaat unstreitig von Nutzen sind".[1138] Eine Erarbeitung der tatsächlichen Wirkungen des Spracherfordernisses ist jedoch aus zwei Gründen erforderlich: Zum einen ist nach der Rechtsprechung des BVerfG der Gesetzgeber zu einer Überprüfung einer Maßnahme verpflichtet, wenn sich aus der Behördenpraxis oder anderweitig Erkenntnisse dafür ergeben, dass das Ziel der Maßnahme „typischerweise" nicht erreicht wird.[1139] Zum anderen ist es im Rahmen der Angemessenheitsprüfung zu berücksichtigen, wenn eine gesetzliche Maßnahme nur eine geringe Wirkung hat. Die Erkenntnisse zu den Wirkungen des Spracherfordernisses sollen daher nachfolgend analysiert werden. Die Analyse erfolgt im Hinblick auf die offiziellen und vermuteten Regelungsziele

---

1137 *BVerwG*, Urt. v. 30.03.2010, 1 C 8. 09, ZAR 2011, S. 27, 32, Rn. 38.

1138 *EuGH*, Urt. v. 09.07.2015, Rs. C-153/14, *K. und A./Niederlande*, ECLI:EU:C:2015:453, Rn. 54.

1139 *BVerfG*, Beschl. v. 12.05.1987, 2 BvR 1226/83 u.a., NJW 1988, S. 626, 630.

Zuwanderungsbegrenzung, Integrationsförderung und Verhinderung von Zwangsehen.

aa) Erkenntnisquellen

Im Gegensatz zu den übrigen Nachzugsvoraussetzungen gibt es zu den Wirkungen des Spracherfordernisses relativ viele Untersuchungen. Für die Analyse kann dementsprechend auf die Antworten zu verschiedenen Kleinen Anfragen im Bundestag zurückgegriffen werden, die insbesondere die zahlenmäßigen Auswirkungen auf den Ehegattennachzug und die Entwicklung der EuGH-Rechtsprechung zum Gegenstand hatten.[1140] Weitere wichtige Quellen für die Analyse sind der Evaluierungsbericht der Bundesregierung zum Sprachkenntniserfordernis aus dem Jahr 2010, der insbesondere die Möglichkeiten zum Spracherwerb im Ausland untersuchte,[1141] sowie ein Evaluierungsbericht des Goethe-Instituts von 2012.[1142] Zusätzlich wird für die Analyse eine Studie des Bundesamtes für Migration und Flüchtlinge aus dem Jahr 2014 herangezogen (sog. BAMF-Heiratsmigrationsstudie), in der 2.497 drittstaatsangehörige Ehegatten aus acht zahlenmäßig relevanten Herkunftsländern u.a. zu ihrer Integration befragt wurden.[1143] Erkenntnisse zur Umsetzung des Spracherfordernisses in der Praxis ergeben sich außerdem aus der INTEC-Studie, die 2010 49 Personen, u.a. Lehrkräfte des Goethe-Instituts, Ehegatten und Migrationsberater befragte,[1144] sowie aus der Befragung türkischer Ehegatten durch *Aybek/Staßburger u.a.* zu den Auswirkungen des Spracherfordernisses auf die Ehegatten.[1145] Ergänzend fließen Erkenntnisse aus leitfadengestützten informatorischen Interviews ein, die die Verfasserin im Mai 2009 in der Türkei durchgeführt hat. Befragt wurden

1140 S. exemplarisch zuletzt BT-Drs. 18/9421 v. 15.08.2016, Sprachanforderungen beim Ehegattennachzug nach dem Urteil des Europäischen Gerichtshofs vom 9. Juli 2015.

1141 Unterrichtung durch die Bundesregierung: Bericht über die Evaluierung des Nachweises einfacher Deutschkenntnisse beim Ehegattennachzug nach dem Aufenthaltsgesetz – Sprachlern- und Sprachtestangebote, Visumverfahren, BT-Drs. 17/3090 v. 24.09.2010, S. 10.

1142 Hammann, Der Übergang von der vorintegrativen Sprachförderung zum Integrationskurs, Goethe-Institut.

1143 Büttner/Stichs, BAMF-Heiratsmigrationsstudie. Befragt wurden Ehegatten aus folgenden Herkunftsländern: Türkei, Russische Föderation, Ukraine, ehemaliges Jugoslawien, Indien, Pakistan, Philippinen, Thailand.

1144 Seveker/Walter, INTEC, Country Report Germany, S. 5.

1145 Aybek/Straßburger u.a., Marriage Migration from Turkey to Germany, in: Aybek/Huinink u.a., Spatial Mobility, Migration, and Living Arrangements, S. 23 ff.

insgesamt zehn Lehrkräfte und Mitarbeiter der Goethe-Institute und deutschen Auslandsvertretungen in Ankara und Istanbul.

bb) Zuwanderungsbegrenzung

Quantitativ ging der Ehegattennachzug bereits vor Einführung des Spracherfordernisses stetig zurück – von 64.021 erteilten Visa im Jahr 2002 auf 39.585 erteilte Visa im Jahr 2006.[1146] Die Einführung des Sprachnachweises im August 2007 führte zu einem weiteren Einbruch der Nachzugszahlen beim Ehegattennachzug, sie lagen insgesamt seitdem nur noch bei rund 32.000 erteilten Visa pro Jahr.[1147] In das Jahr 2007 fiel zwar auch der EU-Beitritt Rumäniens und Bulgariens zum 01.01.2007, deren Staatsangehörige damit aus der Visastatistik für Drittstaatsangehörige fielen. Die quartalsweise Übersicht zeigt jedoch deutlich, dass der Rückgang vorrangig in das dritte Quartal, d.h. das Quartal, in dem der Sprachnachweis eingeführt wurde, fiel.[1148] In einigen Herkunftsländern kam es im Zeitraum der Einführung des Spracherfordernisses zu einem überproportional starken Einbruch des Ehegattennachzugs, der auch in der Folgezeit nicht wieder ausgeglichen wurde.[1149]

Frauen waren von dem Nachzugsrückgang nicht stärker betroffen als Männer. Im Gegenteil, die Zahl der erteilten Visa an ausländische Frauen für den Nachzug zu ausländischen Männern brach 2007 gegenüber 2006 bei Frauen weniger stark ein als bei Männern (-15,2 im Vergleich zu -18,9%) und erholte sich in den Folgejahren schneller wieder (2008 sank der Wert gegenüber 2007 bei Frauen noch um -0,1 % und bei Männern um -2,4 %, 2009 stieg er gegenüber 2008 bei Frauen um +15,2 % und sank bei Männern nur noch um -1,3 %).[1150]

Erst seit dem Jahr 2014 steigt die Zahl der ausgestellten Visa für den Ehegattennachzug wieder deutlich an und betrug 2015 45.385 erteilte Visa.[1151] Der

---

1146 Büttner/Stichs, BAMF-Heiratsmigrationsstudie, S. 35.

1147 Büttner/Stichs, BAMF-Heiratsmigrationsstudie, S. 35.

1148 BAMF, Migrationsbericht 2007, S. 127, Tabelle 2–25.

1149 BT-Drs. 18/4598 v. 13.04.2015, Anlage 6 mit den erteilten Visa zum Ehegattennachzug in den Jahren 2005–2014 in den zehn wichtigsten Herkunftsländern. Einen solchen Einbruch verzeichneten beispielsweise Thailand und die Türkei, wobei in der Türkei seit 2014 wieder ein Anstieg zu verzeichnen ist, der aber größtenteils auf den Nachzug zu Flüchtlingen zurückzuführen ist, die keinen Sprachnachweis erbringen müssen.

1150 BR-Drs. 17/3090 v. 24.09.2010, S. 32, Tabelle 12, eigene Berechnung.

1151 2014 stieg die Zahl der erteilten Visa zum Ehegattennachzug mit 36.018 um 9,9 % gegenüber dem Vorjahr, 2015 erfolgte gegenüber 2014 ein weiterer Anstieg um

Anstieg ist hauptsächlich auf vermehrte Nachzugsbegehren der Angehörigen anerkannter syrischer Flüchtlinge zurückzuführen.[1152] Diese müssen keinen Sprachnachweis erbringen, sodass der Anstieg kein Beleg dafür ist, dass sich die Nachzugszahlen trotz des Sprachnachweises wieder erholen.

Die Bestehensquoten beim Deutsch-Test „Start Deutsch 1“ in der Türkei und in Thailand, die von dem überproportionalen Rückgang seit 2007 betroffen waren, unterscheiden sich kaum vom Durchschnitt der 15 Hauptherkunftsländer. In der Türkei liegt beispielsweise die Bestehensquote interner Kandidaten sogar erheblich über dem Durchschnitt.[1153] Der überproportionale Rückgang des Nachzugs in diesen Ländern könnte jedoch darauf zurückzuführen sein, dass das Spracherfordernis eine selektive Wirkung hat, indem es Ehegatten mit schlechten Ausgangsvoraussetzungen davon abhält, den Nachzug zu beantragen. Nachgewiesen ist diese selektive Wirkung jedoch nicht.

In der Praxis hat sich gezeigt, dass für verschiedene Personen der Spracherwerb erschwert ist. Dabei handelt es sich nach den Erkenntnissen des Evaluierungsberichts von 2010 in erster Linie um Fälle von Analphabetismus, Schwangerschaft oder Alter sowie fehlenden finanziellen Mitteln für den Spracherwerb und die Sprachprüfung.[1154] Als weitere Härtegründe wurden angegeben die große Entfernung zwischen Wohn- und Sprachkursort, unzureichende Schulbildung, Krankheit oder Pflegebedarf von Familienangehörigen und Betreuung von Kindern.[1155] Außerdem benötigen folgende Personen häufig längere Zeit für den Erwerb der Sprachkenntnisse: Personen mit einem geringen Bildungsstand, ältere Personen sowie Personen „mit phonetischen Schwierigkeiten“, zu denen z.B. thailändische Staatsangehörige gehören.[1156] Geringer Bildungsstand und fortgeschrittenes Alter führen damit nicht generell zu einem Nichtbestehen. Im Interview bestätigte auch eine Lehrkraft des Goethe-Instituts Istanbul, dass es bei Kursteilnehmern über 40 Jahre von der Schulbildung abhängt, ob sie

---

26 % mit 45.385 erteilten Visa, BAMF, Migrationsbericht 2015, S. 225, Tabelle 3–47, Quelle: Auswärtiges Amt, eigene Berechnung.

1152 BAMF, Migrationsbericht 2015, S. 110 f.

1153 BAMF, Migrationsbericht 2015, S. 115, Tabelle 3–35, Quelle: Goethe-Institut 2016. Die Bestehensquote aller Kandidaten, d.h. interner und externer, betrug in der Türkei 68 %, in Thailand 71 %, im Gesamtdurchschnitt 69 %, bei den internen Kandidaten in der Türkei 89 %, in Thailand 80 % und im Gesamtdurchschnitt 76 %.

1154 BT-Drs. 17/3090 v. 24.09.2010, S. 36.

1155 BT-Drs. 17/3090 v. 24.09.2010, S. 36.

1156 BT-Drs. 16/11997 v. 16.02.2009, S. 3 f., Antwort auf Frage 3.

Schwierigkeiten haben, das Start Deutsch 1-Zertifikat zu bestehen.[1157] Personen mit Alphabetisierungsbedarf können nach Erkenntnissen der Bundesregierung die lateinische Schrift nicht im Selbststudium erwerben.[1158] Eine Alphabetisierung ist jedoch in der Muttersprache mit Präsenzunterricht im Herkunftsstaat möglich.[1159] In der Türkei werden entsprechende Kurse an der Volkshochschule angeboten und die Alphabetisierung dauert nach Auskunft einer 2009 von der Verfasserin befragten Lehrkraft am Goethe-Institut Istanbul ein bis zwei Monate.[1160] Nach Einschätzung einer anderen Sprachlehrerin am Goethe-Institut Istanbul benötigen Analphabeten damit insgesamt mindestens neun Monate für den Erwerb des Sprachzertifikats „Start Deutsch 1".[1161] Der Nachzug dieser Personengruppe hängt damit auch von den Zugangsmöglichkeiten zu Alphabetisierungskursen im Herkunftsland ab.

Dass der dauerhafte Rückgang der Nachzugszahlen aus bestimmten Staaten damit darauf zurückzuführen ist, dass bestimmte Personengruppen das Spracherfordernis nicht erfüllen können, ist damit nicht erwiesen. Der Rückgang der Zuzugszahlen spricht aber für eine Selbstselektion, bei der Ehegatten angesichts des erwarteten Aufwands auf den Nachzug verzichten.

cc) Auswirkungen auf die Integration

Die Wirkung des Sprachkenntniserfordernisses auf die sozioökonomische Situation der Nachziehenden ist bislang nicht evaluiert worden. Eine solche Studie würde den bereits dargestellten Schwierigkeiten unterliegen, insbesondere der Schwierigkeit, eine adäquate Vergleichsgruppe zu finden, die ohne Spracherfordernis eingereist ist. Der IAB-SOEP-Migrationsstichprobe von 2013, der BAMF-Heiratsmigrationsstudie von 2014 und den Evaluierungen der Bundesregierung von 2010 und des Goethe-Instituts aus dem Jahr 2012 lassen sich indes verschiedene Hinweise über die Auswirkungen auf die Integration entnehmen.

1157 Interview Nr. 1 mit einer Lehrkraft am Goethe-Institut Istanbul, 2009, Antwort auf die Frage, wie lange der Erwerb des Zertifikats „Start Deutsch 1" bei Personen über 40 Jahre dauert: „[Sie haben] abhängig von der Schulbildung Probleme zu bestehen."

1158 BT-Drs. 16/11997 v. 16.02.2009, Antwort auf Frage 8e.

1159 BT-Drs. 17/12780 v. 15.03.2013, Antwort auf Frage 13.

1160 Interview Nr. 4 mit einer Lehrkraft am Goethe-Institut Istanbul, 2009, Antwort auf die Frage, wie lange ein Alphabetisierungskurs in der Türkei dauert: „Ein bis zwei Monate für Erwachsene an der Volkshochschule."

1161 Interview Nr. 1 mit einer Lehrkraft am Goethe-Institut Istanbul, 2009, Antwort auf die Frage nach der Dauer des Spracherwerbs bei nicht alphabetisierten Kandidaten: „Neun Monate Minimum".

Im Hinblick auf die wirtschaftliche Integration von Migranten haben Schätzungen auf Basis der 2013 durchgeführten IAB-SOEP-Migrationsstichprobe, wie bereits erwähnt wurde, hinsichtlich der Erwerbsbeteiligung, vor allem aber bei der Entlohnung und der Wahrscheinlichkeit, qualifikationsadäquater Beschäftigung nur bei guten bzw. sehr guten Deutschkenntnissen einen signifikanten positiven Einfluss festgestellt, für einfache Sprachkenntnisse wurde hingegen kein relevanter Zusammenhang ermittelt.[1162] Um die Arbeitsmarktintegration zu fördern, ist das geforderte Sprachniveau demzufolge zu gering.

Fraglich ist daher, ob das Spracherfordernis zumindest die Sprachkenntnisse überhaupt verbessert und ob sich eine bessere gesellschaftliche Eingliederung feststellen lässt. Hinsichtlich der Auswirkungen auf den Spracherwerb wird durch die BAMF-Heiratsmigrationsstudie nachgewiesen, dass nur 13,1 % der Ehegatten, die nach Einführung des Sprachnachweises eingereist sind, nichts für den Spracherwerb unternommen zu haben – zuvor waren es 62,2 %.[1163] Zugleich verneinten insgesamt 17,2 % der Befragten, dass sie einen Sprachnachweis erbringen mussten, vermutlich, weil sie hiervon gesetzlich befreit waren.[1164] Der Sprachnachweis hat somit bewirkt, dass ein Großteil der Ehegatten sich vor der Einreise mit der Sprache beschäftigt.

Fraglich ist, welche Auswirkungen dies auf die Integration nach der Einreise hat. Laut der Studie des Goethe-Instituts beginnen 74 % der Ehegatten, die bereits vor der Einreise A 1-Kenntnisse nachgewiesen haben, den Integrationskurs in Deutschland dennoch in Modul 1, das für Personen ohne Vorerfahrung vorgesehen ist.[1165] 21 % davon steigen in Modul 1 freiwillig ein, insbesondere aufgrund der Befürchtung, dem Kursniveau nicht gewachsen zu sein.[1166] Damit können überhaupt nur 26 % ihr vor der Einreise erworbenes Sprachniveau so

1162 Brücker/Liebau u.a., IAB-Kurzbericht 21.3/2014, S. 25 f. Im Rahmen der IAB-SOEP-Migrationsstrichprobe, einer Längsschnittbefragung, wurden seit 2013 jährlich 5000 Personen mit Migrationshintergrund bzw. ihre Familienangehörigen befragt, IAB (Hrsg.), IAB-Kurzbericht 21/2014 Spezial, S. 1.

1163 Büttner/Stichs, BAMF-Heiratsmigrationsstudie, S. 155, Abbildung 5–10.

1164 Büttner/Stichs, BAMF-Heiratsmigrationsstudie, S. 156.

1165 Hammann, Der Übergang von der vorintegrativen Sprachförderung zum Integrationskurs, Goethe-Institut, S. 17. Der Integrationskurs mit dem Zielniveau B 1 GER (§ 43 Abs. 3 S. 1 i.V.m. § 2 Abs. 11 AufenthG) besteht im Normalfall aus dem Sprachkurs (sechs aufeinander aufbauende Module von jeweils 100 Unterrichtseinheiten, § 11 Abs. 1 IntV) und dem Orientierungskurs (45 Unterrichtseinheiten, § 10 Abs. 1 IntV).

1166 Hammann, Der Übergang von der vorintegrativen Sprachförderung zum Integrationskurs, Goethe-Institut, S. 17.

solide halten, dass sie für den Einstieg in ein höheres Modul zugelassen werden und sie sich dies auch zutrauen. Bei einem Großteil sind somit spätestens bei Integrationskursbeginn die A 1-Sprachkenntnisse nicht mehr oder nicht mehr solide vorhanden. Im Interview erläuterte dazu eine 2009 von der Verfasserin befragte Mitarbeiterin des Goethe-Instituts Istanbul, dass das Visumverfahren so angepasst werden sollte, dass der Nachzug unmittelbar nach der Sprachprüfung stattfinden kann, da die Ehegatten während der mehrmonatigen Visumbearbeitung die Sprachkenntnisse wieder verlernen.[1167] Die Studie des Goethe-Instituts ergibt, dass das Spracherfordernis den Ehegatten zumindest das Ankommen in Deutschland erleichtert. Darin gaben 76 % der dazu befragten Ehegatten an, die Kenntnis von Begriffen habe ihnen in der Übergangszeit bis zum Integrationskursbeginn dabei geholfen, sich in Deutschland zurechtzufinden.[1168] Dem Evaluierungsbericht der Bundesregierung zufolge wirkt der Sprachunterricht oft als „erstes Bildungserlebnis" seit Langem und motiviert die Teilnehmenden dazu, weiter zu lernen.[1169] Obwohl sie gesetzlich nicht gefordert wird, kommt einer Sprachkursteilnahme eine besonders positive Wirkung für die Integration zu. Laut Angaben einer 2009 von der Verfasserin befragten Lehrkraft am Goethe-Institut Istanbul bieten die Kurse die Möglichkeit, Fragen zu stellen, bevor die Ehegatten in den Einflussbereich der Schwiegerfamilien kommen. Sinnvoller wären aus Sicht dieser Interviewpartnerin Landeskundekurse, in denen die Ehegatten u.a. Informationen über Anlaufstellen erhalten könnten.[1170] Es gibt somit Hinweise auf eine selbstständigere und bessere Teilhabe an der Gesellschaft in der ersten Phase des Aufenthalts nach der Einreise, weitere Informationsangebote wären jedoch hilfreich.

1167 Interview Nr. 9 mit der Leiterin der Spracharbeit am Goethe-Institut Istanbul, 2009, Schilderung auf die Frage nach Problemen mit dem Sprachnachweis: „[Es] müsste direkt nach der Sprachprüfung der Nachzug stattfinden, aber teilweise dauert es bis zum Abschluss des Visumverfahrens noch Monate – dann verlernt man Deutsch. [Das] muss zusammenpassen."

1168 Hammann, Der Übergang von der vorintegrativen Sprachförderung zum Integrationskurs, Goethe-Institut, S. 20.

1169 BT-Drs. 17/3090 v. 24.09.2010, S. 5.

1170 Interview Nr. 3 mit einer Lehrkraft am Goethe-Institut Istanbul, 2009, Antwort auf die Frage nach der Erforderlichkeit des Sprachnachweises: „Möglichkeit, Fragen zu stellen, bevor sie von der Schwiegerfamilie beeinflusst werden" sowie auf die Frage nach Verbesserungsvorschlägen: „Fokus sollte nicht auf die Prüfung gesetzt werden, mit dem Prüfungsdruck [...] besser wäre Landeskundekurs. Es ist gut, die Leute im Vorhinein vorzubereiten, über Anlaufstellen in Deutschland zu informieren, es sollte noch mehr über die rechtliche und soziale Situation beraten werden."

Fraglich ist, ob sich dieses bessere Ankommen und die größere Motivation auf die langfristige Integration übertragen lassen. Die BAMF-Heiratsmigrationsstudie kommt zu dem Ergebnis, dass die Ehegatten, die vor der Einreise den A 1-Sprachnachweis erbracht haben, den Abschlusstest des Integrationskurses auf dem Niveau B 1 GER nicht signifikant häufiger bestehen als die Ehegatten, die ohne Sprachnachweis eingereist sind.[1171] Die Ehegatten erreichen allerdings rund 10 % häufiger das Niveau A 2 GER, wenn sie zuvor einen Sprachnachweis erbringen mussten (29,9 % gegenüber 20,6 %).[1172] Dies wird teilweise darauf zurückzuführen sein, dass diese Kandidaten mit einer Prüfungssituation bereits vertraut sind. Die höhere Bestehensquote ist dennoch ein Hinweis dafür, dass der Sprachnachweis vor der Einreise einen langfristigen Nutzen in Form des langfristig besseren Spracherwerbs haben kann.

Dass die besseren Sprachkenntnisse, das bessere Ankommen und die höhere Motivation in der Anfangszeit die gesellschaftliche Integration verbessern, beispielsweise ob häufigere Kontakte mit Einheimischen die Folge sind, ist nicht erwiesen und ließe sich nur im Rahmen einer umfangreichen, mehrjährigen Evaluation ermitteln.

Fraglich ist zudem die Auswirkung des zwingenden Spracherfordernisses auf den Integrationswillen. Im Rahmen der BAMF-Heiratsmigrationsstudie empfanden 9,2 % der befragten Ehegatten, die einen Sprachnachweis zu erbringen hatten, dies als sehr stark belastend, weitere 20,5 % waren immerhin noch stark und immerhin noch 25 % teilweise belastet.[1173] Die Belastung korreliert mit fehlender Verfügbarkeit von Sprachkursangeboten vor Ort und mit geringerer Bildung.[1174] Obwohl damit insgesamt 29,7 % den Sprachnachweis als stark oder sehr stark belastend einstuften, erachteten ihn 88 % der Ehegatten, die den Sprachnachweis selbst erbringen mussten, und 75,4 % derjenigen, die davon nicht betroffen waren, für sinnvoll.[1175] Die eigene Betroffenheit erhöht damit sogar die Akzeptanz.[1176] Diese hohe Zustimmungsrate stimmt überein mit der Evaluation des Goethe-Instituts und den Ergebnissen des ICS: Die befragten Goethe-Kursteilnehmer gaben 2011 zu 88 % an, den Spracherwerb vor der Einreise

---

1171 Büttner/Stichs, BAMF-Heiratsmigrationsstudie, S. 166.

1172 Büttner/Stichs, BAMF-Heiratsmigrationsstudie, S. 166.

1173 Büttner/Stichs, BAMF-Heiratsmigrationsstudie, S. 157, Abb. 5–12.

1174 Büttner/Stichs, BAMF-Heiratsmigrationsstudie, S. 159.

1175 Büttner/Stichs, BAMF-Heiratsmigrationsstudie, S. 157, Abbildung 5–12 und 160, Abbildung 5–14.

1176 Büttner/Stichs, BAMF-Heiratsmigrationsstudie, S. 160.

sinnvoll oder sehr sinnvoll zu finden.[1177] Im Rahmen der ICS-Studie erklärten die in Deutschland lebenden Zusammenführenden zu 69,8 %, den Sprachtest für Ehepartner und Kinder über 16 Jahre vor dem Zuzug nach Deutschland für sehr sinnvoll zu halten.[1178] Die Befragung von Ehegatten i.R.d. Studie „Family Reunification: a Barrier or Facilitator of Integration" kommt zu differenzierteren Ergebnissen: Danach dominierte bei den Befragten die Kritik am Spracherfordernis, Befragte stellten den Sinn eines Erlernens vor der Einreise in Frage oder erklärten, das Erlernen nach der Einreise sei wesentlich sinnvoller.[1179] Eine 2009 von der Verfasserin befragte Lehrkraft am Goethe-Institut Istanbul erklärte zudem, dass die Ehegatten den Sprachnachweis als ungerecht empfinden, weil Ehegatten anderer Länder ihn nicht erbringen müssen.[1180] Die Ausnahmeregelungen beeinträchtigen damit möglicherweise den Integrationswillen. Eine eindeutige negative Wirkung des Spracherfordernisses auf die Integration lässt sich damit in der Gesamtbetrachtung aller Studien gleichwohl nicht feststellen.

Das Spracherfordernis hat damit zwei positive Wirkungen: Zum einen befördert es die gesellschaftliche Integration im Zeitraum nach der Einreise und es gibt aufgrund der höheren A 2-Bestehensquote Hinweise, dass es auch den langfristigen Spracherwerb geringfügig verbessert. Zum anderen durchlaufen 26 % der Ehegatten, die einen Sprachtest ableisten mussten, den Integrationskurs aufgrund höherer Einstufung in kürzerer Zeit. Dieses Ergebnis wird für die betroffenen Ehegatten allerdings dadurch revidiert, dass sich ihre Einreise und damit die Integration aufgrund des Spracherfordernisses verzögern.

Dem Staat verschafft der Einstieg in ein höheres Kursmodul allerdings finanzielle Erleichterungen, indem es ihm in 26 % der Fälle zumindest die Förderung des Moduls 1 des Integrationskurses erspart und die Alphabetisierung einer unbekannten Anzahl von Personen.

1177 Hammann, Der Übergang von der vorintegrativen Sprachförderung zum Integrationskurs, Goethe-Institut, S. 17, Abb. 1, Daten: Befragung: Rambøll Management Consulting, 2011.

1178 Will, Integrationsmaßnahmen aus Sicht von Nicht-EU-Bürgern, SVR, S. 28.

1179 Triebl/Klindworth, Family Reunification: a Barrier or Facilitator of Integration?, German Country Report, S. 58 f.

1180 Interview Nr. 1 mit einer Sprachlehrerin am Goethe-Institut Istanbul, 2009, Antwort auf die Frage, welcher Anteil der Sprachkursteilnehmer/Visaangtragsteller das Erlernen der Sprache vor der Einreise aus Integrationsgründen für sinnvoll hält: „Das Erlernen der Sprache vor der Einreise halten alle für sinnvoll, aber die Regelung empfinden sie als ungerecht, weil manche Länder das nicht machen müssen."

dd) Auswirkungen auf Zwangsehen

Erkenntnisse über die Auswirkungen auf Zwangsehen gibt es kaum. Lediglich im Evaluationsbericht der Bundesregierung von 2010 wird auf Einzelfälle hingewiesen, in denen Frauen absichtlich die Prüfung nicht bestanden, um nicht in Deutschland eine ungewollte Ehe führen zu müssen.[1181]

d) Rechtmäßigkeit

aa) Richtlinienkonformität

Fraglich ist die Vereinbarkeit des deutschen Spracherfordernisses mit Art. 7 Abs. 2 UA 1 Familienzusammenführungs-RL, demzufolge die Mitgliedstaaten von Drittstaatsangehörigen verlangen können, dass sie Integrationsmaßnahmen nachkommen.

Mit dem Spracherfordernis verfolgt der deutsche Gesetzgeber die Zwecke der Integration und der Vermeidung von Zwangsehen.[1182] Schon aus dem Begriff „Integrationsmaßnahme" in Art. 7 Abs. 2 UA 1 Familienzusammenführungs-RL ergibt sich, dass Integrationsförderung ein zulässiges Ziel ist. Im Gegensatz zu Art. 4 Abs. 5 Familienzusammenführungs-RL wird in Art. 7 Abs. 2 UA 1 Familienzusammenführungs-RL das Ziel der Vermeidung von Zwangsehen nicht explizit erwähnt. Die Vermeidung von Zwangsehen darf daher nicht alleiniges Regelungsziel der Umsetzungsmaßnahme sein. Es ist aber unschädlich, dass die Maßnahme mit diesem Ziel zusätzlich begründet wird, da durch die zusätzliche Begründung das Richtlinienziel, die Familienzusammenführung zu fördern,[1183] nicht beeinträchtigt wird. Hingegen dürfen Integrationstests vor der Einreise gemäß der ausdrücklichen Vorgabe des EuGH nicht der Entscheidung darüber dienen, welche Personen das Recht auf Familienzusammenführung erhalten.[1184] Die Zuwanderungsbegrenzung ist damit kein legitimes Regelungsziel.

Ob die nach deutschem Recht erforderlichen Sprachkenntnisse unter den Begriff der Integrationsmaßnahme fallen, hat der EuGH bislang nicht

---

1181 BT-Drs. 17/3090 v. 24.09.2010, S. 5.

1182 BT-Drs. 16/5065 v. 23.04.2007, S. 172, 174.

1183 Die Anforderung der Nichtbeeinträchtigung des Richtlinienziels hat der EuGH festgestellt in *EuGH*, Urt. v. 04.03.2010, Rs. 578/08, *Chakroun*, Slg. 2010, I-01839, Rn. 43, S. auch *EuGH*, Urt. v. 09.07.2015, Rs. C-153/14, *K. und A./Niederlande*, ECLI:EU:C:2015:453, Rn. 57.

1184 *EuGH*, Urt. v. 09.07.2015, Rs. C-153/14, *K. und A./Niederlande*, ECLI:EU:C:2015:453, Rn. 57.

entschieden. Zwar hat der EuGH 2015 im Verfahren *K. und A.* geurteilt, dass der nach niederländischem Recht zu erbringende Basisintegrationstest[1185] unter den Begriff der Integrationsmaßnahme fällt.[1186] Der niederländische Test verlangt Grundkenntnisse der niederländischen Sprache im Sprechen, Lesen und Leseverstehen sowie Grundkenntnisse der Gesellschaft.[1187] Die deutsche Umsetzungsvariante ist damit nicht vollständig vergleichbar. Sie ist einerseits schwerer zu erbringen als die niederländische, indem auch Schreibfähigkeit nachgewiesen werden muss. Andererseits ist der deutsche Sprachnachweis einfacher, da keine Kenntnisse der Gesellschaft verlangt werden und dem Antragsteller mehr Nachweismöglichkeiten eröffnet werden, indem nicht das Bestehen eines spezifischen Tests verlangt wird. Der EuGH hat der Tatsache, wie die Integrationsmaßnahme im Einzelnen ausgestaltet ist, wie bereits erwähnt wurde, keine größere Bedeutung eingeräumt, indem er beispielsweise nicht diskutiert hat, ob mündliche oder schriftliche Sprachkenntnisse gefordert werden.[1188] Entscheidend war für den Gerichtshof, dass lediglich Grundkenntnisse gefordert werden.[1189] Dabei hielt er nicht nur die nach niederländischem Recht zu erbringenden Sprachkenntnisse, sondern auch die Grundkenntnisse der Gesellschaft für zulässig.[1190] Daraus folgt, dass der nach deutschem Recht zu erbringende Nachweis einfacher Sprachkenntnisse mit dem Begriff der Integrationsmaßnahme i.S.v. Art. 7 Abs. 2 UA 1 Familienzusammenführungs-RL vereinbar ist.

Der Pflicht zur Einzelfallbetrachtung wird die deutsche Regelung durch die Härtefallklausel in § 30 Abs. 1 S. 3 Nr. 6 AufenthG gerecht.

bb) Vereinbarkeit mit menschenrechtlichen Familienschutzvorgaben und dem Assoziationsrecht

Prüfungsmaßstab für das Spracherfordernis sind zudem die Familien schützenden Normen Art. 8 EMRK, Art. 7 i.V.m. Art. 24 EU-GRC, Art. 6 GG, der

---

1185 Zum Basisintegrationstest siehe schon oben Teil 2:D.IV.4.c)dd), S. 162 f.

1186 *EuGH*, Urt. v. 09.07.2015, Rs. C-153/14, *K. und A./Niederlande*, ECLI:EU:C:2015:453, Rn. 53–55, S. hierzu schon oben Teil 2:D.IV.4.c)aa), S. 159.

1187 Zum niederländischen Basisintegrationstest s.o. Teil 2:D.IV.4.c)dd), S. 162 f.

1188 Vgl. *EuGH*, Urt. v. 09.07.2015, Rs. C-153/14, *K. und A./Niederlande*, ECLI:EU:C:2015:453, Rn. 53, der EuGH spricht nur von „Sprachkenntnissen", S. hierzu bereits oben Teil 2:D.IV.4.c)aa), S. 159 f.

1189 *EuGH*, Urt. v. 09.07.2015, Rs. C-153/14, *K. und A./Niederlande*, ECLI:EU:C:2015:453, Rn. 55.

1190 *EuGH*, Urt. v. 09.07.2015, Rs. C-153/14, *K. und A./Niederlande*, ECLI:EU:C:2015:453, Rn. 53 f.

allgemeine Verhältnismäßigkeitsgrundsatz des Unionsrechts und die Stillhalteklauseln des Assoziationsrechts, die eine Verhältnismäßigkeitsprüfung erfordern.

(1) Legitimität der Ziele

Die mit dem Spracherfordernis verbundenen Ziele der Förderung der Integration und der Vermeidung von Zwangsehen[1191] sind sowohl nach der Rechtsprechung des BVerwG als auch der des EuGH legitime gesetzgeberische Ziele.[1192]

(2) Geeignetheit

Aufgrund des dem Gesetzgeber zustehenden weiten Gestaltungsspielraums ist nachfolgend lediglich zu prüfen, ob das Spracherfordernis zur Zielerreichung hinreichend Erfolg versprechend ist.[1193]

(a) Förderung der Integration

Die Geeignetheit des Spracherfordernisses für die Integrationsförderung haben implizit der EuGH und ausdrücklich das BVerwG bestätigt, weil Drittstaatsangehörige dadurch „Kenntnisse erwerben, die für die Schaffung von Bindungen zum Aufnahmemitgliedstaat unstreitig von Nutzen sind",[1194] bzw. weil ausreichende Sprachkenntnisse von Anfang an eine bessere Teilhabe am sozialen Leben ermöglichen.[1195]

Bei genauerer Betrachtung ergeben sich an der Geeignetheit der Sprachmaßnahme zur Integrationsförderung dennoch Zweifel. Erwiesen ist, dass die Regelung das Ankommen unmittelbar nach der Einreise verbessert und die Motivation zur Integration stärkt. Die Erläuterung der Bundesregierung, wonach der Sprachnachweis die anfängliche Orientierung erleichtern solle und damit die Basis für die spätere Integration sowie hierfür die Motivation verbessern solle,[1196] spricht indes dafür, dass der Gesetzgeber die Erwartung hatte,

---

1191 Gesetzentwurf der Bundesregierung, Entwurf eines Gesetzes zur Umsetzung aufenthalts- und asylrechtlicher Richtlinien der Europäischen Union, BT-Drs. 16/5065 v. 23.04.2007, S. 172, 174.

1192 *BVerwG*, Urt. v. 30.03.2010, 1 C 8.09, ZAR 2011, S. 27, 32, Rn. 38, S. dazu oben S. 188; zum Ziel der Verhinderung von Zwangsehen S. *EuGH*, Urt. v. 27.06.2006, C-540/03, *Parlament/Rat*, Slg. 2006, I-5769, Rn. 66 sowie zum Ziel der Integration *EuGH*, Urt. v. 09.07.2015, Rs. C-153/14, *K. und A./Niederlande*, ECLI:EU:C:2015:453, Rn. 57.

1193 *BVerwG*, Urt. v. 30.03.2010, 1 C 8.09, ZAR 2011, S. 27, 32, Rn. 38.

1194 *EuGH*, Urt. v. 09.07.2015, Rs. C-153/14, *K. und A./Niederlande*, ECLI:EU:C:2015:453, Rn. 54. Die Entscheidung bezog sich auf die niederländischen Basis-Integrationsprüfung vor der Einreise, die Grundkenntnisse der Sprache und Gesellschaft umfasst.

1195 *BVerwG*, Urt. v. 30.03.2010, 1 C 8.09, ZAR 2011, S. 27, 32, Rn. 38.

1196 BT-Drs. 18/2414 v. 28.08.2014, S. 9.

das Spracherfordernis würde nicht nur das Ankommen, sondern auch die langfristige Integration verbessern. Dies entspricht auch dem aufenthaltsrechtlichen Integrationskonzept, das auf die langfristige Integration von Ausländern ausgerichtet ist.[1197] In der Tat ist die Annahme nicht typischerweise unzutreffend, dass eine bessere Vorbereitung zu geringeren Frustrationserlebnissen und damit zu einer geradlinigeren, besseren langfristigen Integration führt. Nachgewiesen wurde bisher jedoch lediglich, dass das Spracherfordernis bei einem Viertel der Ehegatten die Dauer des Integrationskurses verkürzt, dieser Vorteil wird jedoch dadurch aufgehoben, dass die Einreise später erfolgt und damit die Integration im Inland erst später beginnt. Darüber hinaus wurde eine geringfügig höhere Bestehensquote auf dem Niveau A 2 GER am Ende des Integrationskurses als Folge des Sprachnachweises festgestellt. Hinweise dafür, dass das Spracherfordernis darüber hinaus die wirtschaftliche oder gesellschaftliche Integration verbessert, existieren nicht. Der Gesetzgeber ist aber auch nicht zur Überprüfung der Wirksamkeit der Maßnahme verpflichtet, weil Anhaltspunkte bestehen, dass die beabsichtigte Wirkung typischerweise nicht eintritt. Die höhere A 2-Bestehensquote bietet eher Anlass dafür, dass zumindest das Ziel der Integration erreicht wird. Es steht außerdem im Ermessen des Gesetzgebers, gerade dem Ankunftszeitraum besondere Bedeutung beizumessen, da die Integration nicht nur dem Interesse des Einzelnen, sondern auch dem Interesse der gesamten Aufnahmegesellschaft dient. Die Zweifel an der Geeignetheit führen daher nicht zur Unvertretbarkeit der Maßnahme.

(b) Verhinderung von Zwangsehen

Die Sprachkenntnisse haben nach Auffassung des BVerwG zumindest mittelbare Wirkung gegen Zwangsehen, weil die Sprachkenntnisse es erschweren, dass die Nötigungslage der Opfer ausgenutzt werden kann.[1198]

Die Einzelfälle, in denen sich Kandidaten zur Vermeidung von Zwangsverheiratung durch die Prüfung fallen ließen, sind zwar ein Hinweis, aber kein Beweis für die generelle Geeignetheit des Sprachnachweises vor der Einreise für die Verhinderung von Zwangsehen. Hinsichtlich der Vermeidung von Zwangsehen ergibt sich die Geeignetheit nur mittelbar daraus, dass Hilfsangebote gegen Zwangsehen bei Vorhandensein von Sprachkenntnissen leichter in Anspruch genommen werden können.[1199]

1197 S.o. Teil 1:D.II, S. 67 ff.

1198 *BVerwG*, Urt. v. 30.03.2010, 1 C 8.09, ZAR 2011, S. 27, 32, Rn. 38.

1199 Walter, Familienzusammenführung in Europa, S. 376.

(3) Erforderlichkeit

Das Spracherfordernis ist nur dann erforderlich, wenn kein milderes, gleich geeignetes Mittel zur Erreichung des gesetzlichen Ziels, nämlich der Integration und der Verhinderung von Zwangsehen, zur Verfügung steht.

(a) Spracherwerb und alternative Kursangebote nach der Einreise als milderes Mittel?

Fraglich ist, ob der Spracherwerb nach der Einreise ein gleich geeignetes, milderes Mittel zur Erreichung des Ziels der Integration ist. Nachziehende Ehegatten haben nach der Einreise einen Anspruch auf Teilnahme an einem Integrationskurs, § 44 S. 1 Nr. 1 lit. b AufenthG. Sie sind, wenn sie bei Erteilung des Aufenthaltstitels noch keine ausreichenden Sprachkenntnisse haben, sogar zur Teilnahme verpflichtet, § 44a Abs. 1 S. 1 Nr. 1 lit. b AufenthG, sodass sie die Deutschkenntnisse ohnehin nach der Einreise in Integrationskursen erwerben. Der Spracherwerb nach der Einreise ist für die Ehegatten aus zeitlichen, organisatorischen und finanziellen Gründen ein milderes Mittel: Ihnen würden die hohen Kosten für den Spracherwerb vor der Einreise erspart.[1200] Der Familiennachzug würde sich infolge des Spracherwerbs im Inland nicht verzögern.[1201] Im Inland könnten Ehegatten außerdem zum Spracherwerb auf ein Netz an Integrationskursträgern zurückgreifen.[1202]

Im Gegensatz zur Rechtslage, die bei Einführung des Spracherfordernisses galt, stellt mittlerweile der geänderte § 43 Abs. 3 AufenthG durch den verpflichtenden Abschlusstest auch besser sicher, dass Ehegatten die geforderten Sprachkenntnisse im Integrationskurs erlangen.[1203] Die Befragung ehemaliger

---

1200 Die Spracherwerbskosten vor der Einreise setzen sich aus Kurskosten i.H.v. 100 bis 800 EUR, Anreise- und Unterbringungskosten zusammen, BT-Drs. 17/3090 v. 24.09.2010, Tabelle 2, S. 12 f. S. zu den Kurskosten bereits oben Teil 3:B.III.2.b) bb)(1)(c), S. 251 f.

1201 Der Spracherwerb vor der Einreise dauert bei Teilnahme an einem Kurs des Goethe-Instituts i.d.R. 8 bis 32 Wochen, in denen sich der Familiennachzug verzögert, BT-Drs. 17/3090 v. 24.09.2010, S. 11. S. zur Kursdauer bereits oben Teil 3:B.III.2.b) bb)(1)(c), S. 251.

1202 So bereits die Kritik im Gesetzgebungsverfahren, S. Änderungsantrag von Bündnis 90/Die Grünen, BT-Drs. 16/5103 v. 25.04.2007, S. 5.

1203 Durch § 43 Abs. 4 AufenthG n.F. wurde der Grundsatz der bloßen Teilnahme am Integrationskurs ersetzt durch den Grundsatz der erfolgreichen Teilnahme am Integrationskurs. Die zuvor rein freiwillige Teilnahme an der den Integrationskurs abschließenden Prüfung wurde dadurch zu einem generellen Ziel der Integrationskurse. Die Änderung sollte bewirken, dass die Kursträger ihre Teilnehmer gezielt

Integrationskursteilnehmer i.R.d. Integrationspanels zeigt sogar, dass Ehegatten im Vergleich zu anderen Integrationskursteilnehmern im Kursverlauf ihre Sprachkenntnisse gegenüber allen anderen Kursteilnehmern einschließlich Arbeitsmigranten mehr verbessern.[1204] Auch die BAMF-Heiratsmigrationsstudie weist nach, dass Ehegatten signifikant häufiger das Kursziel B 1 GER erreichen als der Gesamtdurchschnitt der Teilnehmer.[1205] Ehegatten profitieren damit mehr als andere Personen vom staatlichen Integrationskursangebot nach der Einreise. Die Ergebnisse implizieren, dass Ehegatten durch ihre im Inland lebenden Angehörigen über ein besonders positives Umfeld für den Spracherwerb verfügen.

Der Spracherwerb nach der Einreise ist aber nicht gleich geeignet wie der Spracherwerb vor der Einreise. Zum einen lässt sich für den Zeitraum bis zum Beginn des Integrationskurses, eine zeitliche Lücke feststellen, in der die gesetzlichen Ziele – Integration in der Anfangszeit und Schutz bei Zwangsheiraten – nicht erreicht würden. Diese zeitliche Lücke ist auch nicht unbeträchtlich. Nach der BAMF-Heiratsmigrationsstudie beginnen Ehegatten im Durchschnitt 10,7 Monate nach ihrer Einreise den Integrationskurs, der Median, den Extremwerte weniger verzerren, liegt bei fünf Monaten.[1206] Zum anderen entfallen zumindest für den geringen Teil der Ehegatten i.H.v. 26 %, die ihr Sprachniveau A 1 GER bis zum Integrationskursbeginn halten können und dementsprechend in ein höheres Modul eingestuft werden, die Förderkosten, die der Staat andernfalls für die Integrationskursteilnahme ab Modul 1 aufbringen müsste. Gleiches gilt für eine unbekannte Anzahl von Ehegatten, die nicht alphabetisiert werden müssen. Diese finanziellen Argumente sind allerdings nicht gesetzgeberisches Ziel des Spracherfordernisses gewesen und können daher dieses nicht rechtfertigen.

Vorgetragen wird auch, durch speziell auf die Zielgruppe der Ehegatten ausgerichtete Kurse im Bundesgebiet, die Informationen zu speziellen Beratungs- und Betreuungsangeboten gegen Zwangsheirat enthalten könnten, wäre ein besserer Schutz der Betroffenen möglich.[1207] Diese Angebote bieten jedoch ebenfalls nach

---

auf die Prüfung vorbereiten und sich dadurch deren Erfolgsquote bei der Prüfung erhöht, BT-Drs. 16/5065 v. 23.04.2007, S. 178.

1204 Schuller/Lochner u.a., Das Integrationspanel, Wirksamkeit von Integrationskursen, BAMF (Hrsg), Forschungsbericht 11, S. 165, Tabelle 5–18.

1205 Büttner/Stichs, BAMF-Heiratsmigrationsstudie, S. 166.

1206 Büttner/Stichs, BAMF-Heiratsmigrationsstudie, S. 168.

1207 *Göbel-Zimmermann*, ZAR 2008, S. 169, 173. Siehe aber die Studie des Bundesministeriums für Familie, Senioren, Frauen und Jugend: Mirbach/Schaak/Triebl, Zwangsverheiratung in Deutschland, BMFSFJ, S. 42, wonach in den Integrationskursen Zwangsverheiratung kein nennenswertes Problem sei. Die Unterrichtenden sahen

der Einreise bis zum Kursbeginn keinen Schutz.[1208] Es ist daher vertretbar, dass sie nicht gleich geeignet sind wie das Spracherfordernis vor der Einreise.

(b) Gesellschaftskundetests, Sprachkursteilnahme oder Beschränkung auf den Nachweis mündlicher Kenntnisse vor der Einreise als mildere Mittel

Fraglich ist, ob Gesellschaftskundetests vor der Einreise, in denen die Ehegatten über die Gesellschaft, Beratungsstellen und Ansprechpartner in Deutschland informiert werden könnten, ein gleich geeignetes, milderes Mittel sind. Auch diese Maßnahme würde durch die Prüfung das Erfahren eines Bildungserlebnisses bewirken. Sie wäre zudem kostengünstiger und zeitlich weniger aufwendig zu organisieren als der Sprachnachweis, insbesondere wenn er noch eine Alphabetisierung erfordert. Gegen die gleiche Eignung spricht, dass sich im Rahmen der Evaluierung des Goethe-Instituts die befragten Ehegatten in dem Sprachkurs vor der Einreise zu 29 % zusätzlichen Institutionen- und zu 38 % Landeskundeunterricht gewünscht hätten.[1209] Hingegen beurteilte in der gleichen Studie mit 58% ein viel höherer Anteil der Ehegatten das Spracherfordernis als hilfreich.[1210] Außerdem verlangt der niederländische Gesetzgeber Gesellschaftskundekenntnisse zusätzlich, nicht aber anstelle eines Spracherfordernisses.[1211] Es überschreitet daher nicht den Beurteilungsspielraum des Gesetzgebers, wenn er (nur) ein Spracherfordernis verlangt.

Auch die bloße Teilnahme an Sprachkursen ohne Abschlussprüfung ist kein gleich geeignetes milderes Mittel. Eine derartige Maßnahme ist nicht genauso wirksam wie der Nachweis eines bestimmten Sprachstands. Dies belegt die Steigerung der Bestehensquote bei den Integrationskursen, nachdem dort der Abschlusstest verpflichtend wurde.[1212]

---

aber eine bessere eigene Sensibilisierung als hilfreich an, um Problemlagen besser zu erkennen und dann gezielt Informationen über Beratungsmöglichkeiten geben zu können.

1208 S. BT-Drs. 16/5065 v. 23.04.2007, S. 173.

1209 Hammann, Der Übergang von der vorintegrativen Sprachförderung zum Integrationskurs, Goethe-Institut, S. 21, Abb. 6, Quelle: Befragung: Rambøll Management Consulting, 2011.

1210 Hammann, Der Übergang von der vorintegrativen Sprachförderung zum Integrationskurs, Goethe-Institut, S. 17, Abb. 1, Quelle: Befragung: Rambøll Management Consulting, 2011.

1211 S.o. zu den Integrationsmaßnahmen in den Niederlanden und in Frankreich Teil 2:D.IV.4.c)dd), S. 162 ff.

1212 S. § 43 Abs. 4 AufenthG, eingeführt durch das RLUmsG 2007. Die Bestehensquote des Deutschtests auf dem Niveau B 1 GER bei den Integrationskursteilnehmern betrug 2005–2007 44,8 %, stieg 2008 auf 50,9 % und im 1. Halbjahr 2009 bereits auf

Auch die Einschätzung, dass der Nachweis lediglich mündlicher Sprachkenntnisse nicht gleich geeignet ist, ist trotz der Tatsache, dass die Niederlande und Großbritannien diese nicht für erforderlich halten, mangels anderweitiger zuverlässiger Erkenntnisse vertretbar.

Fraglich ist, ob entsprechend den Regelungen Großbritanniens und der Niederlande auf das explizite Abprüfen schriftlicher Sprachkenntnisse oder zumindest der Schreibfähigkeit verzichtet werden könnte.[1213] Wie sich die schriftsprachlichen Kenntnisse auf die Integration speziell bei der Gruppe der Ehegatten auswirken, ist nicht erforscht. Gerade die Kenntnis der Schriftsprache ist jedoch entscheidend dafür, dass Menschen mit den Institutionen eines Landes in Kontakt treten können.[1214] Es ist daher nicht typischerweise unzutreffend, dass Schreibfähigkeit für die Integration erforderlich ist.

(4) Angemessenheit

Das Spracherfordernis vor der Einreise muss angemessen sein, d.h., die Belastung für den Einzelnen und die daraus für die Allgemeinheit entstehenden Vorteile müssen in einem vernünftigen Verhältnis zueinander stehen.[1215] Die Angemessenheit von Regelungen ist anhand des gesetzlichen Normalfalls einer Ehe zu beurteilen.[1216]

(a) Sprachniveau und Dauer

Für die Angemessenheit spricht zum einen, dass das geforderte Sprachniveau ein verhältnismäßig niedriges Niveau ist, das „ungeachtet der bildungsmäßigen, kulturellen und muttersprachlichen Voraussetzungen des nachziehenden Ehepartners" in der Regel erbracht werden kann[1217] und nach der Evaluation der Bundesregierung von 2010 nicht generell von Angehörigen bestimmter Gruppen – beispielsweise bildungsferner, älterer und nicht alphabetisierter Personen – nicht zu erbringen ist.[1218] Zwar verlangt auch diese Hürde gerade von diesen Personen erhebliche Anstrengungen, die durch den Verzicht auf den Nachweis schriftsprachlicher Kenntnisse abgemildert werden könnten. Da auch

---

66,4 %, sank anschließend aufgrund einer Änderung des Prüfungsformats jedoch auf 47,2 %, *BAMF*, Integrationskursgeschäftsstatistik 2009, S. 10.

1213 S.o. Teil 2:D.IV.4.c)dd), S. 162 ff.

1214 Esser, Migration, Sprache und Integration, in: WZB, S. 53.

1215 Jarass/Pieroth, GG, Art. 20, Rn. 120 m.w.N.

1216 *BVerfG*, Beschl. v. 12.05.1987, 2 BvR 1226/83 u.a., NJW 1988, S. 626, 633.

1217 *BVerwG*, Urt. v. 30.03.2010, 1 C 8. 09, ZAR 2011, S. 27, 32 f., Rn. 43.

1218 BT-Drs. 17/3090 v. 24.09.2010, S. 36, s.o. Teil 3:B.III.2.b)bb)(2), S. 252 f.

nicht Alphabetisierte in der Regel den Sprachnachweis erbringen müssen, ist die Regelung dennoch angemessen.

Für die Angemessenheit spricht aus Sicht des BVerwG außerdem, dass das Zusammenleben im Normalfall nur für einen begrenzten Zeitraum verhindert wird.[1219] Wie erwähnt, dauert der Spracherwerb im Rahmen eines Sprachkurses in der Regel 8 bis 32 Wochen.[1220] Generell unzumutbar ist das Spracherfordernis nur, wenn der Nachzug länger als ein Jahr verzögert wird oder von vornherein nicht möglich oder unzumutbar ist.[1221] Anhaltspunkte dafür, dass der Nachzug sich regelmäßig länger als ein Jahr verzögert, gibt es nicht, sodass das Sprachniveau und die Dauer des Spracherwerbs das Spracherfordernis nicht als unangemessen erscheinen lassen.

(b) Angemessenheit für nichtalphabetisierte und lernungewohnte Teilnehmer

Allerdings hat die obige Wirkungsanalyse gezeigt, dass für einzelne Gruppen der Spracherwerb regelmäßig erschwert ist. Für nicht alphabetisierte Ehegatten ist der Spracherwerb beispielsweise generell nur mit Präsenzunterricht möglich.[1222] Von nicht alphabetisierten Personen sind die Sprachkenntnisse vor der Einreise außerdem nur mithilfe eines Alphabetisierungskurses im Ausland zu erlangen.[1223] Auch bei den lernungewohnten Personen und den Personen mit phonetischen Schwierigkeiten ist ein Spracherwerb in der Regel nur mit einem Kursbesuch zu erwarten.[1224] Das Erreichen des Sprachniveaus ist diesen Personen damit dennoch i.d.R. innerhalb eines Jahres möglich und hängt lediglich vom Vorhandensein von Kursangeboten und den tatsächlichen Möglichkeiten der Erlangung, z.B. durch örtliche Erreichbarkeit von Sprachkursen und von den finanziellen Mitteln, ab.[1225] Für Personen mit Alphabetisierungsbedarf hängt das Erreichen des Sprachniveaus auch von der Zugangsmöglichkeit zu einem Alphabetisierungskurs ab. Die Härtefallklausel in § 30 Abs. 1 S. 3 Nr. 6 AufenthG stellt grundsätzlich sicher, dass auch in entsprechenden Einzelfällen der erforderliche Interessenausgleich stattfinden kann. Im Einzelfall kann die Angemessenheit

1219 *BVerwG*, Urt. v. 30.03.2010, 1 C 8. 09, ZAR 2011, S. 27, 32 f., Rn. 43.

1220 S.o. Teil 3:B.III.2.b)bb)(1)(c), S. 251.

1221 S.o. Teil 3:A.I.3.c)bb), S. 189 ff.

1222 BT-Drs. 17/12780 v. 15.03.2013, S. 7, Antwort auf Frage 13, S. dazu bereits oben Teil 3:B.III.2.b)bb)(2), S. 252 f.

1223 Vgl. BT-Drs. 17/12780 v. 15.03.2013, Antwort auf Frage 13, S. dazu bereits oben Teil 3:B.III.2.b)bb)(2), S. 252 f.

1224 BT-Drs. 17/3090 v. 24.09.2010, S. 36, s.o. Teil 3:B.III.2.b)bb)(2), S. 252 f.

1225 *Göbel-Zimmermann*, ZAR 2008, S. 169, 172 f.; ähnlich *Funke-Kaiser*, InfAuslR 2010, S. 9, 10.

auch dadurch hergestellt werden, dass nur mündliche Sprachkenntnisse verlangt werden. In der Praxis scheint die Härtefallklausel jedoch kaum zur Anwendung zu kommen. Im Rahmen einer Kleinen Anfrage im Bundestag konnte die Bundesregierung keine Fälle nennen, in denen der Sprachnachweis aufgrund der Härtefallklausel nicht verlangt wurde, sie vermutet jedoch nur eine geringe Zahl an Härtefällen.[1226] Dass es nur eine so geringe Anzahl von Härtefällen gibt, scheint angesichts der Schwierigkeiten, die beispielsweise der Verband binationaler Familien und Partnerschaften (iaf e.V.) im Rahmen einer Untersuchung von 2008 bezüglich der Verfügbarkeit von Alphabetisierungsangeboten vorfand, sehr fraglich.[1227] Letztendlich nachgewiesen ist die Unangemessenheit des Sprachnachweises damit jedoch nicht.

(c) Angemessenheit für Ehegatten ab 65 Jahren

Das deutsche Recht sieht im Gegensatz zum niederländischen oder zum britischen Recht keine spezielle Ausnahme für Ehegatten ab 65 Jahren vor.[1228] Gegen die Angemessenheit der deutschen Regelung in Bezug auf Ehegatten über 65 Jahre spricht das Fehlen jeglicher Hinweise dafür, dass bei Personen ab 65 Jahren ein Risiko von Zwangsheirat besteht.[1229] Für die Integration in den Arbeitsmarkt ist das Spracherfordernis bei einer Person im Rentenalter außerdem schon mangels realistischer Vermittelbarkeit nicht erforderlich. Auch die Überforderung der Aufnahmegesellschaft, beispielsweise des Arbeitsmarkts, ist bei dieser Altersgruppe damit nicht zu erwarten. Allerdings ist es vertretbar, dass ein durch den Sprachnachweis ausgelöstes besseres Ankommen auch bei dieser Personengruppe die gesellschaftliche, von der Familie unabhängige Integration verbessert. Für die Angemessenheit der Regelung spricht weiterhin, dass auch für Personen über 65 Jahre der Sprachnachweis nicht generell unerfüllbar ist. Vielmehr führen erst weitere kumulativ vorliegende Gründe, beispielsweise ein geringes Bildungsniveau, dazu, dass der Sprachnachweis nicht zumutbar erbracht werden kann. Die Härtefallklausel des § 30 Abs. 1 S. 3 Nr. 6 AufenthG ermöglicht in diesen Konstellationen den erforderlichen Ausgleich.

(d) Kosten

In finanzieller Hinsicht ist zu beachten, dass der EuGH im Hinblick auf den niederländischen Integrationstest eine finanzielle Belastung von 460 EUR für

1226 BT-Drs. 18/9651 v. 16.09.2016, S. 8, Antwort auf Frage 9.

1227 Iaf (Hrsg.), Haben Sie noch eine Idee?, S. 17 f.

1228 S.o. Teil 2:D.IV.4.c)dd), S. 162 ff.

1229 Zu dem entsprechenden Ergebnis der Studie des BMFSFJ zu Zwangsverheiratungen, s.u. Teil 3:B.IV.2.e)bb), S. 289 f.

zu hoch gehalten hat.[1230] Der Gerichtshof hat dabei auch auf die Kosten für die Prüfungsvorbereitung abgestellt, sodass es für die Frage der Verhältnismäßigkeit auch auf die Kosten des Spracherwerbs ankommt und nicht nur auf die Prüfungskosten. Allein die Kurskosten für den Erwerb einfacher deutscher Sprachkenntnisse betragen, wie erwähnt, zwischen 100 und 800 EUR.[1231] Im Fall *K.* und *A.* hat es der Gerichtshof aber nicht generell für unzumutbar gehalten, dass die Teilnehmer die Sprachkenntnisse ohne Sprachkurs erwerben und auf Selbstlernpakete verwiesen werden.[1232] Auch hat der Gerichtshof nicht festgestellt, dass Staaten generell zur kostenlosen oder vergünstigten Bereitstellung eines Kurses oder zur Kostentragung verpflichtet sind. Nur sofern Personen auf einen Sprachkurs angewiesen sind und die Kosten für den Spracherwerb die Grenze von 460 EUR überschreiten, ist das Spracherfordernis daher im Normalfall unverhältnismäßig. Bei der Gruppe der nicht alphabetisierten Ehegatten müssen auch die vorgeschalteten Alphabetisierungskosten einberechnet werden. Insofern muss im Einzelfall, z.B. bei fehlendem Kursangebot oder finanziell zu hoher Belastung, über die Härtefallregelung des § 30 Abs. 1 S. 3 Nr. 6 AufenthG auf den Sprachnachweis verzichtet werden oder es müssen geringere Nachweise – beispielsweise nur mündliche Sprachkenntnisse – ausreichend sein.[1233]

cc) Vereinbarkeit mit Diskriminierungsverboten

(1) Unmittelbare Diskriminierung wegen der Staatsangehörigkeit, des Aufenthaltszwecks und der Sprache?

Die zahlreichen Ausnahmen vom Spracherfordernis[1234] lassen die Frage nach der Vereinbarkeit mit Diskriminierungsverboten bzw. Gleichbehandlungsgrundsätzen, insbesondere Art. 14 EMRK, dem allgemeinen Gleichbehandlungsgrundsatz des Unionsrechts und Art. 3 GG aufkommen. Zu prüfen sind die

---

1230 *EuGH*, Urt. v. 09.07.2015, Rs. C-153/14, *K. und A./Niederlande*, ECLI:EU:C:2015:453, Rn. 69 und 71, S. hierzu bereits oben Teil 2:D.IV.4.c)cc), S. 160 f.

1231 S. hierzu Teil 3:B.III.2.b)bb)(1)(c), S. 251.

1232 Vgl. *EuGH*, Urt. v. 09.07.2015, Rs. C-153/14, *K. und A./Niederlande*, ECLI:EU:C:2015:453, Rn. 69 und 71, S. hierzu bereits oben Teil 2:D.IV.4.c)bb), S. 160.

1233 S. im Einzelnen zu Fällen, in denen die Rechtsprechung über die gesetzlich geregelten Fälle hinaus Ausnahmen vom Spracherfordernis angenommen hat: *Berlit*, ZAR 2014, S. 261, 264.

1234 S. zu den Ausnahmen Teil 3:B.III.2.b)cc), S. 252 ff.

unmittelbare Diskriminierung aufgrund der Sprache, der Staatsangehörigkeit und des Aufenthaltszwecks.

(a) Ungleichbehandlung wegen der Sprache

Sprache ist eines der in Art. 3 Abs. 3 S. 1 GG genannten Diskriminierungsmerkmale. Gemeint ist damit die Muttersprache.[1235] I.R.d. Art. 3 Abs. 3 S. 1 GG muss die Ungleichbehandlung an das genannte Unterscheidungsmerkmal anknüpfen,[1236] es muss ein kausaler Zusammenhang bestehen.[1237] Allerdings knüpft, wie das BVerwG festgestellt hat, das Spracherfordernis nicht an die Sprache an, sondern an das Vorhandensein einfacher Sprachkenntnisse.[1238] Eine Ungleichbehandlung aufgrund der Sprache liegt damit nicht vor.

(b) Ungleichbehandlungen aufgrund der Staatsangehörigkeit und des Aufenthaltszwecks

(aa) Rechtfertigung aus unionsrechtlichen Gründen

Die unionsrechtlich begründete Besserstellung der Ehegatten von Unionsbürgern, die kein Spracherfordernis erfüllen müssen, gegenüber den zum Sprachnachweis verpflichteten Ehegatten von Drittstaatsangehörigen ist aufgrund der Teilnahme an der Rechtsgemeinschaft der Union gerechtfertigt.[1239] Die gleiche Rechtfertigung gilt auch für die Besserstellung von europarechtlich privilegierten Drittstaatsangehörigen – beispielsweise von Angehörigen von Inhabern der Blauen Karte EU –, die kein Spracherfordernis erbringen müssen.[1240]

(bb) Rechtfertigung aus nationalen wirtschaftspolitischen und humanitären Erwägungen

Von der Ungleichbehandlung zum Zwecke der Erfüllung des Unionsrechts ist die Ungleichbehandlung aus Erwägungen des nationalen Gesetzgebers zu unterscheiden. Dies betrifft die an die unionsrechtlichen Privilegierungen angelehnten Besserstellungen der Ehegatten von Ausländern mit Aufenthaltstitel nach §§ 19, 20 und 21 AufenthG und von ehemaligen Forschern sowie die Besserstellung von Ehegatten von Asylberechtigten. Die Besserstellung der ersten Gruppe

1235 Langenfeld, in: Maunz/Dürig, 74. EL Mai 2015, Art. 3 Abs. 3 GG, Rn. 51.

1236 Kingreen/Poscher, Grundrechte, § 11, Rn. 537.

1237 *BVerwG*, Urt. v. 30.03.2010, 1 C 8. 09, ZAR 2011, S. 27, 33, Rn. 54.

1238 *BVerwG*, Urt. v. 30.03.2010, 1 C 8. 09, ZAR 2011, S. 27, 33 f., Rn. 55.

1239 S. *BVerwG*, Urt. v. 10.03.2010, 1 C 8.09, ZAR 2011, S. 27, 34, Rn. 58 bzgl. Unionsbürgern. S. insgesamt zur Rechtfertigung derartiger Ungleichbehandlungen oben Teil 2:D.VI.1, S. 177.

1240 Zur den privilegierten Drittstaatsangehörigen s.o. Teil 3:B.III.2.b)cc)(2), S. 254 f.

erfolgt aus migrationspolitischen Gründen. Dahinter verbergen sich wirtschaftliche und humanitäre Ziele, wie sich aus der Art der Ausgenommenen ergibt. Die Rechtfertigung von Ungleichbehandlungen aufgrund des Aufenthaltszwecks bedarf nach Ansicht des EGMR im Vergleich zu Ungleichbehandlungen aufgrund der Staatsangehörigkeit nicht derart gewichtiger Rechtfertigungsgründe, da der Aufenthaltszweck im Vergleich zur Staatsangehörigkeit ein Element der freien Entscheidung enthält.[1241] Wirtschaftliche Interessen reichen damit für die Rechtfertigung aus. Die Besserstellung der Ehegatten von Asylberechtigten, die in Angleichung an den europarechtlich vorgegebenen Schutz für Ehegatten anerkannter Flüchtlinge erfolgt, ist gerechtfertigt wegen der größeren Schutzbedürftigkeit dieser Personengruppe im Vergleich zu anderen Drittstaatsangehörigen.

Eine weitere Ungleichbehandlung aus nationalen Erwägungen besteht aufgrund der Staatsangehörigkeit einerseits durch die Besserstellung der Drittstaatsangehörigen, die aufgrund ihrer Staatsangehörigkeit visumfrei einreisen können und den Sprachnachweis daher erst nach der Einreise erbringen müssen und andererseits durch die Ausnahme vom Spracherfordernis für Ehegatten der Visumbefreiten. Beide Befreiungen dienen laut dem Gesetzgeber der Pflege wirtschaftlicher Beziehungen.[1242] Ob hinter der Privilegierung dieser Staatsangehörigen auch die Einschätzung des Gesetzgebers steckt, Staatsangehörige der privilegierten Länder hätten weniger Integrationsprobleme,[1243] lässt sich den Gesetzgebungsmaterialien nicht entnehmen. Hinweise dafür, dass ein hohes soziales oder wirtschaftliches Niveau eines Landes ein Indikator zumindest für die Fähigkeit von Ausländern aus diesem Staat ist, sich zu integrieren, ergeben sich aus der OECD-Studie „Indicators of Immigrant Integration 2015: Settling in".[1244] Danach lag die Arbeitslosenquote von Drittstaatsangehörigen in der Europäischen Union in den Jahren 2012–2013 im Durchschnitt bei 22%, bei EU-Ausländern lag die Arbeitslosenquote hingegen bei 12 % und bei eigenen Staatsangehörigen bei 10 %.[1245] Auch die Lesekenntnisse Erwachsener, die auf Basis der Studie PISACC 2012 berechnet wurden, waren mit 237

1241 *EGMR*, 27.09.2011, *Bah/Vereinigtes Königreich*, Nr. 56328/07, Reports 2011-VI, Rn. 47.

1242 BT-Drs. 16/5065 v. 23.04.2007, S. 175.

1243 Vgl. *Hailbronner*, FamRZ 2008, S. 1583, 1598. Diesen Grund vermutet auch *Funke-Kaiser*, InfAuslR 2010, S. 9, 11.

1244 S. noch die Darstellung von HRW, The Netherlands: Discrimination in the Name of Integration, S. 27, das hierfür keine Hinweise existieren.

1245 *OECD*, Indicators of Immigrant Integration 2015, S. 310.

Punkten besonders niedrig bei Personen, die in Drittstaaten geboren waren.[1246] Im Vergleich dazu erreichten EU-Ausländer 259 Punkte und eigene Staatsangehörige 275 Punkte.[1247] In das Ergebnis der Drittstaatsangehörigen fließen zwar die Ergebnisse der Staatsangehörigen von wirtschaftlich entwickelten OECD-Staaten außerhalb der EU mit ein, dennoch ergibt sich angesichts der geringen Zuwanderungsrate aus diesen Staaten die Tendenz, dass Staatsangehörige aus wirtschaftlich starken Staaten geringere Schwierigkeiten z.B. bei der wirtschaftlichen Integration haben. Damit hält sich die Einschätzung, dass bei Vergleichbarkeit des Herkunftslandes ein geringerer Integrationsbedarf vorliegt, im Rahmen des Beurteilungsspielraums des Gesetzgebers.[1248] In Bezug auf Länder wie Honduras, deren Staatsangehörige ebenfalls visumbefreit sind, ist dieses Argument zwar unvertretbar. Die Besserstellung der privilegierten Drittstaatsangehörigen und der Ehegatten dieser Personen liegt allerdings im „weite[n] außenpolitische[n] Ermessen" des Gesetzgebers.[1249]

(2) Mittelbare Diskriminierung wegen des Alters, des Geschlechts und der sozialen Herkunft?

Diskutiert werden die Ausnahmevorschriften wegen möglicher mittelbarer Diskriminierung aufgrund des Alters, weil die Sprachkenntnisse von älteren Personen schwieriger zu erreichen seien.[1250] Das Alter fällt, wie erwähnt,[1251] unter das Differenzierungsmerkmal „sonstiger Status" in Art. 14 EMRK.[1252] Es wird auch von Art. 3 Abs. 3 GG als Diskriminierungsmerkmal nicht genannt, aber vom allgemeinen Gleichbehandlungsgebot nach Art. 3 Abs. 1 GG erfasst. Um eine mittelbare Diskriminierung zu beweisen, sind grundsätzlich statistische Nachweise erforderlich, die eine erhebliche Ungleichbehandlung aufzeigen.[1253] Statistische Untersuchungen hierzu fehlen. Selbst anhand des Evaluierungsberichts der Bundesregierung zum Spracherfordernis kann eine Ungleichbehandlung

---

1246 Die PISACC-Studie erhebt nicht die Staatsangehörigkeit, sondern den Geburtsort, *OECD*, Indicators of Immigrant Integration 2015, S. 318.

1247 *OECD*, Indicators of Immigrant Integration 2015, S. 318.

1248 *BVerwG*, Urt. v. 30.03.2010, 1 C 8. 09, ZAR 2011, S. 27, 34, Rn. 59; *Hailbronner*, FamRZ 2008, S. 1583, 1598.

1249 *BVerwG*, Urt. v. 30.03.2010, 1 C 8. 09, ZAR 2011, S. 27, 34, Rn. 59 f.

1250 Vgl. BT-Drs. 17/3090 v. 24.09.2010, Evaluierungsbericht der Bundesregierung, S. 36, s. hierzu Teil 3:B.III.2.c)bb), S. 261 ff.

1251 S.o. Teil 2:D.VI.2, S. 178.

1252 Zum Alter als Differenzierungskriterium i.S.d. Art. 14 EMRK s.o. Teil 2:D.VI.2, S. 178 ff.

1253 S.o. Teil 2:C.I.2, S. 121.

allein aufgrund des Alters nicht festgestellt werden.[1254] Vielmehr spricht der Bericht dafür, dass häufig ein Bündel an Gründen darüber entscheidet, ob der Sprachnachweis erbracht werden kann. Allerdings ist für Personen im fortgeschrittenen Alter, wie bereits oben festgestellt wurde, eine Verzögerung der Familienzusammenführung im Vergleich zu anderen Personen eine stärkere Belastung. Hier ist es Aufgabe des Rechtsanwenders, über die Härtefallklausel angemessene Ergebnisse zu finden, sodass entsprechende Diskriminierungen nicht bestehen dürften.

Der Vorwurf mittelbarer geschlechtsbezogener Diskriminierung wird damit begründet, dass das Spracherfordernis aufgrund des tendenziell niedrigeren Bildungsniveaus von Frauen diese schwerer treffe.[1255] Geschlecht ist ein in Art. 14 EMRK und Art. 3 Abs. 3 GG genanntes Differenzierungskriterium. Ein stärkerer selektiver Effekt des Spracherfordernisses auf Frauen als auf Männer lässt sich, wie oben dargestellt, anhand der Nachzugszahlen indes gerade nicht nachweisen.[1256]

Der Vorwurf mittelbarer Diskriminierung aufgrund der sozialen Herkunft bezieht sich darauf, dass der Sprachnachweis aufgrund der damit verbundenen Kosten Angehörige niedriger sozialer Schichten härter trifft.[1257] Soziale Herkunft ist ein ausdrücklich in Art. 14 EMRK genanntes Diskriminierungsmerkmal. Art. 3 Abs. 3 GG enthält dieses Kriterium nicht, dafür gilt aber der Gleichbehandlungsgrundsatz des Art. 3 Abs. 1 GG. Dazu, ob die Höhe der Kosten tatsächlich diese Wirkung hat, gibt es keine verlässlichen statistischen oder sonstigen belastbaren Erkenntnisse. Eine Diskriminierung ist damit nicht nachweisbar. Sofern im Einzelfall Personen durch die Kosten übermäßig belastet werden, ist ein Ausgleich über die Härteklausel § 30 Abs. 1 S. 3 Nr. 6 AufenthG zu suchen.

e) Bewertung

Dass bestimmte Kenntnisse als Zuzugsvoraussetzung verlangt werden, ist dem Familienzusammenführungsrecht eigentlich fremd und eher aus dem Bereich des Einwanderungsrechts zum Zwecke der Erwerbstätigkeit bekannt. Die Legitimität einer solchen Regelung im Bereich des Familiennachzugs, der – im Gegensatz zur Erwerbstätigkeit – von menschenrechtlichen Garantien zum

---

1254 BT-Drs. 17/3090 v. 24.09.2010, S. 36, s.o. Teil 3:B.III.2.c)bb) f. S. 260.

1255 Vgl. HRW, The Netherlands: Discrimination in the name of integration, S. 36.

1256 BR-Drs. 17/3090 v. 24.09.2010, S. 32, Tabelle 12.

1257 *Göbel-Zimmermann*, ZAR 2008, S. 169, 173, der angesichts der hohen Kosten von „sozialer Selektion" spricht.

Familienschutz beeinflusst wird, ist daher durchaus fraglich. Sie ist umso mehr infrage gestellt, als die heute wahrgenommene niedrige Qualifikation nachziehender Ehegatten eine Folge der Anwerbung niedrig qualifizierter Personen ist.

Die Hinweise dafür, dass das Spracherfordernis einen positiven Einfluss auf die Integration hat, sind begrenzt. Nachgewiesen wurden lediglich ein besseres Ankommen unmittelbar nach der Einreise und eine leicht erhöhte Bestehensquote auf dem Niveau A 2 GER am Ende des Integrationskurses. Weiterhin gibt es einen Hinweis darauf, dass ein Sprachkursbesuch vor der Einreise Ansprechpartner außerhalb der Schwiegerfamilie gibt, die den Ehegatten ein selbstständigeres Leben in Deutschland ermöglichen können. Wie erwähnt, ergibt sich dieser Effekt allerdings nur beim Besuch eines Sprachkurses, der gesetzlich gerade nicht vorgeschrieben ist.

Ein positiver Einfluss auf die langfristige Integration in Wirtschaft und Gesellschaft ist hingegen nicht nachgewiesen. Die fehlende Auswirkung des Spracherfordernisses auf das Erreichen des Integrationskursziels B 1 GER und die Tatsache, dass die Arbeitsmarktintegration ohnehin nur bei einem höheren Sprachniveau signifikant verbessert wird, sprechen sogar dagegen, dass das niedrige Niveau des Spracherfordernisses die wirtschaftliche Integration fördern kann. Gleichzeitig verzögert der Spracherwerb die Einreise und damit die Integration, stört den Familienzusammenführungsprozess und damit ebenfalls die Integration im Inland. Eine Steuerungswirkung in Form des Ausschlusses von Ehepartnern, die geringe Bildungsvoraussetzungen haben, ist zwar denkbar, aber nicht nachgewiesen. Die Hinweise sprechen eher dafür, dass Ehegatten erhebliche Anstrengungen auf sich nehmen, um die Nachzugsvoraussetzung trotz schlechter Voraussetzungen zu erfüllen.

Auch bei älteren Ehegatten und Ehegatten mit Alphabetisierungsbedarf ist der Sprachnachweis nicht generell unangemessen.

Der Fokus auf das Erlernen der Sprache ist angesichts des weltweiten Vorhandenseins von Goethe-Instituten zwar die einfachste Möglichkeit für den Staat, eine Integrationsmaßnahme zu verlangen. Die Wirkungsanalyse hat jedoch gezeigt, dass die Integration besser gefördert werden könnte, wenn das Spracherfordernis um weitere Inhalte, beispielsweise Informationen zu Ansprechpartnern, ergänzt würde. Außerdem müsste die Zeit bis zum Beginn des Integrationskurses verringert werden, damit die erworbenen Sprachkenntnisse bis zum Beginn des Sprachkurses nicht wieder verlernt werden.

Zudem wird die Legitimität des Spracherfordernisses vor der Einreise auch zunehmend infrage gestellt. Die Zunahme der Zuwanderung von Hochqualifizierten und Flüchtlingen, deren Ehegatten keinen Sprachnachweis vor der Einreise benötigen, führt dazu, dass eine prozentual immer kleiner werdende

Gruppe vom Sprachnachweis vor der Einreise betroffen ist und entzieht der Legitimität des Sprachnachweises, die sich am Normalfall der Ehe orientieren muss, damit zunehmend den Boden.

Das Spracherfordernis ist damit insbesondere kein Ersatz für Integrationsangebote nach der Einreise.

IV. Altersgrenzen

1. Altersgrenzen beim Kindernachzug

Bereits an anderer Stelle wurden die Nachzugsgrenze von 18 Jahren beim Kindernachzug sowie die Altersgrenze von 16 Jahren, die im Zusammenhang mit einem Integrationserfordernis gilt, analysiert. Zur Vermeidung von Wiederholungen wird an dieser Stelle hierauf verwiesen.[1258]

2. Altersgrenzen beim Ehegattennachzug

a) Regelungsinhalt

Im Unterschied zum Kindernachzug waren beim Ehegattennachzug Altersgrenzen aufenthaltsrechtlich lange Zeit nicht geregelt. Erst durch das RLUmsG wurde 2007 mit § 30 Abs. 1 S. 1 Nr. 1 AufenthG ein Mindestalter für den Ehegattennachzug zu Drittstaatsangehörigen eingeführt. Beide Ehegatten, d.h. sowohl der Zusammenführende als auch der Nachziehende, müssen nach der Regelung mindestens das 18. Lebensjahr vollendet haben, bevor der Familiennachzug gewährt wird. Entsprechend gilt die Altersgrenze auch beim Nachzug zu Deutschen, § 28 Abs. 1 S. 5 AufenthG. Im ersten Referentenentwurf zum RLUmsG hatte das Bundesministerium des Innern 2006 eine Altersgrenze von 21 Jahren vorgeschlagen.[1259] Für Personen, die im Alter von 18 Jahren heiraten, hätte dies eine Wartezeit von drei Jahren bedeutet. Aufgrund der Rechtsprechung des BVerfG zur Unvereinbarkeit einer Ehebestandszeit von drei Jahren mit Art. 6 GG[1260] wurde dieser Vorschlag als rechtlich nicht durchsetzbar angesehen und fand sich im Gesetzgebungsvorschlag aus dem Jahr 2007 nicht wieder.[1261]

1258 S.o. zur Altersgrenze von 18 Jahren Teil 3:B.I.2.a), S. 208. und zur Altersgrenze von 16 Jahren Teil 3:B.III.1, S. 232 ff.

1259 Entwurf des Bundesministeriums des Innern für ein „Gesetz zur Umsetzung aufenthalts- und asylrechtlicher Richtlinien der Europäischen Union", Stand: 03.01.2006, S. 21.

1260 S. *BVerfG*, Urt. v. 12.05.1987, 2 BvR 1226/83, NJW 1988, S. 626, 633.

1261 BT-Drs. 16/5065 v. 23.04.2007, S. 172.

b) Regelungszweck

Durch die Altersgrenze für Ehegatten sollen laut Gesetzesbegründung die Anreize zur Zwangsverheiratung verringert und die Integration der Betroffenen verbessert werden.[1262] Gemäß den Gesetzesmaterialien ist bei Zwangsheiraten „ein Verheiratungsalter von über 18 Jahren seltener als ein jüngeres Verheiratungsalter".[1263] Aus Sicht des Gesetzgebers verringert ein Nachzugsalter von 18 Jahren die Kontrollmöglichkeit und vermindert dadurch die Attraktivität von Zwangsverheiratungen.[1264] Auch die Integration soll durch die Altersgrenze gefördert werden, denn, so die Begründung des Gesetzgebers, „[f]rühe Verheiratungen führen für die Betroffenen, insbesondere für die Frauen, häufig dazu, dass sie ihre Ausbildung abbrechen müssen."[1265]

c) Ausnahmen

Die Ausnahmetatbestände wurden 2017 durch das Gesetz zur Bekämpfung von Kinderehen drastisch reduziert.[1266] Die zuvor bestehenden Ausnahmen von der Mindestalterregelung für Ehegatten von Hochqualifizierten, Forschern u.Ä., die aus „migrationspolitische[m] Interesse" am Aufenthalt dieser Stammberechtigten 2007 eingeführt worden waren,[1267] wurden gestrichen, s. § 30 Abs. 1 S. 2 AufenthG n.F. Allein bestehen bleibt damit die Ausnahme von der Altersgrenze für Ehegatten von Inhabern einer Aufenthaltserlaubnis nach § 38a AufenthG, sofern die Ehe bereits im vorherigen Mitgliedstaat geführt wurde, § 30 Abs. 1 S. 2 AufenthG. Diese Ausnahmeregelung ist die einzige, die europarechtlich vorgegeben ist.[1268]

Für humanitär Geschützte gibt es keine separate Ausnahme. Dafür besteht mit § 30 Abs. 2 S. 1 AufenthG eine Ausnahmeklausel „zur Vermeidung einer besonderen Härte". Nach der Gesetzesbegründung muss dabei „die eheliche

---

1262 BT-Drs. 16/5065 v. 23.04.2007, S. 172.

1263 BT-Drs. 16/5065 v. 23.04.2007, S. 172.

1264 BT-Drs. 16/5065 v. 23.04.2007, S. 172 f.

1265 BT-Drs. 16/5065 v. 23.04.2007, S. 173.

1266 Gesetz zur Bekämpfung von Kinderehen v. 17.07.2017, BGBl. I v. 21.07.2017, S. 2429.

1267 BT-Drs. 16/5065 v. 23.04.2007, S. 174.

1268 Die Ausnahmeregelung gilt nur, wenn ein langfristig Aufenthaltsberechtigter bereits in einem ersten Mitgliedstaat ein Familienleben geführt hat, vgl. Art. 16 Abs. 4 Daueraufenthalts-RL. Andernfalls findet die Familienzusammenführungs-RL Anwendung, Art. 16 Abs. 5 Daueraufenthalts-RL i.V.m. Art. 4 Abs. 5 Familienzusammenführungs-RL, sodass in diesem Fall die Altersgrenze von 18 Jahren gemäß § 30 Abs. 1 S. 1 Nr. 1 AufenthG angewandt werden kann.

Lebensgemeinschaft [...] das geeignete und notwendige Mittel sein, um die besondere Härte zu vermeiden".[1269] Aus dem Vergleich des Begriffs „besondere Härte" mit dem in § 36 Abs. 2 AufenthG verwendeten Begriff „außergewöhnliche Härte" folgt, dass an das Vorliegen einer „besonderen Härte" keine allzu hohen Anforderungen gestellt werden können. Die Worte „geeignet" und „notwendig" in der Gesetzesbegründung deuten darauf hin, dass eine Verhältnismäßigkeitsprüfung zu erfolgen hat, die der nach Art. 6 GG und Art. 8 EMRK vorzunehmenden Verhältnismäßigkeitsprüfung entspricht.[1270] In die Verhältnismäßigkeitsprüfung sind insbesondere die Belange von Kindern einzubeziehen, vgl. § 31 Abs. 2 S. 3 AufenthG. Eine besondere Härte kann somit vorliegen, wenn bereits ein Kind aus der Beziehung entstanden ist und das Zusammenleben mit einem oder beiden Eltern durch die Altersgrenze weiter verzögert würde.[1271] Zwar ist bei Vorhandensein von Kindern eine Zwangsehe nicht notwendig auszuschließen.[1272] Vielmehr ist auch denkbar, dass gerade auf minderjährige Zwangsverheiratete aufgrund der Altersgrenze Druck ausgeübt wird, schnell Kinder zu bekommen, um den Nachzug zu ermöglichen. Das Kindeswohl, welches die Interessen der Erwachsenen grundsätzlich überwiegt, führt dennoch dazu, dass der Nachzug zu gewähren ist, wenn die Ehepartner es wünschen.

d) Wirkungsanalyse

Nach der Begründung des Gesetzgebers soll die Altersgrenze vermeiden, dass junge Ehegatten z.B. ihre Ausbildung im Heimatland abbrechen, um nachzuziehen.[1273] Zu der Frage, ob die Altersgrenze tatsächlich zu mehr Abschlüssen und damit zu einer Verbesserung der wirtschaftlichen Integration führt oder Zwangsehen verhindert, gibt es keine Studien. Nachgewiesen wurde durch die BAMF-Heiratsmigrationsstudie, dass nicht zwingend ein Zusammenhang zwischen dem Bildungsabschluss und einer Erwerbstätigkeit besteht: Obwohl die befragten indischen und pakistanischen Ehegattinnen und Ehegatten formal

---

1269 BT-Drs. 16/5065 v. 23.04.2007, S. 175.

1270 Nach der AVwV ist im Einzelfall jeweils abzuwägen, ob die vorgetragenen besonderen Umstände „nach Art und Schwere [...] so deutlich von den sonstigen Fällen des Ehegattennachzugs abweichen, dass das Festhalten am Mindestaltererfordernis im Hinblick auf das geltend gemachte Interesse der Führung der Lebensgemeinschaft in Deutschland – bei Vorliegen aller übrigen Zuzugsvoraussetzungen – unverhältnismäßig wäre", Nr. 30.2.1 AVwV.

1271 Nr. 30.2.3.3 AVwV.

1272 *Göbel-Zimmermann*, ZAR 2008, S. 269, 271.

1273 BT-Drs. 16/5065 v. 23.04.2007, S. 173.

mit die höchsten Bildungsabschlüsse aufwiesen (57,9 % hatten einen Studienabschluss, nur 32,2 % hatten keinen beruflichen Abschluss), war der Anteil der Nicht Erwerbstätigen an dieser Gruppe mit 77,4 % fast ebenso hoch wie bei den Ehegattinnen aus der Türkei (81,7 %) und dem Kosovo (77,4 %), die nur in 9,3 % bzw. 7,7 % der Fälle ein Studium und zu 73,1 % bzw. 65,5 % keinen beruflichen Abschluss hatten.[1274]

Der Anteil der Ehegatten, die bei Nachzug unter 18 Jahre waren, war schon vor Einführung der Altersgrenze im Jahr 2006 mit nur 0,75 % (323 Fälle) am gesamten Ehegattennachzug sehr gering. Beim Ehegattennachzug aus der Türkei lag die Quote damals bei 1,7 %.[1275] 2007, d.h. im Jahr der Einführung der Altersgrenze, sank der Gesamtwert auf 0,4 %, bei türkischen Ehegatten auf 0,5 %.[1276] 2008 sank der Wert weiter auf 0,1 %, für die Türkei sogar auf unter 0,04 % (3 Fälle).[1277] Die Altersgrenze schließt somit den Nachzug von Ehegatten unter 18 Jahren fast völlig aus. Bei den wenigen verbliebenen Fällen kann es sich entweder um Härtefälle oder um andere von der Altersgrenze ausgenommene Ehegatten handeln.

Im Rahmen einer auf Anfrage erstellten Sonderauswertung des BAMF aus den Daten der Heiratsmigrationsstudie wurde versucht, die Wirkung des am 19. August 2007 in Kraft getretenen Mindestaltererfordernisses auf das Heiratsverhalten genauer nachzuvollziehen.[1278] Daher wurde getrennt für die bis August 2007 eingereisten Befragten und für die danach Eingereisten das Heiratsalter ermittelt.[1279] Die Sonderauswertung ergibt, dass insgesamt nur 3,3 % der befragten nachgezogenen Ehepartner unter 18 Jahren geheiratet haben. Bei den vor

1274 Büttner/Stichs, BAMF-Heiratsmigrationsstudie, S. 188, Abbildung 5–22 zur Erwerbstätigkeit und S. 176, Abbildung 5–17 zu den Bildungsabschlüssen.

1275 BAMF, Migrationsbericht 2006, S. 112.

1276 BAMF, Migrationsbericht 2007, S. 128.

1277 BAMF, Migrationsbericht 2008, S. 158.

1278 BAMF, Sonderauswertung aus den Daten der BAMF-Heiratsmigrationsstudie 2013 v. 10.08.2017.

1279 Die Pflicht zur Erbringung des Sprachnachweises richtet sich zwar nach der bei Antragstellung geltenden Gesetzeslage. Daher können unter den nach August 2007 Eingereisten noch einige Personen sein, für die die Altersgrenze nicht galt. Da im Rahmen der Studie das Antragsdatum nicht ermittelt wurde, soll mit der vorgenommenen Einteilung nach dem Einreisedatum die Geltung der Altersgrenze so weit wie möglich nachvollzogen werden. Erhebungsunsicherheiten ergeben sich auch daraus, dass insbesondere auf dem Land in der Türkei die genauen Geburtsdaten teilweise unbekannt sind und das Geburtsjahr auf Antrag um bis zu zwei Jahre geändert werden kann.

August 2007 Eingereisten betrug der Wert 3,9 %, bei den nach August 2007 Eingereisten 2,6 %. Auch für die Gruppe der Ehegattinnen aus der Türkei, die von den sieben untersuchten Herkunftsländern den höchsten Anteil an Eheschließungen unter 18 Jahren aufweist, ist der Unterschied minimal. Vor August 2007 betrug der prozentuale Anteil der Personen mit einem Heiratsalter von unter 18 Jahren in dieser Gruppe 10,2 %, danach 9,6 %. Die Einführung der Altersgrenze hat somit das Vorkommen von Eheschließungen unter 18 Jahren kaum geändert. Dieser Befund deckt sich mit der Einschätzung eines 2009 von der Verfasserin interviewten Mitarbeiters der Botschaft Ankara, der keine Auswirkung auf das Eheschließungsalter feststellen konnte, sondern davon ausging, dass lediglich der Zeitpunkt der Antragstellung für das Visum auf die Zeit nach dem 18. Geburtstag verlegt wird.[1280]

Die Befragten im Rahmen der Studie „Family reunification: A barrier or facilitator of integration" hatten jedenfalls keine Schwierigkeiten mit der Altersgrenze – unabhängig davon, ob diese bei 18 oder bei 21 Jahren lag.[1281]

e) Rechtmäßigkeit

aa) Richtlinienkonformität

Die Altersgrenze von 18 Jahren gemäß § 30 Abs. 1 S. 1 Nr. 1 AufenthG beruht auf Art. 4 Abs. 5 Familienzusammenführungs-RL, der den Mitgliedstaaten die Regelung einer Altersgrenze von höchstens 21 Jahren im nationalen Recht gestattet, um die Integration zu fördern und Zwangsehen zu vermeiden.[1282] Das AufenthG bleibt mit der Altersgrenze von 18 Jahren weit unter dieser nach der Familienzusammenführungs-RL möglichen Altersgrenze von 21 Jahren und ist daher mit Art. 4 Abs. 5 Familienzusammenführungs-RL vereinbar.[1283] Der Pflicht zur Einzelfallprüfung wird die Regelung dadurch gerecht, dass zur Vermeidung einer besonderen Härte von der Altersgrenze abgesehen werden kann, § 30 Abs. 2 S. 1 AufenthG.

1280 Interview Nr. 5 mit einem Mitarbeiter der Botschaft Ankara, 2009.

1281 Strik/de Hart u.a., Family Reunification: a barrier or facilitator of integration? A comparative study, S. 98. Einen Einfluss auf dieses Ergebnis kann nach Ansicht der Autorinnen die Auswahl der Befragten gehabt haben, die mehrheitlich älter als 21 Jahre waren.

1282 BT-Drs. 16/5065 v. 23.04.2007, S. 172.

1283 *Hailbronner*, FamRZ 2008, S. 1583, 1585.

bb) Vereinbarkeit mit menschenrechtlichen Familienschutzvorgaben

Die Familien schützenden Normen Art. 8 EMRK, Art. 7 i.V.m. Art. 24 EU-GRC und Art. 6 GG bzw. der Verhältnismäßigkeitsgrundsatz des Unionsrechts verlangen eine Verhältnismäßigkeitsprüfung. Die Verfassungsmäßigkeit war insbesondere wegen der durch die Regelung ermöglichten Verzögerung des Nachzugs um mehr als drei Jahre stark umstritten.[1284]

(1) Verhältnismäßigkeit im Hinblick auf den Schutz vor Zwangsehen

(a) Legitimes Ziel

Wie erwähnt, sind die mit der Altersgrenze verfolgten Ziele der Integrationsförderung[1285] und der Bekämpfung von Zwangsehen legitim.[1286]

(b) Geeignetheit

Zu prüfen ist, ob die Altersgrenze geeignet zur Erreichung dieser Ziele ist.

(aa) Integrationsförderung

Nach der Begründung des Gesetzgebers soll die Altersgrenze vermeiden, dass junge Ehegatten z.B. ihre Ausbildung im Heimatland abbrechen, um nachzuziehen.[1287] Dies wirkt widersprüchlich im Vergleich zum Kindernachzug: Während bei Kindern der Nachzug mit dem Argument der Integrationsförderung möglichst vor der Vollendung des 16. Lebensjahrs stattfinden soll, wird Ehegatten aus demselben Grund der Nachzug erst ab dem 18. Lebensjahr gestattet.[1288] Im Gegensatz zu Kindern haben Ehegatten nicht die Möglichkeit, die frühe Kindheit im Aufnahmestaat zu verbringen.[1289] Daher kann für beide Gruppen auch eine unterschiedliche Beurteilung des Gesetzgebers greifen.

1284 Gegen die Verfassungsmäßigkeit *Fischer-Lescano*, KJ 2006, S. 236, 240 f.; *Kingreen*, ZAR 2007, S. 13, 15; *Göbel-Zimmermann*, ZAR 2008, S. 169, 171; Walter, Familienzusammenführung in Europa, S. 373 f.; dafür *Hailbronner*, FamRZ 2008, S. 1583, 1586 f.; *Hillgruber*, ZAR 2006, S. 304, 308.

1285 *EuGH*, Urt. v. 09.07.2015, Rs. C-153/14, *K. und A./Niederlande*, ECLI:EU:C:2015:453, Rn. 57; *BVerwG*, Urt. v. 30.03.2010, 1 C 8.09, ZAR 2011, S. 27, 32, Rn. 38. S. dazu oben S. 188.

1286 *BVerfG*, Beschl. v. 25.03.2011, 2 BvR 1413/10, NVwZ 2011, S. 870, 871, Rn. 5; *BVerwG*, Urt. v. 30.03.2010, 1 C 8.09, ZAR 2011, S. 27, 32, Rn. 38, s. genauer oben Teil 3:A.I.3.b), S. 188.

1287 BT-Drs. 16/5065 v. 23.04.2007, S. 173.

1288 Walter, Familienzusammenführung in Europa, S. 373.

1289 Zu diesem in Erwägungsgrund (12) Familienzusammenführungs-RL festgehaltenen Grund s.o.154 S. 154 f.

Ob die Altersgrenze tatsächlich dazu führt, dass Ehegatten eine Ausbildung abschließen, kann schon aufgrund der geringen Fallzahlen von Personen, die unter 18 Jahren eingereist sind, nicht wissenschaftlich überprüft werden. Bis zum Alter von 18 Jahren kann ohnehin maximal ein Schulabschluss erwartet werden. Ob dieser zu einer besseren wirtschaftlichen Integration führt, ist ebenfalls ungewiss. In dem Zusammenhang wurde oben nachgewiesen, dass ein Bildungsabschluss nicht zwangsläufig mit einer besseren Integration in den Arbeitsmarkt einhergeht, weil Ehegatten sich z.B. zu einem großen Teil freiwillig dafür entscheiden, als Hausfrau/Hausmann tätig zu sein.[1290] Der Annahme des Gesetzgebers, dass ein Bildungsabschluss die Integration in den Arbeitsmarkt verbessern kann, ist jedoch auch nicht offensichtlich eine andere Einschätzung vorzuziehen, sodass die Geeignetheit vertretbar ist.

(bb) Bekämpfung von Zwangsehen

Eine unmittelbare Wirkung der Altersgrenze gegen Zwangsehen, d.h., dass deswegen weniger Zwangsheiraten geschlossen werden, ist nicht nachweisbar, da schon die Erhebung von Zwangsheiraten in Abgrenzung zu arrangierten Ehen erhebliche Schwierigkeiten bereitet. Ebenso wie das BVerwG zum Sprachnachweis festgestellt hat, ist aber möglicherweise zumindest von einer mittelbaren Wirkung gegen Zwangsehen auszugehen, weil die Altersgrenze es erschwert, die Nötigungslage junger Menschen auszunutzen.[1291] Diese Argumentation beruht auf der Annahme des Gesetzgebers, dass ein Verheiratungsalter von unter 18 Jahren bei Zwangsverheiratungen häufiger vorkommt als ein älteres Verheiratungsalter, weil Zwangsverheiratung Ausfluss eines „überkommenen Familien- und Rollenverständnisses" sei, und dass die Altersgrenze von 18 Jahren den Anreiz für Zwangsverheiratungen verringert.[1292] Diese Annahme bestätigt eine 2005 erschienene Studie des Europarats.[1293] Sie war dort aus der Tatsache gefolgert worden, dass in Ländern, in denen Zwangsehen gehäuft vermutet werden, besonders häufig Eheschließungen Minderjähriger auftreten.[1294] Für die Annahme spricht, dass Zwangsehen in patriarchalen Strukturen begründet zu sein scheinen.[1295] Die Annahme, ältere und damit reifere Personen könnten sich erfolgreicher gegen

1290 Büttner/Stichs, BAMF-Heiratsmigrationsstudie, S. 201.

1291 Vgl. *BVerwG*, Urt. v. 30.03.2010, 1 C 8.09, ZAR 2011, S. 27, 32, Rn. 38.

1292 BT-Drs. 16/5065 v. 23.04.2007, S. 172 f.

1293 Rude-Antoine, Forced marriages, Council of Europe, S. 7.

1294 Rude-Antoine, Forced marriages, Council of Europe, S. 7.

1295 *Fischer-Lescano*, KJ 2006, S. 236, 240.

derartige Einflussnahmen wehren, erscheint vor diesem Hintergrund zumindest vertretbar.[1296]

Demgegenüber zeigt eine Studie zu Zwangsverheiratungen, die für Deutschland 2011 im Auftrag des Bundesministeriums für Familie, Senioren, Frauen und Jugend (BMFSFJ) durch Befragungen in Beratungseinrichtungen erstellt wurde, dass die von Zwangsheirat Bedrohten teilweise jünger sind als 18 Jahre, größtenteils aber älter: 28,5 % der von Zwangsheirat Bedrohten waren unter 18 Jahren, davon 20,8 % zwischen 16 und 17 Jahren.[1297] Die meisten von Zwangsheirat Bedrohten waren im Alter zwischen 18 und 21 Jahren (41,7 %), zwischen 22 und 27 Jahren waren immer noch 19,5 % der untersuchten Fälle.[1298] Bei über 27-Jährigen kamen Bedrohungen und Zwangsheiraten nur in Einzelfällen vor, die älteste beratene Person war 55 Jahre.[1299] Tatsächlich bereits zwangsverheiratet waren die meisten Personen mit über 22 Jahren.[1300] Die Daten bezogen sich auf das Jahr 2008 und wurden in Deutschland bei Beratungseinrichtungen u.Ä. erhoben.[1301] Die Zahlen belegen, dass zwar bei Personen in allen Altersgruppen bis 55 Jahre ein Risiko der Zwangsverheiratung besteht, dass dieses bei jüngeren Personen bis 27 Jahre aber wesentlich höher ist als bei älteren Personen. Die Studie widerlegt damit die Einschätzung des Gesetzgebers, dass das Risiko der Zwangsverheiratung bei jüngeren Personen häufiger vorkommt nur insofern, dass die Häufigkeit nicht im Alter von 18 Jahren, sondern erst mit 27 sinkt. Dieses Ergebnis führt aber nicht zur Unvertretbarkeit der Einschätzung, dass jüngere Menschen, bei denen Zwangsverheiratung auch vorkommt, typischerweise leichter beeinflussbar sind und deswegen besonders geschützt werden müssen.

Die Altersgrenze für den Ehegattennachzug kann zwar dazu führen, dass zu deren Umgehung absichtlich Schwangerschaften herbeigeführt werden und dadurch die Zwangslage noch verschärft wird.[1302] Es gibt aber keine Hinweise darauf, dass die Herbeiführung von Schwangerschaften zwecks Umgehung des Spracherfordernisses gehäuft vorkommt. Die Möglichkeit der Umgehungsgefahr kann die generelle Geeignetheit des Mittels nicht in Frage stellen. Die Altersgrenze ist damit bei Anlegen des Maßstabs der Vertretbarkeit geeignet zur Verhinderung von Zwangsehen.

1296 *Hillgruber*, ZAR 2006, S. 304, 309; *Hailbronner*, FamRZ 2008, S. 1583, 1587.
1297 Mirbach/Schaak/Triebl, Zwangsverheiratung in Deutschland, BMFSFJ, S. 27.
1298 Mirbach/Schaak/Triebl, Zwangsverheiratung in Deutschland, BMFSFJ, S. 27.
1299 Mirbach/Schaak/Triebl, Zwangsverheiratung in Deutschland, BMFSFJ, S. 26.
1300 Mirbach/Schaak/Triebl, Zwangsverheiratung in Deutschland, BMFSFJ, S. 27.
1301 Mirbach/Schaak/Triebl, Zwangsverheiratung in Deutschland, BMFSFJ, S. 15.
1302 *Göbel-Zimmermann*, ZAR 2008, S. 169, 171.

(c) Erforderlichkeit

Die Erforderlichkeit der Altersgrenze ist fraglich, weil die Verbesserung der Rechtsstellung der Betroffenen sowie der Betreuungs-, Beratungs- und spezifischen Hilfsangebote und der Präventionsmaßnahmen möglicherweise besser dazu geeignet sind, Zwangsehen zu verhindern.[1303] Ob Beratungs- und Aufklärungsangebote nicht nur als Begleitangebote sinnvoll sind, ist umstritten.[1304] Kritisch ist jedenfalls, dass durch die Altersgrenze die Betroffenen aus dem in Deutschland vorhandenen Schutzsystem ausgeschlossen werden, anstatt ihre Rechtsstellung, Integrations- oder Beratungsmöglichkeiten zu verbessern.[1305] Allerdings gilt hinsichtlich der Erforderlichkeit nur der Maßstab der Vertretbarkeit. Fundierte wissenschaftliche Erkenntnisse zur Erforderlichkeit der Altersgrenze liegen nicht vor und können aufgrund der Schwierigkeit, Zwangsehen zu erkennen, auch nicht ohne erheblichen Aufwand beschafft werden. Die Einschätzung des Gesetzgebers, dass es keine milderen, gleich geeigneten Maßnahmen gibt, ist daher zumindest vertretbar.

(d) Angemessenheit

Gegen die Angemessenheit der Regelung wird eingewandt, dass die Altersgrenze ausnahmslos junge Paare in der besonders empfindlichen Anfangszeit trifft.[1306] Dies war für das BVerfG in seiner Leitentscheidung von 1987 das entscheidende Argument für die Annahme, dass die Interessen der Einzelnen nicht hinreichend berücksichtigt worden waren.[1307] Allerdings wurden in dieser Entscheidung nicht Ehen von Personen unter 18 Jahren thematisiert. Es kann daher aus der damaligen Entscheidung des BVerfG nicht geschlossen werden, dass jede Regelung, die Paare in der Anfangszeit betrifft, unangemessen ist. In die Abwägung ist vielmehr einzubeziehen, dass – gemäß der Wertung des Grundgesetzes – der körperlichen und seelischen Unversehrtheit und damit dem öffentlichen Interesse am Schutz vor Zwangsverheiratung ein erhebliches Gewicht zukommt.[1308] Auch entspricht die Altersgrenze von 18 Jahren für den Familiennachzug dem

1303 Im Koalitionsvertrag 2005 wurde vor allem auf diese Maßnahmen abgestellt, S. CDU, CSU und SPD, Koalitionsvertrag 2005, S. 140.

1304 Ablehnend *Hillgruber,* ZAR 2006, S. 304, 310, der auf entsprechende Erfahrungen von Beratungsstellen hinweist, indes keinen Beleg hierfür nennt.

1305 *Fischer-Lescano,* KJ 2006, S. 236, 240 f.; *Markard/Truchseß,* NVwZ 2007, S. 1025, 1026.

1306 *Göbel-Zimmermann*, ZAR 2008, S. 169, 171; Walter, Familienzusammenführung in Europa, S. 374.

1307 *BVerfG*, Urt. v. 12.05.1987, 2 BvR 1226/83, NJW 1988, S. 626, 633.

1308 S.o. Teil 3:A.I.3.b), S. 188.

allgemeinen Volljährigkeits- und Verheiratungsalter nach deutschem Zivilrecht.[1309] Dieses wurde zum Schutz von Kindern auf 18 Jahre festgelegt. Bis zum Alter von 18 Jahren gilt auch nach der UN-KRK eine Person als Kind, für deren Wohl das Zusammensein mit den Eltern, nicht aber mit einem Ehepartner entscheidend ist, sodass die Altersgrenze von 18 Jahren für den Familiennachzug nicht als völlig außer Verhältnis liegend angesehen werden kann. Härten können über die Härteklausel in § 30 Abs. 2 S. 1 AufenthG ausgeglichen werden. Die Altersgrenze ist verhältnismäßig.

cc) Vereinbarkeit mit Diskriminierungsverboten

Die Altersgrenze muss auch mit den Diskriminierungsverboten vereinbar sein. Die Regelung führt zu Ungleichbehandlung aufgrund des Alters zwischen Ehegatten unter 18 Jahren und älteren Ehegatten. Die Rechtfertigung vermittelt der staatliche Auftrag zum Schutz der körperlichen und seelischen Unversehrtheit. Die europarechtlich vorgegebene Ausnahme für Ehegatten von Zusammenführenden mit einer Aufenthaltserlaubnis nach § 38a AufenthG führt zur Ungleichbehandlung aufgrund des Aufenthaltsstatus.[1310] Die Rechtfertigung ist durch die Pflicht zur Umsetzung des Unionsrechts gegeben.

f) Bewertung

Die Altersgrenze für den Ehegattennachzug im deutschen Recht ist mit 18 Jahren vergleichsweise moderat. Sie bleibt insbesondere weit hinter dem nach europäischem Recht möglichen Rahmen von 21 Jahren zurück. Das Alter von 18 Jahren entspricht dem grundsätzlichen zivilrechtlichen Volljährigkeitsalter.[1311]

Die Wirkung der Altersgrenze von 18 Jahren auf Integration und Zwangsheiraten lässt sich nachträglich nicht überprüfen. Tatsache ist, dass schon vor Einführung der Regelung kaum Ehegatten unter 18 Jahren einreisten, sodass ihre Wirkung auf den Nachzug äußerst gering ist. Dass eine Altersgrenze von 18 Jahren trotz ihrer bestenfalls minimalen Wirkung eingeführt wurde, zeigt, dass nicht der tatsächliche Bedarf, sondern eher politische Gründe zu dieser Regelung geführt haben. Rein zeitlich würde eine höhere Altersgrenze die Wahrscheinlichkeit erhöhen, dass Ehegatten im Ausland Berufsabschlüsse beenden. Die Forschungsergebnisse sprechen auch dafür, dass für einen wirksamen Schutz vor Zwangsheirat eine Altersgrenze von zumindest 21 Jahren eingeführt werden

---

1309 § 1303 Abs. 1 BGB.
1310 S.o. Teil 3:B.IV.2.c), S. 284 f.
1311 § 1303 Abs. 1 BGB.

müsste, um der Argumentation des Gesetzgebers folgend Zwangsehen zu verhindern. Dass eine höhere Altersgrenze noch verfassungsrechtlich zulässig wäre, ist trotz des Ziels der Verhinderung von Zwangsehen allerdings zu bezweifeln, da sich die Angemessenheit einer gesetzlichen Regelung nach dem Normalfall der Ehe bemisst, die keine Zwangsehe ist.

V. Verfahren

1. Regelungsinhalt

Der Antrag auf Familienzusammenführung ist grundsätzlich vom Nachziehenden bei einer Auslandsvertretung zu stellen. Nur humanitär Geschützte können alternativ den Antrag auch im Inland stellen, § 29 Abs. 2 S. 3 VwGO, um die Dreimonatsfrist für die Ausnahmen von den wirtschaftlichen Nachzugsvoraussetzungen zu wahren. Aufgrund der in § 75 VwGO verankerten Möglichkeit zur Untätigkeitsklage gilt grundsätzlich eine allgemeine Bearbeitungsfrist von drei Monaten ab Antragstellung, sofern keine besonderen Gründe für die Verfahrensverzögerung vorliegen.

2. Regelungszweck und Wirkungsanalyse

Auch wenn die Verfahrensregelungen keinen ausdrücklichen Regelungszweck haben, kommt ihnen ganz entscheidende Bedeutung für die Integration zu. Wie oben bereits erwähnt wurde, ist das Verfahren nicht auf eine bestmögliche Integrationswirkung des Spracherfordernisses angepasst. Die verfahrensbedingte Verzögerung führt dazu, dass Ehegatten ihre vor der Einreise erworbenen Sprachkenntnisse bis zum Integrationskursbeginn häufig wieder verlieren.[1312]

Die Studie „Family Reunification: a Barrier or Facilitator of Integration?“ von 2013 kommt auf der Basis von Interviews mit Ehepartnern betreffend die Verfahrensdauer für Deutschland zu dem Ergebnis, dass die Verfahrensdauer zu Einsamkeit und Entfremdung der Ehepartner führt und dass vor allem die mit dem Aufnahmeverfahren verbundenen Schwierigkeiten (Beschaffung erforderlicher

1312 Interview Nr. 9 mit einer Mitarbeiterin des Goethe-Instituts Istanbul, 2009, Schilderung auf die Frage nach Problemen mit dem Sprachnachweis: „[Es] müsste direkt nach der Sprachprüfung der Nachzug stattfinden, aber teilweise dauert es bis zum Abschluss des Visumverfahrens noch Monate – dann verlernt man Deutsch, [das Verfahren] muss zusammenpassen.“

Nachweise, fehlende Transparenz und Untersuchungen wegen Scheineheverdachts) die Ehepartner massiv belasteten.[1313]

Dem Immigrant Citizen Survey zufolge war häufigstes Problem bei der Familienzusammenführung die Beschaffung der erforderlichen Unterlagen (52,8 %), zweithäufigstes Problem war der Nachweis der Voraussetzungen (27,3 %).[1314] Diese beiden Voraussetzungen wurden von den Zusammenführenden im strukturschwächeren Berlin weit häufiger angegeben als im strukturell besser aufgestellten Stuttgart. Der Unterschied beträgt bei den Unterlagen 13,1 %, bei den Voraussetzungen sogar fast 20,1 %. Besonders gravierend ist jedoch, dass für ein Fünftel der befragten Drittstaatsangehörigen unabhängig vom Wohnort die Abläufe des Familienzusammenführungsverfahrens nicht nachvollziehbar waren (20,5 %).

In der Praxis ergeben sich aufgrund der erheblich gestiegenen Flüchtlingsanerkennungen syrischer Staatsangehöriger in einzelnen Regionen erhebliche Verzögerungen von sieben Monaten bis zu zwei Jahren allein für die Antragsannahme.[1315]

3. *Rechtmäßigkeit*

Die Familienzusammenführungs-RL sieht die Möglichkeit, die Antragsannahme hinauszuzögern, nicht vor. Die fehlende Möglichkeit der Angehörigen anerkannter Flüchtlinge, Anträge unverzüglich zu stellen, verstößt gegen Art. 5 Abs. 4 Familienzusammenführungs-RL.

Die Verfahrensdauer selbst hält sich im Rahmen der sonstigen höherrangigen Rechtsvorschriften.

4. *Bewertung*

Die Wirkungsanalyse hat besonderen Handlungsbedarf in Bezug auf den Ablauf und die Transparenz des Verfahrens gezeigt. Zur Verkürzung kann auf Umsetzungsbeispiele aus anderen Staaten zurückgegriffen werden. Entsprechend dem Vorbild der Niederlande[1316] könnte die Antragstellung dadurch erleichtert

---

1313 Triebl/Klindworth, Family Reunification: a Barrier or Facilitator of Integration?, German Country Report, S. 51.

1314 Will, Integrationsmaßnahmen aus Sicht von Nicht-EU-Bürgern, SVR, S. 30, Abb. 18.

1315 Grote, Familiennachzug von Drittstaatsangehörigen nach Deutschland, EMN-Fokusstudie 2016, S. 39.

1316 Cleton/Seiffert u.a., Family Reunification of Third-Country Nationals, EMN Dutch National Report 2017, S. 38.

werden, dass nicht nur Flüchtlinge, sondern alle Zusammenführenden ebenfalls zur Antragstellung berechtigt werden. Ebenfalls könnte entsprechend der dortigen Regelung die Aufenthaltserlaubnis nach der Einreise von Amts wegen erteilt werden, wenn die Erteilungsvoraussetzungen schon im Rahmen des Visumsverfahrens geprüft wurden.[1317] Außerdem sollte die Möglichkeit gegeben werden, den Familiennachzugsantrag bereits zu prüfen, wenn der Sprachnachweis noch nicht vorliegt, um nach Nachreichung des Sprachnachweises eine schnellstmögliche Einreise zu ermöglichen.

1317 Cleton/Seiffert u.a., Family Reunification of Third-Country Nationals, EMN Dutch National Report 2017, S. 41.

Teil 4: Zusammenfassung und Ausblick

Ziel der vorliegenden Arbeit war die Untersuchung der Frage, welche Wirkung die Familienzusammenführungsregelungen auf die Integration Drittstaatsangehöriger haben und wie sie, unter Beachtung der höherrangigen, insbesondere menschenrechtlichen Vorgaben und der weiteren staatlichen und europäischen Interessen fortentwickelt werden können, um das Ziel der Integrationsförderung besser zu erreichen.

A. Die historische Entwicklung des Familiennachzugs: Die Familiennachzugsregimes als Ergebnis gegenläufiger öffentlicher Interessen

Sowohl der europäische als auch der deutsche Gesetzgeber gehen von der integrationsfördernden Wirkung der Familienzusammenführung als solcher aus. Integration bezweckt dabei die Eingliederung von Ausländern in die Wirtschaft und Gesellschaft des Aufnahmestaates. Das Unionsrecht und das Aufenthaltsrecht gewähren daher ein Recht auf Familienzusammenführung zu rechtmäßig aufhältigen Personen – unabhängig davon, ob sie Unionsbürger oder Drittstaatsangehörige sind. In Bezug auf diese beiden Zielgruppen berücksichtigt der Unionsgesetzgeber in völlig unterschiedlichem Maße weitere öffentliche Interessen. Dies führt im Ergebnis dazu, dass die Familienzusammenführungsregimes und damit auch die Konzepte für die Integration durch Familienzusammenführung sich in Bezug auf diese beiden Zielgruppen wesentlich voneinander unterscheiden.

Die Familienzusammenführung zu Unionsbürgern stand von Anfang an unter dem Primat, Unionsbürgern das Gebrauchmachen von ihrer Arbeitnehmerfreizügigkeit zu erleichtern. Dementsprechend ist das Familienzusammenführungsrecht zu Unionsbürgern seit 1961 bis heute großzügig ausgestaltet. Familienzusammenführung wurde bereits 1968 als Grundrecht der Arbeitnehmer aus der damaligen EWG bezeichnet. Die Familiennachzugsregelungen sind vorrangig am Interesse der Förderung der Freizügigkeit ausgerichtet, dem Interesse an der Begrenzung der Zuwanderung wird aus diesem Grund hingegen kaum Bedeutung beigemessen. Dementsprechend ist der Kreis der Anspruchsberechtigten für die Familienzusammenführung sehr weit und umfasst neben der Kernfamilie Familienangehörige in gerader auf- und absteigender Linie, sofern diesen Unterhalt gewährt wird oder sofern sie Verwandte in absteigender

Linie unter 21 Jahren sind. Das einzige öffentliche Interesse, welches sich neben der Förderung der Freizügigkeit in den Regelungen erheblich niederschlägt, ist der Schutz der öffentlichen Haushalte. Als Folge dieses Interesses werden auch beim Nachzug zu Unionsbürgern der Arbeitnehmer- oder Selbstständigenstatus des Zusammenführenden oder – falls ein solcher Status nicht gegeben ist – ausreichende Existenzmittel nebst Krankenversicherung als Nachzugsvoraussetzungen verlangt. Die Integration von nachziehenden Familienangehörigen wird einreiserechtlich jedoch nicht durch zusätzliche Nachzugsanforderungen gesteuert. Dem Familienzusammenführungsregime für Unionsbürger sind dementsprechend Einschränkungen des Nachzugs durch Wartefristen, ein Wohnraumerfordernis, Altersgrenzen zum Zwecke der Integration oder das Verlangen von Integrationsleistungen, wie beispielsweise vor der Einreise zu erbringender Sprachnachweise, fremd.

Der EuGH hat zudem aus dem Kernbestand der durch die Unionsbürgerschaft gewährten Rechte ein Recht auf Familienzusammenführung für Sorgeberechtigte minderjähriger Unionsbürger abgeleitet, die noch nie von ihrem Freizügigkeitsrecht Gebrauch gemacht haben. Ein solches Nachzugsrecht aus dem Kernbestand muss auch bei erwachsenen Unionsbürgern gelten, wenn sie sich in einer vergleichbar schutzbedürftigen Situation befinden. Eine Einwanderungssteuerung zum Zwecke der Integration ist in diesem Rahmen ausgeschlossen.

Die steigende Zuwanderung Drittstaatsangehöriger und deren Mobilität infolge der Abschaffung der Binnengrenzkontrollen innerhalb der Europäischen Union (vormals Gemeinschaft) veranlassten die Mitgliedstaaten der Europäischen Union dazu, dieser mit dem 1999 in Kraft getretenen Vertrag von Amsterdam von 1997 eine Kompetenz für die Regelung der Familienzusammenführung zu Drittstaatsangehörigen zu übertragen. Erst über 40 Jahre nachdem der Nachzug zu Unionsbürgern 1961 erstmals sekundärrechtlich geregelt wurde, erhielten dank der 2003 erlassenen Familienzusammenführungs-RL Familienangehörige Drittstaatsangehöriger einen Anspruch auf Familienzusammenführung. Die Richtlinie versucht, neben der Integration einer Vielzahl öffentlicher Interessen gerecht zu werden: dem Schutz der öffentlichen Haushalte, der Verhinderung von Zwangsheiraten, der Zuwanderungsbegrenzung und, in Verbindung mit weiteren Richtlinien, z.B. der Blauen-Karte-RL, der Förderung der Zuwanderung Hochqualifizierter. Obwohl die Kompetenz zur Harmonisierung der Rechtsvorschriften betreffend die Integration der Europäischen Union bislang nicht übertragen wurde, s. Art. 79 Abs. 4 AEUV, führt der Versuch, mit der Richtlinie all diesen Interessen gerecht zu werden, dazu, dass die Familienzusammenführung nicht konsequent gefördert, sondern auch erheblich eingeschränkt und verzögert werden kann. So verschafft die Richtlinie nur der Kernfamilie von Drittstaatsangehörigen ein subjektives Recht im Sinne eines Anspruchs auf Familienzusammenführung. Dieser Anspruch ist zudem mit zahlreichen Abweichungsoptionen für die Mitgliedstaaten verbunden, die aufgrund dessen wirtschaftliche Nachzugsvoraussetzungen, Wartefristen, Altersgrenzen und Integrationsanforderungen einführen dürfen. Die Richtlinie belässt den Mitgliedstaaten daher einen erheblichen Ermessensspielraum.

Dieses widersprüchliche Integrationskonzept beim Familiennachzug zu Drittstaatsangehörigen besteht auch im deutschen Recht. In Deutschland stieg der Familiennachzug infolge des Anwerbestopps von 1973 und der dadurch bewirkten dauerhaften Aufenthaltsnahme der ursprünglich nur befristet angeworbenen Drittstaatsangehörigen. Eine starke Regulierung der Familienzusammenführung erfolgte auf bundesdeutscher Seite erst 1981. Die entsprechenden Regelungen, z.B. ein Mindestvoraufenthaltserfordernis, hatten nicht die Integration der Familienangehörigen als vorrangiges Ziel, sondern die Begrenzung der Zuwanderung. Gründe für diese Begrenzung waren nicht nur die Integrationsprobleme von Familienangehörigen und der Anstieg des Familiennachzugs, sondern auch die Zunahme der Asylzahlen und die Befürchtung, dass ein weiteres Ansteigen der Zuwanderung den sozialen Frieden in dieser Zeit der wirtschaftlichen Rezession stören würde. Die Begrenzung des Familiennachzugs war einerseits eine logische Folge dieser Annahme, da sie der einzige Kanal für auf Dauer ausgerichtete legale, und damit regelbare Zuwanderung war. Andererseits wurde der Familiennachzug dadurch als Zuwanderungskanal für Personen mit Integrationsproblemen negativ belegt, obwohl die aufgetretenen Integrationsprobleme auch Folge einer verfehlten Integrationspolitik waren und der Familiennachzug die sozioökonomische Integration des Zusammenführenden auch befördert. Faktisch wurden 1981 zum Zweck der Begrenzung des Familiennachzugs Regelungen geschaffen, die bis heute, teilweise in abgewandelter Form und mit anderer Begründung, im Familiennachzugsrecht Bestand haben. Dies gilt für den Mindestvoraufenthalt für Zusammenführende ebenso wie für die Einschränkung des Nachzugs von Kindern ab 16 Jahren. Mit dem Spracherfordernis, welches 2007 eingeführt wurde, hat der Gesetzgeber den Versuch unternommen, die Integration der Nachziehenden ähnlich der Arbeitsmigration durch Anforderungen an ihre Qualifikation zu steuern.

Ebenso wie im europäischen Recht verfolgen die Nachzugsregelungen des AufenthG neben der Integrationsförderung weitere gesetzgeberische Ziele: Zuwanderungsbegrenzung, Schutz der öffentlichen Haushalte und wirtschaftspolitische Interessen wie die Zuwanderung Hochqualifizierter. Außerdem ist seit 2007 das Ziel der Verhinderung von Zwangsehen als neues

Regelungsziel hinzugekommen und hat zur Einführung restriktiverer Regelungen in Form der Altersgrenze für Ehegatten und des Sprachnachweises für diese Gruppe geführt. Familienzusammenführung wird als Ergebnis der Verfolgung dieser Ziele einreiserechtlich nicht konsequent gefördert, sondern teilweise durch zusätzliche Nachzugsvoraussetzungen verzögert. Allerdings zeigt sich in Bezug auf die Rechtsgewährung der Trend, dass Ausländer im Bereich der Familienzusammenführung zunehmend zum Zwecke der Integration mit Rechten ausgestattet werden. Grund hierfür ist die Erkenntnis, dass Rechtssicherheit für die Integration entscheidend ist. Ehegatten und minderjährige Kinder haben mittlerweile Ansprüche auf Familienzusammenführung. Auch einige Nachzugsvoraussetzungen wurden, insbesondere aufgrund der Vorgaben der Familienzusammenführungs-RL, liberalisiert. Beispielsweise wird der Nachzug bei Ehen, die keine Bestandsehen sind, zu Zusammenführenden mit Aufenthaltserlaubnis nicht erst nach acht- oder fünf-, sondern schon nach zweijährigem Aufenthalt gewährt. Der Nachzug für Kinder ab 16 Jahren wird nach dem AufenthG nur noch aus Integrationsgründen eingeschränkt, wenn sie alleine einreisen. Familienangehörige haben zudem unbeschränkten Zugang zur Erwerbstätigkeit. Das Ziel der Zuwanderungsbegrenzung wird somit durch das Ziel der Integration zunehmend verdrängt.

B. Die völker-, unions- und verfassungsrechtlichen Vorgaben für die Familienzusammenführung

Die Menschenrechte setzen dem europäischen und nationalen Gesetzgeber bei der Regelung der Familienzusammenführung kaum Grenzen. Sie stehen damit Familiennachzugsvoraussetzungen zum Zwecke der Integrationsförderung nur in Einzelfällen entgegen. Grund hierfür ist der dem klassischen Völkerrecht entnommene Grundsatz, dass die Staaten die Einreise in ihr Staatsgebiet kontrollieren dürfen. Ein menschenrechtlich verankerter Anspruch auf Familienzusammenführung besteht damit auch über 60 Jahre nach Schaffung der EMRK nicht. Nur in Ausnahmefällen begründen die in den menschenrechtlichen Familienschutzgarantien, insbesondere in Art. 8 EMRK und Art. 7 i.V.m. Art. 24 EU-GRC enthaltenen positiven Pflichten zur Achtung des Familienlebens einen Nachzugsanspruch. Hierfür ist erforderlich, dass sich als Ergebnis einer Interessenabwägung zwischen dem privaten Interesse an der Führung des Familienlebens im Vertragsstaat und den öffentlichen Interessen, beispielsweise an der Integration, ergibt, dass die Führung des Familienlebens im Ausland unzumutbar ist.

Im Rahmen dieser Interessenabwägung ist der EGMR zur Gewährung der Familienzusammenführung aufgrund positiver Pflichten zum Schutz des Familienlebens bislang nur in Fällen gelangt, in denen sowohl Eltern als auch Geschwister eines den Nachzug begehrenden Kindes in einem Vertragsstaat verwurzelt waren bzw. in Fällen, in denen ein Familienleben bereits im Inland geführt wurde und die Aufenthaltsbeendigung der Mutter zur Trennung des Kindes von anderen Familienangehörigen geführt hätte (Fälle *Şen* und *Tuquabo-Thekle* bzw. *Rodrigues da Silva*). Die Verwurzelung von Eltern oder Ehegatten in einem EMRK-Vertragsstaat erkennt der EGMR hingegen nicht als ausreichenden Grund für die Nachzugsgewährung für Kinder oder Ehegatten an.

Einen ähnlichen Ansatz wie der EGMR verfolgt auch das BVerfG, wenn es dem Aufenthaltsrecht von Ausländern, die sich in der Bundesrepublik eine wirtschaftliche Existenz aufgebaut haben, kein grundsätzliches Recht folgen lässt, ihr Ehe- oder Familienleben in der Bundesrepublik zu führen. Dem Interesse von dauerhaft aufhältigen Ausländern an der Führung ihres Familienlebens im Bundesgebiet misst das BVerfG jedoch eine größere Bedeutung bei als der EGMR. Der grundrechtliche Anspruch auf angemessene Berücksichtigung des Familienlebens führt dazu, dass der Nachzug zu dauerhaft integrierten Ausländern auch bei entgegenstehenden öffentlichen Interessen an der Integration im Regelfall nicht auf Dauer verwehrt werden darf.

Auch die UN-KRK vermittelt kein Nachzugsrecht, sondern verlangt nur, dass im Rahmen von Ermessensentscheidungen das Kindeswohl vorrangige Berücksichtigung findet. Kindern ist daher i.d.R. der Nachzug zu ihren Eltern zu gestatten.

Enger als die EMRK, die EU-GRC, das GG und die UN-KRK beschränkt die ESC den staatlichen Handlungsspielraum zur Regelung der Familienzusammenführung. Die ESC steht Regelungen zum Zweck der Integrationsförderung zwar ebenfalls nicht grundsätzlich entgegen. Verzögerungen der Familienzusammenführung von über einem Jahr und Maßnahmen, die den Familiennachzug potenziell behindern, sind aber unvereinbar mit der in Art. 19 Abs. 6 ESC verankerten Pflicht zur Erleichterung der Familienzusammenführung.

Die gesetzgeberischen Möglichkeiten, Familienzusammenführungsregelungen zum Zwecke der Integration so auszugestalten, dass sie zu Ungleichbehandlungen führen, werden durch das europäische und das Verfassungsrecht kaum begrenzt. Drittstaatsangehörigen bietet das Unionsrecht insbesondere keinen Schutz gegen Ungleichbehandlungen wegen ihrer Staatsangehörigkeit. Weitere Ungleichbehandlungen, z.B. aufgrund des Alters oder des Aufenthaltsstatus, sind aufgrund des den Staaten zustehenden Beurteilungsspielraums nur selten als Diskriminierung einzuordnen.

In der Gesamtbetrachtung räumen die europäischen und universellen menschenrechtlichen Rechtsschutzinstrumente im Hinblick auf die Gewährung der Familienzusammenführung den Interessen ausländischer Zusammenführender, in einem Vertragsstaat zu leben, in dem sie sich eine wirtschaftliche Existenz aufgebaut haben (Fall *Ahmut*), kein hinreichendes Gewicht ein. Dies gilt insbesondere vor dem Hintergrund, dass sich im Gegensatz zu den klassischen Aufenthaltsbeendigungsfällen die Gründe gegen die grundsätzliche Nachzugsgewährung und die Inkaufnahme der Aufenthaltsbeendigung durch den Zusammenführenden nicht aus dem Ziel der Verhinderung von Straftaten, sondern „nur" aus dem Ziel der Integrationsförderung u.Ä. ergeben. Einem großen Teil der Bevölkerung wird dadurch ein erhebliches Maß an Unsicherheit zugemutet, obwohl sie sich rechtmäßig und legal in den EMRK-Vertragsstaaten aufhalten. Der geringe menschenrechtliche Schutz ist im Hinblick darauf, dass ein Großteil der Bevölkerung selbst Migrationserfahrung hat und Drittstaatsangehörige erneut gezielt angeworben werden, nicht angemessen. Zudem steht zu erwarten, dass angesichts der Gewährung eines Rechts auf Familienzusammenführung durch die EMRK-Vertragsstaaten, die der Europäischen Union angehören, der menschenrechtliche Schutz i.R.d. Art. 8 EMRK künftig zumindest derart ausgeweitet wird, dass das Interesse wirtschaftlich etablierter, dauerhaft aufhältiger Ausländer an der Führung ihres Familienlebens im Land ihres Aufenthalts künftig zumindest nach einer bestimmten Wartefrist andere staatliche Interessen überwiegt.

Nicht die Menschenrechte, sondern die 2003 erlassene Familienzusammenführungs-RL setzt dem Gesetzgeber die entscheidenden Grenzen für die Regelung der Familienzusammenführung zu Drittstaatsangehörigen zum Zwecke der Integration. Die Einschränkung des nationalen Handlungsspielraums folgt zum einen aus dem durch die Richtlinie gewährten Recht auf Familienzusammenführung, als dessen Konsequenz die Ausnahmen von diesem Anspruch, wie beispielsweise Familiennachzugsvoraussetzungen zum Zwecke der Integration, eng auszulegen sind. Zum anderen wird der gesetzgeberische Handlungsspielraum durch die in der Richtlinie enthaltenen Stillhalteklauseln und konkreten Nachzugsvoraussetzungen sowie durch die Pflicht zur Wahrung der Verhältnismäßigkeit und Einzelfallabwägung beschränkt. Aufgrund der Stillhalteklauseln und sonstigen Vorgaben der Familienzusammenführungs-RL bleiben dem nationalen Gesetzgeber mittlerweile nur Gestaltungsspielräume betreffend Integrationsmaßnahmen, die Altersgrenze von 21 Jahren sowie Wartefristen beim Nachzug von Erwachsenen. Der Nachzug minderjähriger Kinder kann wegen der in der Richtlinie enthaltenen Stillhalteklauseln nicht mehr durch neue

Umsetzungsvorschriften aus Gründen der Integration, z.B. durch Integrationskriterien und Altersgrenzen, eingeschränkt werden.

C. Integrationswirkung und Rechtmäßigkeit der aufenthaltsrechtlichen Familiennachzugsregelungen

Das deutsche Einreiserecht für Familienangehörige Drittstaatsangehöriger ist gekennzeichnet durch Nachzugsansprüche für die Kernfamilie, Wartefristen, Altersgrenzen, wirtschaftliche Nachzugsanforderungen und Integrationsanforderungen in Form von Sprachnachweisen u.Ä. Die meisten dieser Familiennachzugsregelungen bezwecken die Integrationsförderung. Lediglich das Erfordernis eines mindestens ein Jahr gültigen Aufenthaltstitels bei bestimmten Zusammenführenden und die Begrenzung des Kreises der Nachzugsberechtigten dienen nur der Zuwanderungsbegrenzung. Außerdem soll das Einkommenserfordernis die öffentlichen Haushalte schützen. Wie nachfolgend geschildert wird, führt die Analyse der Integrationswirkung der Familienzusammenführungsregelungen jedoch zu dem Ergebnis, dass die einreiserechtlichen Familienzusammenführungsregelungen trotz ihrer Zielsetzung die Integration kaum fördern und teilweise auch aus Rechtsgründen Optimierungsbedarf aufweisen. Als integrationsförderlich wurden im Rahmen dieser Arbeit Nachzugsregelungen bezeichnet, die die wirtschaftliche oder gesellschaftliche Eingliederung fördern, den Integrationswillen nicht beeinträchtigen und die Aufnahmegesellschaft nicht überfordern. Die Untersuchung hat ergeben, dass das Einreiserecht für Familienangehörige die Integration bislang nicht bestmöglich fördert.

Positiv auf die Integration des Zusammenführenden wirkt sich die Nachzugsberechtigung von Ehegatten und Kindern aus. Besonders förderlich für die Arbeitsmarktintegration des Zusammenführenden ist die Familienzusammenführung in Regionen mit einer schwierigen Arbeitsmarktsituation.

Das Mindestvoraufenthaltserfordernis von zwei Jahren für Zusammenführende beim Ehegattennachzug verzögert allerdings den Familiennachzug und verschiebt damit auch den Integrationsbeginn, ohne dass Vorteile für die Integration des Nachziehenden nachgewiesen wären oder sich daraus Vorteile für die Aufnahmefähigkeit der Aufnahmegesellschaft ergeben würden. Das Mindestvoraufenthaltserfordernis von zwei Jahren verstößt außerdem gegen die in Art. 19 Nr. 6 ESC verankerte Pflicht zur Förderung der Familienzusammenführung, die nur eine Verzögerung um ein Jahr zulässt. Auf das Mindestvoraufenthaltserfordernis sollte daher verzichtet werden.

Die Beschränkung der Nachzugsgewährung für Angehörige außerhalb der Kernfamilie schmälert die Integration des Zusammenführenden, indem sie deren Integrationswillen beeinträchtigt. Außerdem ist die Beschränkung für das Ziel der Zuwanderungsbegrenzung nicht im gegebenen Umfang erforderlich: Zumindest dann, wenn der Nachzugsanspruch auf ältere Angehörige beschränkt würde, wären die Risiken einer Arbeitsmarktüberlastung oder einer Überlastung der Integrationsinfrastruktur bei großzügigerer Zulassung dieser Familienangehörigen minimal. Gleiches gilt für das Risiko für den öffentlichen Haushalt, sofern der Nachzug an den Nachweis der Lebensunterhaltssicherung geknüpft würde. Eine Ausdehnung des Kreises der Nachzugsberechtigten könnte sich außerdem positiv auf die Bleibeabsichten von Fachkräften auswirken. Zumindest Angehörige ersten Grades in aufsteigender Linie, d.h. Großeltern, sollten dementsprechend unter der Voraussetzung der Lebensunterhaltssicherung Nachzugsansprüche erhalten.

Auch die Integrationswirkung der übrigen Nachzugsvoraussetzungen ist gering. Die wirtschaftlichen Nachzugsvoraussetzungen vermitteln Sicherheit und stärken dadurch die Integration in der Anfangszeit nach der Einreise, besonders von Frauen. Langfristig kann sich die durch das Einkommenserfordernis vermittelte Sicherheit aber nachteilig auf die Motivation zu eigener Berufstätigkeit auswirken. Die Folgen eines Verzichts auf das Einkommenserfordernis für den öffentlichen Haushalt sind jedoch kaum abzuschätzen, sodass sich dieser Schritt nicht empfiehlt. Ebenso ist der Verzicht auf das Wohnraumerfordernis angesichts der dadurch vermittelten Sicherheit für den Nachziehenden und der fehlenden Probleme mit dieser Regelung nicht empfehlenswert.

Für die Altersgrenzen konnte weder ein positiver Einfluss auf die Integration noch eine Wirkung auf das Nachzugsverhalten nachgewiesen werden. Dies gilt für die mit dem Spracherfordernis C 1 GER verknüpfte Altersgrenze für Kinder von 16 Jahren ebenso wie für die Altersgrenze beim Ehegattennachzug. Eltern lassen ihre Kinder unabhängig von dieser Altersgrenze in möglichst jungem Alter nachziehen. Aufgrund der in der Familienzusammenführungs-RL enthaltenen Stillhalteklausel ließe sich eine niedrigere Altersgrenze als 16 Jahre beim Kindernachzug allerdings nicht mehr einführen. Die Wirkung der Altersgrenze von 18 Jahren beim Ehegattennachzug ist ebenfalls minimal, da schon zuvor Nachzüge unter 18 Jahren nur äußerst selten vorkamen. Die Regelung hat somit keinen sachlichen Regelungsbedarf. Wegen ihrer fehlenden Wirkung beeinträchtigt die Altersgrenze die Integration allerdings auch nicht.

Dass das Spracherfordernis A 1 GER beim Ehegattennachzug die Integration langfristig verbessert, ist weder belegt noch lässt es sich aufgrund des geringen geforderten Sprachniveaus vermuten. Die Familienzusammenführungs-RL unterbindet außerdem die Möglichkeit, höhere Sprachkenntnisse als A 1 GER zu verlangen, die eine bessere Arbeitsmarktintegration ermöglichen würden.

Das Spracherfordernis verbessert jedoch das Ankommen der Ehegatten. Die Integration der Nachziehenden schon vor der Einreise beginnen zu lassen, ist damit insgesamt ein richtiger Ansatz. Die Ausgestaltung in Form des Spracherfordernisses für Ehegatten lässt aber Optimierungsbedarf erkennen. Vor allem sollte der Sprachnachweis um Kenntnisse der Gesellschaft und Institutionen ergänzt werden, die das Zurechtfinden und die Handlungsfähigkeit von Ehegatten verbessern und damit auch die Zeitspanne bis zum Besuch eines Integrationskurses verkürzen können.

Möglichkeiten zur besseren Integrationsförderung bestehen auch beim Familiennachzugsverfahren. Der Mangel an Transparenz und die teilweise lange Verfahrensdauer sind aus Integrationsgesichtspunkten Schwierigkeiten, die es zu lösen gilt. Das Familiennachzugsverfahren ist nicht darauf ausgerichtet, die Zeit von der Stellung des Nachzugsantrags im Ausland bis zum Beginn eines Integrationskurses nach der Einreise möglichst kurz zu halten und effizient für Integrationsanstrengungen zu nutzen. Für die Gruppe der Ehegatten ist der Zeitraum nach der Einreise bis zur Geburt von Kindern das Zeitfenster, das für die Schaffung von Grundlagen zur Integrationsförderung am vielversprechendsten genutzt werden kann. Ansätze zur Verfahrensoptimierung, beispielsweise durch Erteilung einer Aufenthaltserlaubnis nach der Einreise von Amts wegen wie in den Niederlanden sollten daher genutzt werden.

D. Ausblick

Die direkte Steuerung der Familienzusammenführung nach Humankapitalkriterien zum Zwecke der Integration ist aufgrund europa- und verfassungsrechtlicher Vorgaben faktisch ausgeschlossen. Auf den ersten Blick wirksamere Instrumente zur Förderung der Integration, wie beispielsweise ein höheres Sprachniveau als A 1 GER für die Einreise bei Ehegatten oder eine Altersgrenze für Kinder von 12 Jahren scheitern insbesondere an den Vorgaben der Familienzusammenführungs-RL. Die Möglichkeit, derartige Regelungen einzuführen, hängen daher von einer Änderung der Familienzusammenführungs-RL ab, die derzeit nicht absehbar ist. Eine beträchtliche Erhöhung der Anforderungen würde aber immer auch das Risiko der Störung der Integration durch Beeinträchtigung des Familienlebens umfassen. Die einreiserechtliche Steuerung des Zuzugs von Familienangehörigen nach ihrer Qualifikation ist demzufolge hauptsächlich nur mittelbar möglich über eine Steuerung der Zuwanderung von Zusammenführenden. Im Hinblick darauf, dass seit Jahren die Zuwanderung von Hochqualifizierten zunimmt, hat die Politik diesbezüglich die richtigen Weichen gestellt.

Dennoch wäre eine bessere Integrationsförderung durch das Familiennachzugsrecht möglich, wenn es klarer an diesem Ziel ausgerichtet wäre. Dieses kann weiterhin verpflichtende Integrationsmaßnahmen vor der Einreise enthalten. Die Verpflichtung an sich hat sich nicht als integrationshinderlich erwiesen. Auch ist es angesichts der häufig kurz nach der Einreise beginnenden Familiengründung wichtig, schon die Zeit vor der Einreise für Integrationsanstrengungen zu nutzen. Die Integrationsmaßnahmen sollten sich wegen der geringen integrationsfördernden Wirkung jedoch nicht auf den Spracherwerb beschränken, sondern auch interkulturelle und infrastrukturelle Aspekte umfassen, um eine bessere Integrationswirkung zu erzielen. Außerdem müssen die übrigen Regelungen über das Verfahren und den Aufenthalt an die Einreiseregelungen besser angepasst werden. Kernpunkt ist eine möglichst zügige Durchführung des Nachzugsverfahrens. Sonstige Regelungsgründe, wie die Zuwanderungsbegrenzung, sollten wegen ihrer potenziell integrationshindernden Wirkung nur dann Einfluss auf das Familiennachzugsrecht haben, wenn hierfür ein erheblicher Bedarf besteht. Es sollten zudem die einreiserechtlichen Regelungen abgeschafft werden, die in der Vergangenheit ihre Berechtigung gehabt haben mögen, in ihrer derzeitigen Ausgestaltung aber keinen nachgewiesenen Nutzen für die Integration haben. Bestes Beispiel hierfür ist das Mindestvoraufenthaltserfordernis.

Das künftige Familiennachzugsrecht ist zudem auf die Änderung des Familiennachzugsgeschehens infolge der starken Zunahme der Zuwanderung von Flüchtlingen auszurichten. Bei ihren Familienangehörigen sind nicht nur Integrationsmaßnahmen vor der Einreise, sondern auch die Steuerung zum Schutz der öffentlichen Haushalte i.d.R. ausgeschlossen. Statt auf eine Integration im Ausland, muss der Fokus daher auf einer effektiven Integration nach der Einreise liegen. Das Familiennachzugsrecht sollte demnach den Schwerpunkt stärker auf die Schaffung von Anreizen für eine frühzeitige Integration nach der Einreise setzen. Ein Kernelement dieses Ansatzes ist der unmittelbare Integrationskursbeginn nach der Einreise. Der Verfahrensoptimierung kommt hierfür wesentliches Gewicht zu. Denkbar ist aber auch die Schaffung weiterer Integrationspflichten und Anreize für eine schnelle Arbeitsmarktintegration, z.B. die Einführung einer Schulpflicht unabhängig vom Alter für Zuwanderer ohne Bildungsabschluss oder die Verkürzung des Zeitraums bis zum Erhalt eines selbstständigen Aufenthaltstitels für Personen, die zusätzliche Integrationsanforderungen erfüllen, z.B. eine Ausbildung, ein höheres Sprachniveau oder eigene Erwerbstätigkeit.

Angesichts der anhaltend steigenden Familiennachzugszahlen wird es eine Herausforderung bleiben, das Familiennachzugsrecht konsequent am Ziel der Integration auszurichten.

Literaturverzeichnis

AFG: Stellungnahme der AGF zum Grünbuch zum Recht auf Familienzusammenführung von in der Europäischen Union lebenden Drittstaatsangehörigen (Richtlinie 2003/86/EG) KOM(2011) 735 endgültig, Februar 2012, online: https://ec.europa.eu/home-affairs/sites/homeaffairs/files/what-is-new/public-consultation/2012/pdf/0023/famreun/nationalngossocialpartners/de_-_arbeitsgemeinschaft_der_deutschen_familienorganisationen_(agf)_e.v.pdf#zoom=100 (letzter Abruf: 27.08.2017). Zit.: *AFG*, Stellungnahme zum Grünbuch zur Familienzusammenführung.

Aybek, Can M.; *Straßburger, Gaby*; *Yüksel-Kaptanoğlu, İlknur*: Marriage Migration from Turkey to Germany: Risks and Coping Strategies of Transnational Couples, in: Aybek, Can M.; Huinink, Johannes, Mattarak, Raya (Hrsg.): Spatial Mobility, Migration, and Living Arrangements, Cham, Heidelberg, New York u.a. 2015, Kapitel 2, S. 23–42. Zit.: *Aybek/Straßburger u.a.*, Marriage Migration from Turkey to Germany, in: Aybek/Huinink u.a., Spatial Mobility, Migration, and Living Arrangements, S. 23 ff.

Bade, Klaus: Ausländer- und Asylpolitik in der Bundesrepublik Deutschland, Grundprobleme und Entwicklungslinien, in: Mehrländer, Ursula (Hrsg.), Einwanderungsland Deutschland: bisherige Ausländer- und Asylpolitik, Bonn 1993, S. 51–67. Zit.: *Bade*, Ausländer- und Asylpolitik, in: Mehrländer, Einwanderungsland Deutschland, S. 51 ff.

Bade, Klaus: Sozialhistorische Migrationsforschung, Reihe: Studien zur Historischen Migrationsforschung Bd. 13, Göttingen 2004. Zit.: *Bade*, Sozialhistorische Migrationsforschung.

Bade, Klaus: Von der Arbeitswanderung zur Einwanderungsgesellschaft – Teil 1, ZAR 2010, S. 7–13.

BAMF: Migrationsbericht 2006 des Bundesamtes für Migration und Flüchtlinge im Auftrag der Bundesregierung, Bundesministerium des Innern (Hrsg.), Nürnberg, 1. Aufl. Dezember 2007, auch online: https://www.bamf.de/SharedDocs/Anlagen/DE/Publikationen/Migrationsberichte/migrationsbericht-2006.pdf?__blob=publicationFile (letzter Abruf: 26.08.2017). Zit.: *BAMF*, Migrationsbericht 2006

BAMF: Migrationsbericht 2007 des Bundesamtes für Migration und Flüchtlinge im Auftrag der Bundesregierung, Bundesministerium des Innern (Hrsg.), Nürnberg, Dezember 2008, auch online: https://www.bamf.de/SharedDocs/Anlagen/DE/Publikationen/Migrationsberichte/migrationsbericht-2007.pdf?__blob=publicationFile (letzter Abruf: 26.08.2017). Zit.: *BAMF*, Migrationsbericht 2007.

BAMF: Bericht zur Integrationskursgeschäftsstatistik für das Jahr 2009, Abfragestand: 06.04.2010, online: http://www.bamf.de/SharedDocs/Anlagen/EN/Downloads/Infothek/Integrationskurse/Kurstraeger/Statistiken/integrationskursgeschaeftsstatistik_2009_en_Bundesgebiet.pdf?__blob=publicationFile (letzter Abruf: 26.08.2017). Zit.: *BAMF*, Integrationskursgeschäftsstatistik 2009.

BAMF: Migrationsbericht 2015 des Bundesamtes für Migration und Flüchtlinge im Auftrag der Bundesregierung, Bundesministerium des Innern (Hrsg.), Nürnberg, Dezember 2016, auch online: https://www.bamf.de/SharedDocs/Anlagen/DE/Publikationen/Migrationsberichte/migrationsbericht-2015.pdf?__blob=publicationFile (letzter Abruf: 26.08.2017). Zit.: *BAMF*, Migrationsbericht 2015.

BAMF: Curriculum für einen bundesweiten Orientierungskurs, Überarbeitete Neuauflage für 100 UE – April 2017, S. 35, online: https://www.bamf.de/SharedDocs/Anlagen/DE/Downloads/Infothek/Integrationskurse/Kurstraeger/KonzepteLeitfaeden/curriculum-orientierungskurs-pdf.pdf?__blob=publicationFile (26.08.2017). Zit.: *BAMF*, Curriculum für einen bundesweiten Orientierungskurs, April 2017.

BAMF: Aktuelle Zahlen zu Asyl, Ausgabe: Juli 2017, online: http://www.bamf.de/SharedDocs/Anlagen/DE/Downloads/Infothek/Statistik/Asyl/aktuelle-zahlen-zu-asyl-juli-2017.pdf?__blob=publicationFile (letzter Abruf: 26.08.2017).

BAMF: Sonderauswertung aus den Daten der BAMF-Heiratsmigrationsstudie 2013 v. 10.08.2017, bei den Akten d. Verf.

Baraulina, Tatjana; *Bitterwolf, Maria*: Resettlement: Aufnahme- und Integrationserfahrungen von besonders schutzbedürftigen Flüchtlingen, Qualitative Studie, Working Paper 70, Bundesamt für Migration und Flüchtlinge (Hrsg.), Nürnberg, November 2016, online: https://www.bamf.de/SharedDocs/Anlagen/DE/Publikationen/WorkingPapers/wp70-resettlement-aufnahme-integrationserfahrungen.pdf?__blob=publicationFile (letzter Abruf: 26.08.2017). Zit.: *Baraulina/Bitterwolf*, BAMF-Resettlementstudie.

Barwig, Klaus: Ein halbes Jahrhundert Arbeitsmigration nach Deutschland – ein halbes Jahrhundert Familiennachzug, ZAR 2014, S. 42–51.

Beck, Marieluise: Die integrationspolitische Debatte in Deutschland, in: Barwig, Klaus; Davy, Ulrike (Hrsg.): Auf dem Weg zur Rechtsgleichheit? Hohenheimer Tage zum Ausländerrecht 2003 und 2004, Baden-Baden 2004, S. 26–29. Zit.: *Beck*, Die integrationspolitische Debatte in Deutschland, in: Barwig/Davy, Auf dem Weg zur Rechtsgleichheit? Hohenheimer Tage zum Ausländerrecht 2003 und 2004, S. 26 ff.

Benassi, Günter: Die Bedeutung des Schutzes des Privatlebens durch Art. 8 EMRK für die humanitären Aufenthaltsrechte am Beispiel des § 25 Abs. 5 AufenthG – Zum Einfluss von Art. 3 Abs. 1 UN-Kinderrechtskonvention, InfAuslR 2010, S. 283–292.

Bergmann, Jan; Dienelt, Klaus (Hrsg.): Ausländerrecht, Kommentar, 12. Aufl., München 2018. Zit.: *Bearbeiter*, in: Bergmann/Dienelt, Ausländerrecht.

Berlit, Uwe: Ausländerrecht im Wandel – neuere Rechtsprechung zum Ausländerrecht, ZAR 2014, S. 261–278.

Bernsdorff, Norbert: Probleme der Ausländerintegration in verfassungsrechtlicher Sicht, Eine Untersuchung der drei wichtigsten Eingliederungskonzepte, Reihe: Europäische Hochschulschriften, Reihe II Rechtswissenschaft, Band 520, Frankfurt a.M., Bern, New York 1986. Zit.: *Bernsdorff*, Probleme der Ausländerintegration.

Boeles, Pieter: Directive on Family Reunification: Are the Dilemmas Resolved?, EJML 2001, S. 61–71.

Boeles, Pieter; Den Heijer, Maarten; Lodder, Gerrie; Wouters, Kees: European Migration Law, 2. Aufl. Cambridge, Antwerpen, Portland 2014. Zit.: *Boeles/Den Heijer u.a.*, European Migration Law.

Brücker, Herbert; Liebau, Elisabeth; Romiti, Agnese; Vallizadeh, Ehsan: Arbeitsmarktintegration von Migranten in Deutschland, Anerkannte Abschlüsse und Deutschkenntnisse lohnen sich, IAB-Kurzbericht 21.3/2014, in: IAB (Hrsg.), IAB Kurzbericht 21/2014 Spezial, S. 21–28, online: http://doku.iab.de/kurzber/2014/kb2114.pdf (letzter Abruf: 26.08.2017). Zit.: *Brücker/Liebau u.a.*, IAB-Kurzbericht 21.3/2014, S. 21 ff.

Brücker, Herbert; Tucci, Ingrid; Bartsch, Simone; Kroh, Martin; Trübswetter, Parvati; Schupp, Jürgen: Auf dem Weg nach Deutschland, Neue Muster der Integration, IAB-Kurzbericht 21.1/2014, in: IAB (Hrsg.), IAB Kurzbericht 21/2014 Spezial, S. 3–12, online: http://doku.iab.de/kurzber/2014/kb2114.pdf (letzter Abruf: 26.08.2017). Zit.: *Brücker/Tucci u.a.*, IAB-Kurzbericht 21.1/2014, S. 3 ff.

Bundesanstalt für Arbeitsvermittlung und Arbeitslosenversicherung: Beschäftigung, Anwerbung, Vermittlung Ausländischer Arbeitnehmer, Erfahrungsbericht 1964, Nürnberg, auch online: https://statistik.arbeitsagentur.de/Statistikdaten/Detail/196412/anba/auslaenderbesch/auslaenderbesch-d-0-pdf.pdf (letzter Abruf: 26.08.2017). Zit.: *Bundesanstalt für Arbeitsvermittlung und Arbeitslosenversicherung*, Erfahrungsbericht 1964.

Büttner, Tobias; Stichs, Anja: Die Integration von zugewanderten Ehegattinnen und Ehegatten in Deutschland, BAMF-Heiratsmigrationsstudie 2013, Forschungsbericht 22, Bundesamt für Migration und Flüchtlinge (Hrsg.), Nürnberg 2014. Zit.: *Büttner/Stichs*, BAMF-Heiratsmigrationsstudie.

Calliess, Christian; Ruffert, Matthias (Hrsg.): EUV/AEUV, Das Verfassungsrecht der Europäischen Union mit Europäischer Grundrechtecharta, Kommentar, München, 5. Aufl. 2016. Zit.: *Bearbeiter*, in: Calliess/Ruffert, EUV/AEUV.

Caroni, Martina: Privat- und Familienleben zwischen Menschenrecht und Migration, Eine Untersuchung zu Bedeutung, Rechtsprechung und Möglichkeiten von Art. 8 EMRK im Ausländerrecht, Berlin 1999. Zit.: *Caroni*, Privat- und Familienleben zwischen Menschenrecht und Migration.

Carrera, Sergio: In Search of the Perfect Citizen? The Intersection between Integration, Immigration and Nationality in the EU, Leiden, Boston 2009. Zit.: *Carrera*, In Search of the Perfect Citizen?.

CDU, CSU und SPD: Gemeinsam für Deutschland – Mit Mut und Menschlichkeit, Koalitionsvertrag zwischen CDU, CSU und SPD v. 11.11.2005, online: http://www.cdu.de/system/tdf/media/dokumente/05_11_11_Koalitionsvertrag_Langfassung_navigierbar_0.pdf?file=1&type=node&id=1100 (letzter Abruf: 26.08.2017). Zit.: *CDU, CSU und SPD,* Koalitionsvertrag 2005.

Cholewinski, Ryszard: Migrant Workers in International Human Rights Law: Their Protection in Countries of Employment, Oxford 1997. Zit.: *Cholewinski*, Migrant Workers.

Cholewinski, Ryszard: Family Reunification and Conditions Placed on Family Members: Dismantling a Fundamental Human Right, EJML 2002, S. 271–290.

Cholewinski, Ryszard: The legal status of migrants admitted for employment, Committee of experts on the legal status and rights of immigrants, A comparative study of law and practice in selected European states, Strasbourg 2004. Zit.: *Cholewinski*, The legal status of migrants admitted for employment.

Cleton, Laura; *Seiffert, Laura*; *Wörmann, Henrika*: Family Reunification of Third-Country Nationals, Dutch National Report, Mai 2017, online: https://ec.europa.eu/home-affairs/sites/homeaffairs/files/20b_netherlands_family_reunification_national_report_nl.pdf (letzter Abruf: 26.08.2017). Zit.: *Cleton/Seiffert u.a.*, Family Reunification of Third-Country Nationals, EMN Dutch National Report 2017

Davy, Ulrike: Integration of Immigrants in Germany, A Slowly Evolving Concept, EJML 2005, S. 123–144.

Der Spiegel: Ausländer: „Schmerzhafte Grenze gezogen“, Ausgabe 50/1981 v. 07.12.1981, S. 24–32.

Djb): Stellungnahme zum Grünbuch der Europäischen Kommission zum Recht auf Familienzusammenführung von in der Europäischen Union lebenden Drittstaatsangehörigen (Richtlinie 2003/86/EG), Fassung v. 04.02.2012, online: https://ec.europa.eu/home-affairs/sites/homeaffairs/files/what-is-new/public-consultation/2012/pdf/0023/famreun/nationalngossocialpartners/de_-_deutscher_juristinnenbund_e.v.pdf#zoom=100 (letzter Abruf: 26.08.2017). Zit.: *Djb*, Stellungnahme zum Grünbuch zur Familienzusammenführung.

Deutsche Welle: Rubrik „Deutsch lernen", online: http://www.dw.com/de/deutsch-lernen/s-2055 (letzter Abruf: 26.08.2017).

de Vries, *Karin Maria*: Integration at the border, The Dutch Act on Integration Abroad and International Immigration Law, Oxford, Portland, Oregon 2013. Zit.: de Vries, Integration at the border.

Dienelt, Klaus: Der ordre public-Vorbehalt in der Familienzusammenführungsrichtlinie, InfAuslR 2005, S. 445–450.

Dienelt, Klaus: BVerwG: Kindernachzug bei fehlender Möglichkeit der alleinigen Sorgerechtsübertragung, 2008, online: http://www.migrationsrecht.net/Nachrichten-Rechtsprechung/bverwg-kindernachzug-sorgerecht-familienzusammenfngsrichtlinie-200386eg.html (letzter Abruf: 26.08.2017). Zit.: *Dienelt*, BVerwG: Kindernachzug bei fehlender Möglichkeit der alleinigen Sorgerechtsübertragung.

Eichenhofer, Johannes: Begriff und Konzept der Integration im Aufenthaltsgesetz, Baden-Baden 2013.

EMN: Annual Policy Reports, online: http://ec.europa.eu/dgs/home-affairs/what-we-do/networks/european_migration_network/reports/nationalreports/index_en.htm (letzter Abruf: 07.11.2016). Zit.: *EMN*, Annual Policy Report, Jahr, Land.

EMN: EMN Synthesis Report for the EMN Focussed Study 2016 Family Reunification of Third-Country Nationals in the EU plus Norway: National Practices, Stand: April 2017, online: https://ec.europa.eu/home-affairs/sites/homeaffairs/files/00_family_reunification_synthesis_report_final_en_print_ready_0.pdf (letzter Abruf: 29.08.2017). Zit.: *EMN*, Family Reunification of Third-Country Nationals, Synthesis Report 2017.

EMN-French Contact Point: Third Focussed Study 2016 Family Reunification of Third-Country Nationals in France, online: https://ec.europa.eu/home-affairs/sites/homeaffairs/files/10a_france_family_reunification_en.pdf (letzter Abruf: 26.08.2017). Zit.: *EMN-French Contact Point*, Family Reunification to Third-Country Nationals, EMN National Report France 2017.

Entzinger, Han; *Biezeveld, Renske*: Benchmarking in Immigrant Integration, August 2003, online: https://ec.europa.eu/home-affairs/sites/homeaffairs/files/e-library/documents/policies/legal-migration/pdf/general/benchmarking_final_en.pdf (letzter Abruf: 26.08.2017).

Epiney, Astrid: Von Akrich über Jia bis Metock: zur Anwendbarkeit der gemeinschaftlichen Regeln über den Familiennachzug – Gleichzeitig eine Anmerkung zu EuGH, Urt. v. 25.07.2008, Rs. C-127/08 (Metock), EuR 2008, S. 840–858.

Esser, Hartmut: Aspekte der Wanderungssoziologie, Assimilation und Integration von Wanderern, ethnischen Gruppen und Minderheiten. Eine handlungstheoretische Analyse, Darmstadt 1980. Zit.: *Esser,* Aspekte der Wanderungssoziologie.

Esser, Hartmut: Migration, Sprache und Integration, AKI-Forschungsbilanz 4, Arbeitsstelle Interkulturelle Konflikte und gesellschaftliche Integration (AKI), Wissenschaftszentrum Berlin für Sozialforschung (WZB) (Hrsg.), Januar 2006, online: https://nbn-resolving.org/urn:nbn:de:0168-ssoar-113493 (letzter Abruf: 09.03.2019). Zit.: *Esser*, Migration, Sprache und Integration, WZB.

Europarat, Common European Framework of Reference for Languages: Learning, Teaching, Assessment, online: http://www.coe.int/t/dg4/linguistic/Source/Framework_EN.pdf (letzter Abruf: 26.08.2017).

Fehrenbacher, Ansgar: Einreise und Aufenthalt von türkischen Staatsangehörigen unter besonderer Berücksichtigung des Assoziationsratsbeschlusses 1/80 (ARB 1/80), ZAR 2008, S. 335–343.

Fischer-Lescano, Andreas: Verschärfung des Ausländerrechts unter dem Deckmantel der Umsetzung von EU-Richtlinien, KJ 2006, S. 236–246.

Fortunato, Sérgio Fernandes: Internationaler Schutz der Familie am Beispiel der Europäischen Sozialcharta, EuR 2008, S. 27–44.

Franz, Fritz: Energiekrise und Ausländerbeschäftigung, DVBl 1974, S. 350–352.

Französische Botschaft Ankara: Tests linguistiques pour les conjoints de Français v. 21.10.2011, online: http://www.ambafrance-tr.org/spip.php?article1245 (letzter Abruf: 26.08.2017).

Fricke, Anne-Kathrin: Neuere Rechtsprechung des Bundesverwaltungsgerichts zum Ausländerrecht, ZAR 2010, S. 253–259.

Frowein, Jochen Abr.; *Peukert, Wolfgang (Hrsg.):* Europäische Menschenrechtskonvention, EMRK-Kommentar, Kehl am Rhein, Stand: 3. Aufl. 2009. Zit.: *Bearbeiter*, in: Frowein/Peukert, EMRK-Kommentar.

Funke-Kaiser, Michael: Das Erfordernis deutscher Sprachkenntnisse des nachziehenden Ehegatten, InfAuslR 2010, S. 9–14.

Göbel-Zimmermann, Ralph: Verfassungswidrige Hürden für den Ehegattennachzug nach dem Richtlinienumsetzungsgesetz, ZAR 2008, S. 169–176.

Göbel-Zimmermann, Ralph; *Masuch, Thorsten*: Regelungsbedarf für eine Einwanderungsgesetzgebung? ZRP 1998, S. 435–441.

Goethe-Institut: Goethe-Zertifikat A 1: Start Deutsch 1, Durchführungsbestimmungen v. 01.04.2013 (nachfolgend: Goethe-Zertifikat-A 1-Durchführungsbestimmungen), § 1.1 und 1.4, online: http://www.goethe.de/lrn/prf/pro/de/Durchfuehrungsbestimmungen_A1_Start_Deutsch_1.pdf (letzter Abruf: 26.08.2017). Zit.: *Goethe-Institut*, Zertifikat-A-1-Durchführungsbestimmungen.

Goethe Institut: Rubrik „Deutsch online", online: http://www.goethe.de/lrn/prj/fer/deindex.htm (letzter Abruf: 26.08.2017).

Grabenwarter, Christoph; *Pabel, Katharina*: Europäische Menschenrechtskonvention, ein Studienbuch, 6. Aufl., München, Basel, Wien 2016. Zit.: *Grabenwarter/Pabel*, EMRK.

Grabitz, Eberhard (Begr.); Hilf, Meinhard; Nettesheim, Martin (Hrsg.): Das Recht der Europäischen Union, München, Art. 19 EUV: 68. Ergänzungslieferung 2016; Art. 79 AEUV: 67. Ergänzungslieferung 2015. Zit.: *Bearbeiter*, in: Grabitz/Hilf u.a., Das Recht der Europäischen Union.

Groenendijk, Kees: Legal Concepts of Integration in EU Migration Law, EJML 2004, S. 111–126.

Groenendijk, Kees: Family Reunification as a Right under Community Law, EJML 2006, S. 215–230=Familienzusammenführung als Recht nach Gemeinschaftsrecht, ZAR 2006, S. 191–198.

Groenendijk, Kees: Pre-departure Integration Strategies in the European Union: Integration or Immigration Policy?, EJML 2011, S. 1–30.

Gröpl, Christoph; *Windthorst, Kay*; *von Coelln, Christian*: Studienkommentar zum Grundgesetz, München 2013. Zit.: Gröpl/Windthorst/von Coelln, Studienkommentar zum Grundgesetz.

Gross, Thomas: Integration of Immigrants: The Perspective of European Community Law, EJML 2005, S. 145–161.

Grote, Janne: Familiennachzug von Drittstaatsangehörigen nach Deutschland, Fokusstudie der deutschen nationalen Kontaktstelle für das Europäische Migrationsnetzwerk (EMN), BAMF (Hrsg.), Working Paper 73, Nürnberg, Dezember 2016, auch online: https://www.bamf.de/SharedDocs/Anlagen/DE/Publikationen/EMN/Studien/wp73-emn-familiennachzug-drittstaatsangehoerige-deutschland.pdf?__blob=publicationFile (letzter Abruf: 13.09.2017). Zit.: *Grote*, Familiennachzug von Drittstaatsangehörigen nach Deutschland, EMN-Fokusstudie 2016.

Guild, Elspeth: Immigration Law in the European Community, Den Haag, London, Boston 2001. Zit.: *Guild*, Immigration Law in the European Community.

Gutmann, Rolf: Visum für den Familiennachzug, NJW 2010, S. 1124–1125.

Gutmann, Rolf: Rückschritt statt Standstill, NVwZ 2015, S. 345–349.

Hailbronner, Kay: Die Richtlinie zur Familienzusammenführung, FamRZ 2005, S. 1–8.

Hailbronner, Kay: Die Neuregelung des Ehegattennachzugs im Kreuzfeuer des Verfassungs- und Europarechts, FamRZ 2008, S. 1583–1589.

Hailbronner, Kay: Einreise und Aufenthalt türkischer Staatsangehöriger im Assoziationsrecht EWG-Türkei – Anmerkungen zur Rechtsprechung des EuGH, ZAR 2011, S. 322–329.

Hailbronner, Kay; *Thym, Daniel*: Ruiz Zambrano – Die Entdeckung des Kernbereichs der Unionsbürgerschaft, NJW 2011, S. 2008–2014.

Hailbronner, Kay; *Thym, Daniel (Hrsg.)*: EU Immigration and Asylum Law, A Commentary, München, 2. Aufl. 2016. Zit.: *Bearbeiter*, Rechtsakt, in: Hailbronner/Thym, EU Immigration and Asylum Law.

Hammann, Andrea: Der Übergang von der vorintegrativen Sprachförderung zum Integrationskurs – Analyse und Handlungsempfehlungen, Goethe-Institut (Hrsg.), 2. Aufl. 2012, online: http://www.goethe.de/lhr/prj/daz/pro/Goethe-Institut_Evaluierungsbroschuere-Uebergangsmanagement.pdf (letzter Abruf: 27.08.2017). *Zit.*: *Hammann*, Der Übergang von der vorintegrativen Sprachförderung zum Integrationskurs, Goethe-Institut.

Handoll, John: Free Movement of Persons in the EU, Chichester 1995. Zit.: *Handoll*, Free Movement of Persons in the EU.

Hardy, Julien: The Objective of Directive 2003/86 Is to Promote the Family Reunification of Third Country Nationals, EJML 2012, S. 439–452.

Hauschild, Christoph: Neues europäisches Einwanderungsrecht: Das Recht auf Familienzusammenführung, ZAR 2003, S. 266–273.

Hellmann, Vanessa: Der Vertrag von Lissabon, Vom Verfassungsvertrag zur Änderung der bestehenden Verträge – Einführung mit Synopse und Übersichten, Berlin, Heidelberg 2009. Zit.: *Hellmann*, Der Vertrag von Lissabon.

Herbert, Ulrich: Geschichte der Ausländerpolitik in Deutschland, Saisonarbeiter, Zwangsarbeiter, Gastarbeiter, Flüchtlinge, Bonn 2003. Zit.: *Herbert*, Geschichte der Ausländerpolitik in Deutschland.

Herzog-Schmidt, Julia: Zuwanderung Hochqualifizierter, Die Blue-Card-Richtlinie 2009/50/EG und ihre Umsetzung in Deutschland, Baden-Baden 2014. Zit.: *Herzog-Schmidt*, Zuwanderung Hochqualifizierter.

Heß, Barbara, Zuwanderung von Fachkräften nach § 18 AufenthG aus Drittstaaten nach Deutschland, Ergebnisse einer schriftlichen Befragung von Arbeitsmigranten, BAMF (Hrsg.), Working Paper 44, Nürnberg, Stand: 10.05.2012, auch online: http://www.bamf.de/SharedDocs/Anlagen/DE/Publikationen/WorkingPapers/wp44-zuwanderung-fachkraefte.pdf;jsessionid=DD4C4315F6B105ECC47D6826AC235C6D.1_cid359?__blob=publicationFile (12.09.2017). Zit.: *Heß*, Zuwanderung von Fachkräften nach § 18 AufenthG.

Heß, Barbara: Zuwanderung von Hochqualifizierten aus Drittstaaten nach Deutschland, BAMF (Hrsg.), Working Paper 28, Nürnberg, Stand: September 2009, auch online: https://www.bamf.de/SharedDocs/Anlagen/DE/

Publikationen/WorkingPapers/wp28-hochqualifizierte.pdf?__blob=publicationFile (12.09.2017). *Heß*, Zuwanderung von Hochqualifizierten.

Hillgruber, Christian: Mindestalter und sprachliche Integrationsvorleistung – verfassungsgemäße Voraussetzungen des Ehegattennachzugs?, ZAR 2006, S. 304–317.

Home Office: Family reunification of Third Country Nationals in the European Union, National Contribution from the United Kingdom, EMN (Auftraggeber), März 2017, online: https://ec.europa.eu/home-affairs/sites/homeaffairs/files/28a_uk_family_reunification_final_en.pdf (letzter Abruf: 26.08.2017). Zit.: *Home Office*, Family Reunification of Third Country Nationals, EMN Country Report United Kingdom 2017.

Home Office: Immigration Directorate Instruction Family Migration: Appendix FM section 1.21 English Language Requirement – Family Members under Part 8, Appendix FM and Appendix Armed Forces, Stand: April 2017, online https://www.gov.uk/government/uploads/system/uploads/attachment_data/file/605687/Appendix_FM_Section_1.21.pdf (letzter Abruf: 26.08.2017). Zit.: *Home Office*, Immigration Directorate Instruction Family Migration.

Huddleston, Thomas; *Bilgili, Özge*; *Joki, Anne-Linde*; *Vankova, Zvezda*: Migrant Integration Policy Index 2015, Barcelona, Brüssel 2015, auch online: http://mipex.eu/sites/default/files/downloads/files/mipex-2015-book-a5.pdf (letzter Abruf: 29.08.2017). Zit.: *Huddleston/Bilgili u.a.*, Migrant Integration Policy Index 2015.

HRW *(Human Rights Watch)*: The Netherlands: Discrimination in the Name of Integration – Migrants' Rights under the Integration Abroad Act, May 2008, Number 1, online: http://www.hrw.org/sites/default/files/reports/netherlands0508.pdf (letzter Abruf: 26.08.2016). Zit.: HRW, The Netherlands: Discrimination in the Name of Integration.

IAB *(Hrsg.)*: Die IAB-SOEP-Migrationsstichprobe, Leben, lernen, arbeiten – wie es Migranten in Deutschland geht, IAB-Kurzbericht 21/2014, S. 1–2, online: http://doku.iab.de/kurzber/2014/kb2114.pdf (letzter Abruf: 26.08.2017). Zit.: *IAB (Hrsg.)*, Kurzbericht 21/2014 Spezial.

Iaf: „Haben Sie noch eine Idee?" Erfahrungen mit der Verschärfung beim Ehegattennachzug, Frankfurt a.M., September 2008, auch online: http://www.verband-binationaler.de/fileadmin/user_upload/Stellungnahmen/broschuere_ehegattennachzug.pdf (letzter Abruf: 07.09.2017). Zit.: *Iaf (Hrsg.)*, Haben Sie noch eine Idee?

Isensee, Josef/*Kirchhof, Paul* (Hrsg.), Handbuch des Staatsrechts, 3. Aufl, Heidelberg, Band IV: 2006, Band VII: 2009. Zit.: *Bearbeiter*, in: Isensee/Kirchhof, HStR, Bd.

Jarass, Hans D.; *Pieroth, Bodo*: Grundgesetz für die Bundesrepublik Deutschland, Kommentar, 14. Aufl., München 2016. Zit.: *Jarass/Pieroth*, GG.

Kingreen, Thorsten: Verfassungsfragen des Ehegatten- und Familiennachzugs im Aufenthaltsrecht, ZAR 2007, S. 13–20.

Kingreen, Thorsten/Poscher, Ralf: Grundrechte, Staatsrecht II, 33. Aufl., Heidelberg 2017. Zit.: *Kingreen/Poscher*, Grundrechte.

Kraler, Albert; *Hollomey, Christina*; *Hurich, Christoph*; *König, Alexandra*; *Muzak, Gerhard*: Family Reunification: a barrier or facilitator of integration?, Country Report Austria, Wien, Juni 2013, online: http://research.icmpd.org/fileadmin/Research-Website/Project_material/Family_Reunification_EIF/Austria1.pdf (letzter Abruf: 26.08.2017). Zit: *Kraler/Hollomey u.a.*, Family Reunification: a barrier or facilitator of integration?, Country Report Austria.

Kühn, Heinz: Stand und Weiterentwicklung der Integration der ausländischen Arbeitnehmer und ihrer Familien in der Bundesrepublik Deutschland, Memorandum des Beauftragten der Bundesregierung, Bonn, September 1979, auch online: http://www.migration-online.de/data/khnmemorandum_1.pdf (letzter Abruf: 26.08.2017). Zit.: *Kühn*, Memorandum zum Stand und Weiterentwicklung der Integration.

Labayle, Henri; *Pascouau, Yves*: Directive 2003/86/EC on the Right to Family Reunification, Synthesis Report, online: http://ec.europa.eu/dgs/home-affairs/e-library/documents/policies/legal-migration/pdf/general/odysseus_2003_86_family_reunification_synthesis_en.pdf (letzter Abruf: 26.08.2016). Zit.: *Labayle/Pascouau*, Odysseus Synthesis Report on Directive 2003/86/EC.

Langenscheidt: Schulwörterbuch Pro Latein, Lateinisch-Deutsch/Deutsch-Latein, München, Wien 2016. Zit.: *Langenscheidt*, Schulwörterbuch Latein.

Lechner, Claudia; *Lutz, Anna u.a.*: Study on the impacts of admission policies and admission-related integration policies, Working Paper 5 im Rahmen des Projekts "Promoting Sustainable Policies for Integration (PROSINT)", european forum for migration studies (efms) (Hrsg.), April 2012, online: http://research.icmpd.org/fileadmin/Research-Website/Project_material/PROSINT/Reports/WP5_CompRep_Final_Submitted.pdf (letzter Abruf: 26.08.2017). Zit.: *Lechner u.a.:* Impacts of admission policies, PROSINT, WP 5.

Leuschner, Jonathan: Das Spracherfordernis bei der Familienzusammenführung, Zur Vereinbarkeit des § 30 Abs. 1 Satz 1 Nr. 2 AufenthG mit dem Schutz von Ehe und Familie im Verfassungs-, Europa- und Völkerrecht, Berlin 2014. Zit.: *Leuschner*, Das Spracherfordernis bei der Familienzusammenführung.

Liebau, Elisabeth; *Romiti, Agnese*: Bildungsbiografien von Zuwanderern nach Deutschland, Migranten investieren in Sprache und Bildung, IAB-Kurzbericht 21.2/2014, in: IAB (Hrsg.), IAB Kurzbericht 21/2014 Spezial,

S. 13–20, online: http://doku.iab.de/kurzber/2014/kb2114.pdf (letzter Abruf: 26.08.2017). Zit.: *Liebau/Romiti*, IAB-Kurzbericht 21.2/2014, S. 13 ff.

Liebig, Thomas; *Huddleston, Thomas*: Labour market integration of immigrants and their children: Developing, activating and using skills, in: OECD (Hrsg.), International Migration Outlook 2014, Paris 2014, Kapitel 2, S. 35–132. Zit.: *Liebig/Huddleston*, Labour market integration, in: OECD, International Migration Outloook 2014.

Lochner; *Susanne*; *Büttner, Tobias*; *Schuller, Karin*: Das Integrationspanel, Langfristige Integrationsverläufe von ehemaligen Teilnehmenden an Integrationskursen, BAMF (Hrsg.), Working Paper 52, Stand: Nürnberg, März 2013, online: http://www.bamf.de/SharedDocs/Anlagen/DE/Publikationen/WorkingPapers/wp52-abschluss-integrationspanel.pdf?__blob=publicationFile (letzter Abruf: 26.08.2017). Zit.: *Lochner/Büttner u.a.*, Das Integrationspanel.

Lübbe-Wolff, Gertrude: Homogenes Volk – Über Homogenitätspostulate und Integration, ZAR 2007, S. 121–127.

Lüken-Klaßen, Doris; *Heckmann, Friedrich*: The Impacts of Restrictions and Entitlements on the Integration of Family Migrants, National Report Germany, Oktober 2013, online: https://www.compas.ox.ac.uk/wp-content/uploads/PR-2013-IMPACIM_National_Germany.pdf (letzter Abruf: 09.03.2019), Zit.: *Lüken-Klaßen/Heckmann*, IMPACIM, National Report Germany.

Lukits, Rainer: Die Familienzusammenführung von Drittstaatsangehörigen in Österreich, Internationale Organisation für Migration, Landesbüro Österreich – Nationaler Kontaktpunkt Österreich im Europäischen Migrationsnetzwerk (Hrsg.), Dezember 2016, online: https://ec.europa.eu/home-affairs/sites/homeaffairs/files/01b_austria_family_reunification_nr_at.pdf (letzter Abruf: 26.08.2017). Zit.: *Lukits*, Die Familienzusammenführung von Drittstaatsangehörigen in Österreich, EMN Nationaler Bericht Österreich 2016.

Mangoldt, Hermann von (Begr.); *Klein, Friedrich (Begr.)*; *Starck, Christian (Hrsg.)*: Kommentar zum Grundgesetz, Bd. 1: Präambel, Artikel 1–19, 6. Aufl., München 2010. Zit.: Bearbeiter in: Mangoldt/Klein u.a., GG Kommentar, Bd. 1.

Markard, Nora; *Truchseß, Nina*: Neuregelung des Ehegattennachzugs im Aufenthaltsgesetz, NVwZ 2007, S. 1025–1028.

Marx, Reinhard: Sprachnachweis und Ehegattennachzug, ZAR 2011, S. 15–21.

Mattes, Monika: „Gastarbeiterinnen" in der Bundesrepublik, Anwerbepolitik, Migration und Geschlecht in den 50er bis 70er Jahren, Frankfurt am Main 2005. Zit.: *Mattes*, „Gastarbeiterinnen" in der Bundesrepublik.

Maunz, Theodor; *Dürig, Günter (Begr.)*: Grundgesetz-Kommentar, Stand: 81. Ergänzungslieferung September 2017. Zit.: *Bearbeiter*, in: Maunz/Dürig, GG-Kommentar, EL, Datum.

Merten, Detlef; Papier, Hans-Jürgen (Hrsg.): Handbuch der Grundrechte in Deutschland und Europa, Band V: Grundrechte in Deutschland: Einzelgrundrechte II, Heidelberg, München 2013 sowie Band VI: Europäische Grundrechte I, Heidelberg, München 2010. Zit.: *Bearbeiter*, in: Merten/Papier, Handbuch der Grundrechte, Bd.

Meyer-Ladewig, Jens; Nettesheim, Martin; von Raumer, Stefan (Hrsg.): Europäische Menschenrechtskonvention, Handkommentar, 4. Aufl., Baden-Baden 2017. Zit.: *Bearbeiter*, in: Meyer-Ladewig/Nettesheim u.a., EMRK.

Michalowski, Ines: Integration Tests in Germany, A Communitarian Approach?, in: van Oers, Ricky; Ersbøll, Eva; Kostakopoulou, Dora (Hrsg.): A Re-definition of Belonging? Language and Integration Tests in Europe, Kapitel 5, S. 185–210. Zit.: *Michalowski*, Integration Tests in Germany, in: van Oers/Ersbøll u.a., A Re-definition of Belonging?, S. 185 ff.

Migrationsverket, EMN Focussed Study 2016, Family Reunification of TCNs in the EU, National Practices, online: https://ec.europa.eu/home-affairs/sites/homeaffairs/files/27a_sweden_family_reunification_en_final.pdf (letzter Abruf: 26.08.2017). Zit.: *Migrationsverket*, Family Reunification of Third-Country Nationals, EMN National Report Sweden 2016.

Milios, Georgios: Family Reunification for Third-Country Nationals: Minimum Age for Spouses, Integration Measures and the Application of the Individual Assessment. Comments on *Noorzia* and *Dogan*, EJML 2015, S. 127–146.

Mirbach, Thomas; Schaak, Torsten; Triebl, Katrin: Zwangsverheiratung in Deutschland – Anzahl und Analyse von Beratungsfällen, Kurzfassung, 28. März 2011, Bundesministerium für Familie, Senioren, Frauen und Jugend (Hrsg.), auch online: https://www.bmfsfj.de/blob/95584/d76e9536b0485a8715a5910047066b5d/zwangsverheiratung-in-deutschland-anzahl-und-analyse-von-beratungsfaellen-data.pdf (letzter Abruf: 26.08.2017). Zit.: *Mirbach/Schaak/Triebl*, Zwangsverheiratung in Deutschland, BMFSFJ.

Münz, Rainer; Seifert, Wolfgang; Ulrich, Ralf: Zuwanderung nach Deutschland: Strukturen, Wirkungen, Perspektiven, Frankfurt am Main, New York 1997. Zit.: *Münz/Seifert u.a.*, Zuwanderung nach Deutschland.

Nauck, Bernhard: Familienbeziehungen und Sozialintegration von Migranten, in: Instituts für Migrationsforschung und Interkulturelle Studien (Hrsg.), IMIS-Beiträge, Heft 23/2004, S. 83–104. Zit.: *Nauck*, Familienbeziehungen und Sozialintegration, IMIS 23/2004, S. 83 ff.

Nettesheim, Martin: Der „Kernbereich" der Unionsbürgerschaft – vom Schutz der Mobilität zur Gewährleistung eines Lebensumfelds, JZ 2011, S. 1030–1037.

Niederländisches Ministerium für Soziales und Arbeit (Ministerie van Sociale Zaken en Werkgelegenheid), Informationsportal „Naar Nederland" für vom

Integrationstest Betroffene, online: http://www.naarnederland.nl/en/ (letzter Abruf: 26.08.2017).

Niesten-Dietrich, Julia: Integration und Staatsangehörigkeit, ZAR 2012, S. 85–93.

OECD: Indicators of Immigrant Integration 2015: Settling In, Paris 2015, auch online: http://www.oecd.org/els/mig/Indicators-of-Immigrant-Integration-2015.pdf (letzter Abruf: 29.08.2017).

Oliver, Catherine: The Impact of Restrictions and Entitlements on the Integration of Family Migrants, A Comparative Report, COMPAS, University of Oxford (Hrsg.), Oktober 2013, online: https://www.compas.ox.ac.uk/wp-content/uploads/PR-2013-IMPACIM_Comparative.pdf (letzter Abruf: 09.03.2019). Zit.: *Oliver*, IMPACIM – Synthesis Report.

Oppermann, Thomas; *Classen, Dieter*; *Nettesheim, Martin*: Europarecht, Ein Studienbuch, 7. Aufl., München 2016. Zit.: *Oppermann/Classen u.a.*, Europarecht.

o.V.: Nationaler Integrationsplan: Zweiter Integrationsgipfel, v. 11.07.2007, online: https://www.bundesregierung.de/breg-de/suche/zweiter-integrationsgipfel-476830 (letzter Abruf: 09.03.2019).

Pagenstecher, Cord: Ausländerpolitik und Immigrantenidentität, Zur Geschichte der „Gastarbeit" in der Bundesrepublik, Berlin 1994. Zit.: *Pagenstecher*, Ausländerpolitik.

Peek, Markus: Richtlinienumsetzung: Europarechtliche Anforderungen und mitgliedstaatliche Praxis: eine Untersuchung am Beispiel des Einwanderungs- und Asylrechts, Baden-Baden 2009. Zit.: *Peek*, Richtlinienumsetzung.

Renner, Günter: Politik und Justiz im Ausländerrecht, in: Festschrift für Wolfgang Zeidler, Fürst, Walther; Herzog, Roman; Umbach, Dieter C. (Hrsg.), Berlin 1987, S. 1003–1027. Zit.: *Renner*, Politik und Justiz im Ausländerrecht, in: FS Zeidler, S. 1003 ff.

Rude-Antoine, Edwige: Forced marriages in Council of Europe member states, A comparative study of legislation and political initiatives, CDEG (2005) 1, Council of Europe (Hrsg.), Strasbourg 2005, online: http://www.coe.int/t/dghl/standardsetting/cddh/CDDH-MF/CDEG(2005)1_en.pdf (letzter Abruf: 26.08.2017). Zit.: *Rude-Antoine*, Forced marriages, Council of Europe.

Sachs, Michael (Hrsg.): Grundgesetz Kommentar, 7. Aufl., München 2014. Zit.: *Bearbeiter*, in: GG Kommentar.

Sander, Dirk: Der Schutz des Aufenthalts durch Artikel 8 der Europäischen Menschenrechtskonvention, Berlin 2008. Zit.: Sander, Der Schutz des Aufenthalts durch Artikel 8 EMRK.

Scheer, Ralph: Der Ehegatten- und Familiennachzug von Ausländern, Frankfurt am Main 1994. Zit.: *Scheer*, Der Ehegatten- und Familiennachzug von Ausländern.

Schendel, „Die Religionen haben eine Verantwortung", in: faz-net (Hrsg.) v. 16.05.2017, online: http://www.faz.net/aktuell/feuilleton/debatten/integration-durch-kultur-15-thesen-vorgestellt-15018183.html (letzter Abruf: 26.08.2017)

Schmahl, Stefanie: Kinderrechtskonvention mit Zusatzprotokollen, Handkommentar, Baden-Baden 2013. Zit.: *Schmahl*, Kinderrechtskonvention-Kommentar.

Schmitt, Carl: Die geistesgeschichtliche Lage des heutigen Parlamentarismus, 2. Aufl., München, Leipzig 1926. Zit.: *Schmitt*, Die geistesgeschichtliche Lage des heutigen Parlamentarismus, 2. Aufl. 1926.

Schneider, Jakob, Die Justiziabilität wirtschaftlicher, sozialer und kultureller Menschenrechte, Deutsches Institut für Menschenrechte (Hrsg.), online: http://www.institut-fuer-menschenrechte.de/uploads/tx_commerce/studie_die_justiziabilitaet_wirtschaftlicher_sozialer_u_kultureller_menschenrechte.pdf (letzter Abruf: 26.08.2017). Zit.: *Schneider*, Die Justiziabilität wirtschaftlicher Rechte.

Schöllhorn, Hermann: Die Familienzusammenführung mit Drittstaatsangehörigen im Recht der Europäischen Union, Hamburg 2006.

Schuller, Karin; *Lochner, Susanne*; *Rother, Nina*: Das Integrationspanel, Ergebnisse einer Längsschnittstudie zur Wirksamkeit und Nachhaltigkeit von Integrationskursen, BAMF (Hrsg.), Forschungsbericht 11, Nürnberg 2011, auch online: http://www.bamf.de/SharedDocs/Anlagen/DE/Publikationen/Forschungsberichte/fb11-integrationspanel.pdf?__blob=publicationFile (letzter Abruf: 26.08.2017). Zit.: *Schuller/Lochner u.a.*, Das Integrationspanel, Wirksamkeit von Integrationskursen, BAMF (Hrsg), Forschungsbericht 11.

Schwarze, Jürgen, EU-Kommentar, 3. Aufl., Baden-Baden 2012. Zit.: *Bearbeiter*, in: Schwarze, EU-Kommentar.

Seveker, Marina; *Walter, Anne*: The INTEC project: Integration and Naturalisation tests: the new way to European Citizenship; Country Report Germany; Nijmwegen, November 2010, online: https://ec.europa.eu/migrant-integration/librarydoc/the-intec-project-integration-and-naturalisation-tests-the-new-way-to-european-citizenship---national-report-for-germany (letzter Abruf: 30.08.2017). Zit.: *Seveker/Walter*, INTEC, Country Report Germany.

Smend, Rudolf: Verfassung und Verfassungsrecht, Berlin 1928.

Statistik der Bundesagentur für Arbeit: Arbeitsmarkt in Zahlen, Jahreszahlen, Arbeitslosigkeit im Zeitverlauf 2016, Stand: 03.01.2017, online:

http://statistik.arbeitsagentur.de, Abruf v. 11.08.2017. Zit.: *Statistik der Bundesagentur für Arbeit*, Arbeitslosigkeit im Zeitverlauf.

Statistik der Bundesagentur für Arbeit: Drei Viertel des Gender Pay Gap lassen sich mit Strukturunterschieden erklären, Pressemitteilung vom 14. März 2017 - 094/17, online: https://www.destatis.de/DE/PresseService/Presse/Pressemitteilungen/2017/03/PD17_094_621pdf.pdf?__blob=publicationFile (letzter Abruf: 26.08.2017). Zit.: *Statistisches Bundesamt*, Pressemitteilung v. 14.03.2017 - 094/17.

Statistisches Bundesamt: Ausländerstatistik Deutschland, Stand: 20.07.2017, online: www.destatis.de (letzter Abruf: 20.07.2017). Zit.: *Statistisches Bundesamt*, Ausländerstatistik Deutschland.

Strik, Tineke; *Böcker, Anita*; *Luiten, Maaike*; *van Oers, Ricky*: INTEC-Project: Synthesis Report, Integration and Naturalisation tests: The New Way to European Citizenship, Dezember 2010, online: https://ec.europa.eu/migrant-integration/librarydoc/the-intec-project-integration-and-naturalisation-tests-the-new-way-to-european-citizenship (letzter Abruf: 30.08.2017). Zit.: *Strik/Böcker u.a.*, Integration and Naturalisation tests, INTEC-Projekt Synthesis Report.

Strik, Tineke; *de Hart, Betty*; *Nissen, Ellen*: Family Reunification: a barrier or facilitator of integration? A comparative study, Nijmegen 2013, auch online: http://research.icmpd.org/fileadmin/Research-Website/Project_material/Family_Reunification_EIF/FamilyReunification_transnational_report.pdf (letzter Abruf: 26.08.2017). Zit.: *Strik/de Hart u.a.*, Family Reunification: a barrier or facilitator of integration? A comparative study.

Szczekalla, Peter: Grenzenlose Grundrechte, NVwZ 2006, S. 1019–1021.

ter Steeg, Marcus: Das Einwanderungskonzept der EU, Zwischen politischem Anspruch, faktischen Regelungsbedürfnissen und den primärrechtlichen Grenzen in Titel IV des EG-Vertrages, Baden-Baden 2006. Zit.: *ter Steeg*, das Einwanderungskonzept der EU.

Tewocht, Hannah: Aller guten Dinge sind drei? Der Sprachnachweis vor dem EuGH, NVwZ 2014, S. 1067–1069.

Thym, Daniel: Europäischer Grundrechtsschutz und Familienzusammenführung, NJW 2006, S. 3249–3252.

Thym, Daniel: Migrationsverwaltungsrecht, Tübingen 2010.

Thym, Daniel: Sprachkenntnisse und Ehegattennachzug: Bewegung beim Stillstand für türkische Staatsangehörige, ZAR 2014, S. 301–306.

Thym, Daniel: Towards a Contextual Conception of Social Integration in EU Immigration Law. Comments on P & S and K & A, EJML 2016, S. 89–111.

Toner, Helen: Partnership Rights, Free Movement, and EU Law, Oxford, Portland, 2004. Zit.: *Toner*, Partnership Rights.

Triebl, Katrin; *Klindworth, Christin*: Family Reunification: a Barrier or Facilitator of Integration?, German Country Report, Lawaetz-Stiftung (Hrsg.), online: http://research.icmpd.org/fileadmin/Research-Website/Project_material/Family_Reunification_EIF/Germany.pdf (letzter Abruf: 26.08.2017). Zit.: *Triebl/Klindworth*, Family Reunification: a Barrier or Facilitator of Integration?, German Country Report.

Uhle, Arnd: Abschied vom engen Familienbegriff, Zur Rejustierung des bundesverfassungsgerichtlichen Familienverständnisses, NVwZ 2015, S. 272–275.

Unabhängige Kommission Zuwanderung: Zuwanderung gestalten – Integration fördern, Bericht der Unabhängigen Kommission „Zuwanderung“ v. 04.07.2001, Berlin 2001. Zit.: *Unabhängige Kommission Zuwanderung*, Bericht: Zuwanderung gestalten – Integration fördern.

Vasileva, Katya: Nearly two-thirds of the foreigners living in EU Member States are citizens of countries outside the EU-27, in: Eurostat (Hrsg.), Reihe: Statistics in Focus, Population and social conditions, Ausgabe 31/2012, online: http://ec.europa.eu/eurostat/documents/3433488/5584984/KS-SF-12-031-EN.PDF/be48f08f-41c1-4748-a8a5-5d92ebe848f2 (letzter Abruf: 26.08.2017). Zit.: *Vasileva*, Nearly two-thirds of the foreigners living in EU Member States are citizens of countries outside the EU-27.

von der Groeben/Schwarze/Hatje (Hrsg.): Europäisches Unionsrecht, Bd. 1: Vertrag über die Europäische Union, Vertrag über die Arbeitsweise der Europäischen Union, Charta der Grundrechte der Europäischen Union, 7. Aufl., Baden-Baden 2015. Zit.: *Bearbeiter*, in: von der Groeben/Schwarze u.a., Europäisches Unionsrecht, Bd.

Wälde, Marie; Evers, Katalin: Arbeitsmarktintegration von Zuwanderern im Familiennachzug, Ergebnisse der BAMF-Familiennachzugsstudie 2016, Forschungsbericht 32, BAMF (Hrsg.), Nürnberg 2018, auch online: http://www.bamf.de/SharedDocs/Anlagen/DE/Publikationen/Forschungsberichte/fb32-arbeitsmarktintegration-zuwanderer-im-familiennachzug.pdf;jsessionid=20600BBD2DB88B8692AC053376AC9364.1_cid368?__blob=publicationFile (letzter Abruf: 09.03.2019). Zit.: *Wälde/Evers*, Arbeitsmarktintegration von Zuwanderern im Familiennachzug.

Walter, Anne: Familienzusammenführung in Europa: Völkerrecht, Gemeinschaftsrecht, nationales Recht, Baden-Baden 2010. Zit.: *Walter*, Familienzusammenführung in Europa.

Weh, Wilfried Ludwig: Das Ende der Quotenregelung, juridikum 2004, S. 29–31.

Weichselbaum, Barbara: Hochsaison für Familiennachzug? Kritische Gedanken zur Familienzusammenführungs-Richtlinie und zum Erkenntnis VfGH 8. 10. 2003, G 119, 120/03, juridikum 2004, S. 24–28.

Wetenschappelijk Onderzoek- en Documentatiecentrum (WODC) & IND Informatieen Analysecentrum (INDIAC), Internationale gezinshereniging begrensd? Een evaluatie van de verhoging van de inkomens- en leeftijdseis bij migratie van buitenlandse partners naar Nederland, Den Haag 2009.

Will, Anne-Kathrin: Deutsche Integrationsmaßnahmen aus der Sicht von Nicht-EU-Bürgern, Die Ergebnisse des Immigrant Citizens Survey für Deutschland, Sachverständigenrat deutscher Stiftungen für Migration und Integration (Hrsg.), Berlin 2012. Zit.: *Will*, Integrationsmaßnahmen aus Sicht von Nicht-EU-Bürgern, SVR.

Williams, Helen: Integrationsgesetzgebung: Das britische Modell ZAR 2013, S. 95–106.

Zeran, Ünal: Anmerkung zum Urteil Rhimou Chakroun, InfAuslR 2010, S. 221–224.

Interviews

Interview Nr. 1, Lehrkraft am Goethe-Institut Istanbul, persönliches Interview, Istanbul, 20.05.2009.

Interview Nr. 3, Lehrkraft am Goethe-Institut Istanbul, persönliches Interview, Istanbul, 21.05.2009.

Interview Nr. 4, Lehrkraft am Goethe-Institut Istanbul, persönliches Interview, Istanbul, 21.05.2009.

Interview Nr. 5, Mitarbeiter der Botschaft Ankara, persönliches Interview, Ankara, 25.05.2009.

Interview Nr. 9, Leiterin der Spracharbeit des Goethe-Instituts Istanbul, persönliches Interview, 20.05.2009.

Verzeichnis europäischer Dokumente

Das folgende Dokumentenverzeichnis enthält alle in der Arbeit verwendeten europäischen Dokumente mit Ausnahme von Rechtsakten und den zugehörigen Gesetzesmaterialien.

Europäischer Rat

Europäischer Rat von Maastricht v. 9./10.12.1991, Schlussfolgerungen der Präsidentschaft v. 11.12.1991, SN 27111/91, S. 4, online unter: http://www.consilium.europa.eu/en/european-council/conclusions/1992-1975/ (26.08.2017).

Europäischer Rat von Tampere, 15. und 16.10.1999, Schlussfolgerungen des Vorsitzes, online abrufbar unter http://www.europarl.europa.eu/summits/tam_de.htm (letzter Abruf: 26.08.2017).

Haager Programm zur Stärkung von Freiheit, Sicherheit und Recht in der Europäischen Union, Ratsdok. 16054/04 v. 13.12.2004.

Europäischer Rat von Brüssel v. 11./12.12.2008, Schlussfolgerungen des Vorsitzes, Ratsdok. 17271/1/08, REV 1 v. 13.02.2009.

Das Stockholmer Programm – ein offenes und sicheres Europa im Dienste und zum Schutz der Bürger (2010/C 115/01), ABl. EU v. 04.05.2010, C 115, S. 1 ff. Zit.: Das Stockholmer Programm.

Europäische Kommission

Mitteilung der Kommission an den Rat und das Europäische Parlament über Einwanderungs- und Asylpolitik, KOM (1994) 23 endg. v. 23.02.1994 (unveröffentlicht).

Vorschlag für einen Rechtsakt des Rates über die Ausarbeitung des Übereinkommens zur Regelung der Zulassung von Staatsangehörigen dritter Länder in das Hoheitsgebiet der Mitgliedstaaten, KOM (97) 387 endg. v. 30.07.1997, 97/0227 (CNS), ABl. EG C 337 v. 07.11.1997, S. 9 ff.

Mitteilung der Kommission über eine Migrationspolitik der Gemeinschaft, KOM(2000) 757 endg. v. 22.11.2000.

Mitteilung der Kommission über Einwanderung, Integration und Beschäftigung KOM(2003) 336 endg. v. 03.06.2003.

Dritter Jahresbericht über Migration und Integration, KOM(2007) 512 endg. v. 11.09.2007.

Bericht der Kommission an das Europäische Parlament und an den Rat über die Anwendung der Richtlinie 2003/86/EG des Rates betreffend das Recht auf Familienzusammenführung, KOM(2008) 610 endg. v. 08.10.2008.

Mitteilung der Kommission an das Europäische Parlament und den Rat: Ein Raum der Freiheit, der Sicherheit und des Rechts im Dienste der Bürger, KOM(2009) 262 endg. v. 10.06.2009.

Europäische Agenda für die Integration von Drittstaatsangehörigen, KOM(2011) 455 endg. v. 19.07.2011

Mitteilung an das Europäische Parlament, den Rat, den Europäischen Wirtschafts- und Sozialausschuss und den Ausschuss der Regionen: Europäische Agenda für die Integration von Drittstaatsangehörigen, KOM(2011) 455 endg. v. 20.07.2011

Grünbuch zum Recht auf Familienzusammenführung von in der Europäischen Union lebenden Drittstaatsangehörigen (Richtlinie 2003/86/EG), KOM(2011) 735 endg. v. 15.11.2011.

Summary of stakeholder responses to the green paper on the right to family reunification of third-country nationals v. 11.05.2012, online: https://ec.europa.eu/home-affairs/sites/homeaffairs/files/what-is-new/public-consultation/2012/pdf/0023/summary_of_stakeholder_responses_en.pdf (letzter Abruf: 26.08.2017). Zit.: *Europäische Kommission,* Summary of stakeholder responses to the green paper.

Stellungnahmen zum Grünbuch, online: http://ec.europa.eu/dgs/home-affairs/what-is-new/public-consultation/2012/consulting_0023_en.htm (letzter Abruf: 26.08.2017)

Mitteilung der Kommission an den Rat und das Europäische Parlament: Leitlinien zur Anwendung der Richtlinie 2003/86/EG des Rates betreffend das Recht auf Familienzusammenführung, KOM(2014) 210 endg. v. 03.04.2014. Zit.: *Europäische Kommission*, Leitlinien zur Familienzusammenführungs-RL.

Beschluss über den Abschluss des Vertragsverletzungsverfahrens 2013/2009 v. 19.11.2015, online: http://ec.europa.eu/atwork/applying-eu-law/infringements-proceedings/infringement_decisions/index.cfm?lang_code=DE&r_dossier=20132009&decision_date_from=&decision_date_to=&EM=DE&title=&submit=Suche (letzter Abruf: 26.08.2017).

Mitteilung an das Europäische Parlament, den Rat, den Europäischen Wirtschafts- und Sozialausschuss und den Ausschuss der Regionen: Aktionsplan für die Integration von Drittstaatsangehörigen, COM(2016) 377 final v. 07.06.2016.

Europäisches Parlament

Legislative Entschließung mit der Stellungnahme des Europäischen Parlaments zu dem Vorschlag für einen Rechtsakt des Rates über die Ausarbeitung des Übereinkommens zur Regelung der Zulassung von Staatsangehörigen dritter Länder in das Hoheitsgebiet der Mitgliedstaaten (KOM(97)0387 C4-0681/97 97/0227(CNS)) (Verfahren der Konsultation), ABl. EG C 150 v. 28.05.1999, S. 187.

Rat der Europäischen Union

Rat der Einwanderungsminister, Report from the Ministers responsible for immigration to the European Council meeting in Maastricht on immigration and asylum policy, SN 4038/91 (WGI 930) v. 03.12.1991.

Entschließung über die Harmonisierung der nationalen Politiken im Bereich der Familienzusammenführung v. 01.06.1993, Ad Hoc Gruppe Einwanderung, SN 2828/1/93 (WGI 1497 REV 1), abgedruckt in *Handoll*, Free Movement of Persons in the EU, S. 646 ff.

Entschließung v. 14.10.1996 zur Festlegung der Prioritäten für die Zusammenarbeit im Bereich Justiz und Inneres für den Zeitraum v. 01.07.1996 bis zum 30.06.1998, ABl. EG C 319 v. 26.10.1996, S. 1 ff.

Gemeinsame Grundprinzipien für die Politik der Integration von Einwanderern in der Europäischen Union, Mitteilung an die Presse, 2618. Tagung des Rates Justiz und Inneres, Brüssel, 19.11.2004, Ratsdok. 14615/04 (Presse 321).

www.ingramcontent.com/pod-product-compliance
Ingram Content Group UK Ltd.
Pitfield, Milton Keynes, MK11 3LW, UK
UKHW020714041026
15590UKWH00002B/662

9 783631 774878